献報田の田植え（昭和15年，鳥取県西伯郡大山町．中田千由子氏提供．本文95ページ参照）

農家の軒下風景（昭和10年代，鳥取県東伯郡三朝町．軒下の竹棹に蓑や手甲，負い綱や縄製の袋などが吊されている．本文180ページ参照）

晩秋の麦作に追肥をする二人の女性（昭和中期，倉吉市．本文138，146ページ参照）

積雪の中で山仕事のミツマタ刈りをして下山する負い荷姿（昭和中期，鳥取県東伯郡三朝町，本文72〜73ページ参照）

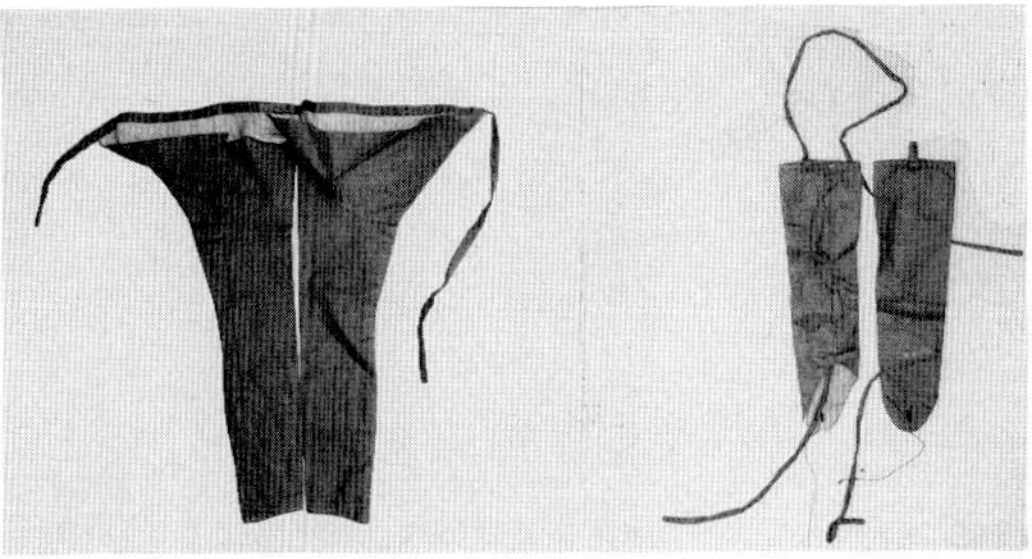

県立師範学校で製作した股引と手甲の雛形
(大正時代，倉吉市．本文17ページ参照)

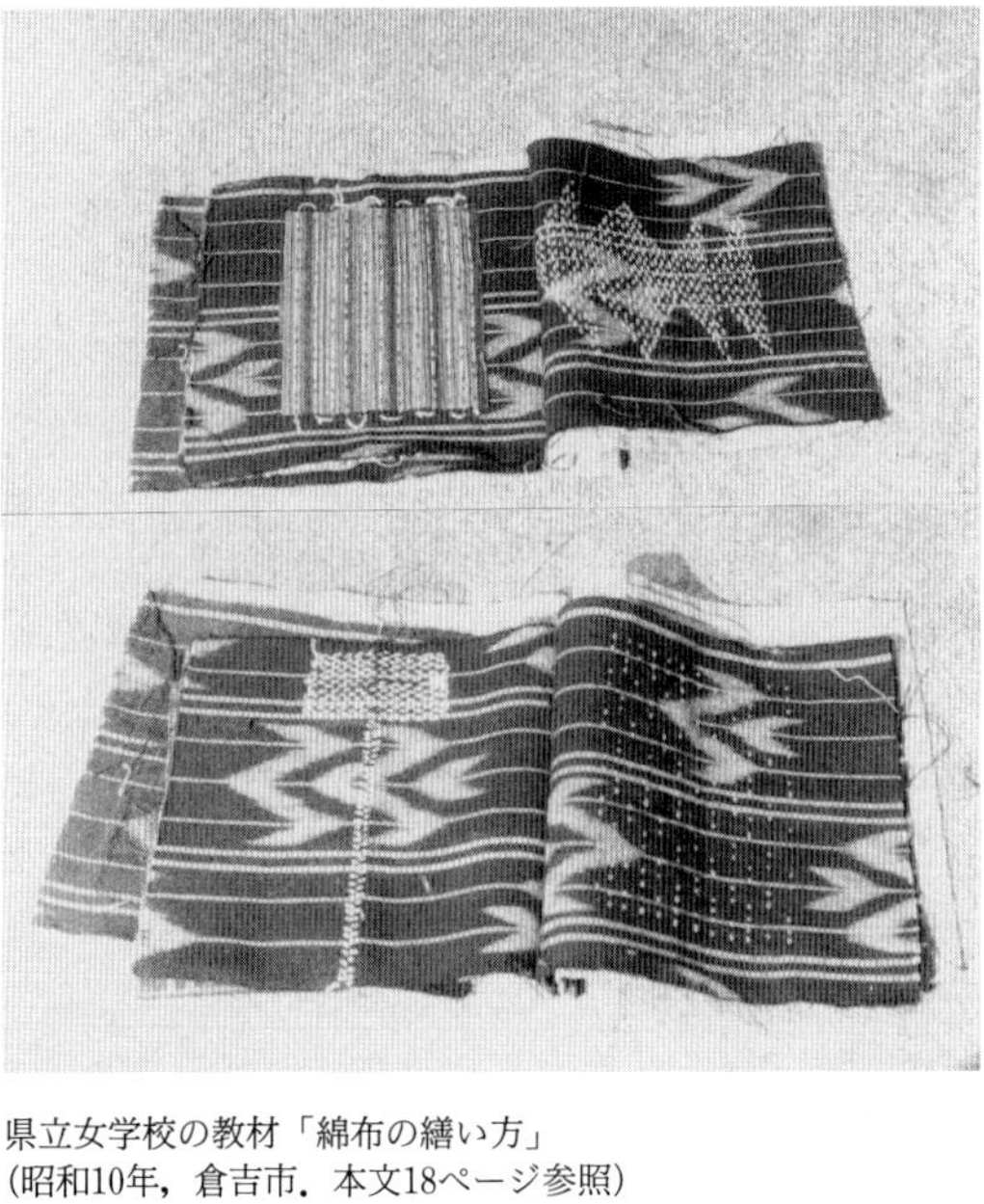

県立女学校の教材「綿布の繕い方」
(昭和10年，倉吉市．本文18ページ参照)

針箱（明治中期～昭和60年まで使用．鳥取県東伯郡赤碕町）

木綿絣の野良着（明治後期〜昭和中期まで使用，670グラム．鳥取県東伯郡赤碕町・高塚こふ，明治30年生）

田植えもんぺ（昭和60年ごろまで使用，230グラム．鳥取県気高郡気高町・中島八重，大正10年生）

布刺し子蒲団（部分．大正期〜昭和中期，倉吉市．本文50ページ参照）

ものと人間の文化史　95

野良着

福井貞子

法政大学出版局

はじめに

　農山村の地域固有の生活様式の一部であった衣服は、近年の高度経済成長によりますます急速に洋式に姿を変えてきた。また多種多様な藁製の仕事着も処分され、伝統的手工芸文化の破壊が進んだ。個人の力ではどうすることもできない時代の流れが加速する中で、私は山間の村々を歩いて資料を収集し、聞き書きを続けた。しかし、明治期の野良着について語れる人は年々少なくなった。今さら過去の貧困や苦しみの象徴ともいうべき野良着を明るみにださなくてもとか、忘れたふりをして、沈黙を続けるばかりであった。そして何よりも、多くの人々は身辺のボロ布を処分してしまっていた。

　明治時代は日本の人口の約八割強が農民であり、その時代の農民が着用した野良着について述べるのは、あまりにも広範囲で奥の深い作業であり、漠然としたものになるだろうと考えた。そこで、限られた地域を発掘・調査しながら、収集品の分類整理により、着物と被《かぶ》りもの、履物、付属衣などを計測し、作図と聞き取りをまじえて、まとめてみることにした。このようにして、山陰地方の人びとが仕事を通して受け継いだ野良着の形態や着装姿を拾い集め、収集した資料を精査して、その提供者たちに語ってもらった。明治初期から昭和四〇年ごろまでの約一世紀間の野良着について、用途と年代、性別、形態、地域の呼称や材料、重量などを記録した。

一枚の長着物が野良着に更生され、貼り合わせたボロ布で厚みを増していき、補強縫いが続けられる。このような野良着の機能とともに女性たちの内面にも光をあててみたい。

野良着の多くは、労働による摩擦や汚染と人体の汗と垢によって布が傷み、消耗していく。それを半世紀にわたって、天地を逆にし、表と裏を交換して何度も改縫《かいほう》した不定形な衣料である。人の手を加えながら変化する衣料に込められた愛情は、人の魂を更新させるものがある。その一端でも解明し、農民の伝統的生活文化の一面を探りたい。

着古しの野良着の魅力は、木綿の柔軟性と、補強されアレンジされた美しさであり、人びとが素肌で着用し、体臭のしみこんだ布の温もりはまだ失われていない。

野良着の提供者や聞き取りに協力してくれたたくさんの古老たちの氏名や資料の所持者の氏名も明記しなかった。それは、真実を記録するためと生活者のプライバシーを守るためであり、やむを得なかった。

絣の美しさが、私に野良着に着眼させ、庶民の生活文化の用と美を求め続けているうちに、いつの間にか私が行き着いたところは一枚のボロ布であった。

目次

第一章　農山村の女性と野良着

農山村のくらし

在来の農村は、豊かな小川の流れをはさむようにして集落が点在し、河川に頼ってくらしてきた。いま村を歩いていると、幼少時に聞いた小川の水車の回る音や、土間で藁を打つ音、糸挽き車や機織《はた》りのリズミカルでのどかな音のつくり出す風景が、幻覚のように感じられてなつかしく思う。昭和三〇年ごろまで、米搗きは小川の水車を共同の順番制にして使い、製粉は石臼を挽いて行なっていた。家庭では機織りをして衣料を自給するため、山野に無尽蔵に生育する樹皮繊維を刈り取って加工するなど、その製法には河川とのかかわりが大きかった。

小川には藻が茂り、川狩りをして食膳に供するなど、河川は日常生活に不可欠であった。そして村落ごとに鎮守の森と寺院をもち、住民は共同体によって守られ、信仰を中心にした倫理感が生活の根の部分に存在していた。

かつての農村には、雨漏りのする家が多く、土間で食事をするような、想像以上に貧困なくらしが営まれていた。また一方では、社会的な差別に苦しんでいた。差別の原因は、社会の支配の仕組みにより人間が作りだした貧富の差によるものであり、大方の農民が農地を所有できず、小作農として生活していたからである。

明治初期の小作料や宛口米《あてくちまい》の取り立てについて『ふるさと字八屋《やつや》の百年』（涌島恵、米子プリント社、一九六八）は次のように記している。明治六年、鳥取県倉吉市八屋（旧西郷村）は農民の貧富の差を九等位に分け、地租を米納から金納にかえたという。米を常食する者は半分もなく、芋と麦、粟、稗《ひえ》の食事だった。そして、農民たちは地代（小作料）の重圧に苦しめられ、収穫の少ない下田では宛口米を供すると小作の取り分はマイナスだったようだ。代米納の方法による年貢米の収奪は厳しく、まったくの貧困の中で親方に隷従する生活を強いられていた。その上に作物は四季の天候に左右され、台風や水不足を恐れながら収穫高のことばかり案じていた。農民たちは大自然を相手にして、日の出から日没までひたすら農耕に励んだ。彼らは苛酷なその日ぐらしを強いられていても、こうした施策には泣き寝入りをするほかなかったが、非道を訴えて農民一揆を起こす者もいた。手元に残ったわずかな屑米にサトイモなどの芋類と雑草を混ぜ合わせて団子を作り、蒸したり焼いたりして食べた。女性は夜なべに雑穀類を石臼で粉砕して団子を作り、大鋸《おが》の平面に菜種油を引き団子をこんがりと焼いて食卓に供した（木材を切断する大鋸を鉄板の代用にし、竈に乗せて団子を焼いた。これを「おやき」と呼んだ）。第二次世界大戦後、地主の農地を小作農に解放する農地改革によって多くの農民が救われ、多くの地主が土地を失って没落の岐路に立っていたとはいえ、村には親方・子方関係が尾を引いていた。

第二次大戦後一〇年くらいまでは大根飯や芋雑炊が食卓にのるような質素な食生活であった。そのころの家族構成は、祖父母と父母に長男とその妻の三世代の共同大家族集団で、十数名が同居した。食事の準備と配膳は女性の仕事であり、薄暗い間取りの悪い台所の土間で働いた。竈に火を燃やすことや給水作業だけでも大変な仕事であり、大家族の給仕も下駄履きで往復するなど、女性の家事労働の比重は大きかった。

洗い場のことを「いとば」といい、小川を共同の流し場ふうに台石を敷き並べ、洗う場所を決めていた。台石の上には稲藁を丸めた束子《たわし》が各家庭ごとに備えられ、野菜や食器や鍋を洗った。衣料の洗濯や身体の水浴にも使うなど、河川の水はすべての生活用水として大切にした。

家事労働の中での重労働は、何といっても生活用水の水汲みである。昭和初期から共同井戸と浴場があいついで建てられた。その後三〇年代になっても、各世帯に掘井戸や浴場を持つ農家は少なかった。共同浴場の給水や隣家からのもらい水は、女性や子どもの仕事であった。若妻のころの一番いやな想い出は、飲料水の水汲みの辛い体験である。わが家の掘井戸は外庭にあり、近隣六軒の生活用水を満たすほどの水量が湧き出る大きい井戸である。夕方は木桶を担いだ女たちが順番に水を汲み上げていた。雨天や積雪のときなどは、蓑笠を着けても下半身が濡れた。家屋の奥まった庭や裏側に台所の水甕を置いていた。一日の生活飲料水を甕に満たすには、木桶を両肩に担いで一二回運ぶ。その距離は約四〇メートルであった。さらに浴場への給水の仕事もある。この重労働に疲れて気持ちまでも暗くなることがあった。飲料や食器洗いには大事に使って節水につとめ、大鍋や釜は河川に持ちだして竈の灰で磨いていた。

その後十年経って水道が設置され、蛇口から初めて水が流れ出た時の興奮と精神的な解放感は、いつまでも忘れられない。蛇口を最大にひねって激しく水を溢れさせ、両手を合わせて感謝し、手の平に水を受け、凝縮した心の重石を洗い流した。

農家の晴れの料理に豆腐や呉汁《ごじる》があった。豆腐作りは上質の水が要求され、その加工方法は共同体で伝承された。正月や旧盆のお供え、冠婚葬祭には欠かせぬ食品として、共同豆腐小屋で製造した。大豆は畑の魚といわれ、日々のくらしの中で呉汁や大豆飯を調理し、納豆や大豆粉《きなこ》など栄養上バランスのよい料理法を伝承している。

在来の農家は、一軒の家に灯明が一つあるだけで、電灯がつくまでは菜種油の灯火を利用したり、障子越しのかすかな明かりを頼りにした、暗い住まいであった。民家の屋根は、降雨や積雪量の多いことから、勾配は急に作られ、麦藁か茅のどちらかの入母屋に葺き、上農は茅屋根が多かった。家屋の内側は田の字形で、土間が広く仕切られ、屋内での農作業を主目的に設計されていた。戸障子を取りはずすと大広間にかわり、家で冠婚葬祭の催しごとを行なった。家の真中に囲炉裏《いろり》があり、火を燃やして暖をとりながら、夜なべに衣料の補強や、料理の下準備の野菜の皮むきなどをしながら、団欒をもった。居間は板敷きが多く、莚を敷きつめて、畳は立てかけていた。台所は土間の隅か裏側の隣接小屋にあった。竈の燃料は、山で集めた落葉樹の枝木や松葉などである。これらを燃やして調理するため、黒煙で屋内がくすぶり、煤が舞っていて、天井から垂れ下がっては落下した。

農家は土間で牛馬を飼育し、一つ屋根や棟続きで牛と人間が同居するくらしであった。畜力利用によって農作業の能率を上げることと、厩堆肥によって米の生産を増やすようになったからである。特に稲作には主要肥料として牛馬の厩肥が必要であり、それを自給するために家畜は大切に飼育された。

しかし、動物特有の糞臭を蚊やアブやハエのほかゴキブリは大変好み、家中に害虫が蔓延した。牛の餌をねらうネズミが巣をつくり、ネズミを餌にするためにヘビが住みこむ。こうした生きものたちがワラ束や草束に潜んでいて、人を驚かせた。

牛馬の飼料は、毎朝新鮮な青草を刈ってワラと混ぜて与えた。一日三回の餌とバケツ一杯の飲料水を与え、ときには牛舎から戸外の河川に連れだして水を飲ませた。また、三日ごとに牛舎内を清掃し、敷きワラを牛に踏ませて糞尿と混ぜた肥を戸外に運びだした。その厩肥は、背に負って持ちだし、厩肥と青草を交互に積み上げた。この畜糞の高さによってその年の豊作が約束される、と言われていたので、作業にも弾みがついた。

牛の全身にブラシを当てて手入れをしたり、牛舎の厩肥の運びだしなど、汚い作業は老人や女性に強いられてもいた。

家屋は悪臭が充満し、衣服や身体も牛糞の臭いに染まった。土間の暗所は不気味で、不潔で非衛生なくらしであった。しかし、その中にも動物と心を通わせ、彼らの顔を見て健康を確かめた。子牛の出産や子育ても教えられ、子離れの親牛の表情にもらい泣きをした。牛も家族の一員であり、子牛が売られた後は寂しい。牛も泪をためて、一晩中牛舎をぐるぐる回って泣き明かす。

村では家畜の糞便を大切にし、道に落とした糞を拾い集めるほどだった。一方、人間の排泄物も大切に利用され、肥汲みの大八車が列を組んで往来した。

農村の人たちは、森林を育て、四季おりおりの季節に自然の恵みを求め、自然と話をしながら山や海の幸をいただいて生活をした。山陰海岸では海女に早変わりする農婦が多く、正月過ぎてまだ寒中の二月ごろ、海辺に人が集う。竹製の背おいこの中には、松葉や枝木など焚火の準備をし、手籠には着替えや刃物を入れていた。夜が明けきらぬ海は、白波の間に漁火が連なり、神秘的な灘風が吹く。松葉を燃やして暖をとりながら、海草を採る。

　海草は、海岸の岩に着いたノリやモバを、刃物の背でかき集めて取り、腰紐で結んだ籠に入れる。海辺には、四～五人の集団が点在し、賑やかな話し声が波の音で活気づく。

　焚火で暖をとりながら採りたての海草を焼石の上に乗せると、まっ黒の岩ノリが緑色に変わり、そのおいしさは格別である。少女時代に、海草採りに義姉と出て、焼きたてを賞味した懐かしい体験がある。

　海辺の女性は、自然の恵みに感謝しながら、海岸に自生するすべての海草をいただいて加工した。塩漬けや乾燥で保存するほか、新鮮な若芽や旬を見逃さなかった。老人も若者も子どもたちも、打ち寄せる波間をぬって、手を動かして海草を採る楽しさを知っている。採りたての海草の味噌汁から一日が始まる。軒先に天日干しにした海草の美しさは、海辺の村里の風景でもあった。

　山の幸の恩恵も計り知れない。古老たちは「叔父、叔母のところへ行くより山へ登れ」と教え、山の幸の多いことを語っている。生活に欠かすことのできない燃料の木材や木炭、落葉など、衣服材料の樹皮繊維と民具用の蔓と竹、丸木や薬草、果実やきのこ類、山野草、染色用の樹皮や根や実、頭髪のシャンプー用に山草の蔓を使うなど、山の産物をあげればきりがない。早春の山の木々の芽（とくにタラノキの若芽）はすばらしい芳香を放った。数年前、フジの花盛りに招待され、山フジの垂れ下がった中で紫のフジ花を摘み、簡易ガスコンロを使って油で揚げてくれた。小鳥がさえずり、山野にはツツジの花がいっぱいで、この上ないもてなしでおいしいものだった。こうした山の幸の味を代々受けついでいるのである。

春のワラビ、ゼンマイ、フキや葉ワサビ、タキナ（滝菜）にウドなどは野生味があっておいしい。秋の山は果実や木の実、シイ、薬草や蔓《つる》類の収穫に忙しい。トチの実について、古老は話した。「トチは大樹になってはじめて実がつく。大風の吹いた翌朝は大勢の者が山に登り、樹木の周辺の草を刈り、自分の拾う範囲を決めておく。落下すると土の中に埋まってしまうからである。毎年秋になるとトチの実の落ちる音、ポン、ポン、と威勢のよい音が聞けることと、実を拾い集めることが楽しみだ……」と。

イチョウやクルミ、シイなどの実を拾う。落葉の上や隙間にころがった実は、熟した色艶と香りを漂わせている。秋山を歩くと、紅葉しかかった葉の枝木から真黒の実を穫り、赤い藪イチゴをつみ、山芋を掘る。山の地肌と芋の薄茶色、絵具では表現できそうにない重厚な色彩を感じる。自然の配色から学ぶことがいかに大切であるか、秋山は人びとの心を癒してくれる。

赤松の大樹の根元に生えるマツタケも、土とタケが同系色で見分けがつかない。古い松樹の根元の土の盛り上っている場所を掘ると、大きいものから順に並列している。タケは芳香を放ちズングリと並んでいるが、来年のために根を残して取るようにと教えられた。タケ取りの楽しさと至福感を樹海の中で体験すると、毎年の秋の山路が恋しくなる。しかし、薪や柴を取らない山は荒れてしまい、鬱《うっ》然として不気味な地となった。

冬山には山鳥やキジ、山ウサギなどの動物もいて、年中山からの恩恵によってくらしを豊かにしてきた。こうした感謝の気持ちを山神様や木の霊に両手を合わせて祈ることによって、日々のくらしを安全なものにし、自然や環境を大切にしていたのである。

農山村のくらしは、神事との関係が深い。なによりも天災を恐れ、村の氏神様の氏子として、毎朝神仏に灯明をあげ、合掌してその日の無事と豊作を祈る、神仏一体となったくらしが行なわれた。正月の神社の初詣のほか、家内安全の祈願をして神札を授かり、戸口に貼り、一年間の豊作を祈り、収穫を感謝した。この風習は第二次大戦後に神祭りが希薄になって行なわれないが、古老たちの信仰心は残っている。

山間の集落に入ると、人間関係が濃密で、血縁で結ばれる率が高く、本家と分家や従兄弟間の結婚も珍しくはなかった。農耕の労働交換や相互扶助には、村中が血縁で結ばれていることが望ましい。他家の営農の進度を案じ合い、世話をしながら物を分け与える。こうした暖かい人間関係によって平穏にくらしたいと願ってきたのであろう。しかし、一方では女人禁制や女性はけがれ多いものという、歴史の流れの中で築かれてきた男尊女卑の思想は、人々の生活意識に根深くはびこり、女たちを悩ませた。

家族間の人間関係も、家父長権を中心とした拡大家族間において、世代の異なる者が家長のいいなりになっていた。楽しい共同生活を送るためには、個性を殺してくらすのも方便だった。

私自身の過去（昭和三〇年ごろ）のことを振り返ってみると、十人家族の食事や入浴は、私が最後の順番になり、就寝は遅くて起床は早かった。野良では労働量によって評価され、「働き者ほどいい嫁だ」と言われる。内心不条理な言葉だと反発心を抱きながらも、おだやかに笑顔をつくり、くらしに疲れると里帰りで心を生き返らせたり、野辺の草花や、作物との対話をした。大自然に包まれていると、抑圧された心も新鮮に蘇った。また、野良に立つ仕事着の繕いにミシン縫いをし、無心に針を持って刺し縫いすると、明日へのエネルギーが湧いてきたように思う。

野良着と生活

野良着とは、農民が田畑などの野良で働く時に着用する広範囲にわたる衣料を総称しているようだが、仕事の内容によって山着《やまぎ》や田圃着《たんぼぎ》などとも呼んでいる。一般的には仕事着は、着物の基本形をしていて、人体躯幹部に着ける長着《ながぎ》である。その他の補助衣は、帯や前掛け、被りものなどと個別に呼んでいる。そうした仕事の内容によって、加装するいっさいの付属衣や履物《はきもの》も野良着であるが、呼称が異なっている。

農民は早朝から日没まで農耕に従事し、野良着のまま家事労働を行なったので、仕事着と家庭着の区別はなされていない。したがって、衣生活の中で、野良着を長時間着用していたことになる。

そもそも人間が衣服をまとうようになったのはいつごろであろうか。諸説があって一定していないが、定住による農耕生活の始まりと着衣とは関係があるように思う。『山陰中央新報』は（一九九三年一二月一日）「最古の機織り具が出土」の見出しで「福岡市博多区の雀居《ささい》遺跡から、縄文時代晩期末から弥生時代初め（紀元前四～三世紀）のものと推定される日本最古の機織りの道具が出土した」という記事を載せている。また「出土した機織り具は二点で、いずれも布を織る際に緯打具《よこうちぐ》（長さ約五四センチ、幅約六・二センチ、両端に幅約五センチの取っ手が付いている）と防錘車（糸を紡ぐときに使う土製のもの）三点のうち一点は中心の穴に木製の糸巻棒とみられる軸が残っていた」。これについて同市の教育委員会は「この時代に日本で布織が行なわれていたことが確実になった。布を織る技術は水稲農耕とともに大陸から伝わったのだろう」と語っている。

機織りの緯打具と防錘車の紡織具はいつごろ出現したのだろうか。そのころ自然界の草木を採集して繊維を績《う》み、布に織りあげて夜なべ仕事にアサやフジ布を柔らかくする砧《きぬた》の音を響かせていただろうと推察する。樹皮繊維や稲藁を利用して編んだり織ったりした布類を重ね着して、寒さをしのいできたのだろう。稲藁の繊維は長く暖かい。この藁加工の編物や織物を自給自足し、それらの疎織《そお》りが普及して、伝統的なアサや太布《たふ》を衣服として身にまとっていたようだ。綿を紡糸するしの巻きの芯はワラシベを用いたり、織りの工程に稲藁を一本織りだしに織って布を清め、織り上がって機から布を切りとると、藁の織り出しを神棚に供えて感謝するという習俗の伝承がある。

弥生時代以来の麻は、大麻《たいま》と苧麻《ちょま》で、苧麻が紡糸や製織に多く用いられた。麻は重力や引っ張りに強く、麻着物や裃《かみしも》、蚊帳《かや》など、また麻縄として用いた歴史は長い。こうした麻布とフジ布やコウゾ布などを利用して身体にまとう形態はどういう形であったろうか。

『魏志倭人伝』によると、邪馬台国の人びとが貫頭衣《かんとうい》を着用していたことが記録されている。貫頭衣は、布の中央に穴を開けて頭を出して着るものだが、その布は織布二枚を綴じ合わせて中央を残している。こうした二枚の布の前後の着丈に差をつけて、前側を長く前垂式にしたり、腰紐で調節して着用した。また、前後の布を定着させるために脇襠《まち》や紐を付け、前後どちら側でも着ることができた。

また貫頭衣の変形として、後側を綴じて前身ごろを割り、脇を綴じて袖なし型とした。こうした袖なし型は、藁製の編み工程によって山着や水田作業あるいは畑仕事などに適する後背部を保護する工夫がなされ、労働に適応する仕事着のデザインとして伝承されてきた。古代から現代まで貫頭衣形式の背当《せなあて》や着ゴザは、イグサや稲ワラで編み加工されてきた、そのなごりであろう。

前出の文献によると、貫頭衣型の着かたのほかに、男は横幅衣《おうふくい》を巻きつける着かたがあったらしい。インドのサリーのように、男子のドウティは下半身に布を巻く着かたである。身体に布を巻きつける着装は、古代ギリシア人のドレーパリーがある。私は、数年前にギリシアの神殿を見学して知った。日本では僧侶の袈裟（肩にかけて衣の上にはおる）によく似ているが、庶民に伝承した下半身に巻く「腰巻」は、近年まで男女が愛用した。古老の話によると、夏季は上半身を裸で過ごす人が多く、腰巻姿だったという。

木綿が庶民のあいだに普及するようになった江戸中期には、木綿《きわた》栽培と綿布織りの発展はめざましいものがあった。木綿はアサに比べてはるかに保温効率がよく、家内副業の生産形態として成立し、商品性が濃く、経済を左右する産物であった。土地がなく綿が自給できない者には、綿替木綿制度（綿を貸し与えて木綿を織らせる）があった。木綿製織によって残糸や屑糸が手元に残る。そうした寄せ集め糸で布を織って自給したり、古手木綿（古い木綿が俵に入って市場に出る）が流通し、その古手で裂織《さき》りの厚い織物を織っていたようだ。

農民服の材質や形態は、長いあいだに時代に影響されて移り変わってきたと思う。どのような材質でどういう着かたであったのか、時代を遡るほど不可解で不透明である。しかし、その土地特有の風土と気候や農耕労働に適合させながら着装し、産地の資源である麻やコウゾ、フジなどの素材を自在に扱い、豊富に利用したのだろう。そうした中で稲藁による編み製品の野良着を数多く生みだし、親から子へと長い経験の蓄積によって、仕事の能率化と身体保護の必須条件を満たす衣料を伝承させてきたようだ。布を織る技術は、編みの工程から飛躍的に前進したものと想像される。樹皮繊維や稲藁の編み製品が野良着の源流と考えられる。そしてその形態は古代からの貫頭衣の原型をとどめたものであることに気づく。

木綿の発達によって、一般的に男女の着物が定形化し、野良着の呼称は「はっぴ」と呼ぶようになった。「法被」は武士の火事場の作業服からきた言葉であり、股引も朝鮮語で「パッチ」といい、英語では「パンツ」といった。これらは、職人の労働衣から、農民の仕事着にも使うようになったらしい。

仕事着の多種多様な形態と着装は、仕事内容と関係が深い。また、その地域や各家庭の経済上から格差を生じていた。明治中期から末期に着用した野良着について、古老の話をまとめると、「男は着物（長着物）の裾《すそ》を後方でからげて、細帯か縄帯で固定して仕事着とした。下衣に股引や腰巻をつけ、膝から下には脚絆《きゃはん》か脛巾《はばき》を巻いた。腰紐は、ボロ布と藁で縄になったベルトに、手拭いや鎌をさした。田畑の仕事は素足で働き、山仕事には草鞋《わらじ》を履いていた。女は、長着物を腰紐で六分丈にからげ、帯を結び前掛けを着けた。前掛けは、前側の着くずれや汚れを防ぎ保温の役割もした。下衣は腰巻を脛下に短くし、脚絆と組ませた。着物に襷《たすき》をかけて肩に袖をまとめ、手甲《てこう》をして働きやすくした。被りものは頭巾《ずきん》や手拭いをかぶり、編笠は夏季に用いた。男女とも防寒衣は、重ね着（麻着物やひとえ木綿着を重ねて着る）をしたり、後背部を保温する蓑《みの》（ワラ製の袖なし、胴着、背当）類や布刺子《さしこ》や裂織《さき》りの袖なしと、腰囲いは腰蓑を巻いていた。雨着は、菅笠や木笠をかぶり、油紙を着たり、草蓑と腰前ぶり（藁製の前掛け）を着用した」。

聞き取りだけでは野良着の実態は計りがたいので、実物検証も行なった。破損した衣料を二枚ご（着）、三枚ごと呼称するが、当布《あてぬの》を分厚く重ねて補強したボロ着物や、着古して全身を被覆できないほど原型がくずれた衣料も「着物」といった。野良着調査は資料不足である上に、各家庭の私生活を侵害する恐れもあり、納屋や養蚕場の片隅に丸められた風呂敷包みは拒否されると収集を諦めざるをえない。村の中では、仕事着の古着や重ねつぎ、縁取りや刺し縫いなど、何を着ようが黙認しあって、触れられることを嫌っていた。収集に際して仕事着の実態は不透明になるばかりか、次々に疑問が生じて、面くらった。仕事着は、洗い破れと着破れで、肩や背中の抜けた着物が多く、痛々しい。農村のくらしの動向を無視してはこの問題は解けないようである。

半世紀にもわたって身体にまとった布は、その人の皮膚となって共に呼吸し、喜怒哀楽を共にして生きてきた。そのことが野良着の中に現われている。その衣料の生産者であり管理者であった女性たちは、布を織って縫う針仕事に明け暮れてきた。女性たちの衣生活の実態を描くとともに、民間伝承による紡織工程や縞織りや絣のデザインなどの生活文化を、浮き彫りにして明らかにしたい。

野良着には、その時代の農山村のくらしと生活の実態が、克明に描かれていると思う。歴史的・社会的背景と、営農をふまえて、総合的に理解することが大切である。

お針奉公

男性が農耕に従事し、女性が衣料を自給する習慣は、古くから行なわれていたようである。しかし、いつのころかこうした労働分担がくずれ、女は男と同等に野良で働き、その上に、夜なべ仕事に裁縫をはじめとする家事労働いっさいを行なうということが一般化されるようになった。このような苛酷な労働は女たちの肩に重くのしかかり、慣習化されてしまった。

衣料の自給には、素材の糸作り、紡績糸の染色と製織、さらに裁断して着物に仕立てる和裁の技術が必要である。一枚の着物を製作するのには長期間の労働と根気がいり、それに耐えてやり遂げて一人前の女性といわれた。木綿以前の樹皮やアサ繊維を一反分績《う》むには二カ月以上もかかり、製織仕上げには一カ月を要した。それに比べて、木綿は数倍も早く布が織れ、効率のよい繊維であった。このような糸作りや機織り、着物に仕上げる一貫した工程、和裁教育を「お針」、「紡績工女」と呼称して、他家に娘を預けてお針や紡糸の技術を習得させる方法をとっていた。女性の針仕事によって家族全員が実用的で美しい衣料を着る、これは三度の食事と同じように大切なことであった。また、紡糸や機織りは家庭経済を左右する仕事であり、幼少の頃からお針教育を徹底させた。

よね女（明治二八年生）の談話によると「親が織り子になるより縫い子になれといって、お針奉公のため他家に預けられた。その当時は、機織り工場の女工か女中かどちらかにでて習うことと、親の口減らしのためでもあった。お針奉公は、行儀見習いと子守りをして、夜間にお針の指導を受けるという約束であった。早朝四時に起床して板の間の雑巾掛けと戸障子のはたき掛け、それが終わると甕の水汲みと庭掃除や洗濯、牛馬の世話や食事の後片付けをし、薪作りや日中の子守りに拘束されて休む時間さえなく、毎日が息のつまる忙しさに追われた。その上に、身なりやあいさつ言葉や動作までしつけられた。目的の夜なべのお針には、座って居眠りばかりして叱られた。何年間も住み込んでお針を習ったが、お針は繕い方の部分縫いで、着物一枚を裁断して仕立てることは教えてもらえなかった。しかし、夜なべに正座して針を持って縫うという習慣が身についたので、結婚してのち家族に着物の破れを繕い、刺し縫いで美しくして着せた。そして、身体で覚えた仕事と動作の敏捷性は役立ち、健康に過ごすことができた……」と話す。

このような女中兼お針教育の体験談を、数名の古老から聞き取った。女性の婚前教育として、厳しい下働きによって、従属と忍耐力を養い、少女を針に馴れさせることによって、召使いのように未成年の子女を酷使しながらしつけていたのである。

また紡績女工については一二、三歳の少女を機織工場や糸取り工場「山陰製糸」(明治二三年倉吉町に創立)に集めて製織と絹糸取りを養成した。こうした現場には「女工哀史」が生まれたが、家庭にあっても養蚕に励み、蚕と寝る毎日であった。日本の紡績業の発展はこの女性労働に負うところが大きかった。

いし女(明治四〇年生)は「夜なべは、大姑と姑にわし(自分)の三人が、三様の針箱を並べていた。大姑の針箱は針山が突き立った立体型で、下段に二つの引き出し収納箱があり、木製に色を塗っていた。姑の針箱は竹カゴ製の四角な型で、和紙が貼ってあり、わしの針箱はトタン箱(ブリキ製)である。結婚時(大正期)に流行した針箱である。三人の針箱は各自右側に置いて座り、仕事着のつくろいに明け暮れた。昭和初期、裸電球のコードを下げて電球の下に寄りそい、三人が正座をした。毎夜の儀式のように三人の女が座るのだが、若い者から膝をくずし、居眠りをすると膝を打たれた。縫い物の上によだれを落としたりしながら、引きずりこまれる眠気とのたたかいであった。同じ箇所を何度も縫ったりしてつくろい続け、衣料を長持ちさせた。布地が薄くなると当布《あてぬの》を重ねて刺し縫いをする。みるまに分厚く生まれ変わってくる。この構成の喜びと家族が着る姿を見ることは大きい励みとなった。しかし、夜なべにはええもん（上等品）は縫えなかった。縫っても刺しても破れていき、とけるようになると『布の寿命がきた』と言って大姑と姑とわしの三人が確認して別れを惜しみ、裂《さき》織り用に回した。次々に家族の被服補充を計画しなければ追いつかなかった」と話す。

終戦直後の衣料不足は、再生足袋まで登場するほどであった。「お針を知らなければ嫁に出すな」ということばが昭和二〇年代に流行した。そのころ少女時代を過ごした私は、洋裁の普及により、洋裁塾と和裁塾（神官の妻）に二通りの裁縫技術を学び、教材は古着物を再生した。針箱は、四角形の立体的な木箱が四段に仕切られていて、上段に針山を置き、小引出し、大引出しがある。それらの引出しは和洋折衷の用具を収納した。針箱は外側は貝の螺鈿《らでん》細工と漆で仕上がっていて、今でも大切にしている。

昭和三〇年代の末、日本は高度経済成長期を走り出したが、なかなか農村経済にまで波及せず、衣料不足は続いた。しかしそれらを乗り越えて衣生活を充足させた女たちは、土蔵に収納した蒲団の中入れ綿を出して紡糸し、布に織り上げた。着物を作る一念は強く、野良着を長持ちさせるため、補強布を重ねた。お針教育が生き続け、それを誇りに思う人さえもいた。女性に偏重した和裁であったが、当時はそれが女性差別につながるなどとは誰も思っていなかった。一本のもめん針と糸によって家族を守ること、自由な刺し縫いに心を込める貧困なくらしは、今では理解に苦しむ人もいるだろう。

製糸工場で娘時代を過ごしたいち女（明治三三年生）は、結婚後に着物の知識がなかったので、家族に縫って着せるのに困り、姑のいない間に着物を解《と》いて独学で裁縫を覚えるのに必死だったと話してくれた。

明治末期から大正期の農村では、神官や寺院の娘や上農の子女たちは上級学校に進学した。女学校や県立師範学校に進学するのは村から一人か二人であり、特別な存在であった。

学校での教育内容は和裁実習に力を入れ、女の先生はすべて和裁を指導した。

野良着の資料収集に際して、一包みの箱を頂戴した。その家は元在村地主で、終戦後農地解放によって田畑を失い、家屋敷のみが残る生活に転落していた。箱の中には、大正期に県立師範学校に進学した娘（船越信子、倉吉市小田）の衣服実習による実物製作品の雛型が詰まっていた。私は約半世紀前の学校教育の和裁指導の内容を証明する資料に出会えた喜びに、胸の高鳴りを覚えた。当時は村人に読み書きのできない者が多く、どのような伝承で技術教育を行なったのかにも興味があった。やはり雛型を見せ、言葉と手技で指導したのだろうか（口絵参照）。

県立師範学校の一年から三年間の被服実習作品、百点の製作内容の一部分を紹介する。作品に貼付した学年順によると、一学年では運針で針目をそろえて縫う基礎縫いの練習から始まっている。手甲《てこう》や脚絆《きゃはん》・頭巾《ずきん》などと、着物の部分縫いに、比翼つき（着物の袖と裾を二重に仕立て、重ね着のように見せる縫い方）の仕立てかたと褄《つま》（着物の裾の二重仕立ての左右両端の部分）だけを部分縫いに練習していた。男女児の着物のひとえから袷《あわせ》仕立てに進み、袴《はかま》から裃《かみしも》類、下着類などいっさいの和裁の雛型である。また、洋服のシャツにズボン、股引の各種と前掛けもある。蒲団や座布団、油単《ゆたん》にのれんがあるが、エプロンやもんぺは見当たらなかった。それらは、その後に流行したことを物語っていた。作品は、実物の三分の一に縮小して製作され、すべて手縫いである。提出表の学年と氏名によって、師範学校での被服のカリキュラムが一目瞭然と分かるとともに、和裁技術教育一辺倒によって、良妻賢母流の内容を盛りこみ、教員を養成していたことが感じられた。そこで履修した人たちが、卒業後に女学校の教師として、地域で子女を指導したのである。

昭和初期に県立女学校の生徒であった人は、部分縫いを私に譲ってくれた。「綿布の繕い方」と題し、提出時の採点「優」が残されている。七種類の絣木綿をハガキ大に綴じ合わせ、繕いの実習を行なっている。大正期から昭和初期に流行した藍木綿の矢絣をカギ裂きにし、裏側から当て布をして小さく補縫いをしていた。また、重ね縫い、突き合わせ縫いなど、各種の繕い方である。別布を当てるのに、縞筋を地布に揃え二度縫いにし、地布と同色の糸を用いたり、わざと紺地に白糸で強く刺し縫いの針目を飾る方法など、実習資料は美しい。

糸を紡ぎ布に織り上げて着物を縫う、という一貫した作業が女性の感性に左右されていた時代には、彼女たちは野良着の当て布にも各種の絣や縞に刺し縫いを施し、個性美を発揮したいと願っていた。お針箱を膝もとに置いて再生するしか方法のない衣料不足の時代と、現代の過剰な衣料を好みで選択して着る私たちとは、天と地の違いがある。かつて、針箱に芋を隠して空腹を満たしたり、お針の賃仕事をして針箱銭を蓄えた想い出を持つ老女は多い。手縫いの針目とミシン縫いとは違っていて、手の針目には重厚な心が映っている。

昭和二〇年以前の女子教育には、このように幼少期からお針箱セットを与えて針に慣れさせることや、正座による行儀作法と労働教育によって、他人の飯を食わせて厳しく教育する方法で一人前の女性にし、服従と忍耐を美徳とする人間に育てあげた。また、女性は生まれた時から男性より劣等視されていたことも事実だった。それは、儒教の影響により、男性優位の封建的な考え方が固定化され、性差別や女性の不浄視が、支配者に都合のよいように利用されてきたと見ることもできる。

私が小学生のころ（昭和一五年）、神社参拝の団体行事の際に上級生に「鳥居から先に行くな、女はけがれとる」と言われて驚いたことがある。そのころ学校行事に毎月の神社参拝があり、先輩の女生徒の数名が毎月鳥居のそばに立っていた。女性のけがれについて悪いことのような感じを受けた。また、結婚後友人の話によると「けがれる時（生理日）一週間は土間の筵《むしろ》に箱膳をだして家族の食事の後で一人で食べさせられる」（昭和三〇年ごろ）と、悲しんでいた。女性の生理現象を嫌い、家族間で差別を受けることに気づき、根の深いものを感じた。そうした生活習慣の根底に、夜なべのお針を強要して働かせる女性差別があり、明治・大正・昭和の三世代の同居によって生じる習俗もあったのであろうか。大家族間のにぎやかな団欒と、信じ合う人間関係の美徳というのは表向きの顔で、その内実は女性を軽視し女性の人権が尊重されない空気が漂っていた。

くらしの中の藍着物

農民の生活衣全般の色相は、下着から上着まで藍色に染めた着物が多く、外出着も藍着物を着た。また、蒲団類からのれん、風呂敷や袋物まですべてが紺系の色で統一されたくらしであった。布地の素材は、アサ類や木綿の天然繊維がもっとも多く製織された。そして、明治末期から養蚕が普及すると、残蚕の屑マユを利用した自家製の紬《つむぎ》織りを製織した。また、藍染めの着物には木綿縞と絣の豊富な文様が生みだされ、それらの工程を受け継いできた。

農村では、女性が結婚時に持参する荷物と着物の量が親からの財産分与とされ、一生涯着用するほどの着物を新調して嫁ぐ習俗があった。そして、荷物を作れない人を「裸で嫁入り」と言ったりしたが、それぞれの家庭経済に似合う仕度を調えて結婚した。そうした着物は大切な宝物で、生涯一度も手を通さないままの人もいて、さまざまであった。

農家に残存した衣料で、手もとに収集した明治期から昭和中期までの野良着を除く町着や外出用の衣類と、灘《なだ》着（海女や漁業で着る）と職人服や子供の着物など、数点について考察したい。これによって野良着との関連が理解されると思う。普段着と外出着を区別して着るものと、野良着と家庭着は同じ着物を着て付属品の手甲や脚絆を加装して仕事着にするなど、多様である。生活上着用したと思われる被服類（身につけるものすべて）は、とても広範囲にわたって収拾がつかないが、所在のはっきりした資料と聞き取りによって記してみる。

農村の集落は富農、中農、貧農など各層の人たちが集まった集団であり、生活程度の差が大きかっ

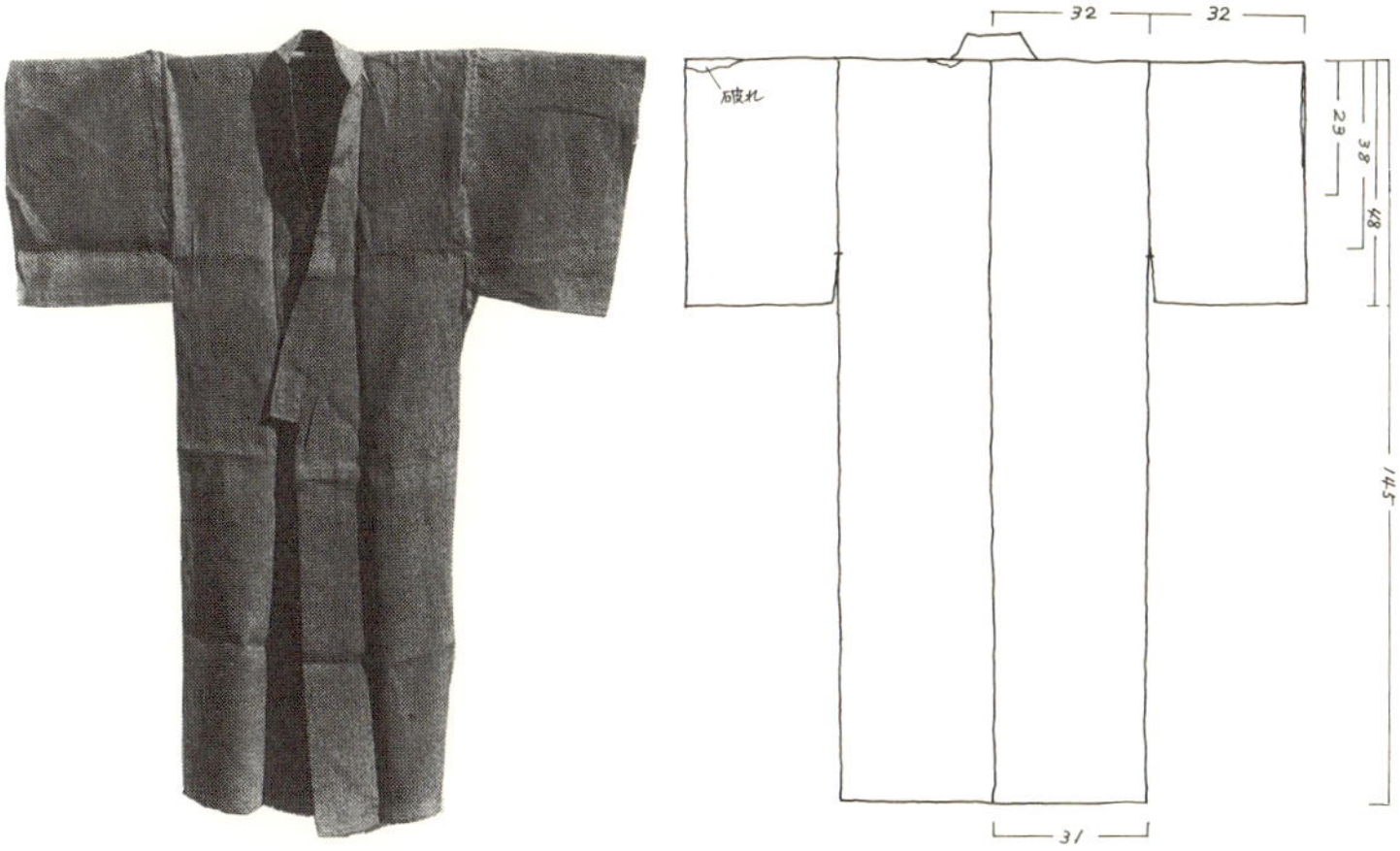

図1　麻帷子格子男長着（萌黄色）
①重量430g
②淡藍と濃紺の0.3cm 間隔の格子
③鳥取県東伯郡羽合町／明治初年生

図2　木綿縞男袷長着
①重量1400g
②新品，手紡糸，茶縞は 1 cm 間隔に 5 本
③鳥取県西伯郡名和町／明治21年生

た。小作料を取りたてる支配階級の富農がいる社会制度の下で、前述したように、搾取される小作人や、土地は持たず他人の田畑で賃仕事をする極貧農もいた。こうした権力者と弱者が共存した農村の社会的背景をふまえて、収集した衣料を用途別に類別し、いつ、誰が、どのような時に着用したかを記録すると、衣料に描かれた生活ぶりがよくわかる。

男性用着物の外出着である図1は、麻帷子《かたびら》の萌黄色で、明治初年に生まれた人が明治中期から大正期まで着用した夏季の着物である。一見萌黄色であるが、よく見ると淡藍色と濃紺色が〇・三ミリ間隔の格子縞で、光沢があり上品な風合いの着物である。着物の重量は四三〇グラムあり、軽くて麻特有の張りがある。

図2の木綿縞は、男性用の袷《あわせ》長着物である。濃紺の裏地をつけ、表地は濃紺縞一センチ間隔に茶縞が五本入り、茶色と紺色の深い重厚さが感じられる。素材が手紡糸を厚く織り、着物の重量は一四〇〇グラムの重いものである。袖丈も五四センチと女物と変わりない長袖に仕立て、明治二一年生まれの人が新品のまま箪笥に眠らせていた。この着物の重量が、前記した麻帷子の三倍強であるのに驚く。冬季の寒さをしのぐために厚地に製織したらしい。それに比べ帷子の繊維は、麻績みが繊細で頭髪のように細く、透きとおる美しさを宿していることに、先人の伝統技の優れていることを知る。湿度の高い日本の夏衣として、涼しくて軽い着物を作りあげたのだろう。

図3は木綿絣の袷仕立てである。明治二九年生まれの人の青年期の外出着だったらしい。幾何文様の絣が並幅に二〇立（並幅三六センチ間に絣の数が二〇個ある）した明度感のある若向きの経緯絣で、総紺木綿の裏をつけていた。重量は一〇七〇グラムあり、袖丈は四八センチである。

男性用町着はこのような縞や絣着物を着流して外出着にし、また、羽織や胴服を着たり、下衣に股引袴姿もある。ここに男子用の袷胴服について図4にみる。資料の着丈が八五センチあり、袖丈は三一センチの船底袖に作られ、袖口に別布の絣をつけている。明治末期に仕立てたという胴服は、若者用であり、絣文様は派手で並幅に一〇立の幾何文様の白場（経緯絣の白地の面積）の大きい木綿絣である。重量は五八〇グラムであった。

男性用着物と組ませた下衣について、次の二点の資料をみる。一般に股引は麻地か木綿のひとえ仕

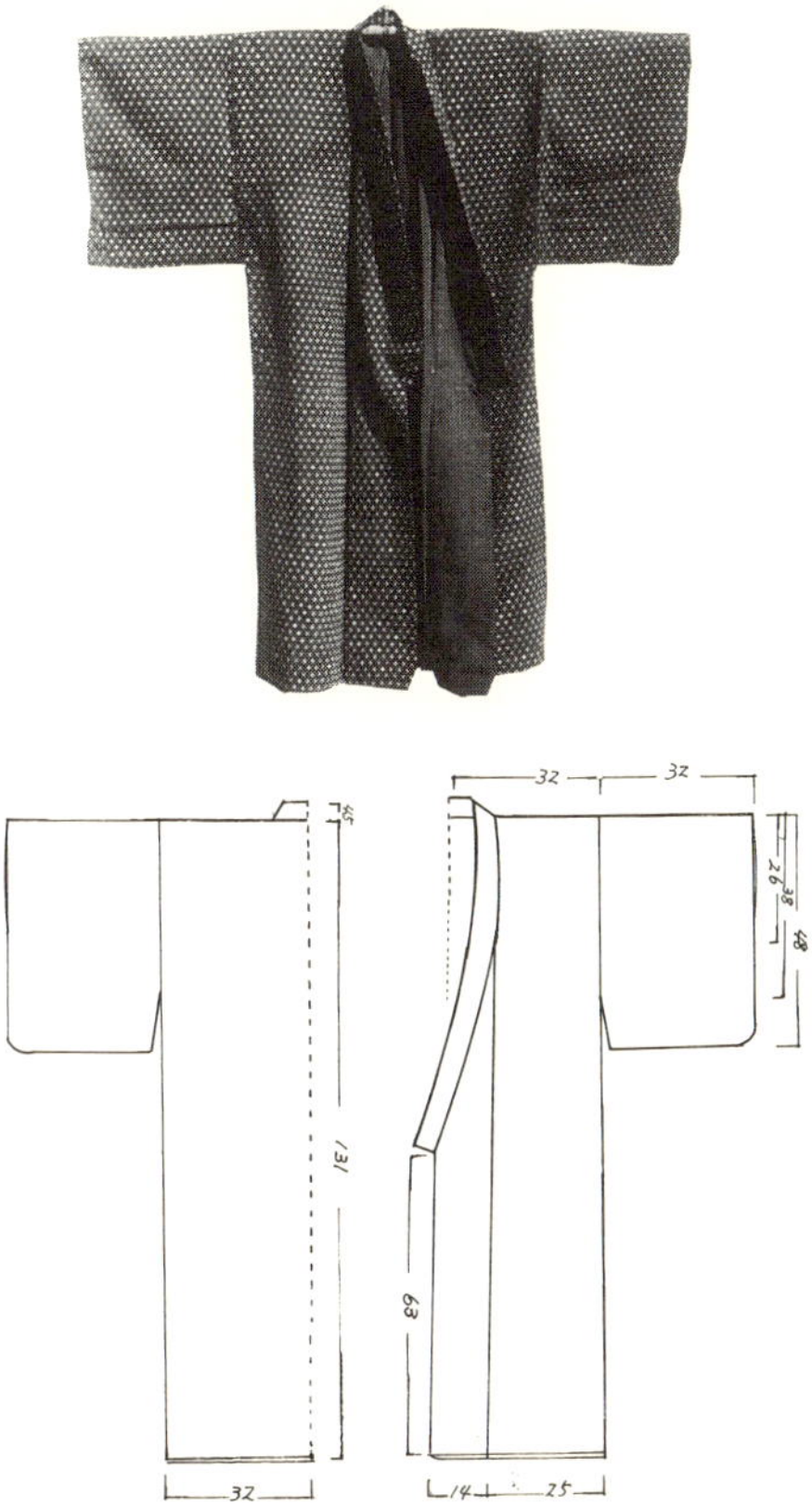

図3　木綿絣男袷長着
①重量1070g
②幾何あられ文，並幅に20立，手紡糸の総紺木綿裏
③倉吉市／明治29年生

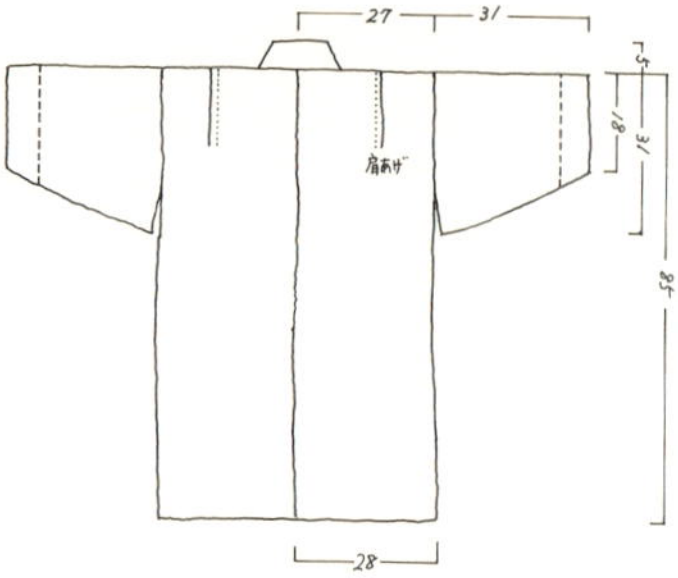

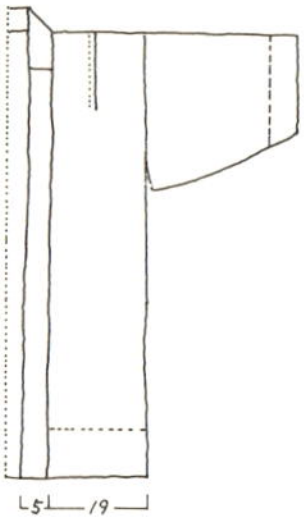

図4　木綿絣男胴服
①重量580g
②総色物裏付き袷仕立て，袖口に別布の絣をつける．並幅34cm に幾何文経緯絣10立，紡績糸
③倉吉市／明治末～昭和初期（昭和52年収集）

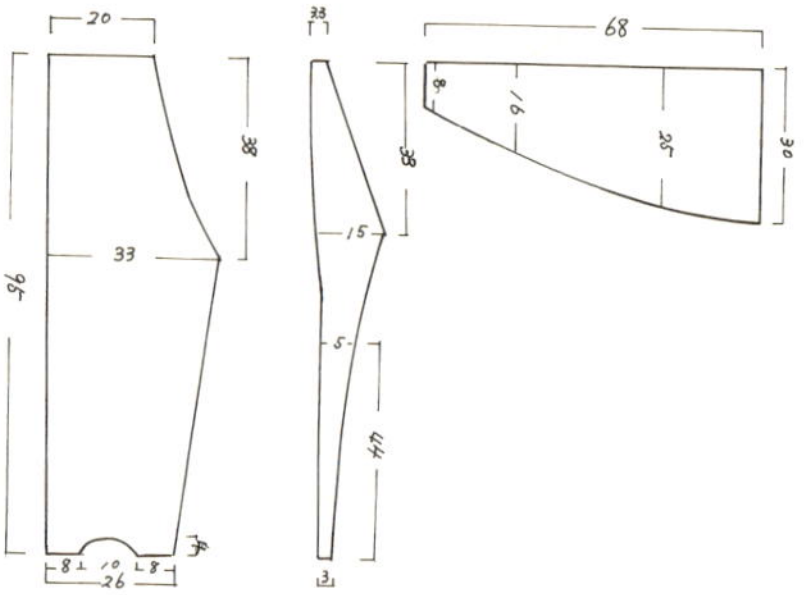

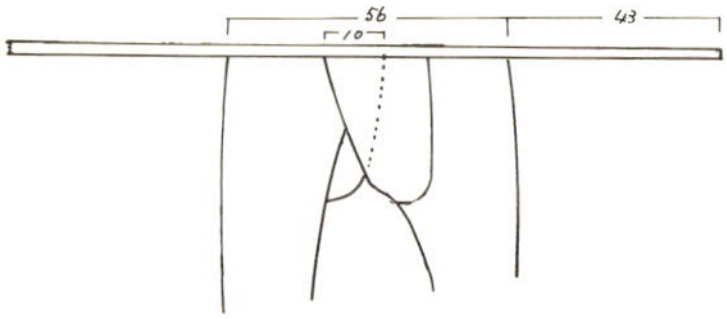

図5　股引裏付き
①重量250g
②繻子黒地に浅黄木綿裏付き，手縫い
③鳥取県日野郡日南町／明治30年生まれの人が外出に着用

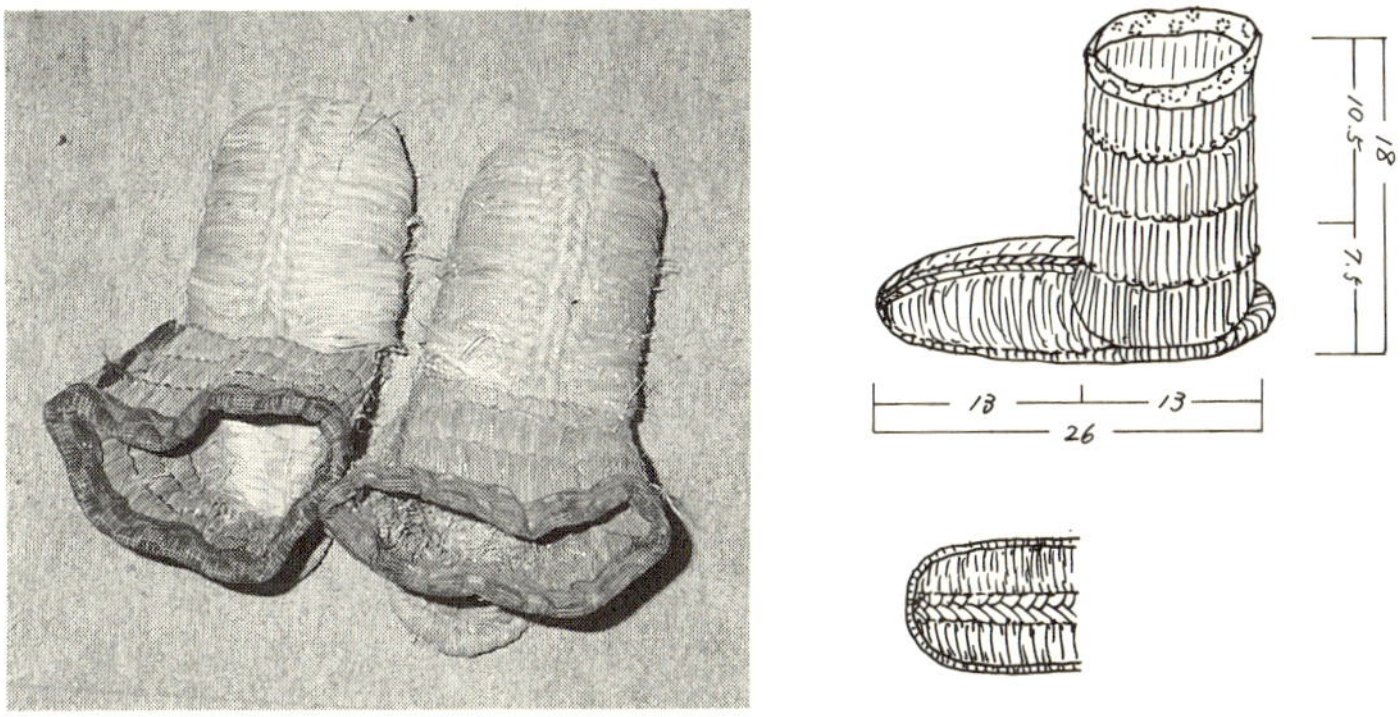

図6　藁沓
　①重量250g　②絣布飾り，はき口の円周40cm　③倉吉市

立てを外出着や普段に穿《は》いていたようだが、この股引は特別な布地を用いている。山間の村の元富農に残存した数少ない資料である。股引の布地は黒繻子《しゅす》の表地に浅黄木綿の裏をつけ、表と裏側の両方を穿くものだ。繻子は、女性用の帯地や掛衿（衿の首回りに二重に掛ける）によく用いた光沢のある高級織物である。手にとって見ながら、繻子の色艶と裏布の淡藍染めの木綿は、人を引き込む美しさがあり、表地とよく調和していた。「明治三〇年生まれの人が町着用に穿いた股引で、大正期から昭和初期まで用いた」と話していた。

　履物と外被についてみる。図6の藁沓《くつ》は外出用である。穿き口の周り（四〇センチ）に絣木綿で縁どりをし、穿きやすく品がいい。全長二六センチ、高さ一八センチの沓の中にワラほくどを入れて暖かくし、素足ではいていたらしい。こうした藁沓は、一家に二足くらい備えていたと聞いた。一般的に履物は草履《ぞうり》や下駄を用いたが、藁製の履物は消耗が早く、竹の皮や木綿布と交編みした草履が長もちをした。外出時にはこうした布製の草鞋《わらじ》や草履をはき、防寒

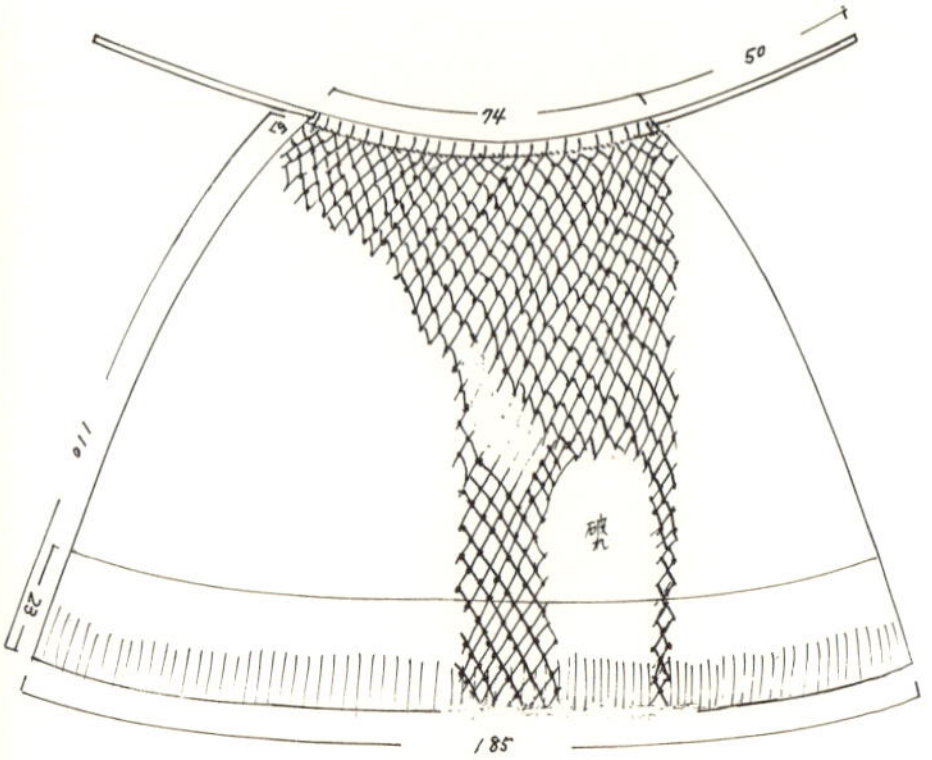

図7　蓑
①重量1020g
②裾藍染め，裏側は網飾り
③倉吉市／大正〜昭和期

防雨には藁沓を穿いた。

　履物も藍布を交編みする創意工夫をしていたが、次の外被の蓑も藍染めにした糸で編み、蓑のすそ囲りは藍に染めている。このように、くらしの中に藍色が定着していたことを物語っている。

　図7の外出用の蓑は、素材がササメ（莎草）で、チガヤに似た野草を用いている。ササメは雨に濡れても水切れがよくて軽いのが特長であるが、軽すぎてササメが風でめくれあがるのを防ぐために、蓑に網を編んでかぶせているらしい。蓑の重量は一〇二〇グラムあり、ワラ蓑に比較すると約半量の軽いものである。全体に光沢があり、落ち着きを感じる。首回りの紐も藍染めの糸で編み、蓑のすそは幅二三センチにわたって藍で染めている。手づくりの網目に編んでおおった蓑は、外被として至高の美しさを表わし、魅力的だった。

　在来の農村の人たちは、こうした蓑を着て神仏への豊作祈願を行ない、市《いち》にでた。市を利用して農耕

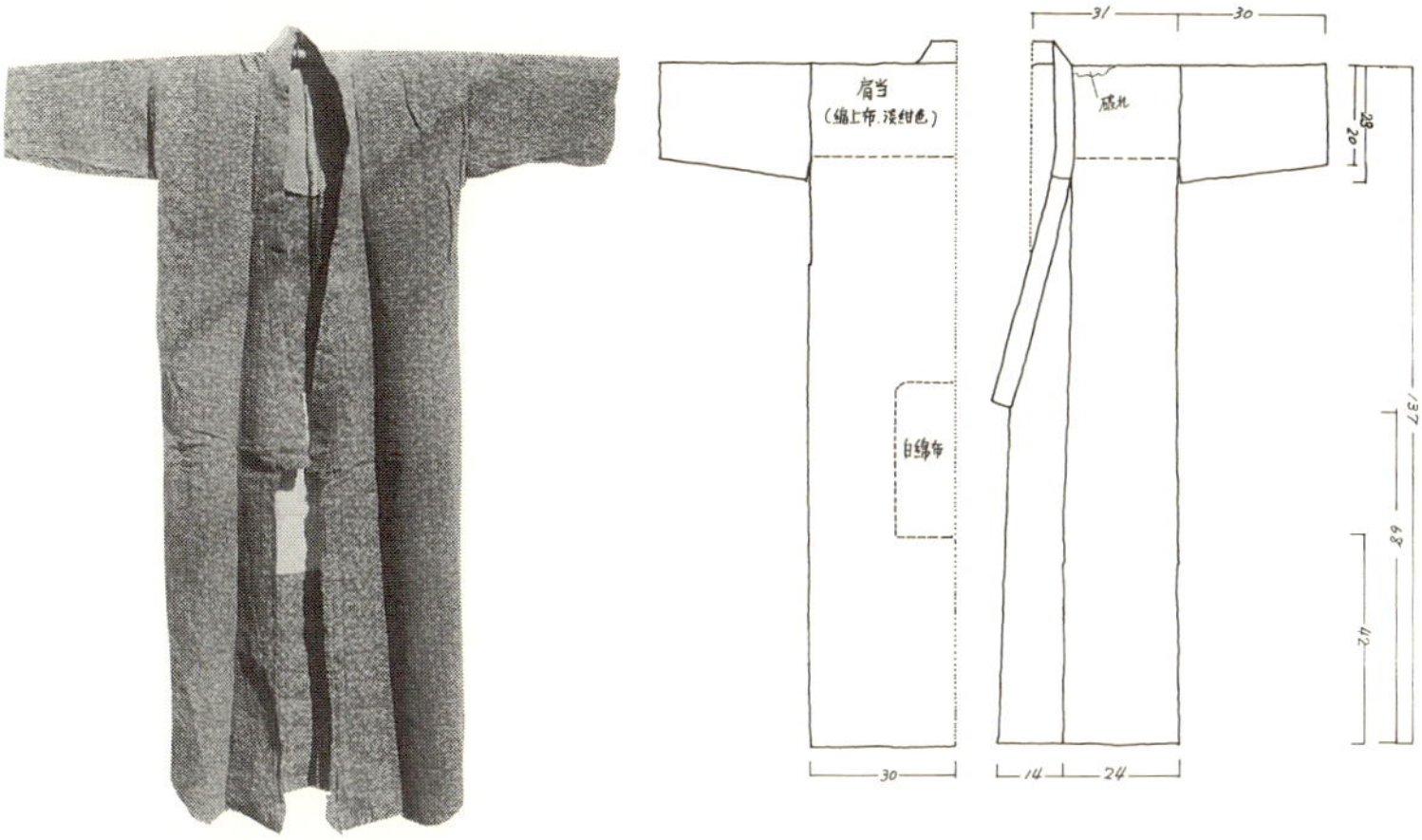

図8　帷子麻絣小花文女長着
①重量380g　③倉吉市／明治〜大正期

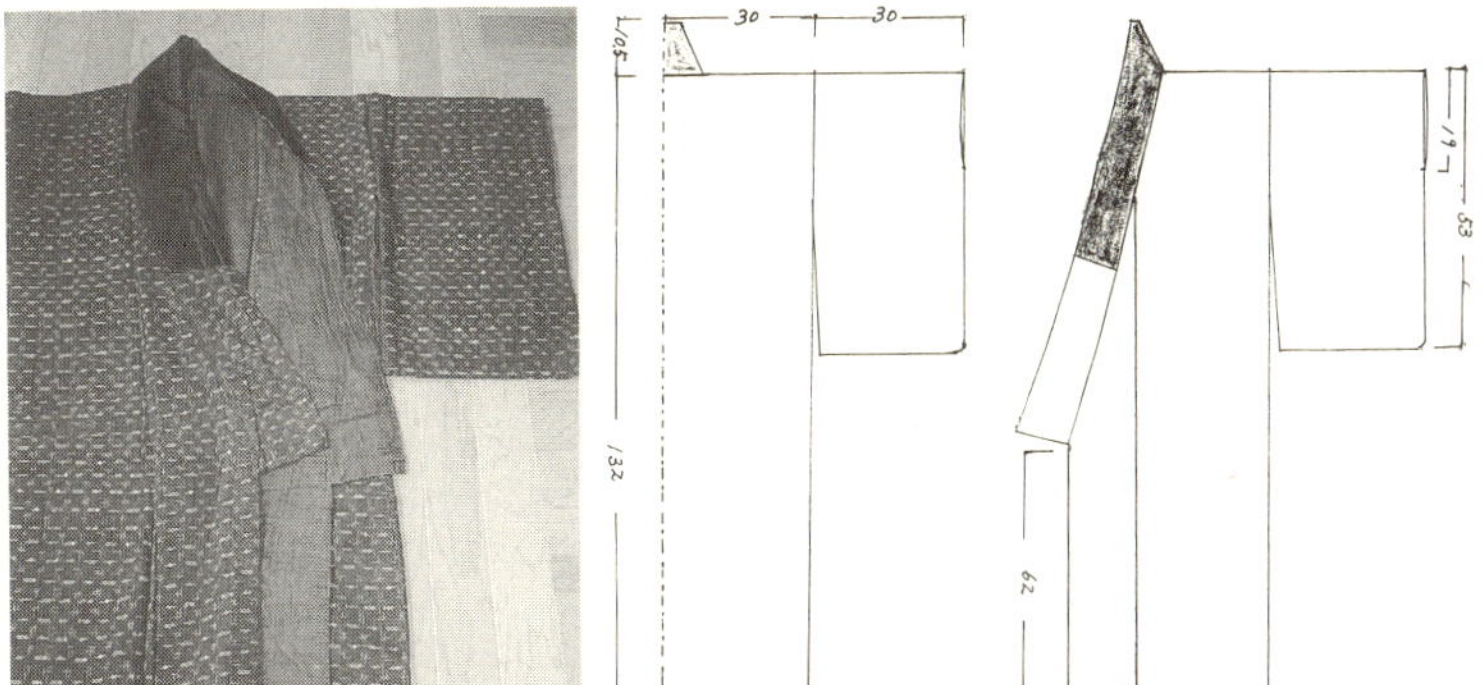

図9　木綿絣綿入れ女長着
①重量1380g
②総紺裏は表裏とも手紡糸，緯絣虫の巣と井桁文，掛衿繻子，麻糸のしつけ糸
③鳥取市／明治初期

民具や生活必需品を売買した。着飾って出歩くような風習はなく、野良着をよく洗い清めて糊をつけ、清楚な身なりで外出した。

女性用の着物について、年代の古い資料からみてみよう。図8の帷子《かたびら》は、麻絣の女物長着物である。麻衣は夏着に限定せず、年中用いたと聞き取った。「麻着物を重ねて着ると暖かく、軽くて肩こりがなかった。暑くなれば一枚ずつ脱いだが、麻は通気性がよいため、着物の中間に着ると気持ちよく、効率がよかった」。この談話から、この帷子の袖を調べると、労働着用の筒袖で、腕が通るだけの袖幅（二三センチ）に改縫《かいほう》し、外出着、普段着、仕事着の順によく着込んでいる。小花文様の絣の地質は薄くなり、風合いが柔らかく、非常に軽い。重量は三八〇グラムあり、明治期から大正期まで着用された。

図9の女性用長着物は、綿入れ仕立てにし、広衿と長袖をつけ、衿には黒繻子を掛けて、裏側に麻糸のしつけ糸を残している。聞くところによると「明治一〇年代の着物」という。表裏ともに手紡糸の柔らかな風合いに初期の絵絣、虫の巣文や井桁文が織られ、藍の色艶のよさと濃淡の配色は、年代の古い資料で着込まれたものほど洗練された味がある。こうした綿入れの着物を着て、寒さを防いでいたのである。

図10の木綿絣は袷長着で、明治中期に製織したと語り伝えている新品である。濃紺地にかすかに白点の小絣（並幅三四センチ間に蚊絣が四〇立）が織られ、男物とまちがえるほど地味である。袖丈が六一センチの中振袖に仕立て、紺裏地をつけている。地機で手紡糸を織製したと伝える着物の重量は一四〇〇グラムで非常に重い。明治九年生まれの人が嫁入りに持参して、一度も手を通していない。

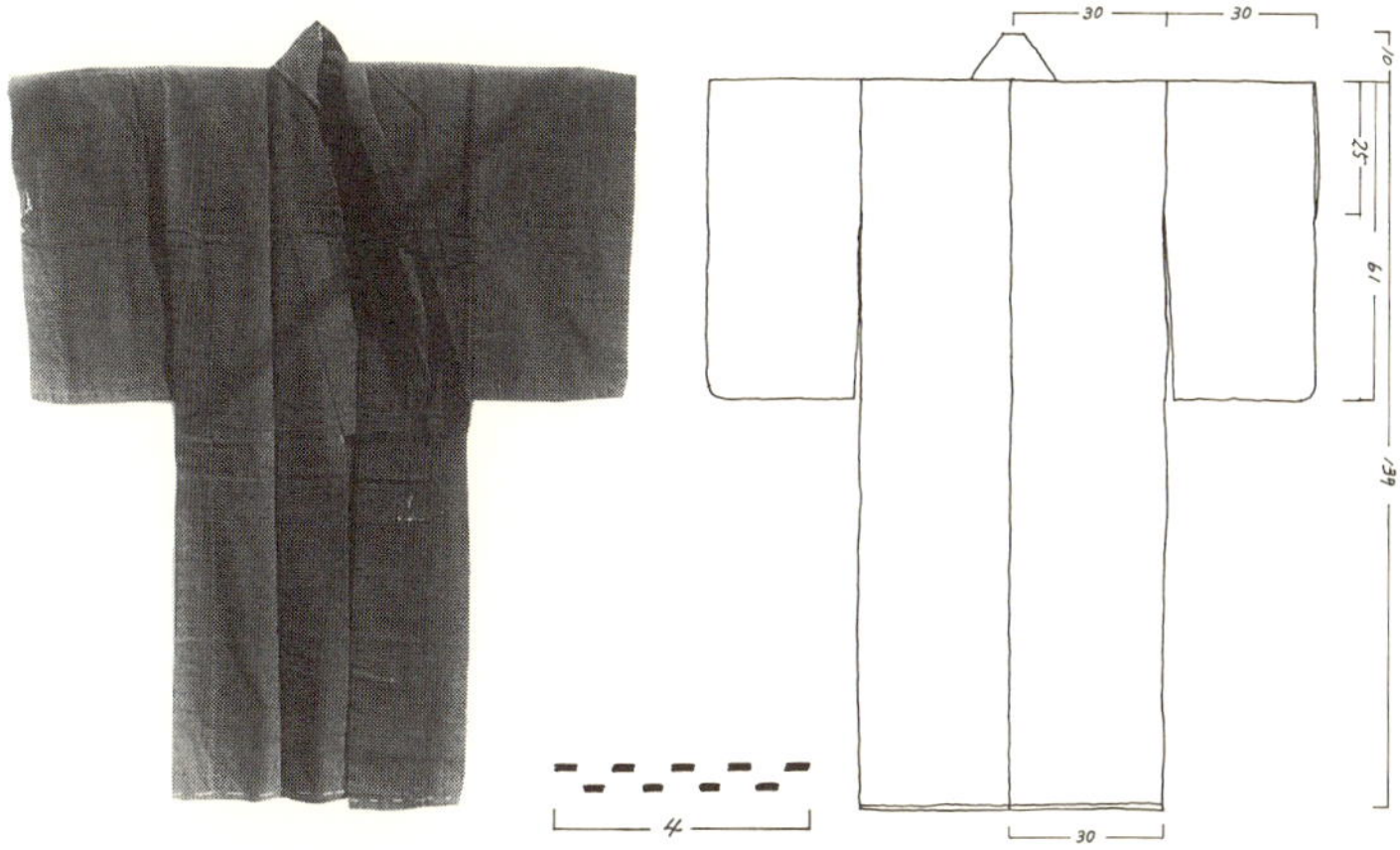

図10　木綿絣袷女長着
①重量1400g　②並幅34cm 蚊絣40立（緯糸のみ），表裏地とも手紡糸を地機で製織
③鳥取県気高郡青谷町／新品，明治９年生

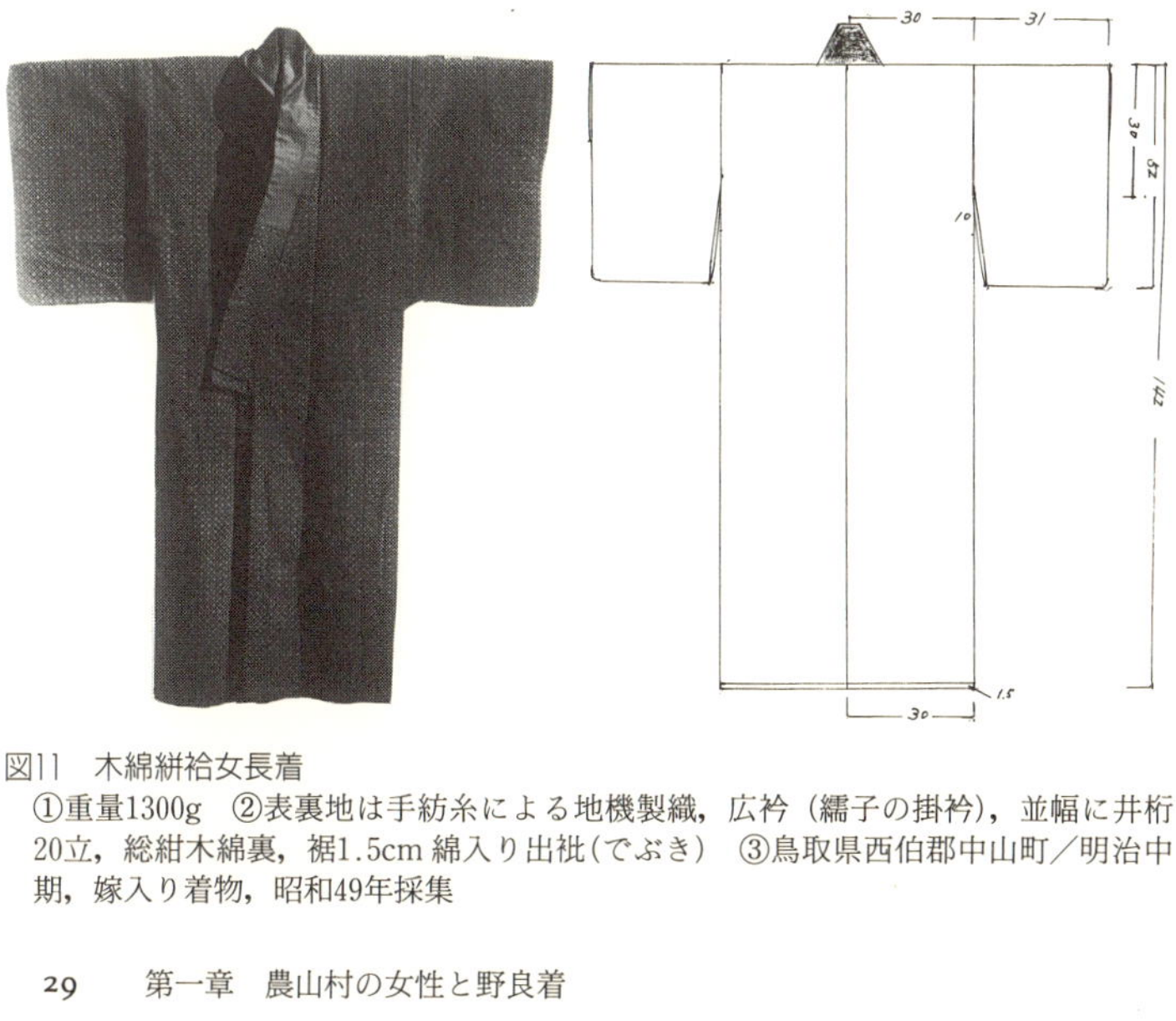

図11　木綿絣袷女長着
①重量1300g　②表裏地は手紡糸による地機製織，広衿（繻子の掛衿），並幅に井桁20立，総紺木綿裏，裾1.5cm 綿入り出袘（でぶき）　③鳥取県西伯郡中山町／明治中期，嫁入り着物，昭和49年採集

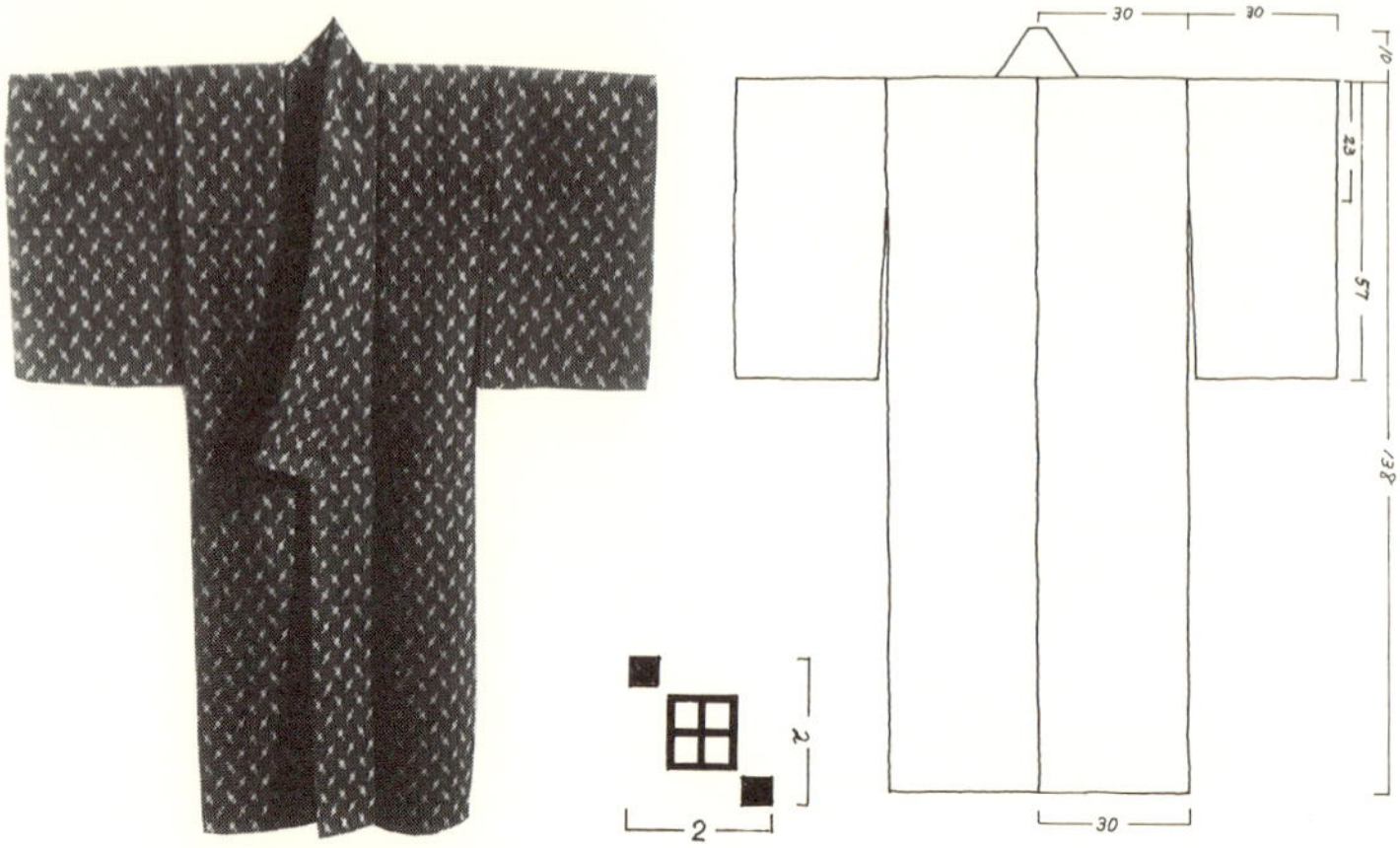

図12　木綿絣女長着
①重量860g　②並幅34cm，幾何文田の字絣８立，手紡糸による広衿仕立て　③鳥取県西伯郡中山町／大正期の母親のものを昭和初期の嫁入りに持参（新品）

図11の資料も、明治中期に製織した木綿絣の井桁文様が並幅三六センチ内に二〇立した濃紺の井桁絣である。

　このように黒に近い濃紺染めを最高級品として評価した。藍染めは濃くなればなるほど布地が強靭になり、耐久性がある上に、藍の香りも良く防虫効果があったので、上農は好んで衣服を濃紺に染めた。しかし、染色工賃は高価であるが、せめて晴着は濃紺で着物を作りたいという願望が強かったと聞いた。外出用のこの着物は、濃紺の裏地をつけ、裾の出袘《でぶき》（裏布が表布より出る）が一・五センチ表に出て、一センチの高さに裾綿《すそわた》が入り、盛り上がっている。衿は広衿に黒繻子を掛け、長袖のどっしりと重い着物で、地機で製織していた。

　図12の長着物は、親子二代にわたって結婚に持参した着物である。「大正初期の母親の嫁入り着物を、昭和初期の経済恐慌時に結婚したので、親の着物を持参したが、大切にして着物にしつけ糸

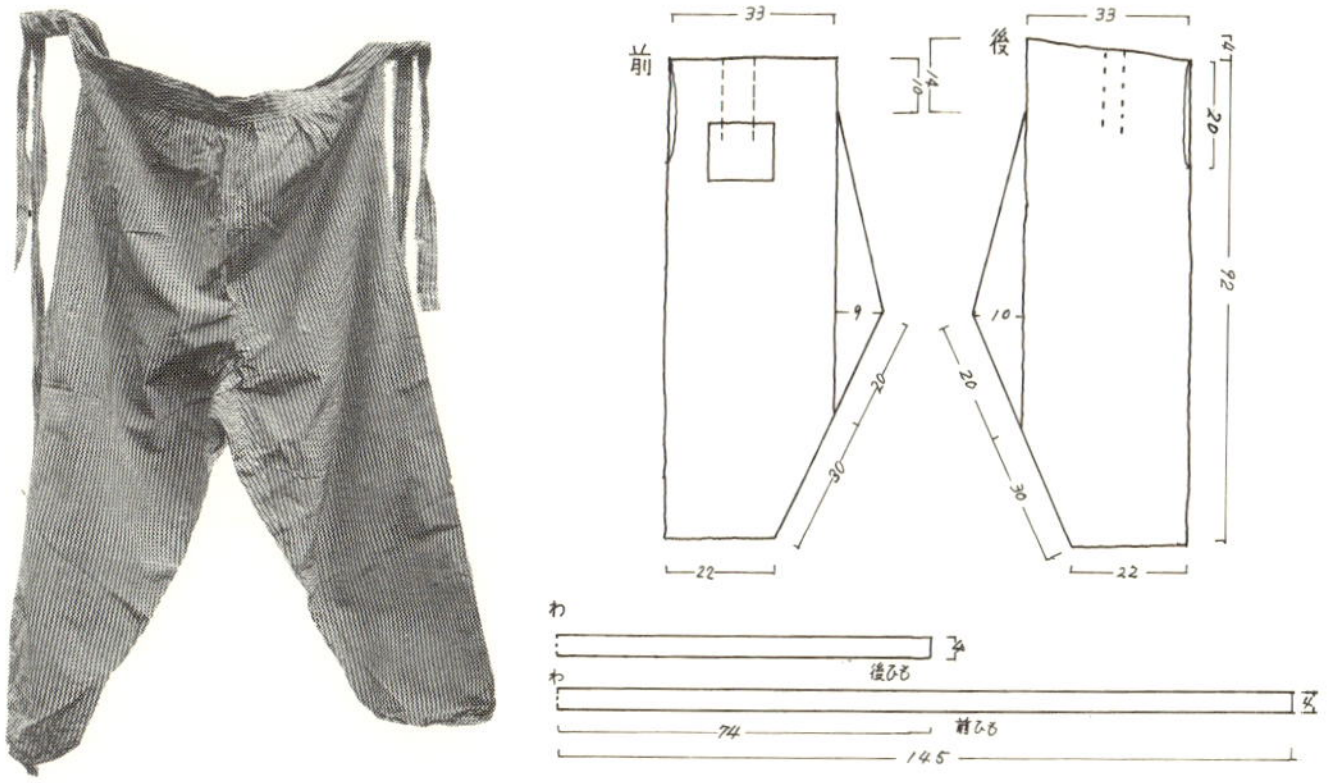

図13　もんぺ
①重量240g　②絹，木綿双糸の交織　③鳥取県東伯郡泊村／92歳の人が昭和48年ごろまで愛用

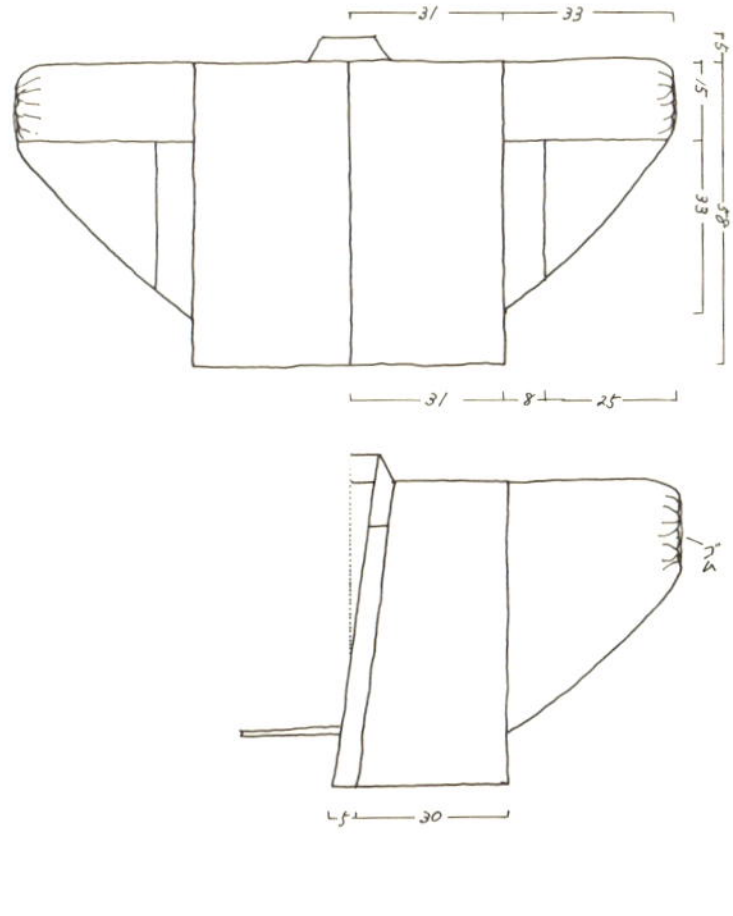

図14　木綿風通織り上衣
①重量300g
②10枚綜絖による織り文様．並幅33 cm，細番手の綿糸枡文８立
③倉吉市／大正〜昭和30年ごろ

をつけたままの新品である」。大正期から昭和にかけて着物の文様は派手になり、白場の大きい幾何学的文様の絣が流行したようである。この着物は「田」の文字を絵絣に手紡糸で織った暖かみのある地質である。談話によると「農民の土地や田畑に対する愛着と豊かな生活を願う図柄だと親が話していた」。親子二代が着ることがなかった着物とは、新品のままにしておきたいと願い続けた、想像以上に大切な宝物であったのだろう。よいものをもらったものだ。

外出着に二部式のはっぴともんぺを穿くように移り変わったのは、第二次大戦の前後からである。そのころは結婚の花嫁が絹織物（銘仙《めいせん》）の二部式で嫁入りする姿を見る時代で、絹着物の改縫いが流行した。図13は、そうした時代に着物を、もんぺとはっぴに再製したものという。もんぺは、木綿藍染めの双糸と絹の黄縞を交織した棒縞の着物である。股上と股下寸法をほぼ同寸にし、股襠《またまち》幅を広く、穿きやすく仕立てられている（現在九二歳の人が昭和四八年ごろまで着用していた）。

図14のはっぴは、袖付が広く着物の上にはおる最新型である。「木綿藍染めの細番手を風通織り（二〇枚の綜絖によって織り文様を作る）着尺《きじやく》にし、大正期の結婚に持参した。戦後の二部式の流行に影響され、この反物をはっぴに仕立てて町着に着用した」という。風通織りは絣ではなく、織機の踏み木と一〇枚の綜絖《そうこう》（経糸を通す工具）によって織りあげる工程で、上農の婦人にこの技術者がいたようである。この資料は倉吉から遠隔地に嫁いだ人が解説をつけて私に郵送してくれた。

ここに各種の木綿着物の晴着を引き合わせて述べたのは、こうした晴着が着込まれて仕事着に変わる過程を理解するためである。野良着の源はこれらの嫁入り着物の町着として大切にした藍着物である。また外出着の中には周知のとおり、冠婚葬祭用の紋付着物や絹物の式服もあり、着用したと思わ

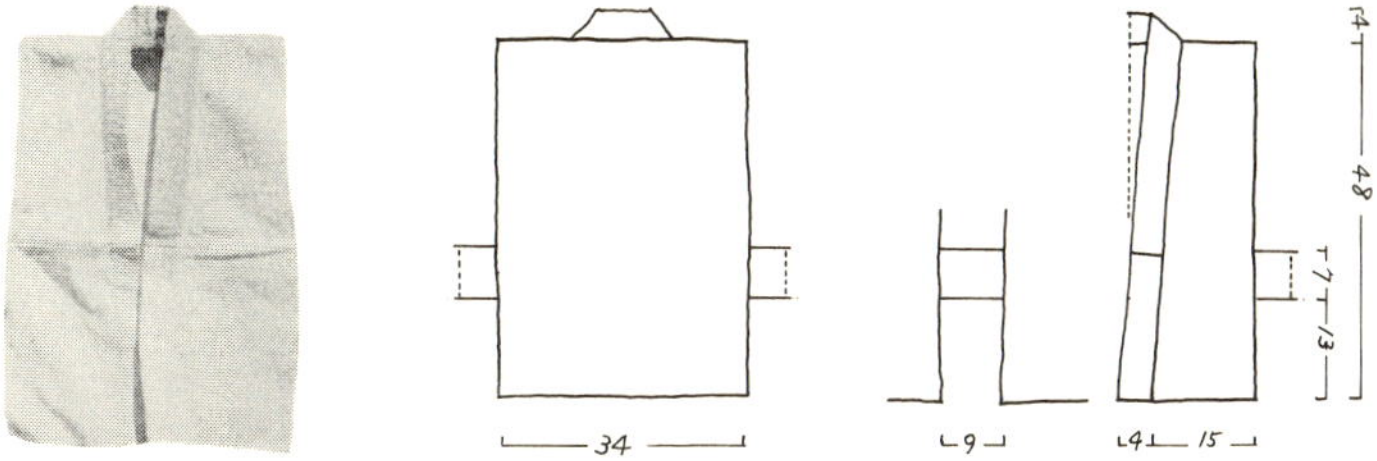

図15　白繻袢
①重量80g　②手紡織り，並幅に脇ベルト　③倉吉市

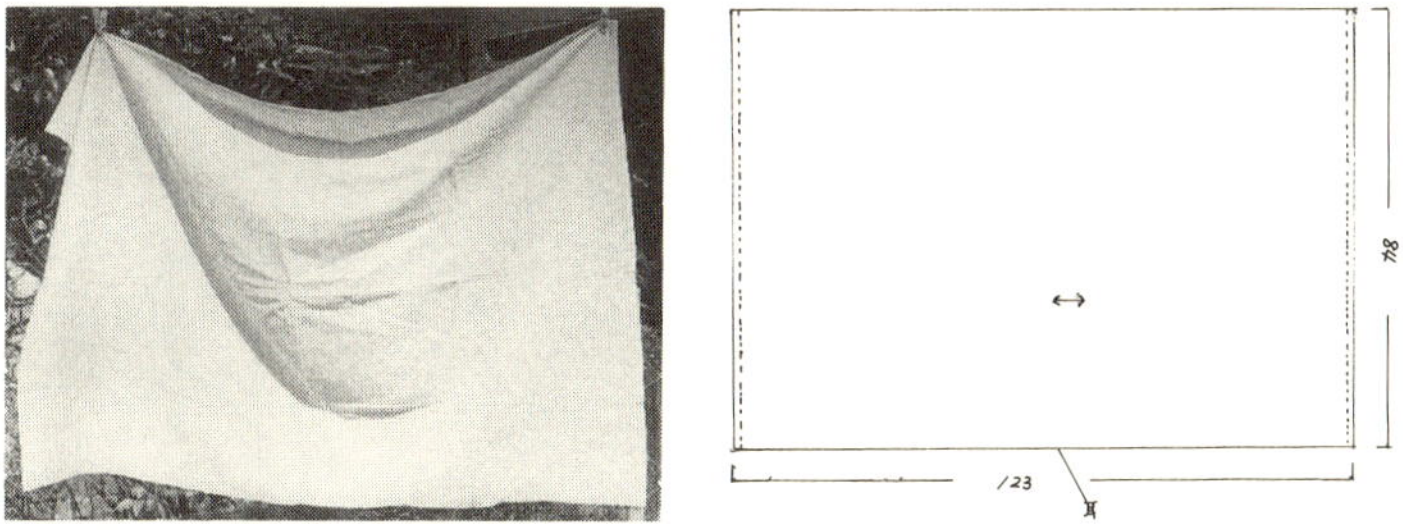

図16　綿白縮腰巻
①重量100g　②紐なし

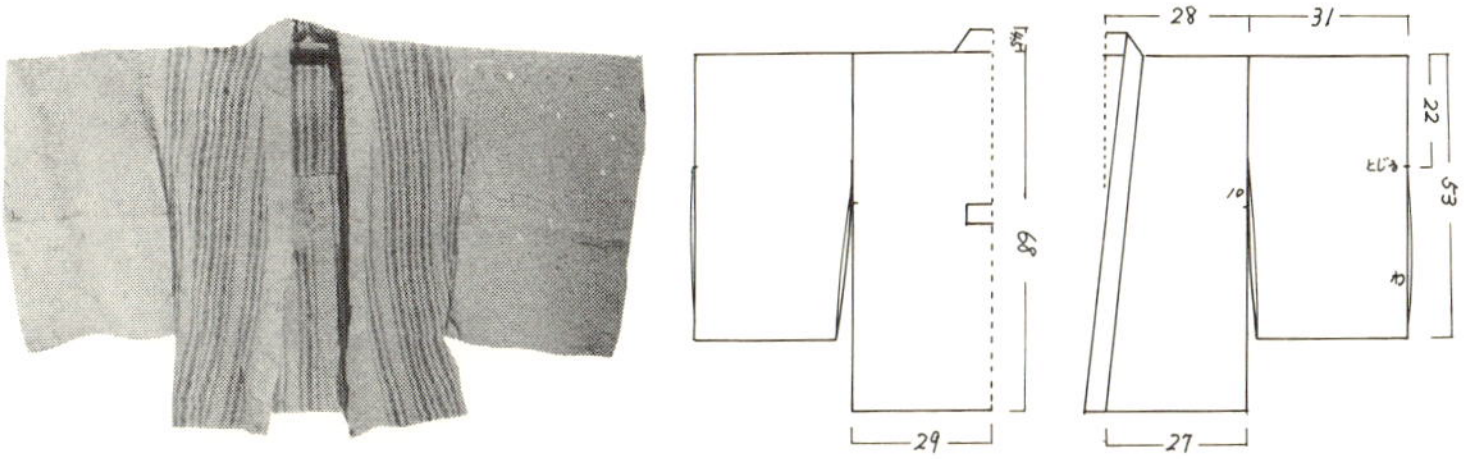

図17　絣繻袢
①重量300g　②胴身縞綟り，袖モス，衿白木綿，背・脇縫い 1 cm 縫い代．密度 1 cm 間隔に経糸 4 本，緯糸 4 本

れるが、それらには触れていない。

下着類の襦袢《じゅばん》と腰巻についてみる。江戸末期から庶民層に使用されたという襦袢と腰巻は、小紋や中型染めの藍木綿が多く、夏季は麻地を用いていた。特に女性の腰巻は、長着物に重ねた表着（蹴出《けだし》）として着物に組ませ、粋《いき》に着装したようである。麻上布の絣腰巻など緻密な織物は、木綿以前の古い時代からの衣料である。腰巻は、長着物の濃紺と調和するため、淡藍染めが多く用いられた。こうした藍染めで、絞り染めや板締め（二枚の板に布を挟んでぼかし染めにする）加工があり、藍の縞織物の腰巻も作っている。

外出用の腰巻（図16）は、白縮《ちぢみ》の木綿で広幅布八四センチと長さ一二三センチの矩形で、縫い目も紐もない。昭和初期に機械織りの広幅用布が出回ったもので、男女とも腰巻に用いたようだ。

襦袢は、肌襦袢、長襦袢、袖なし襦袢などがある。図17の女物半襦袢は長袖がついている。胴身ごろは綿糸の綟《もじり》織り（一センチ間に経緯の糸密度は四本を網目状に捩った織物）という特殊な織りの棒縞である。着心地のよい襦袢で、夏季用は袖を取って着たようである。この襦袢の重量は三〇〇グラムであった。図15の袖なし襦袢は、前身ごろと後身ごろを両脇の紐で結ぶ単純な形の下着である。このように素肌着の襦袢のほかに、飾り襦袢として小紋や型染めは、内着としても外着としても併用された。

木綿藍着物は、洗うたびに鮮明に美しくなる特質がある。普段着を洗い張りにして、何度も裏と表を交換して板張りにし、着丈を等丈《つい》に短くし、衿幅を狭く袖も短袖に改縫いし、町着や普段に着ることを半世紀以上も繰り返すと、そのたびに破損箇所が目立つので、仕事着にまわした。次に説明する

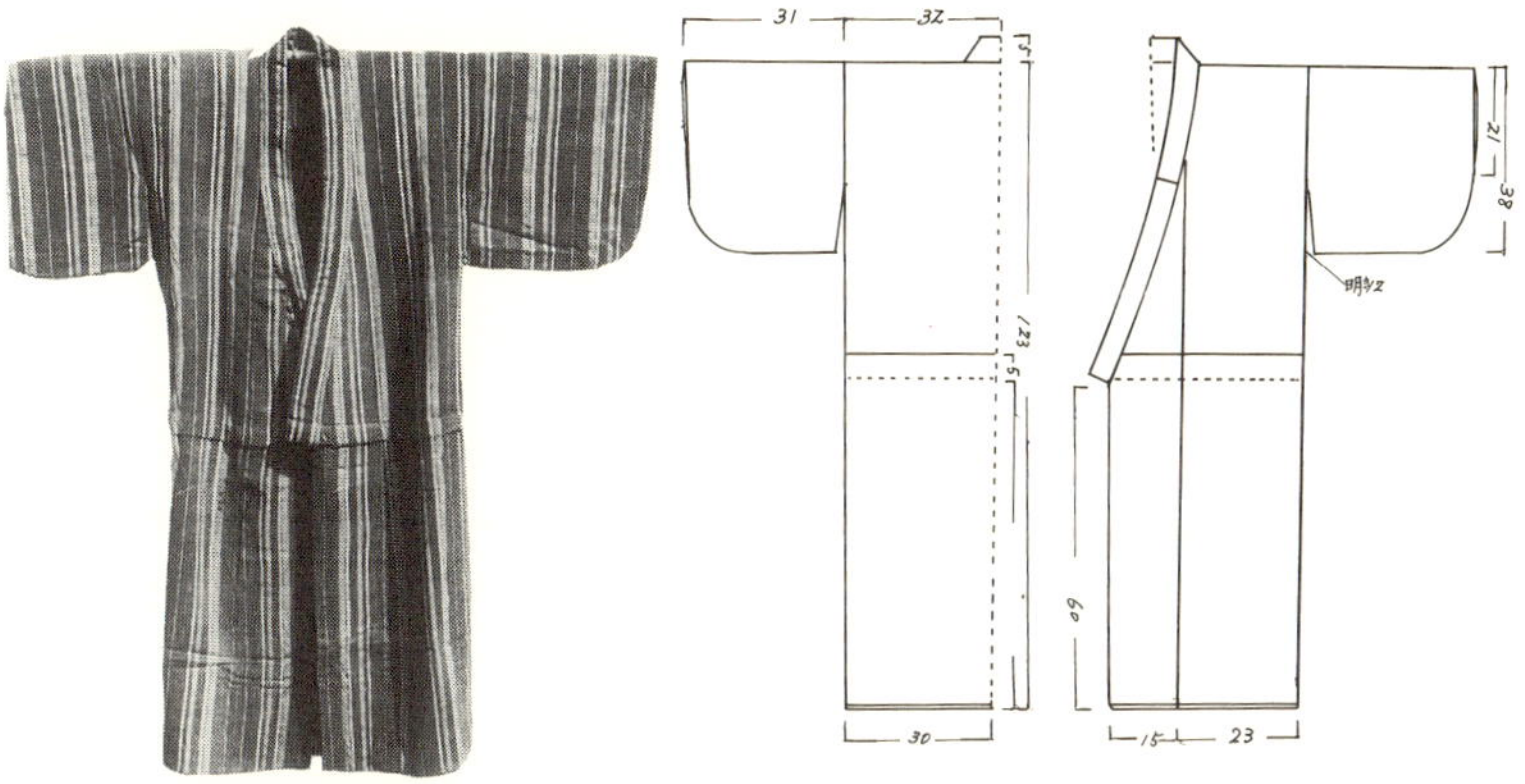

図18　絹縞入り木綿袷女長着
①重量1800g　②表裏面ともに手紡糸，厚地．並幅35cm 中縞 3 立（薄いチョコレート色と黄，からし色の絹縞に絣糸もまじる）　③島根県八束郡島根町／大正〜昭和期

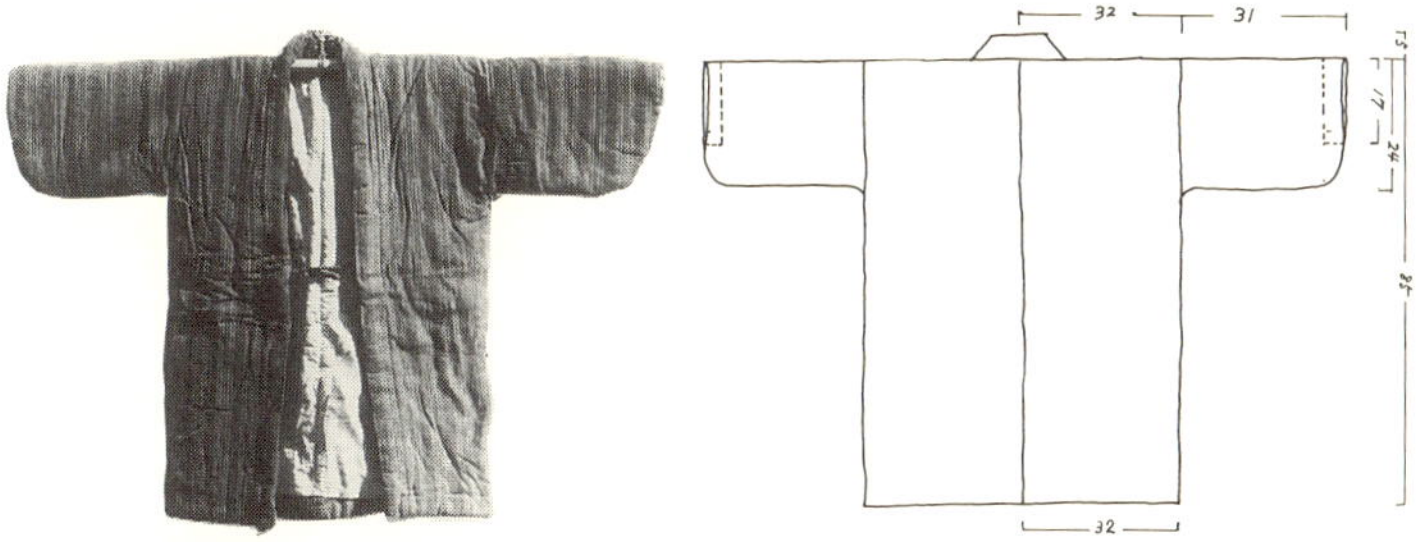

図19　木綿縞綿入れ女胴服
①重量1250g
②並幅35cm 中縞 7 立，手紡糸の経縞．裏はレンガ色．綿入れ仕立て，袖口裏に絣布で0.5cm 出す，紐で結ぶ
③鳥取県東伯郡／大正〜昭和期

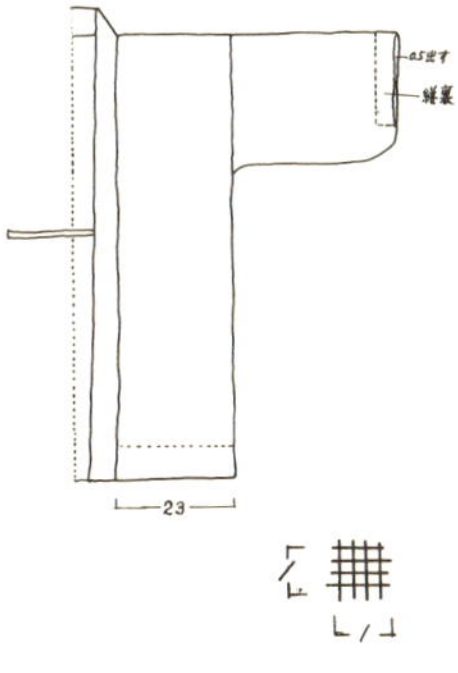

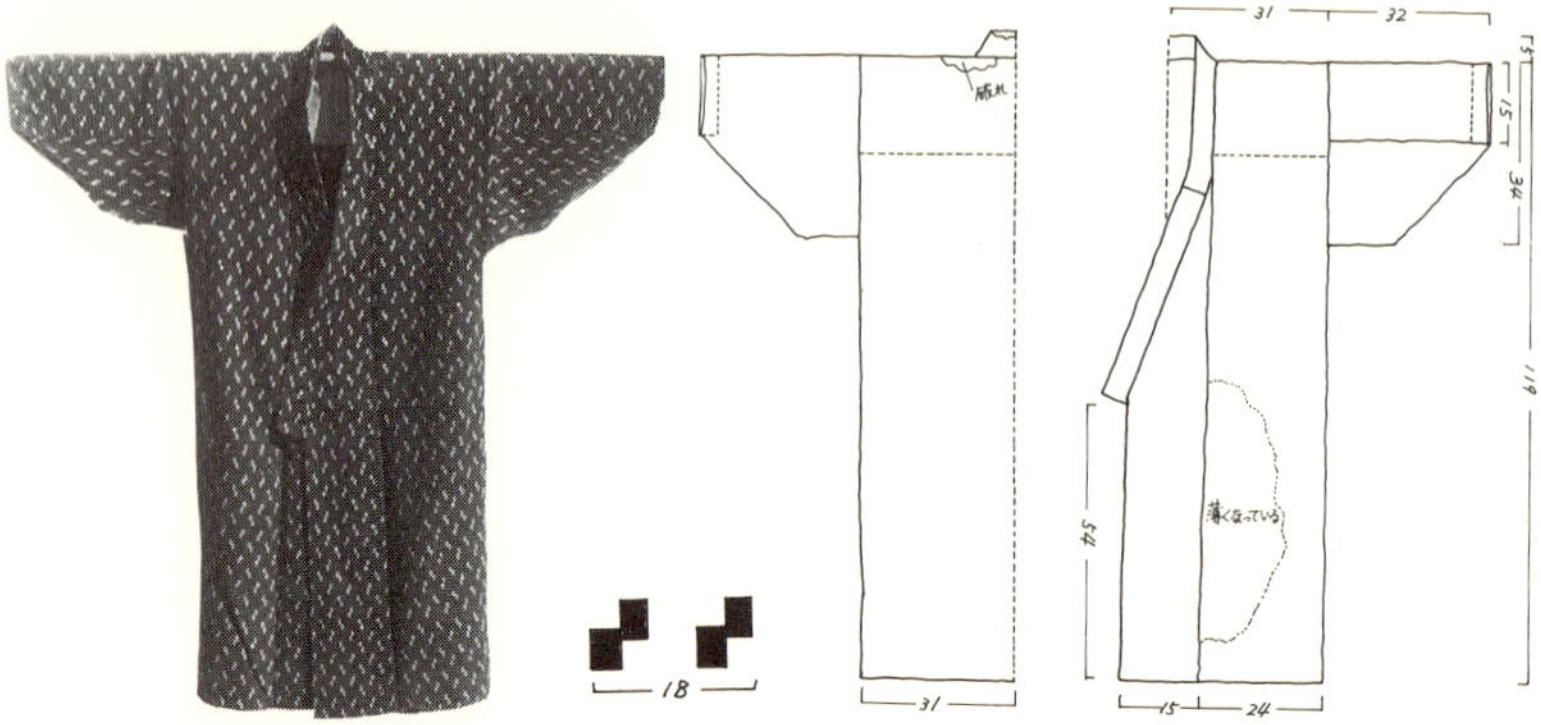

図20　木綿絣女長着

①重量560g　②並幅34cm に絣経緯四角 8 立，紡績糸．後身と前身を数回縫い替えている，当て布 4 種類13カ所，腰上げ縫いの折り線あり．袖口裏別布　③鳥取県東伯郡赤碕町／明治末期〜昭和中期（明治29年生）

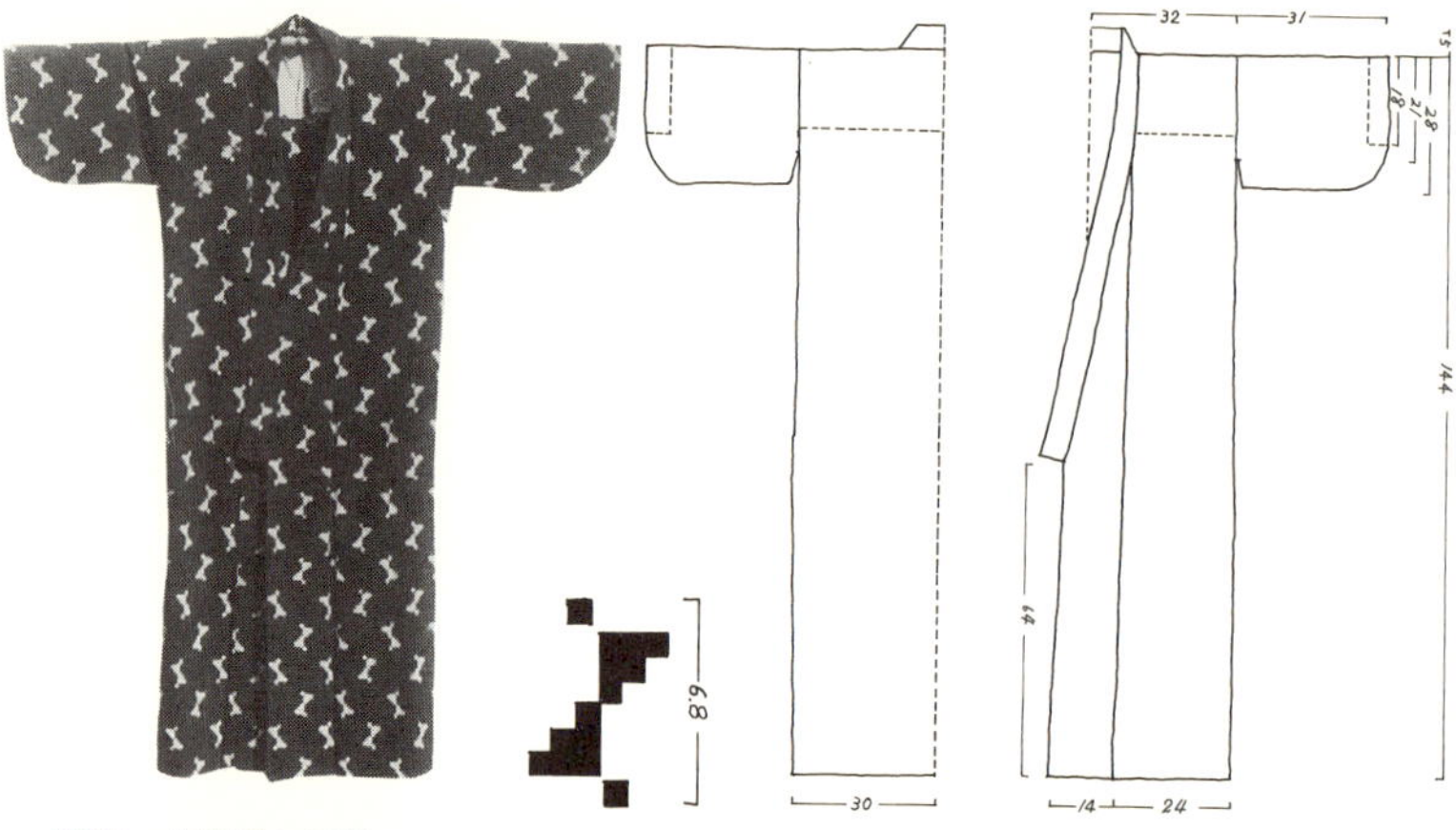

図21　木綿絣女長着

①重量730g　②並幅35cm に幾何文三角形 3 立，経緯絣．袖口裏別紺 5 cm，腰上げ10cm 解く．紡績糸　③鳥取県東伯郡赤碕町／姑が嫁の正月着に製織，昭和初期〜中期（大正 4 年生）

着物も、長袖の外出着から普段着にまわしたものである。

図18は、若向きの縞着物である。木綿と紬の交織で光沢のある長着物がよく着込まれて、紬の部分がすり切れている。また、図19の綿入れ胴服は、袖を元禄袖に仕立て、着丈も長い。これらは普段着であるが、図20・21も普段着兼仕事着によく着用したようである。図20は明治末期に製織した木綿絣を、昭和中期まで約半世紀間も着用した着物だ。また図21の着物は「昭和初期の結婚時に姑が嫁（私）の正月着に製織した。最初は外出着にし、やがて普段着用に着丈を機能的に短く腰を縫いあげ、袖を短く（二八センチ）した。昭和三〇年ごろに急速に着物離れが始まり、この着物は箪笥の肥《こやし》になった」と語っている。経緯三角文様の美しい絣着物を提供したその人は、現在八〇歳で、野良で働いている。こうした長着物には、半幅帯と一幅前掛けをつけていた。前掛けは、着物の着崩れを防ぐとともに、前身ごろを汚さない。着物に前掛け姿は、当時流行のもんぺとはっぴ形態の二部式に移るにつれて、在来の着装姿の前掛けは姿を消し、エプロンがとってかわった。

子ども着物にも、藍木綿の縞や絣が着用された。子宝に恵まれることが嫁の定住権を得ることであるという思想が、明治期や大正期に横溢した。嫁側の親元は、出産を祝って祝着を贈り、子どもに対する希望と成長を願った。祝着は、藍木綿着物（一つ身という一歳から六歳までを着る）と湯上げの紺地に染文様と藍染め襁褓《おしめ》、子負い帯の紺布に子負い着などをそろえて持参した。「生まれると産湯に入れて藍染めの湯上げで拭き、襁褓も藍で包むと赤ん坊の尻が藍色に染まった」という。

昭和初期の子育てについての談話であるが、そうした乳児の襁褓の取り替えは半日ごとであったらしい。這《は》うようになると家の柱に帯で子どもを縛り、泣き寝入りさせた。子どもの保育にかかりきり

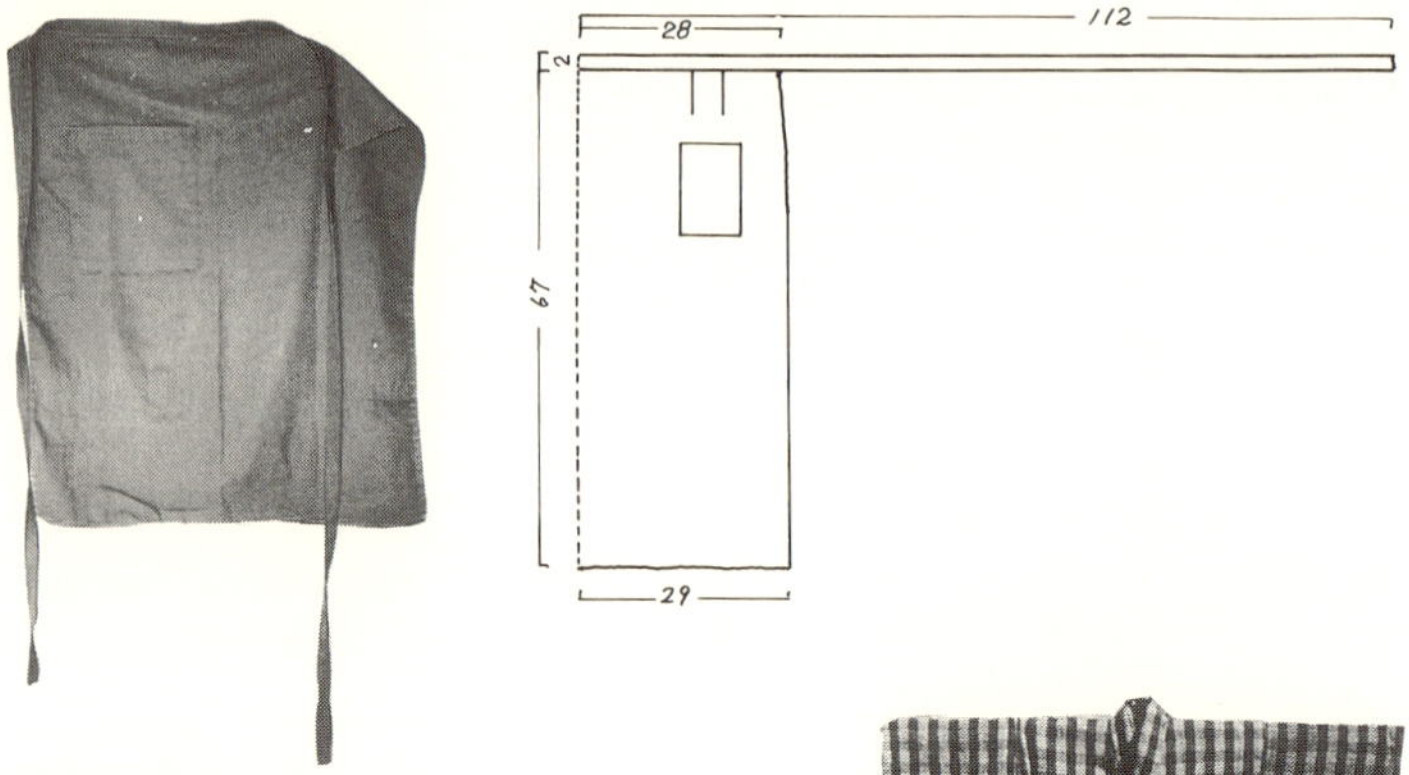

図22　前掛け　紺サージ
①重量150g
③鳥取県東伯郡赤碕町／昭和初期

図23　木綿格子縞子供着物（一つ身）
①重量220g
②手紡糸，手縫い
③鳥取県西伯郡／昭和期

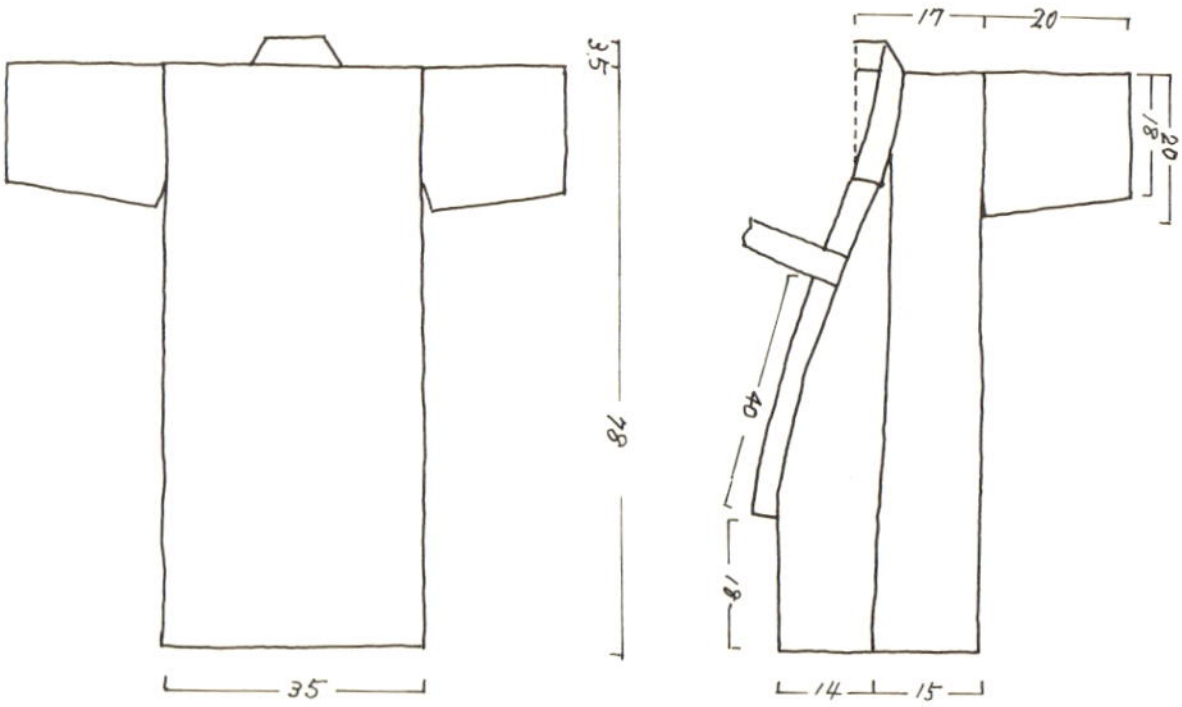

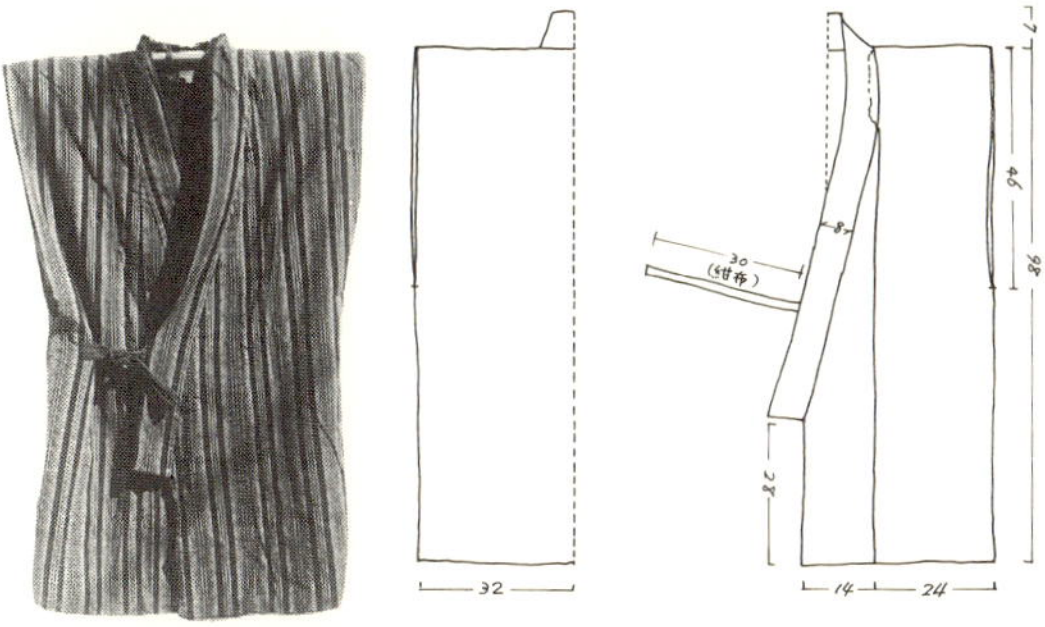

図24　木綿縞袷子負い着
①重量680g
②裏総紺木綿
③鳥取県西伯郡／大正～昭和期

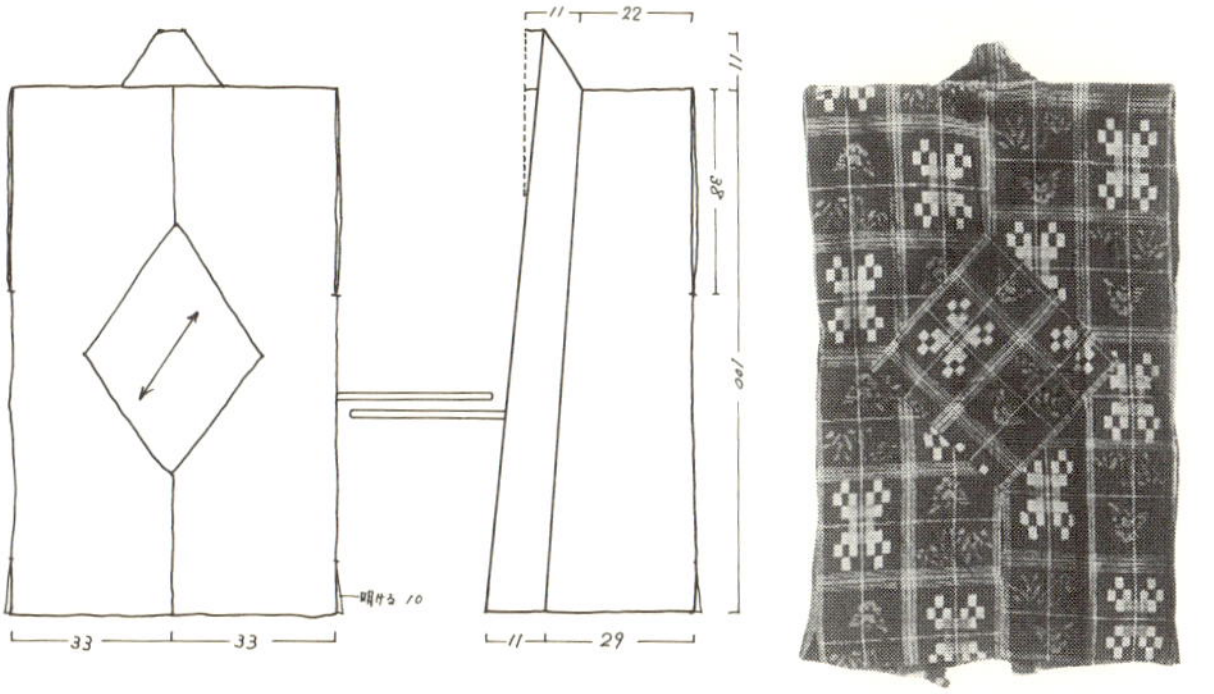

図25　木綿絣子負い着
①重量500g（単衣）
② 並幅35cm，井桁子持ちと松竹に雀文．手紡糸使用，脇下を開ける
③鳥取県東伯郡羽合町／大正～昭和期（昭和45年収集）

図26　綿入れ子負い着
①重量1160g　②機械式絣矢絣と裏地紺木綿，掛衿は繻子　③倉吉市／大正～昭和期

にはできないので、野良に連れだし、太陽と土の中で保育した。子どもを背負って仕事をする人を「一人二役」と言った。子どもは負い帯でおんぶし、防寒用に子負い着をはおった。

図24〜26の三種類の子負い着は、大正期から昭和中期まで用いたものである。子負い着の形は着物形式で木綿藍絣と縞を用いている。衽《おくみ》のあるもの、ないもの、広衿をつけたり、後背部に菱形の飾布を当てたものがある。丈は一メートル前後で、袖のない袷仕立てと、ひとえ仕立てがあり、冬季用の綿入れもある。こうした綿入れ着の衿は、ビロードを掛けて外出着に用いた。図26は重量は一一六〇グラムである。

子どもの履物《はきもの》について、古老の話を紹介する。「小学校に通学するのにワラ草履をはいて通った。鼻緒は赤い布と紺布を綯《な》ってつけてもらい、大切にした。雨の日は尻はねで着物の後方が泥まみれになり、よく親に叱られた。それで雨降りの日は素足になり、草履をふところに入れて通学をした。竹の皮で作った皮草履は、雨をよくはじき、濡れても乾きが早かった。下駄は、正月に新調してもらう〝正月下駄〟で、一年間大切に履いた」。

農村の人びとは、大正期から昭和二〇年代までの多産な子育ての中で、何よりも衣食に奔走しながら忙殺されて働いた。そして、物を大切にする強い心があった。こうした親の勤勉に働く姿を見ながら成長した人は、現在六〇歳以上の老人である。身体で覚えた労働教育と、ものを大切にして、手作りを続ける文化は、再評価されてよい。ここに先人たちが伝承した藍木綿の着物をとおして証言したことは、まさに「愛」の表現である。くらしの中に藍の色艶や匂いを全身で感じとりながら、創意工夫により生み出された美しさこそ、着物文化の所産である。次に述べる「灘着《なだぎ》」もその一例であろう。

灘《なだ》着《ぎ》

貧農の生活を表わす言葉に「着のみ着のままで食うや食わずのくらし」というのがある。一枚の着物を寝まきと普段着、野良着に区別なく用いることを言った。衣服の着替えすらない者は、古着を集めて身体にまとっていた。このような実態は、漁村においても変らなかった。

図27は着物を重ねて厚地に縫いあげるどてらと呼称する灘着の部分である。日本海沿岸の半農半漁の人は、昭和中期までこのような防寒着を着て海で働いた。

この資料は、海上で働く漁師の作業衣として、古着を集め、地質を厚く縫合し刺し縫いをしている。着物の表側に七六枚と裏側に六二枚、合計一三八枚の断布を積み重ねている。中間の布数は資料を解体しない限り不明であるが、布の厚みから推測すると、中芯の布数は膨大のように感じられる。全体の布は木綿縞や紺布のよせ集めの厚地である。その上を木綿糸でていねいに刺し縫いを施し、船上で働く人の安全を願う祈りと、愛情を伝達する迫力が感じられた。このように小さな布を重ねる布刺し子と、針目を重ねる糸刺し子など、部分によって縫い方を変えてあり、沈黙の中に呪術性を宿した灘着である。着丈は一〇三センチで、男性の膝下まであり、袖は働きやすく鉄砲袖に仕立てている。

図28の灘着は、蒲団の夜着の小形のものである。「戦後（昭和二〇年）復員して再び船に乗る時に、着物を解いて特別に仕立てた。船上で仮眠したり、漁獲作業を能率的にするため、着丈を短く綿入れ着に作り、帯は縄かロープのような紐で腰をたるませて結んだ。灘着に綿入れを着るのは戦後からのことで、それ以前は野良着のボロを数枚重ね着し、その上に蓑を着てワラ製の前垂れで腰をしばった。縄帯を巻いて万一の災難に備えたものだ。戦後二〇年間漁師をして船から下りた」という。この資料

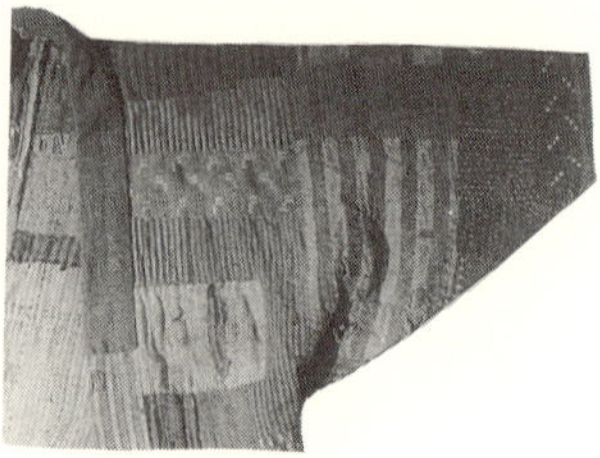

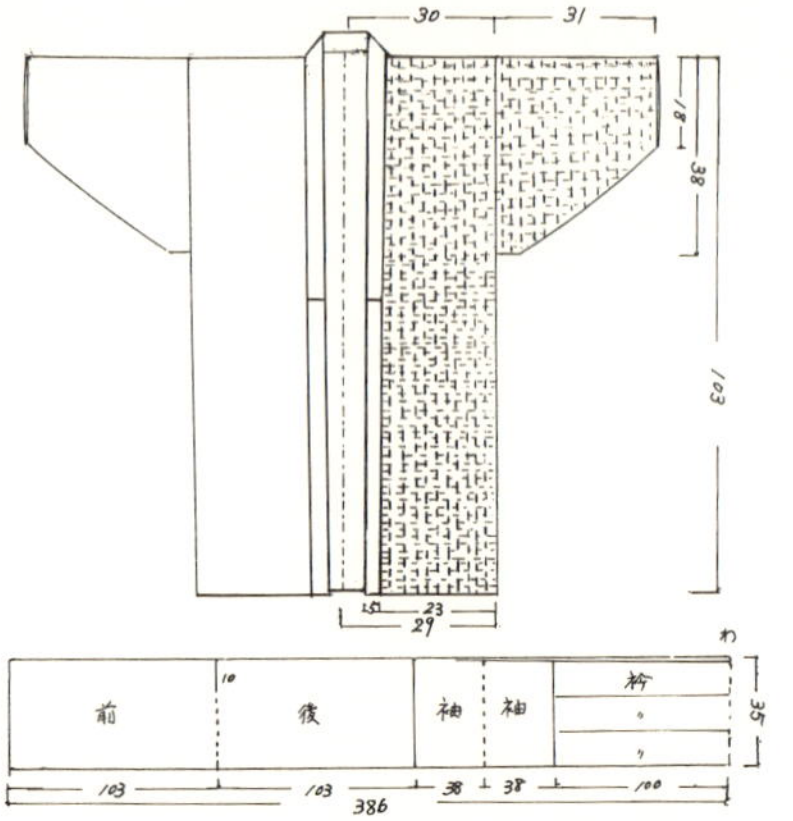

図27　海着（灘着）
②全体に縫い刺し子（布二重三重），表布76枚，裏62枚，合計138枚構成
③鳥取県東伯郡泊村／明治～昭和中期

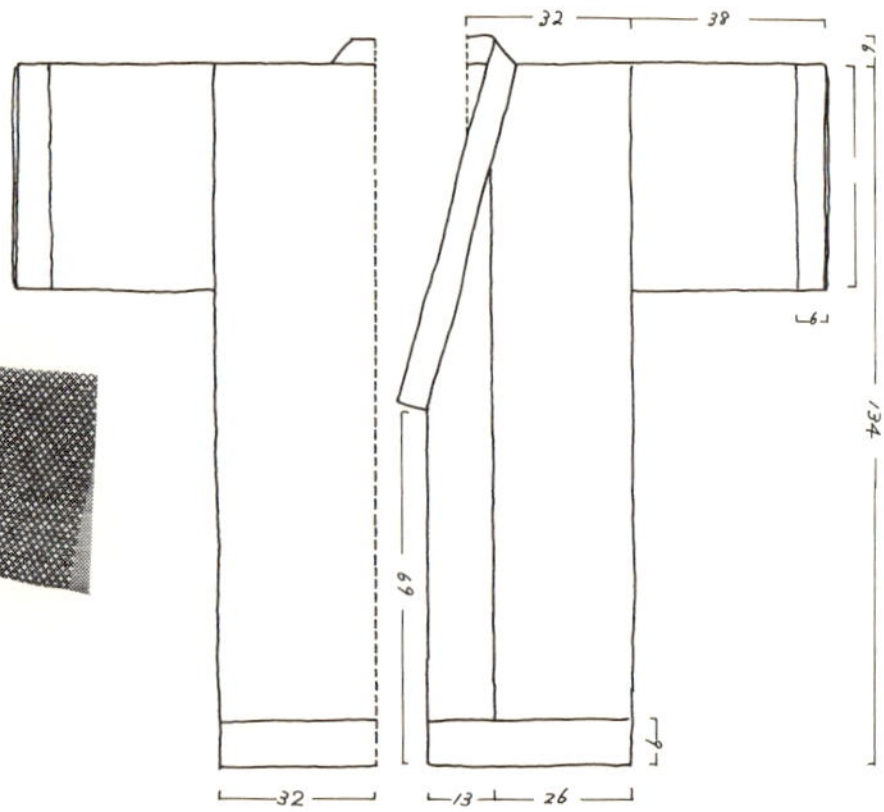

図28　木綿絣灘着
①重量2200g
②筒袖，綿入れ仕立て
③鳥取県東伯郡泊村沖の船上で着用／73歳の人が昭和50年ごろまで着用

は木綿藍絣の着物を灘着に再製したと聞いたが、表裏地ともに堅い板のように糊をつけ、今もカパカパの状態である。防水効果と布地を強靭にする気配りが感じられた。

灘着に用いたボロは、現在痕跡すらなく、聞き取りだけに終わったが、このことは仕事着も同じく、冬季間はボロを重ねて身体を保護し、寒さをしのいだと思われる。前述の灘着は、刺し縫いで形状が保たれ、ここに資料として残存したわけである。

灘着には、先に述べたように、寸法や形にとらわれずボロ布を着て、腰蓑や縄で全身をしばる着装姿と、灘着として縫製した着物がある。両者とも身体の保護が最大の目的であった。

漁獲用の網については、浜辺の船小屋に身長ほども丈のある甕を埋め、その中に柿渋の液を入れ、漁網の防水と防腐用に染めていたらしい。

職人服

農村の中農や貧農は、農閑期に半職人として他の職業に出稼ぎに出て生計を維持していた。職人服は各家の職業を明確にするために着用した衣服であるが、農家にも残存していた。かつて建築職人の助手や下請け作業の住宅の基礎工事の労働者などに雇用される時に着用した。

図29・30は、建築職人の木綿紺はっぴの組名が記入された上衣と紺木綿の腹掛けである。「大正期から昭和二〇年代まで、農閑期に建築組に雇われていた時に着た衣料で、はっぴと腹掛け、脚絆を組ませて着用すると、農夫から職人姿になった。仕事中は腹掛けのみで働いた。家の棟上げの際は、同じはっぴの仲間が掛声を挙げて新居を建立するのは、とても気持ちがよかった」（明治三五年生まれ、

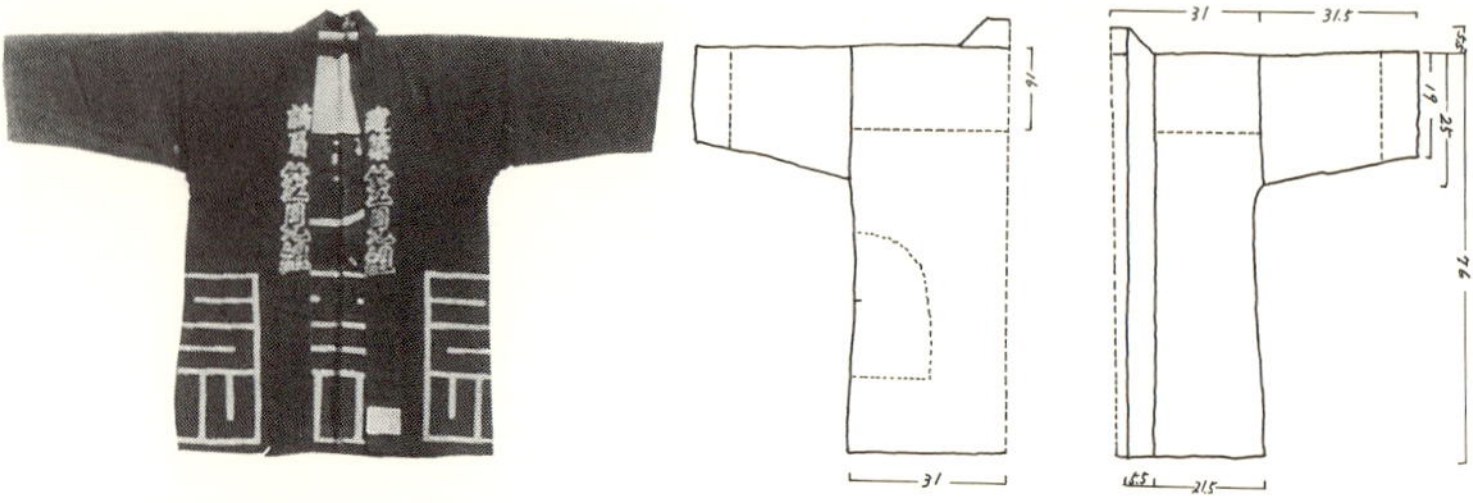

図29　建築職人用上衣
①重量340g　②黒木綿に染色（「建築笠見組」）
③倉吉市／大正～昭和期，明治35年生の人が着用

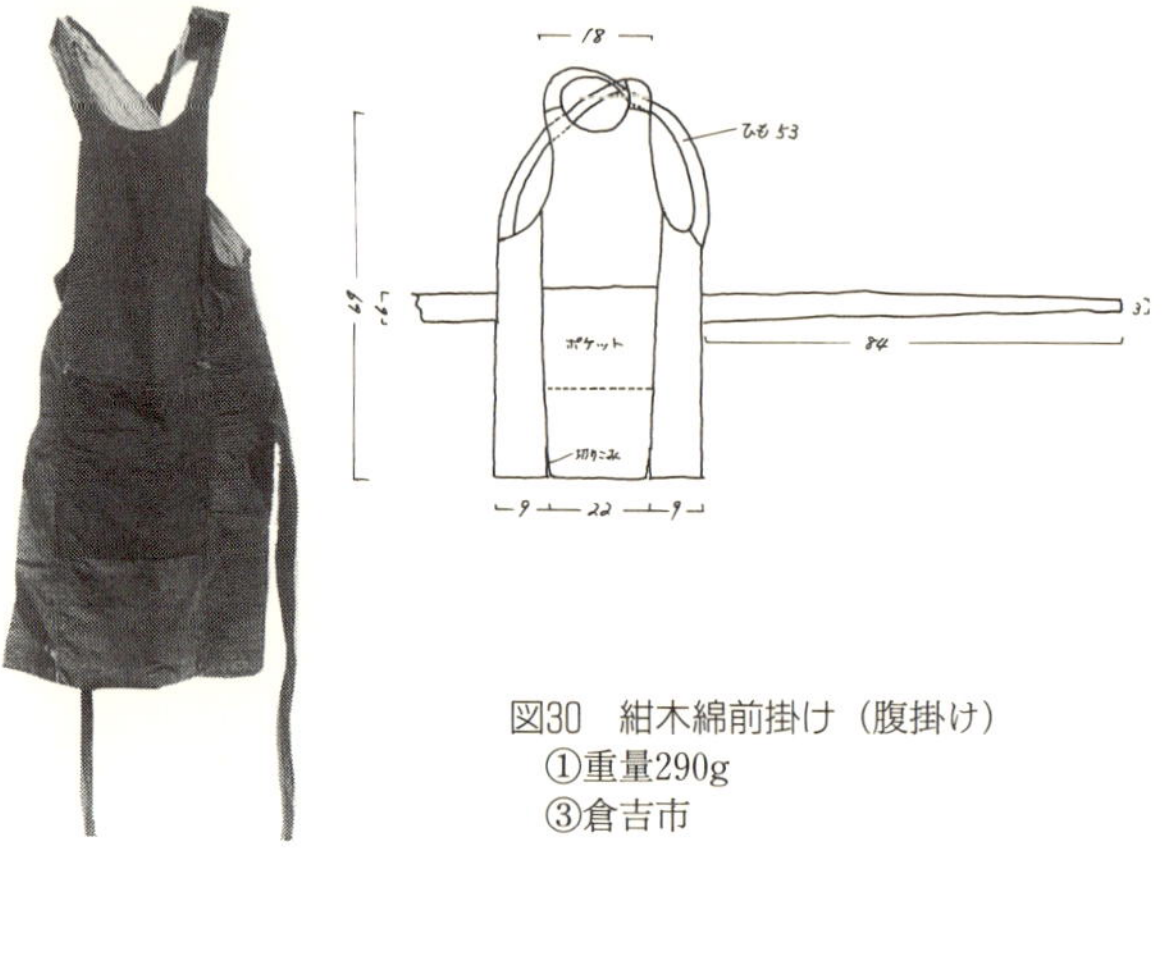

図30　紺木綿前掛け（腹掛け）
①重量290g
③倉吉市

九一歳で健在)。

職人服は職業によって服装を規制した明治期のなごりで、印半纏《しるしばんてん》や前掛けに屋号や家紋を染めたものなどがある。このはっぴの形態も、在来の消防士が着用している防火衣と同形であり、腹掛けも、かつて人力車夫が用いた腹掛けに似ている。農家のくらしの中に商人前掛けや、腹掛け衣料を散見するのは、営農で生計が維持できない日雇い人が多くいたことを証明するものであろう。

農民たちは、明治末期から大正・昭和初期と第二次大戦後の大混乱の時代を、幾多の困難の中で、飢渇とたたかい、必死の努力を続けた。こうした苦境の中では衣服などは第二次的なことであった。家族の中で成長する若者の衣料が中心に作られ、古着物や蒲団を家庭着に更生して補充した。

昭和三〇年代から高度経済成長の兆しが起り、日雇い労働者は木綿の職人服を着用し、野良着としても併用するようになった。

一般的に衣料は男女とも藍木綿に統一した着装であるが、農村の貧富の差と各家庭の習俗によって着物の着かたは異なるし、仕事着と外出着も時と場合により各種の着装姿で区別していた。

くらしの中の藍着物という広範囲な課題でありながら、全般に資料と調査の不足から被服類と着物を網羅することはできなかった。不十分なものではあるが、残存した資料で年代が明確なものを聞き書きによって記した。

枯骨の美

蒲　団

蒲団には、敷蒲団と夜着や掛蒲団があり、敷蒲団と掛蒲団を組ませたり、さらに夜着を加えて三種類の蒲団を用いる慣習があった。しかし、実際の就寝形態は多様で、階層によっても生活環境によっても異なっていた。ある古老の談話によると「蒲団の中入れ綿は高価なので蒲《がま》の穂綿や稲ワラを入れて作り、寝る時は裸で寝た」。また、ある人は「一枚の敷蒲団を横に敷き、三人が各自の夜着にくるまってゴロ寝をした」という。このような聞き取りから、個別の蒲団で就寝した人たちばかりでなかったことがわかり、蒲団の中入れ綿に蒲の穂が用いられたこともわかる。この地方に伝わる伝説「因幡の白兎」に、皮を剝《は》がれた白兎が蒲の穂綿にくるまって治癒した……とある通り、蒲の穂は保温力に秀れた最高の中入れ綿だった。蒲団の中入れ綿の「綿《わた》」が商品性の高い産物であったため、綿の入らぬ布子《ぬのこ》蒲団というボロ布地を重ねて縫い綴じた段層《だんそう》蒲団も作られた。

蒲団と中入れ綿や寝巻の有無、就寝形態などについては口が堅く、調査が不十分に終わった。しかし、収集した蒲団資料の表布から推測すると、普段蒲団は破損と数種類の当て布とボロの状態から、雑巾のように感じられた。底辺の人のくらしを映し出すようだが、蒲団などを推測では語れない。

蒲団は結婚時に新調する風習があり、上農階層では財産分与として娘の結婚に家紋や吉寿の絵絣の藍染め蒲団を持参させ、羨望の的になった。そうした積んでおかれた飾り蒲団は多くの人が一生涯長持ちに眠らせ、普段には用いられなかったようだ。

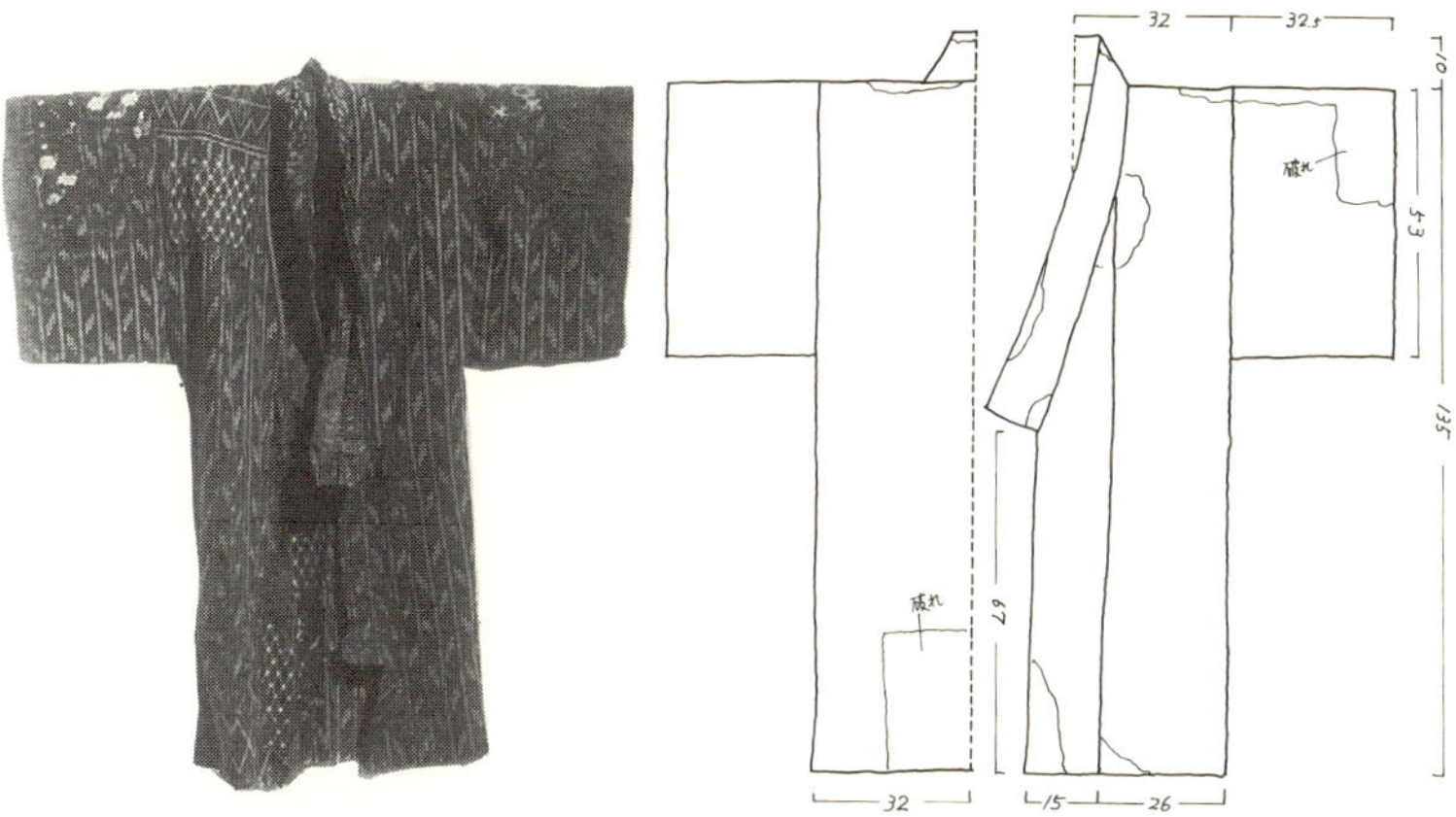

図31　夜着（表地のみ）
①重量700g　②全体の当て布67枚（衿10枚），二重・三重の縞，絣帳のように当てている，布の粉がボロボロと落ちて小布がちぎれやすい　③鳥取県東伯郡の漁村で収集（昭和56年）／明治末～昭和期

島根県の広瀬絣は蒲団に弁慶と牛若丸の伝説の絵文様を製織している。無名の女性が出雲の弁慶伝説にちなんで、経緯絣の工程で橋の欄干に跳び上がる弁慶の写実描写は、人物の表情を的確に描く絵文様だ。その伝説とは「弁慶は松江の生まれで薙刀の名手である。牛若丸（源義経）を助け奥州（陸奥の国）で往生したという。少年期に平田市の鰐淵寺で修行し、大山寺から鰐淵寺まで一〇一キロの夜道を大山の釣鐘を担いで帰った」と語り伝えている。

この伝説を絣に織り出した広瀬絣を、米子市の酒造家が所蔵し、自慢の飾り蒲団として残していた。「明治末期に製織し、大正元年の広瀬絣博覧会で一等賞を受賞した製品を高値で買い取り、蒲団の上掛けと敷布団を作った」と語った。在野の女性がこうした大作で絵文の長さが六〇センチの大柄を織り出す執念に驚かされる。私はこの絣を研究資料に買い、磨かれた技とその風格、それを製織した女性の働きをしのんでいる。このような飾り蒲団がある中で、半世紀以上も人を包んだ普段用の蒲団地も入手したので、その資料を紹介する。

図31は木綿夜着の蒲団である。この布は移動するたびに形がくずれ、ちぎれて落ちていく。床一面が青黒い藍の粉塵になり、布切れが混入して散る状態である。洗えば元の形はくずれることを承知で、洗い清めた。資料はタライの中で脂と垢が浮上し、淡黒い汚水にあふれた。たたんだ布地を押し洗いするだけの洗濯であったが、繊維を精査するためでもある。資料の所在地は、山陰海岸の半農半漁の村で、所持者は名前を隠すことを条件に一束のボロ布を提供してくれた。家屋は新建材で改築し、この包みは焼却寸前であった。私にとっては宝物であった。「大正期から昭和三〇年代まで祖母が愛用した夜着です」と話したが、夜着の繊維の間に汚れが詰まり、布地の寿命を早めているように感じた。この木綿藍絣は、大正期に流行した矢絣である。表布の補縫いと当て布は六七枚あり、衿の部分に一〇枚の布が二〜三重に縫合されていた。

農民の衣生活の深層部分は、想像以上に複雑であり、当て布や補強は仕事着に限らないことをこの資料が語りかけてくれる。

図32は木綿藍格子の掛蒲団である。並幅に茶色の格子が五立するものを四幅縫合している。破損箇所を補うため他の布で二重縫合し、両者の補強でつながりを保っている。

図33の掛蒲団も、絣布一八種類を縫合し、三三カ所に当て布がみられる。まるで絣や縞帳を見るようだ。資料提供者は「一年寿命が延びた蒲団」と、誇らしげに語る。人の命も布の命も同等に思い、ものの命を大切にした人たちであった。

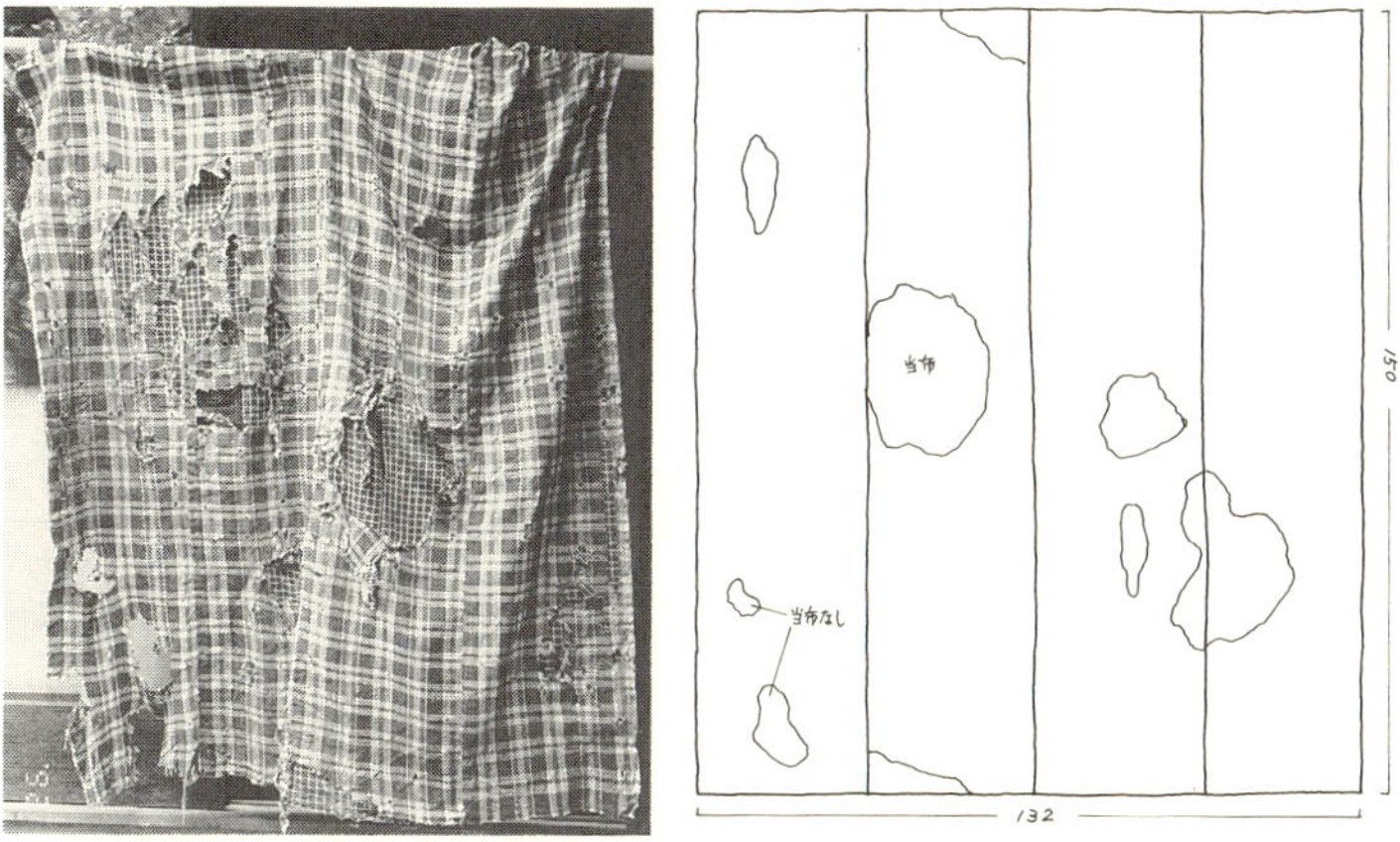

図32　掛蒲団
①重量500g　②木綿，藍と茶の格子が並幅に５立，４幅縫合．手縫い，手紡糸．４幅の当て布50枚．計測すると布粉末が出る　③倉吉市／明治後期～昭和初期まで使用，家屋の解体で風呂敷包みのまま収集（昭和62年）

図33　掛蒲団表布
①重量440g　②絣文様，18枚，当て布33カ所，４幅構成　③倉吉市／明治末～昭和期

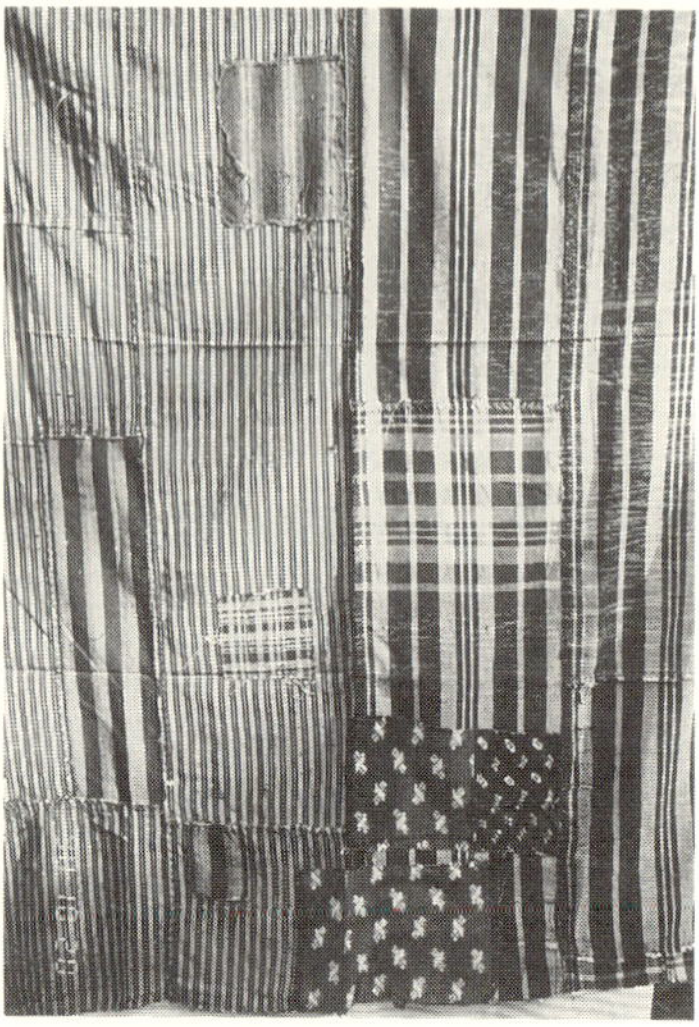

図34　敷蒲団
①重量520g
②縞木綿，当て布数十枚
③倉吉市／大正〜昭和20年

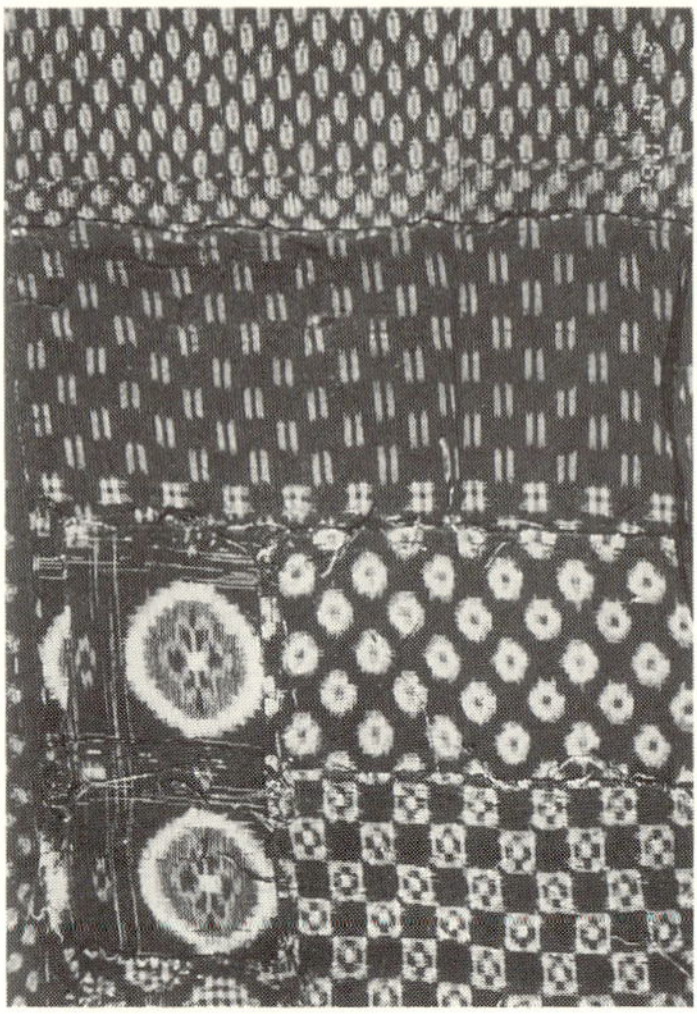

図35　敷蒲団（部分）
②８種類の小絣で作っている
③倉吉市／昭和中期

図34は敷蒲団である。「大正期から昭和二〇年代まで用いた」という。小形の二幅（幅六三センチ）蒲団であり、用布も中入れ綿も節約している。蒲団の大きさは中入れ綿の量と比例し、大きくなるほど綿の分量が増加した。在来の敷蒲団はこのような二幅ないし、二幅半の大きさに作られていた。またこの資料には当て布数十枚が見られる。また、口絵中の布刺し子蒲団にみるように、雑巾のように刺し縫いしたものもある。

普段、蒲団の資料は損傷や当て布ばかり目立ち、布地が薄くなっている。ここにボロ蒲団に限って図説したのではなく、昭和中期までの蒲団にはシーツもカバーもなく、当て布のある蒲団はあたりまえであった。睡眠時間を除いたすべての時間に仕事着を着用する習慣があった当時の人は、寝具も仕事着も共に補強縫いを続けた。小布を寄せ集めて、束ねた布地を刺し縫いにする布《ぬの》子《こ》蒲団と、野良着の当て布とは共通性がある。両者とも保温と耐久性に富み、機能優先を目的に更生している。したがってその厚みと針目に個性美を宿しているのである。

日本の和服や蒲団は、縫合した糸を解けば元の並幅の反物に返すことができる。着物から蒲団に仕立て替えたり、蒲団を野良着に更生することもできた。そして、たえず無駄なく衣を豊かに創作する在野の天才たちをつくってきた。そうして仕上げた製品は「遠く美人」と言って誉めあっていた。暗い住居の中で紺一辺倒の濃淡色に粋な縞を当て布にすると、遠目《とおめ》に美しく感じられ、陽光に照らせば立体的となって浮き立つ。「近づいて見ないで」という美意識を約束し合っていた。これは蒲団や野良着を薄暗い部屋や緑に囲まれた遠くに見るとあら（欠点）が見えないという、農民の鋭敏な洞察力と体験から語りつがれた言葉であり、日本の伝統的なくらし方の中での美を発見した言葉だろう。

何十枚の当て布が発する群青の光と陰の中で、枯れて行く美しさには何ともいえない郷愁がある。人と布が共に生きてきた、こうした蒲団も野良着も切り離しては語れない。

この資料の精査中に思いがけなく小包を届けてくれた人がいた。山口県で農業をする宮本紀子は、次の文面を同封して仕事着（図36）を送ってくれた。

「前略、お元気にお過ごしの事と思います。早速ですが、先日大島に遊びに来た友人と東和町で一番高い三七四メートルの中腹にある白木神社という社に立ち寄りました。友人が鈴を振ったとたん大きい銅製の鈴の紐が切れて落ちてきました。紐をさがしたり、二、三人がかりで修理している間に、まわりをうろうろしておりましたら、昔の神主さんの住居だった廃屋のくずれた柱や壁土の間に、同

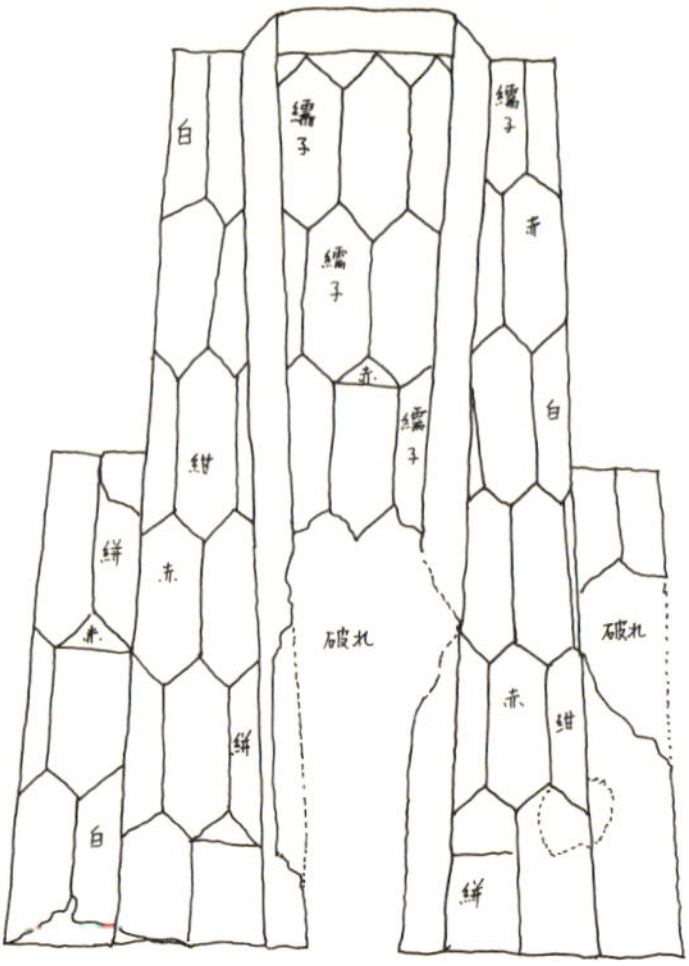

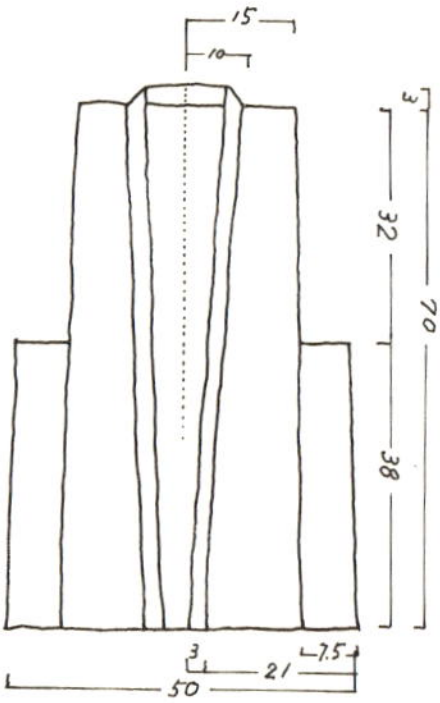

図36　袖なし
①重量100g，表地のみ
②菱型の推測80枚で構成
③山口県大島郡

封した布が見えました。お役に立つやらどうやらわかりませんが、すぐに福井さんのことを思い出し、持ち帰ってお送りすることにしました。アイロンをかけながら何種もの布をはぎ合せた美しさを感じました。パッチワーク用の布を買って切り合せて作った布とはまるで迫力が違います。織物のことは良くわかりませんが、縞と絣は全く別物と思っていましたが、この布を見て、この不思議な感じが印象的でした。お役に立たなければ廃棄してください。お役に立ったならば、鈴を落としてくださったカミサマのおかげでしょう……」。

小包の中には台紙に巻いた袖なしが、半分だけ原型を残して布粉を散らしていた。その中にキラッと輝くものがあった。私は呻き声と息を飲むような緊張感で「絹」と叫ぶと共に、隠し織りにした紬糸の鮮麗《せんれい》な光に吸い込まれる思いがした。袖なしの全体の形を推測すると、丈が七〇センチ、肩幅三〇センチ、身ごろ幅は五〇センチの裏付きの袖なしである。表布は、一辺が七センチの菱形を数十種類の縞や絣、赤布に格子など八〇枚を縫合して仕立てていることがわかった。藍木綿を中心に、毛織物のラシャと絹と木綿の交織や麻布など、各種の繊維製品を配分していた。技法は平織りの縞や絣と繻子織りも見られ、色彩も白と赤に黒、紺色とグレーの配色をバランスよく配分した構成である。袖なしの原型をとどめている菱形は、赤布が八枚と白布が四枚、繻子が八枚に紺布が四枚、縞絣が一四枚と格子縞を合計して三四枚で構成されていたが、残りは破損していた。この菱形布の織り密度を拡大鏡でみると、紺木綿の経糸に二ミリ間隔に茶色の絹が繋ぎ合い、緯糸の紺色三本に一本の割合で紬の紺色が織り込まれ、溶けるようになっていた。経糸に使った絹の茶色と緯糸の紺色紬が交織によって放つ輝きに、不思議な力を感じたのである。布粉になりながらも藍色は冴えている。これが私に語りかけたのだろう。まさに「枯骨の美」とはこんな美しさだろうと感じた。

資料の製作年代や作者はわからない。風雨にさらされた後の腐敗寸前の資料である。一枚の袖なしに八〇枚の布を縫合して、末広がりの縁起物の衣料に仕上げたのであろうと推測する。五ミリの縫い代でていねいに手縫いにし、裏側は一枚の縞布を当てていた。菱形という幾何文様の鋭角の勢いと強い広がり、数十枚で構成して展開した配色などは、くらしの中に明るさと元気をとりもどすような、夢のある時代を感じさせる遺品であった。

農村の女たちは一枚の小布を大切にし、袖なしに構成することによって、布を美しく生まれかわらせた。こうした生活文化は、生活者の人間賛歌であり、家族の心を癒し、安穏感を与える愛の表現として受けとめたい。この遺品は、言葉以上の誠意をもって生活を演出してきた農村のくらしの一端を再認識させてくれた。

第二章　仕事と野良着の文化

仕事着の形態は、男女とも長い年月、着物形式の共通性を保ってきた。そして、四季の農作業に適応する着丈の調節や、袖を短くして腕に添わせて布を捩《ねじ》り合わせたり、手甲《てこう》や腕貫《うでぬき》をつけて機能的な仕事着にした。また、労働による衣服の汚染や損傷を少なくするため前掛けを用いたり、脛《すね》下に脚絆やゲートルを巻いて足もとを軽くした。このように、仕事による経験上の蓄積から生まれた形態が伝承し、能率的に労働を行なってきた。そして、仕事の内容によって付属衣を選んで加装したり、着脱することなど、年齢や体格の大小にとらわれることのない着物が間《ま》にあった。これが和服の長所であろう。

山着と運搬着

山仕事には山林の管理と伐採、木馬《きんま》ひきや炭焼き、山畑での雑穀類（そばや粟）と芋類の栽培などがある。また後で述べるコウゾの刈り取り作業などは大寒中の仕事であった。薪《まき》で燃料を供給する以外に方法のなかった時代には、持ち山のない者は、山持ち地主や寺院の山の山番として山に籠り、下

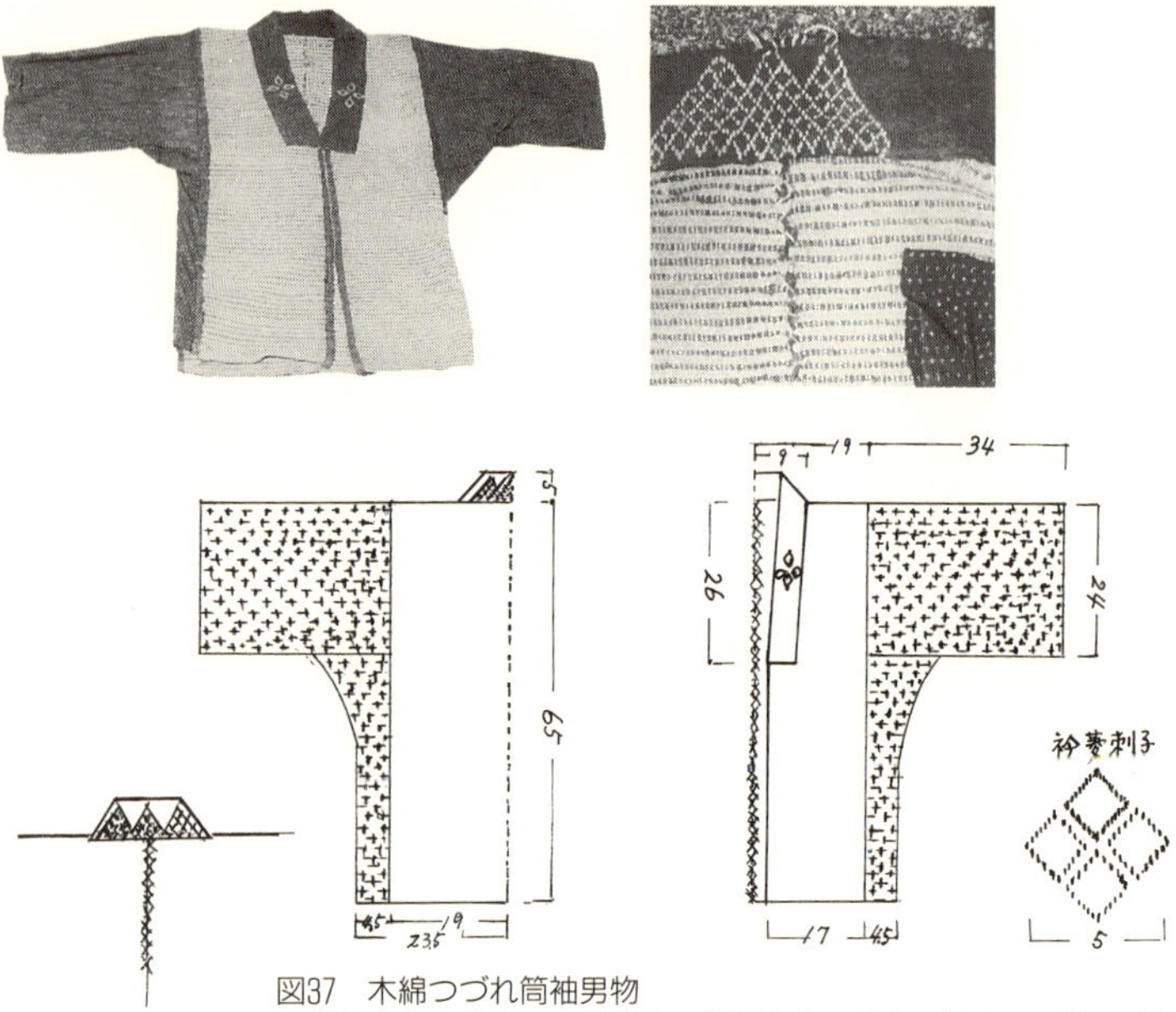

図37　木綿つづれ筒袖男物
②経糸麻，緯糸は木綿裂布．衿紺木綿，紺布の縁取り．袖・脇襠は男物蚊絣．白糸で菱型刺し子（衿）　③島根県能義郡広瀬町／畑勝左ヱ門の山草刈り着，大正末期妻かつよ作製

伐《こり》作業をして燃料を自給する者が多かった。いつの世にもあまり変化のない山仕事には、山着の着装が固定化し、山に登るときは、縄帯を腰に巻き、必ず護身用の鉈や手鎌を腰帯にさしていた。また、燃料の補給に常に気を配り、枝木や落葉まで集めて背負って運搬し、家の納屋に蓄えた。

このように山着には、人力による運搬の目的とともに、イバラやウルシ、ハゼなどの植物やマムシや蚊、ムカデ、毒バチなどの動物から身体を防護するための素材と形態が伝承された。したがって、フジ布や麻衣、ワラやイグサの加工衣料が適した。木綿は裂《さき》織りの厚地にし、刺し子の布地で地質を

図38　紺股引
③島根県能義郡広瀬町／大正～昭和期

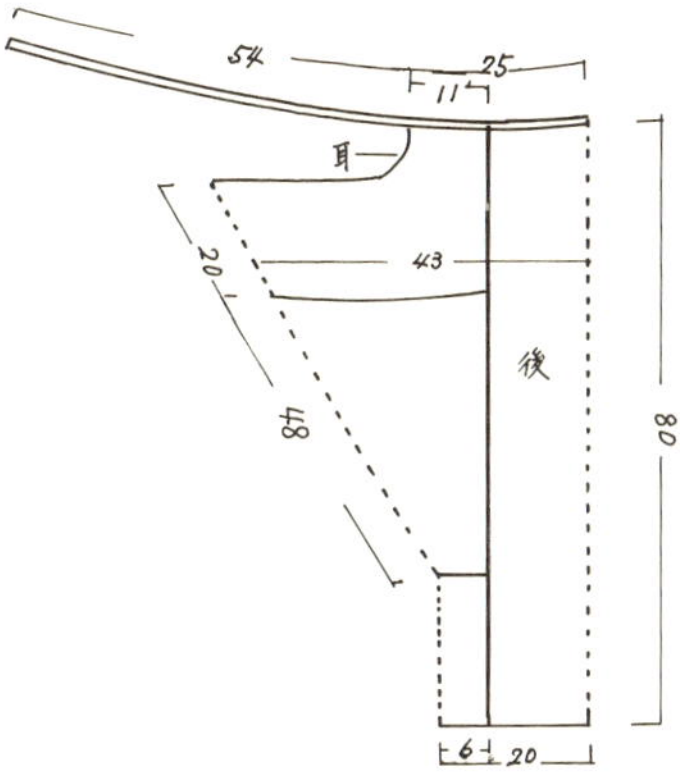

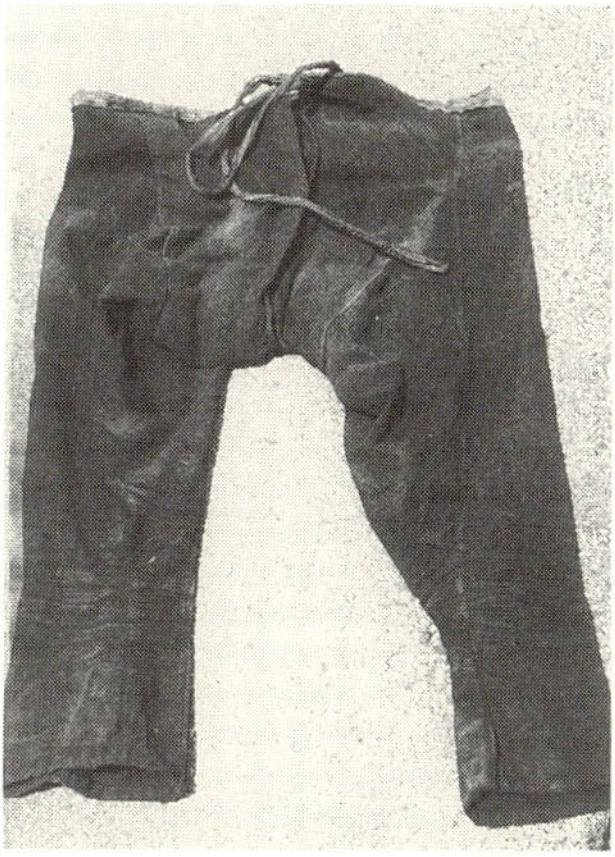

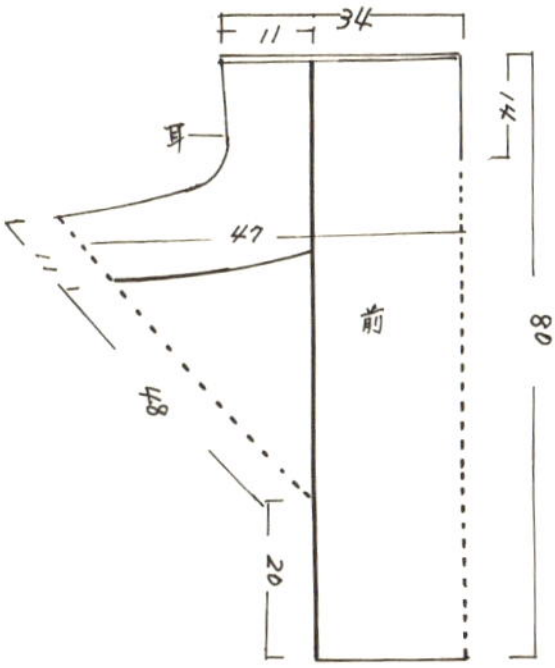

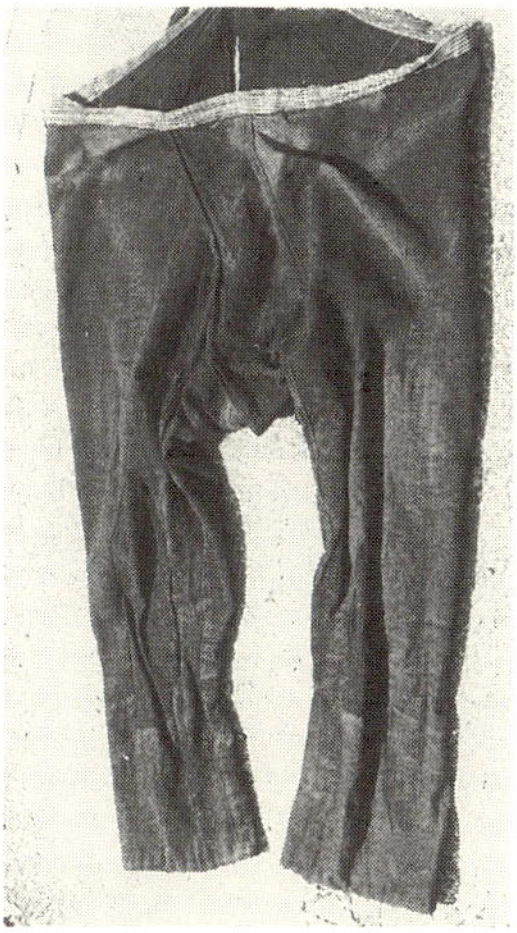

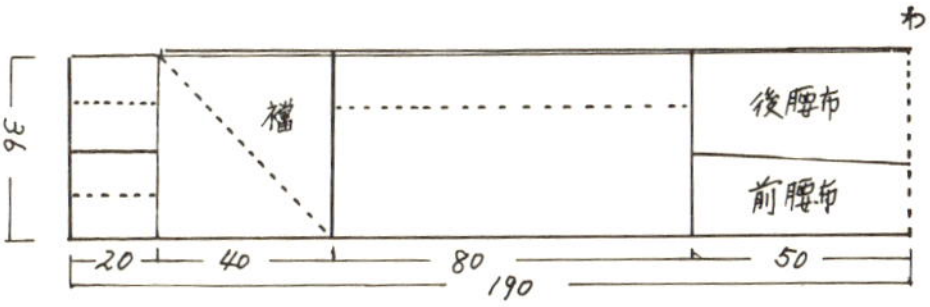

強靭にする工夫がみられた。形態は、身体に添った策衣型《さくいがた》を用いて、それに補助衣として稲藁製の背当《せなあて》や、天然素材を利用した多種類の編み製品で身体を保護した。

山着の着装は、その土地の地形や傾斜の度合いによって土地特有の着かたがあるようだ。山陰地方には、労働に不適当な着流し姿で山に入ることを戒めて、無防備な服装の人を「目の毒だ」と罵《ののし》りあった。着物は、着装のしかたによって休養着にもなり、仕事の内容によって着かたを変えると多目的に機能する便利な衣料である。

そこで、山着に用いた資料について説明したい。図37・38は、男性用の山着の上衣と下衣である。上衣は、山着にふさわしい裂き織りの胴身ごろに、絣木綿の筒袖をつけ、両脇の襠《まち》も袖と同じ絣をつける。衿は紺布でくるみ、その上に白糸で花菱と山形文を刺し縫いで飾っている。経糸は麻を用い、緯糸に白木綿の裂布（一センチ幅）をこより状にして製織し、地質を五ミリの厚さに仕上げていた。その織り布二枚を綴じ合わせて後身ごろの背中にし、前開きに仕立てている。作者は、島根県能義郡広瀬町の山間村で、畑かつよ（故人）が夫の仕事用に大正期に製作したと伝えられている。

山着に飾り刺しゅう縫いを施す気配りや、身ごろには裂き織りの厚地と袖と脇襠に木綿絣をつけ、風通しや防暑の役割を考慮して仕立てている。この上衣の別布による構成と色彩のツートンカラーは、年齢や性別や体形に関係なく着用ができ、抜群の着心地だったと思われる。

下衣に用いた股引は、紺木綿を手縫いにした前出、畑かつよの遺作である。この股引は、下肢の脛《すね》部の布地が着用者の体形に沿ってふくらんだ形状になり、元に戻らなくなるほど、よく着込まれていた。これは脛《すね》をつく草刈作業によく穿いたことを証明する。これと同じように、風呂敷も使い込むと

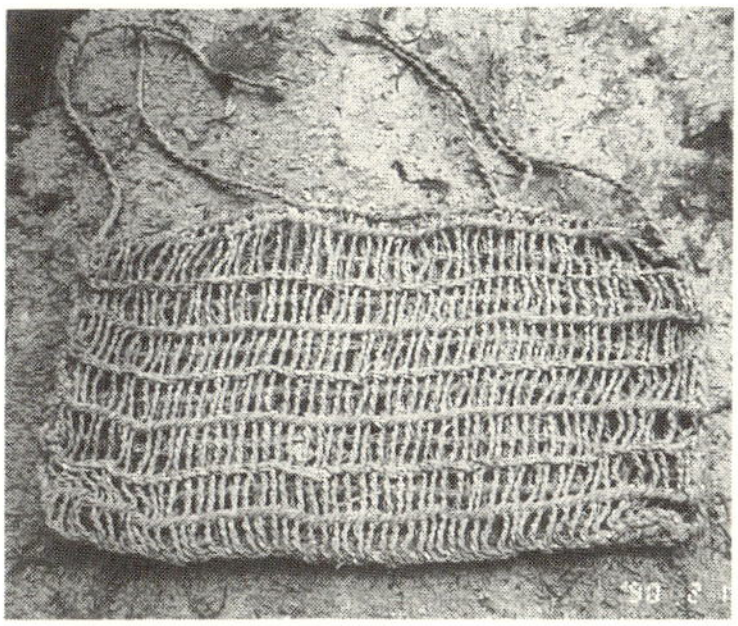

図40　カンガリ
③鳥取県東伯郡三朝町

図39　ツツカリと藤布袋
②山仕事に携帯する運搬袋
③鳥取県東伯郡三朝町

物を包むときに底になる布面はふくらんで平面に戻らないように、布地が膨張して洗濯後も収縮しなくなる。股引をこのように着込むと穿き心地がよくなるだろう。

股引は、並幅三六センチ、長さ三・六メートルの用布を直線裁ちに短冊に裁断し、一幅（三六センチ）布を正方形にして、対角線に折った三角形を股の襠《まち》につける単純な仕立て方であった。縫い代は布の耳（織物の両端）のままで折り返しはせず、紐も別布を用いて紺木綿を節約していた。

山着には、前掲の上衣と股引を組ませ、その上に腰囲りや、肩襷《だすき》に巻きつけていた。さらに藤布袋や縄で編んだ袋を腰に下げたり肩に背負ったりした。図39・40は藤布袋とツツカリやカンガリ（縄製の袋）で、現在のリュックサック的な背負い袋であり、手拭いと弁当や刃物などを入れて山仕事に携帯した。山仕事の道中は手ぶらで歩くことを嫌い、山の幸や枯木一本でも拾って喜び、身体につけて持ち帰った。

山着用の着物は「二枚着《ご》」を多く用いたと聞いていたが、実物資料は希少である。図41は男性用木綿縞着物の二枚着《ご》である。二枚の長着物の破損箇所を除いて一枚の着物に仕立てた山着で、線状の白と紺の棒縞を二種類用いて縫合している。後身ごろと袖の部分の再度縫い替えによる更生箇所は藍が褪色し、濃紺と調和している。地質は、手紡糸を厚地に織りだしているが、布幅が非常に狭く、普通の並幅（三六センチ）より七センチ狭く織っている。これは、在家特有の自家用の織幅で、織糸を節約したためである。中長はっぴの山着の丈は七九センチあり、その半分の丈に袖をつけて機能的に捩《もじり》袖にしている。明治末期から昭和初期まで着用したようだ。

図42の山着は、中国一の山、大山山麓で収集した。木綿十字文様の絣長着物に濃紺の総裏をつけた重い着物で、一三五〇グラムの重量であった。聞くところによると「この男物袷着物は長袖の外出着であったが、昭和初期に普段着と山着用にと、袖を捩《もじり》袖に改縫いし等丈《つい》にした。袷仕立ては冬季から春先と晩秋に着用した。着物の裾《すそ》を後帯の下に引き上げ、その上に前垂れか腰前掛けで結び、下肢には脛巾《はばき》を巻いて仕事着とした。帯は紺木綿一幅（三六センチ）で長さ二メートルほどのすごき（しごき帯）をしめ、下衣に股引を穿くときもあった。被りものは、手拭いを頰かぶりしたり、ねじり鉢巻をしめた。雨天の時は檜笠を被り、寒中は蓑やオッポ（藁製の頭から被る衣）を着て働いた。履物は布足袋と藁製の雪沓をはいた」という。

冬期間の炭焼きについて、林篤男（鳥取県八頭郡船岡町、八三歳）の談話によると「炭焼きは十月一〇日過ぎに山に登り、炭焼き小屋を作り窯《かま》を築く。炭には黒炭と白炭があり、ここでは白炭ばかり焼

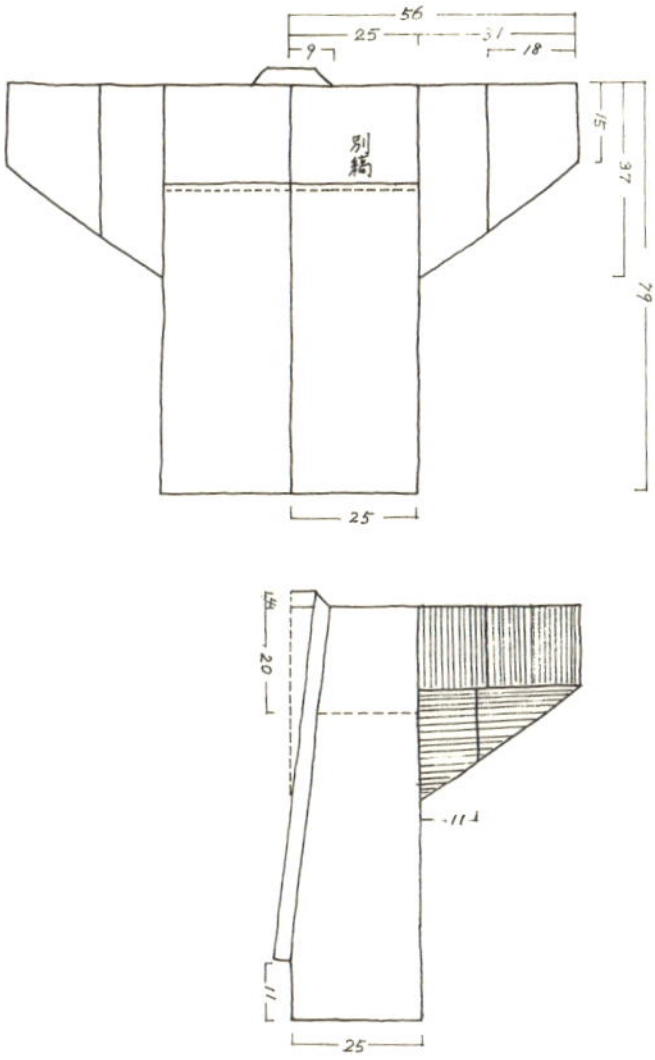

図41　木綿縞上衣男物

①重量370g

②濃紺に白縞が棒状（並幅29cm 中38立）．ひとえ仕立て，後身・袖に縫合箇所あり．手紡糸太く厚地

③鳥取県西伯郡名和町／明治〜昭和期（昭和60年収集）

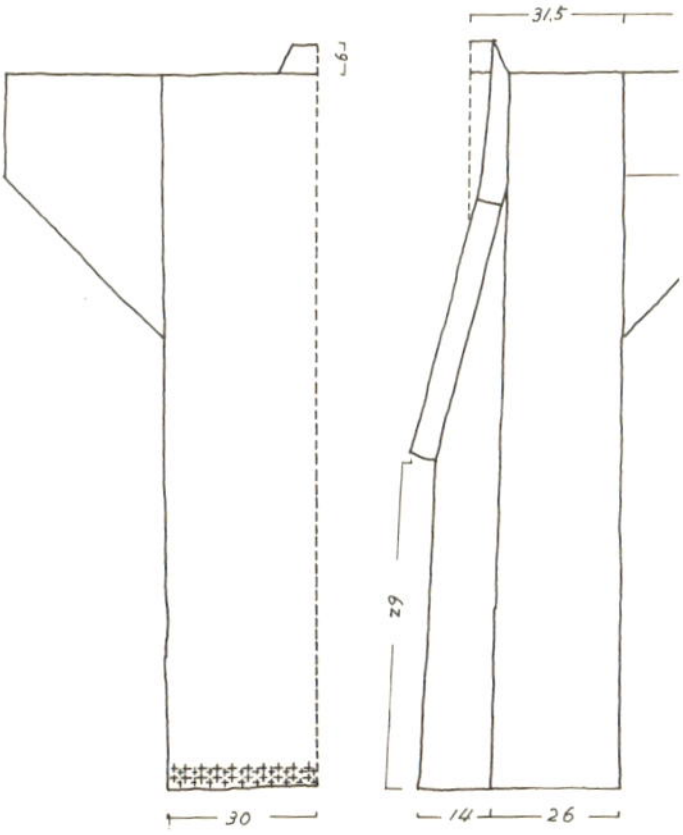

図42　木綿絣男袷長着

①重量1350g　②並幅34cmに十字絣18立．裏総紺布　③鳥取県西伯郡大山町／明治32年生（昭和57年収集）

いた。カシやナラ（方言はホウソウ）の白炭は堅くて火もちがよかった。白炭は値がよく高級料亭や茶席に使うため注文が多く、よく売れた。炭作りは、クリなどの雑木を窯の手前で焼き、火をつけたまま下山し、一晩おく。窯の中は青い煙から真赤に燃えて一日おき、灰をかける。こうした作業が夜中の二時ごろまで続くことがあり、雪が降ってきても途中で止められない。冬山は、朝は晴れていても夜は気象状況が変化する。雪に埋まらないためかんじき（木の枝や蔓を輪形にしたもので雪沓の下に履く）を備えていた。炭俵はカヤで編んで作り、副木《そえぎ》をまるめて俵の上下に蓋をした。需要が減り、焼く人もいなくなった」。しかし最近、川の汚れを防ぐ活性炭の注文がある。高度経済成長による燃料革命で薪や炭の生産者は失業したが、再び木炭・白炭が脚光を浴びているようだ。

　女性用の山着について聞き取ったことを述べる。男性の長着物と同じ一部形式に、女性は腰巻と脚絆や前掛け姿が、明治期から大正・昭和初期まで続いた。もんぺという股下を二分した下衣の流行で、新時代の到来を感じたようだ。

　山陰地方の農山村にもんぺが波及したのは、今日のようにマスコミの発達していない時代のことなので、都会からの土産として受けとってしまい込んでしまった人さえいた。もんぺを画期的に普及させた背景には「昭和十七年に厚生省は、筒袖の上着にもんぺを着用するという婦人標準服を制定し発表した」（『鳥取県史』近代第四巻三七一頁）。また同書二六五頁には「本県にモンペが普及し始めたのは昭和十四年からである」と記録している。こうしたことによって農村にももんぺが漸次流行した。もんぺは長着物と調和しないので、機能的な労働衣にするため、着丈を四〇センチ短く改縫いした中長はっぴが流行する。

当初、もんぺは「股《また》を割る」「またぐらのある」と下品な呼称で敬遠された。そうしたもんぺを初めて山着に用いた人の談話によると「もんぺの流行《はやり》はじめに、山仕事に持って行き、もんぺを穿いてみると、仕事がよくできて腰も暖かく便利なものだと思ったが、山から下りる時は、股のあるものをはくのが恥かしく、もんぺを脱いで持って帰った。それからは、山仕事にはもんぺで働いたが、人に見られぬように注意したものだ」（鳥取県東伯郡東郷町、前田百合子、明治三九年生）。

図43は女性用山着の木綿絣の中長はっぴで、着物丈が八〇センチ前後で筒袖である。試着してみると丈が脛下まであり、もんぺと組ませて着ることや、腰巻と脚絆を組ませた着装である。また、袖は洋服のシャツ袖のように腕に添った直線裁ちに、脇下に三角形の襠《まち》を入れ、腰下のアキを深くして、力布を付けた丈夫で機能的な仕事着である。さらにイバラやトゲから布地と身体を守るという山着に欠かせぬ機能を持たせるため、強力な米糊で布面を板のような状態に固め、布面とは感じられないほど堅い。肩当てを長く二重の袷仕立てにし、その上に補縫いを重ねる。用の知恵が随所に感じられた。また木綿手紡糸の経緯不規則な線絣で、織り幅は三四センチの狭い布幅を有効に、両端の縫い代はすべて一センチ幅に縫合していた。これは、鳥取県日野郡日南町の広島県に隣接した村に明治末期に生まれた人（三森うめ）が、昭和中期まで着用した山着である。

図44の山着は、前記のはっぴより二〇年ほど古いもので、木綿筒袖の中長はっぴである。何度となく更生した縫い目あとが目立ち、地質も薄く、藍の淡彩化ははげしい。六カ所の当て布と補強縫いがあり、裾《すそ》は裁ち目のままでかがり縫いである。明治末期から大正・昭和初期まで用いていたようだ。

女性の中長はっぴと同じく、男性の長着物も七分丈の縞着物になり、昭和初期から洋式ズボンや上

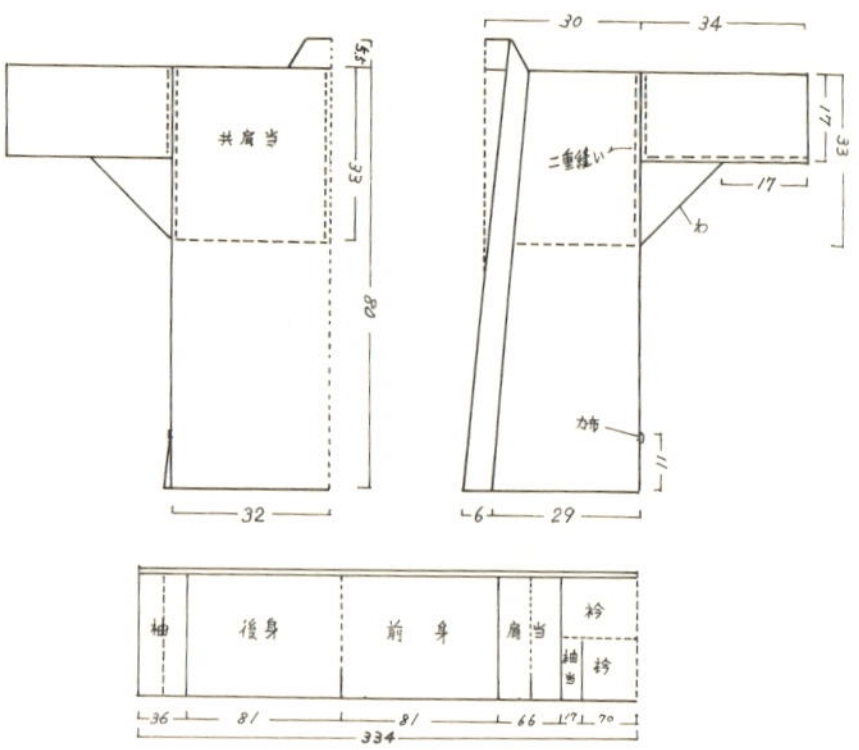

図43　木綿女中長鉄砲着
①重量430g
②並幅34cm，すべて 1 cm の縫い代．強力な糊で板のよう．手紡糸
③鳥取県日野郡日南町／大正～昭和中期（昭和48年収集）

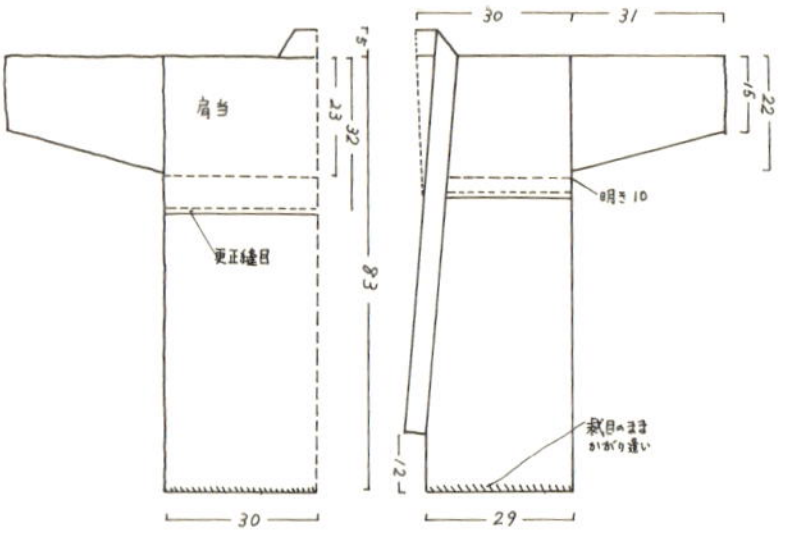

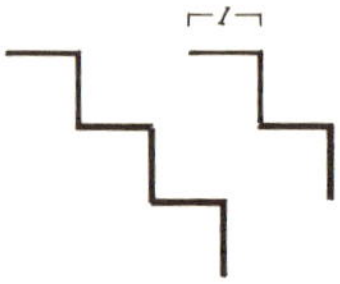

図44　木綿絣女上衣
①重量370g
②並幅33cm 絣文14立．再度縫製し，地質も薄く，藍色も淡色化．当て布 6 カ所，裾は裁ち目のままかがり縫い
③鳥取県西伯郡名和町／明治末期～昭和初期

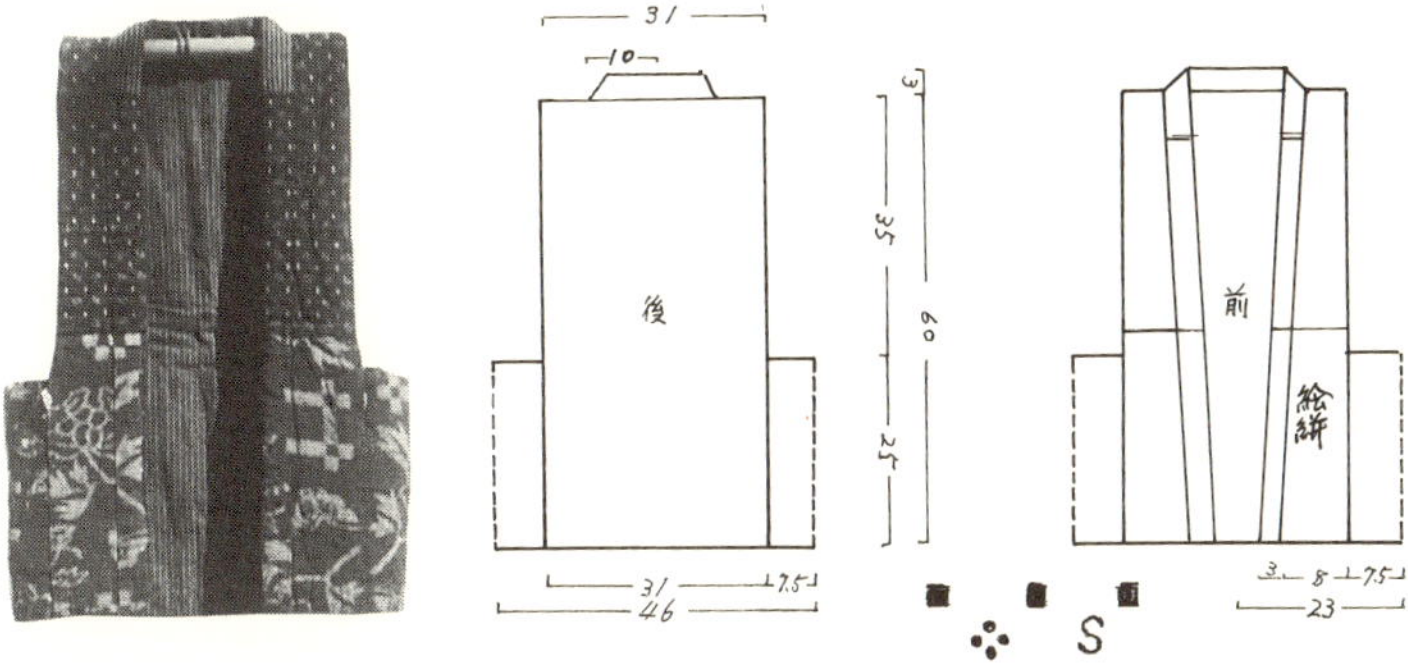

図45　綿入れ袖なし（木綿）
①重量320g　②総裏茶縞，掛衿も縞．前身下部と衿は絵絣　③鳥取県西伯郡中山町／明治後期〜大正

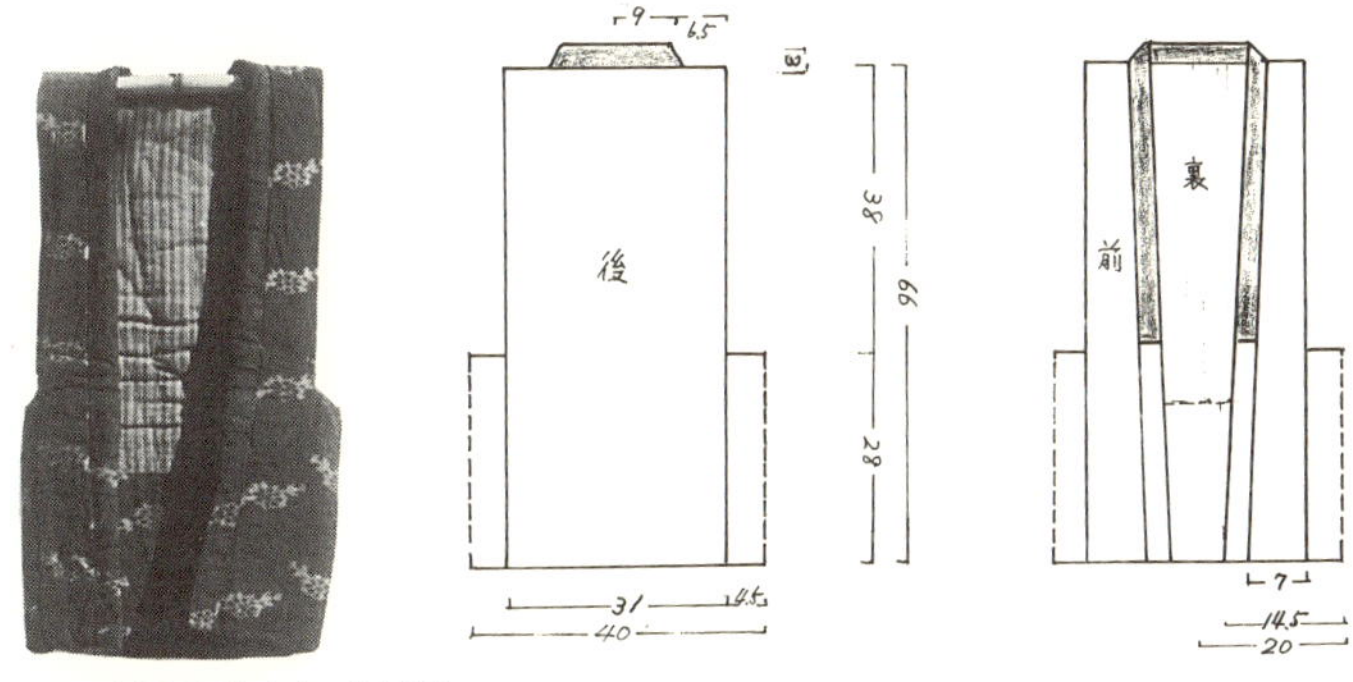

図46　綿入れ袖なし（木綿）
①重量380g　②絵絣菊文２立，掛衿繻子　③鳥取県西伯郡／明治後期〜大正

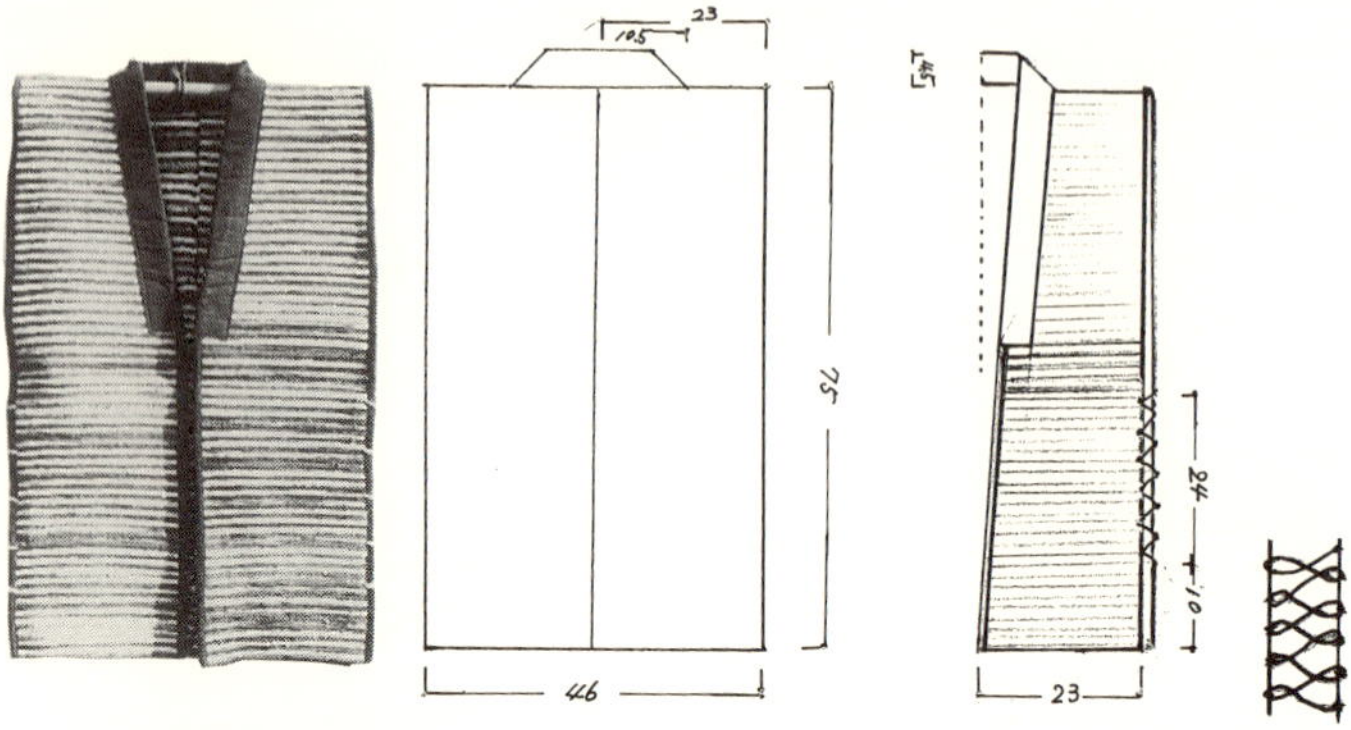

図47　袖なし（裂き織り）
①重量150g　③島根県能義郡広瀬町／昭和46年収集

衣にシャツ（手織りで白縞の手縫い）を着用するようになった。しかし、在来の股引やパッチ・脛巾や藁製の腰蓑や背中《せなか》着で身体を覆っていた。

冬季用の山着には、男女とも兼用する形の袷仕立てや綿入れ胴服などを着用して寒さを凌ぎ、積雪には、雪輪や脛《はば》巾《き》をつけ、笠を被り蓑を着て働いた。

袖なしは男女兼用に仕立てると聞いた。図46は「袖なしの裏側に男縞をつけ、表布は女性の絣で縫合している。一枚の袖なしを男女が使い分けて山着に用いていた」。

図45の袖なしは、寒暖による気候の変化に合わせて自由に着たり脱いだりできる簡便な衣料で、山に携帯する習俗があった。袖なしの構成は、並幅三四センチ一枚を後全部にし、前側は二等分に前開きにし、肩明き（左右の肩に一〇センチの切れ込みを入れる）を作る。全般に袖なしの丈は六〇～七八センチの長短があり、その丈の半分に脇襠《まち》をつけて後側と前側を安定させる単純なデザインで、手作業に適した背負い運搬の補助衣である。袖なしは、袷仕立てと綿入れ着があり、織り布による裂き織りの袖なしもある。

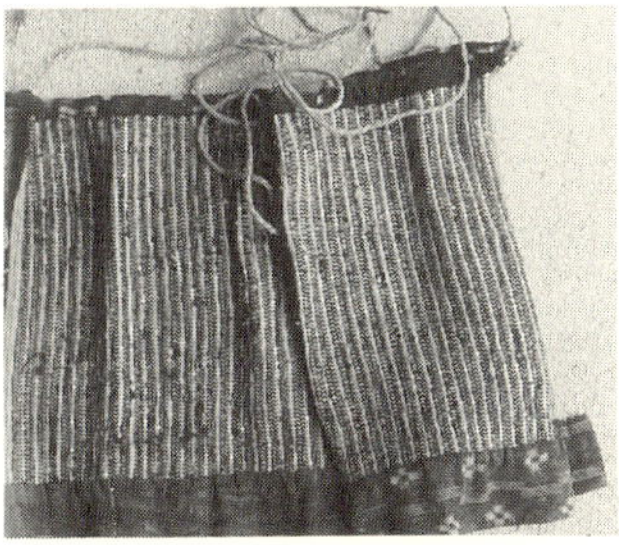

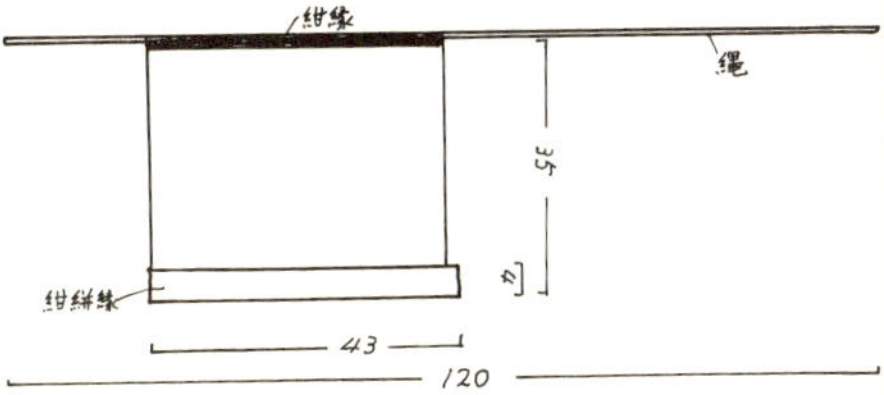

図48　脛巾（裂き織り）
②裂き織りの縁は紺絣布
③島根県能義郡広瀬町

図47は裂き織りの男女兼用の袖なしで、胴着ともいう。経糸に麻糸を用いて、緯にボロ布を一センチ幅に裂いて製織した粗密で厚い地質である。三段織ると一センチの密度になり、風合いもいい。織り幅二枚で後背部にし、前側と肩を切り開いて、黒布で縁どりをし、脇襠は麻糸の撚り糸で千鳥に綴じている。こうした裂き織りは強靭な地質で身体を保護するとともに、暖かく、動作に適応する。これこそ簡素な用の美として伝承された山着である。裂き織りはボロ布を更生し、再び織ることによって布の寿命を延ばしたものである。脛巾《はばき》にもよく用いていた。

図48の脛巾《はばき》は、裂き織りの両端を木綿絣でくるみ、麻縄の紐一二〇センチをつけている。丈は三五センチ、幅四三センチで、島根県能義郡広瀬町で用いたものである。履物は、指つまご、足半《あしなか》、布草鞋《わらじ》、輪かんじき、藁沓などがある（図49〜53）。明治中期から用いた指つまご（甲掛）は、材料は片木《へぎ》（折板、剥板。木を薄く剥いだ板）で編み、麻糸を使ってまとめている。また布草鞋は、草鞋に布を加えることによって暖かく強靱な履物にし、竹の皮と紺木綿を交編みしたもので、ぬくもりと、山用に履いてもイバラが立たない工夫がある。こうした履物は男女共に昭和中期まで用いたようである。

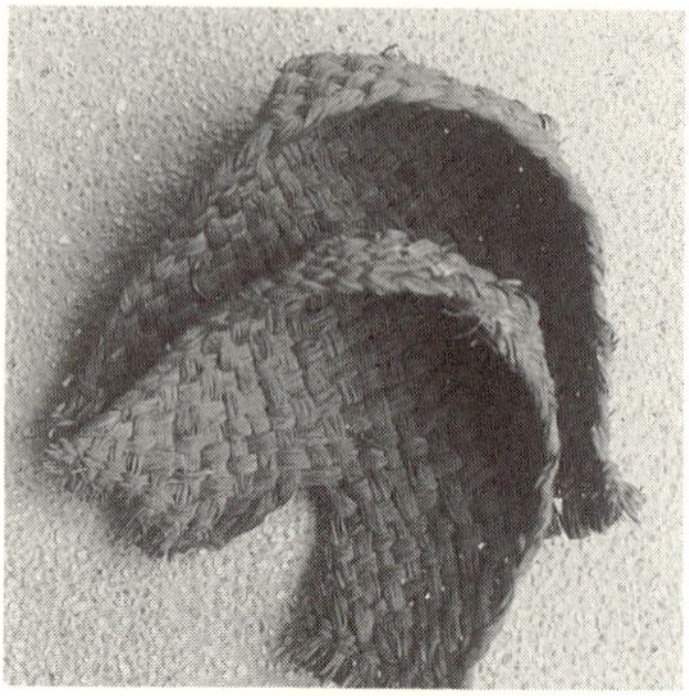

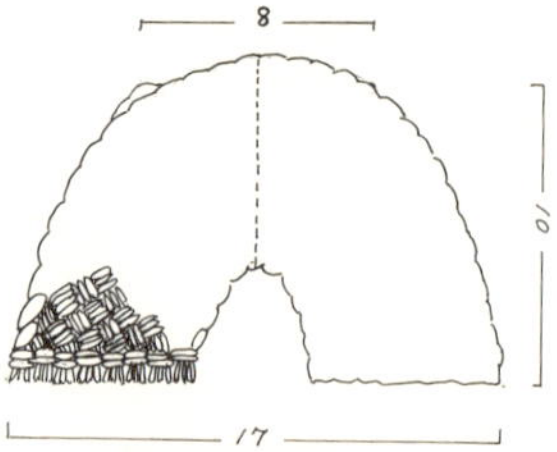

図49　指つまご
②材料木，麻糸編み
③島根県能義郡広瀬町／明治中期

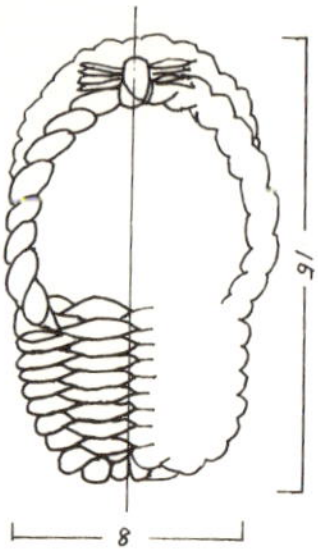

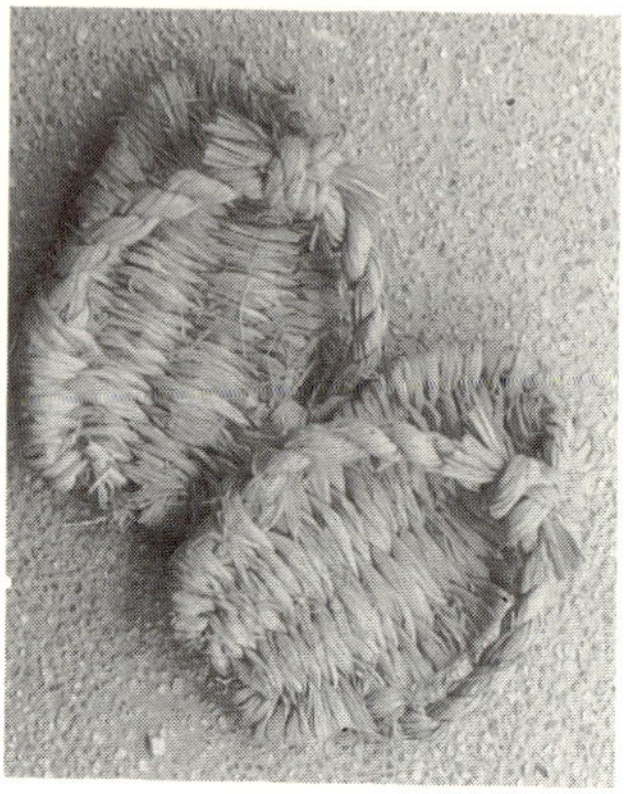

図50　藁足半
③島根県能義郡広瀬町

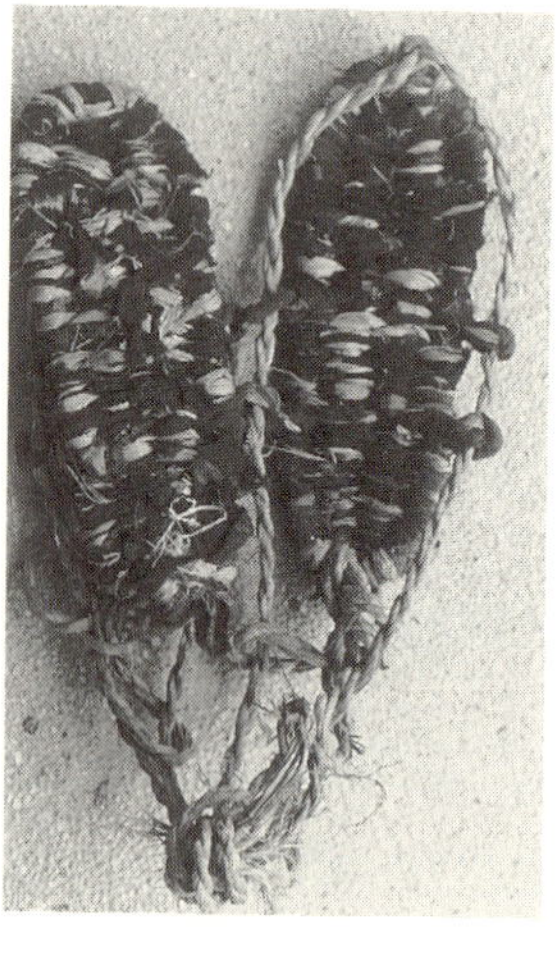

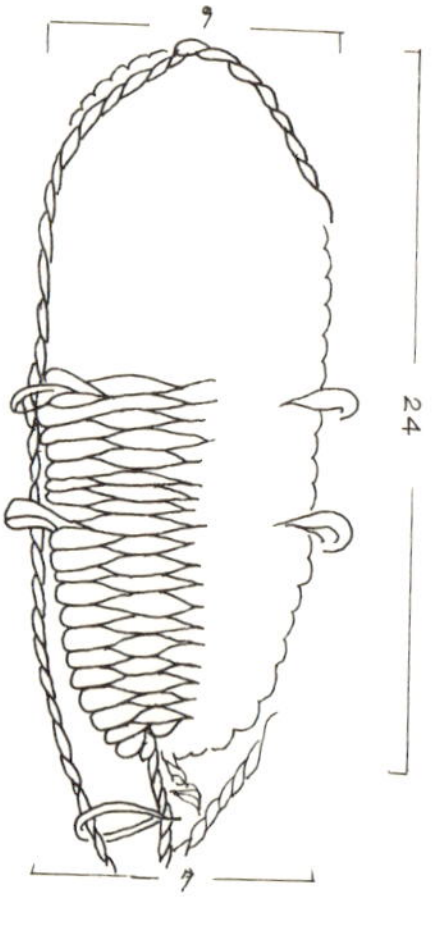

図51　布草鞋
（絣木綿入り）
②山仕事用（イバラが立たない）
③島根県能義郡広瀬町／昭和20年

足半《あしなか》は藁で足の長さの半分（一五センチくらい）の丈に編み、鼻緒に角《つの》結びをするのが特長である。山仕事や野良の履物として用いていたが、野良仕事は素足で働き、往き帰りの道中に履いて大切にした。足半を履いた私の体験では、新品の足半は軽く、足の裏が痛い。履き古すことによって、藁が柔らかくぬくもりが出て、まるで絨毯のような弾力と肌触りを感じた。しかし、足半は足の前半分で踵《かかと》のない履物のため、爪先をついて歩くことになり、体重が前方に片寄り、早足に駆け足か競歩のように跳ぶようによく歩けたと思っている。角結びは毒蛇を寄せつけないためのお守りだと語り伝えている。

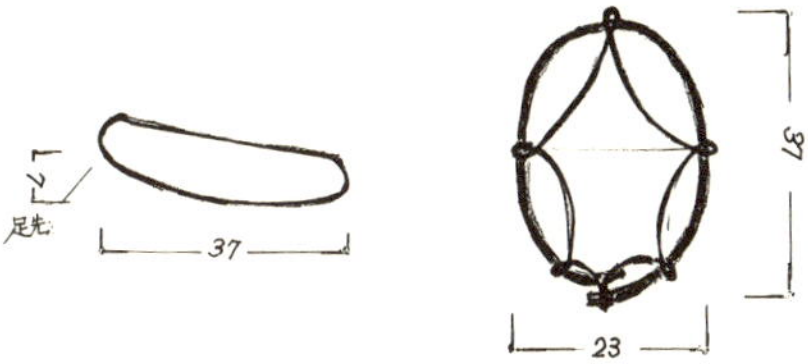

図52　輪かんじき
②木を円形にする，足先が高い
③島根県能義郡広瀬町／大正〜昭和期

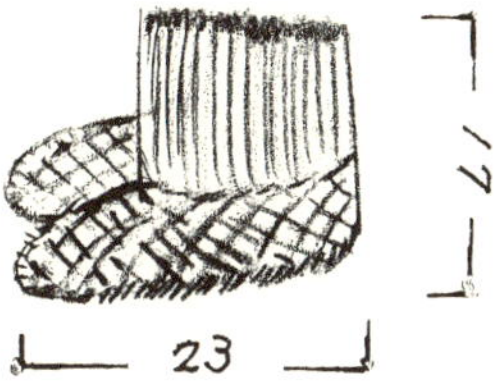

図53　藁沓
③島根県能義郡広瀬町

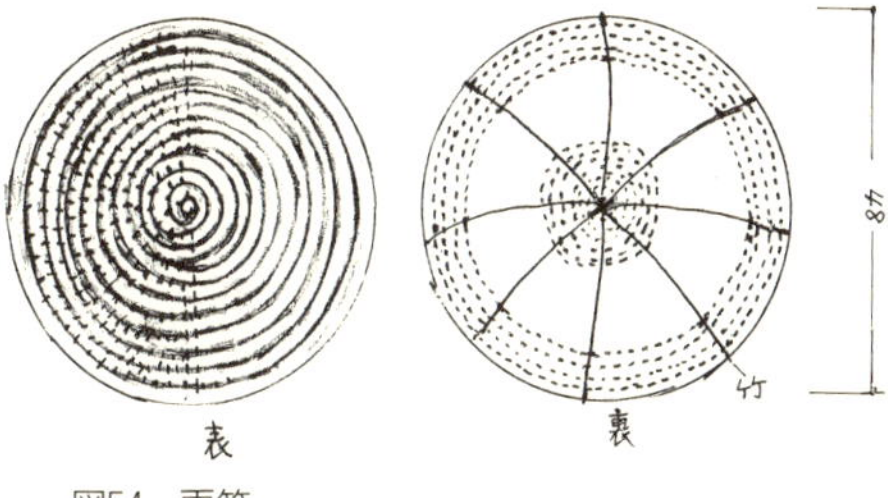

図54　雨笠
②木皮の上に竹を14の輪状に綴じる
③島根県能義郡広瀬町

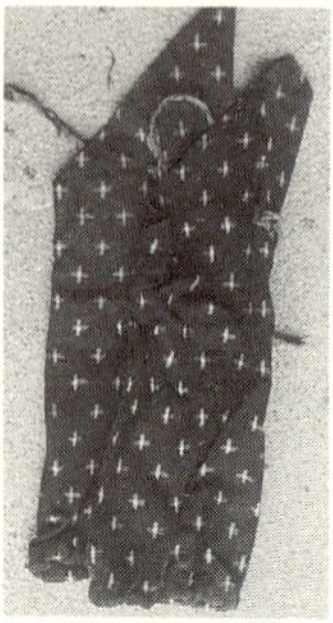

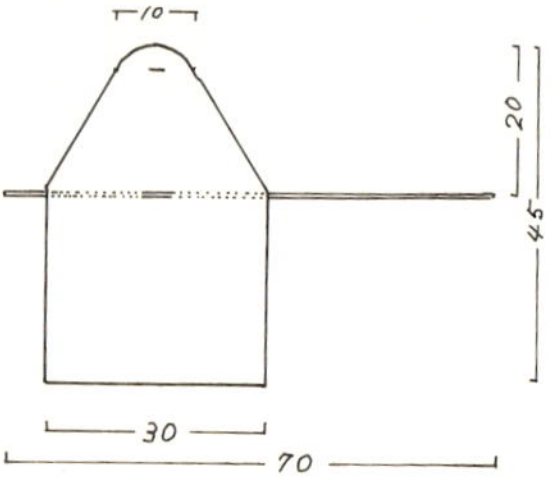

図55　木綿絣手甲
②一部ゴム入り
③島根県能義郡広瀬町／
昭和10年作

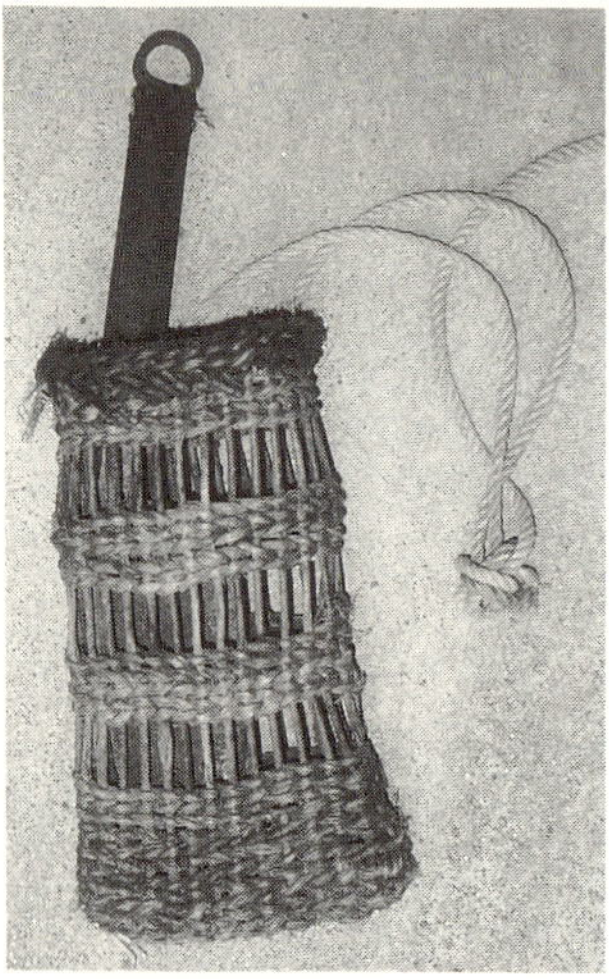

図57　山用の鉈入れ袋
鳥取県八頭郡船岡町（1990年撮影）

図56　山仕事の帰り（木負籠）
鳥取県気高郡（1990年撮影）

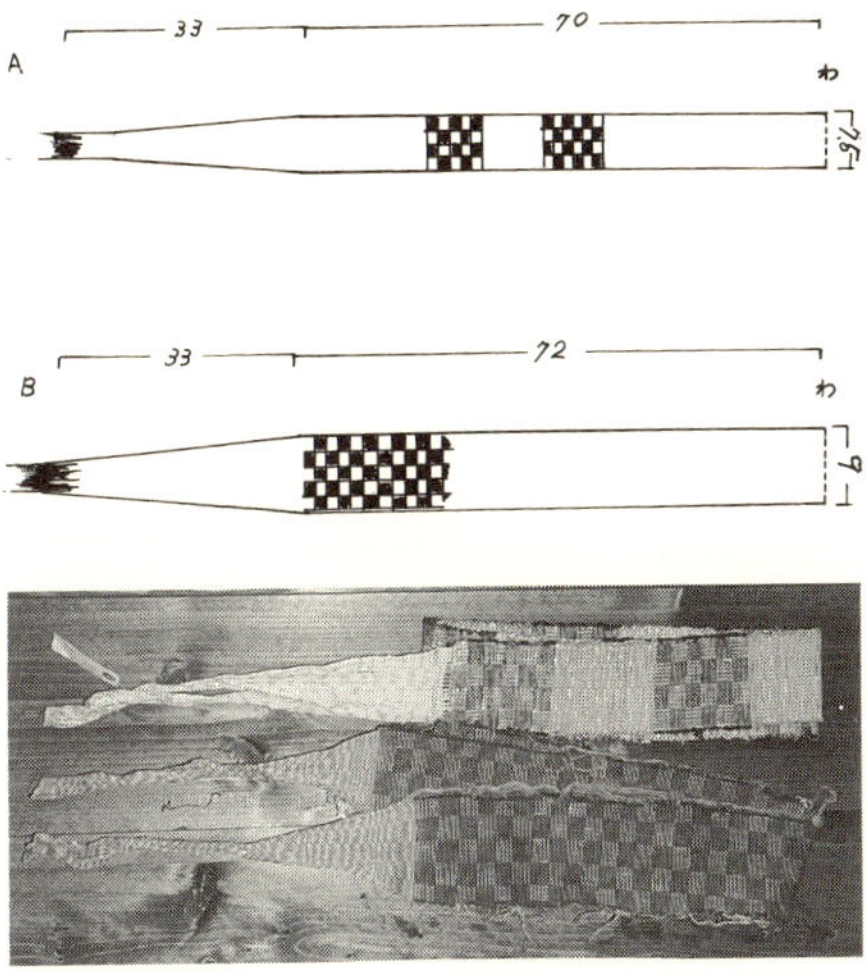

図58　細幅帯（木綿裂き織り）
①重量A＝60g，B＝70g
③鳥取県気高郡鹿野町／昭和20〜40年ごろまで着用された

被《かぶ》りものは、木綿の手拭いや紺木綿の頭巾《ずきん》などを用いた。笠類は菅《すげ》や木の皮や竹の皮などが多い（図54）。一般に笠は五〇センチ前後の円形に作り、中央を高く湾曲させた円錐形であるが、防寒や雨を防ぐために笠の内側の中心部（頭上の位置）に油紙を貼り、濡れを防ぐ工夫がある。頭を安定させる円座を頭上につけ、結び紐は赤布を縄になって顎《あご》下に飾り、紐の色で性別を表わした。また、赤布は魔除けのお守りとして、山着にはつきものだった。

山着に加装する男性の腕貫《うでぬき》と女性の手甲《てこう》と帯について説明する。腕貫と手甲は、手作業の能率と衣服の汚染防止のために腕につけた。女性は手の甲を覆う腕貫を用いたため手甲と呼んでいるが、腕貫は男女とも着《つ》けて仕事をした。

図55の手甲は、木綿十字絣の女性用である。一幅布（三四センチ）を腕の形状に縫製し、手の甲を包む大きさである。全長が四五センチで、昭和一〇年に製作したと伝えている。手甲の紐は麻縄をつけていることか

ら、木綿布を節約したためと思われる。図58は女性の帯である。木綿裂き織りで幅九センチ、長さ二一〇センチの細帯が、仕事着に用いられた。腰帯を背後の方に目立たせて結ぶことで、老若を区別し、各自の個性を表現したようだ。

山仕事には杉の皮剝ぎ（杉皮を屋根材に使う）、桜の皮剝ぎ（笠や蒸籠《せいろう》を縫い上げる）、篠竹やフジづる取りなどがある。それらを運ぶ用具として、前記した小型のツツカリ（図39参照）、大型のカンガリがある。両者とも小縄で編んだ袋であり、背負ったり、腰籠として身体につける紐もついている。また、モッコ（小縄で物を運ぶように編んだもの）も運搬具としてよく用いられた。そうした運搬には、身体の各部、頭上や肩・胴・腕などを使った。そのために付属衣料や補助具が必要となり、山着や運搬着にはそれらと関連した着装がある。肩で担ぐには肩当てが必要になり、背負い荷には肩当てや後背部を保護する衣料がいる。また胴や腕などを使う場合は縄や丸太を井桁に組んだ補助具で運び、仕事内容により最適な形態の運搬方法が伝承されてきた。こうした人力依存の運搬から、村には「空手で歩くな」と、手ぶらではなく、身体に縄や綱を巻いて歩けというような掟のようなものが生まれた。一本の綱を身体に巻いて荷を背負う、単純な運搬方法が近年にまで伝承された。

積雪の中で山仕事のミツマタ刈りをして、一本の綱で背負って下山する写真（口絵参照）に見るとおりの負い荷姿が、昭和中期まで続いた。この男性は、雪おろし用の檜笠をかぶり、蓑を着ている。顔は頰被りで下を向き、首に手拭いを巻いている。着物に下衣のズボンを穿いているようだが、足もとはわからない。しかし、積雪のときは輪かんじきを履かなければ山路は歩けない。ミツマタは山の急斜面に植え付けている場合が多く、寒中の収穫は山仕事の中でも辛い作業だ。現地で聞くと「ミツマタ刈りは寒中の身体が氷冷えする中での作業で、手足の指の感覚もなくなる。指先を口にくわえて温めながら働いた。ミツマタの運搬は、背負い荷が途中の山路で荷崩れをせぬように、負い綱を胸元で調節し、両手で綱を押さえるようにして運んだ」。

山着の調査のため、ミツマタの収穫期に再度この地を訪ねた。

鳥取県東伯郡三朝町吉原は岡山県との県境に近い奥山の過疎村である。二月中旬の晴天を選んで山に登った。谷川を流れる雪解け水が岩石に砕ける音を久しぶりに聞き、車を止めて谷川の石の上に降り立った。どの岩も水かさを増した水でおおわれ、冷たさの中で春を待っているようだった。遠くの岩の上からヒヨドリらしい鳥がさかんに尾を振って歓迎してくれる。前方に見える冠雪を頂いた山村が目的地であるが、しだいに寒さが増し、一段と身にしみるようになった。

積雪で行き着けるかどうか不安を抱きながら、そこで働く人びとから話を聞けるという期待で胸がはずむ。山路を登るにつれて路肩の積雪は深くなり、河川に沿った谷間に少数の民家が点在する。軒下や路傍に長くつるされたミツマタの樹皮を見て、目的地に着いたことを知らされた。屋根から下がる氷柱《つらら》と、ミツマタの樹皮を剝いだまっ白の枝束が互いに照り輝いていて、寒中の小春日和といった風景だ。「一昨日皮むき作業を終えた」と言う。

青空の下で、ミツマタの皮が寒風になびく音を聞きながら、背丈より高く伸びたミツマタを山で刈り、背負って下山する姿を瞼に浮かべた。ミツマタは蒸し作業をし、その後に木の根元から皮を剝ぐのだと話してくれた。山仕事に履いた雪輪かんじきが軒下の竹竿に掛けて干されていた。皮むき作業の写真は撮れなかったが、古くから伝承してきた樹皮繊維の恵みに感謝をして働く人の顔のたくまし

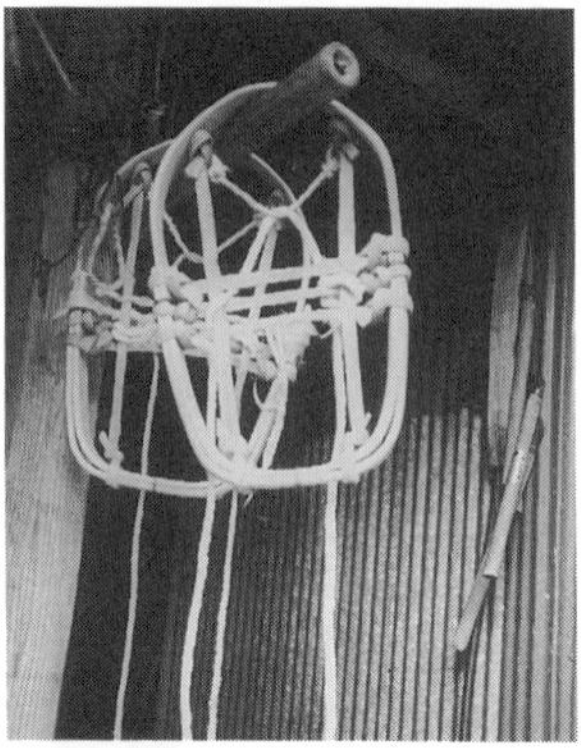

図59　納屋の軒下（輪かんじきと鎌さしが見える）
鳥取県東伯郡三朝町

図60　ミツマタ干し
鳥取県東伯郡三朝町／1990年撮影

図61　皮取りミツマタ
（図60に同じ）

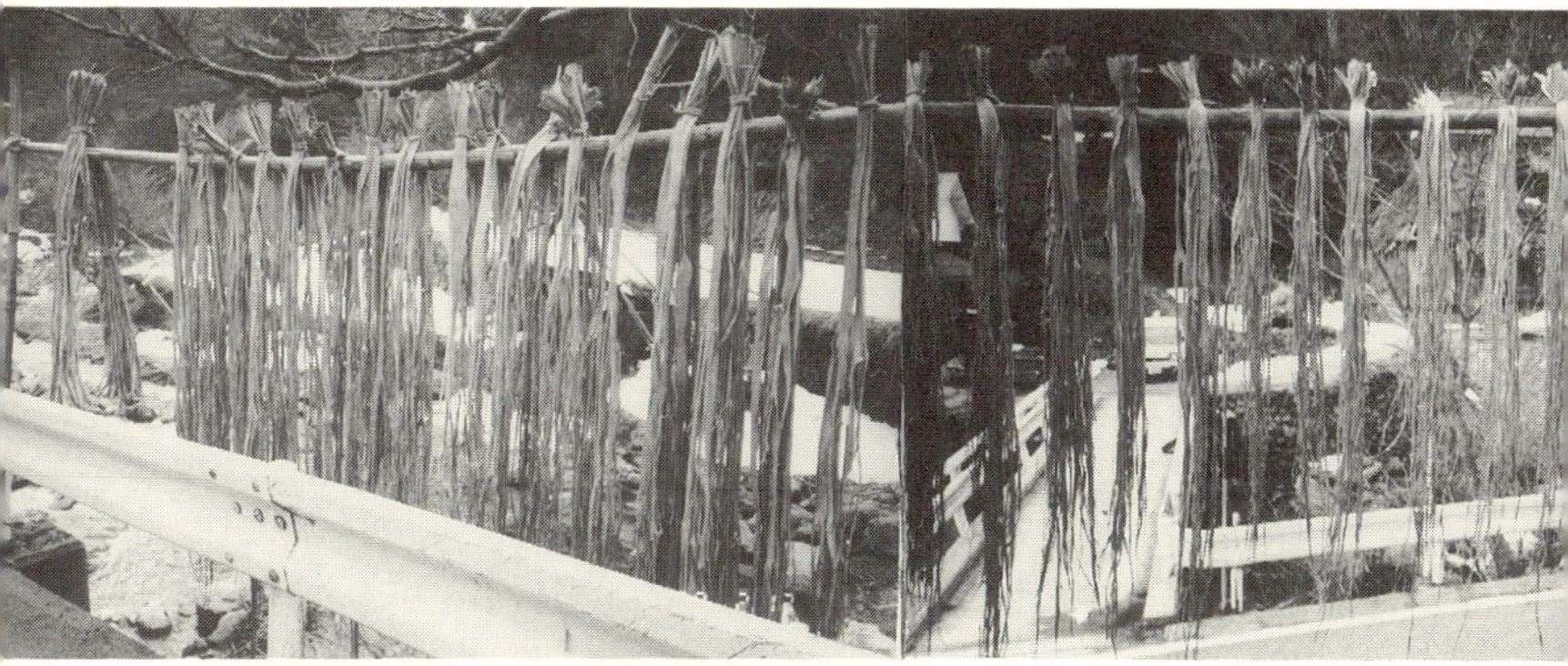

図62　ミツマタの皮干し
（図60に同じ）

図63　和紙の手漉き
鳥取県気高郡青谷町（谷口正志，昭和3年生）／1990年撮影

図64　和紙の乾燥（谷口正志の妻）
（図63に同じ）

さと温かさに、心を洗われた。

この山仕事と皮剝ぎの作業から一年の農作業が始まるという。ミツマタやコウゾの樹皮繊維は、農耕具の綱や野良着、和紙の原料に用いられてきた。ミツマタやコウゾから作る和紙は今でもくらしの中でぬくもりを感じる。襖紙や障子紙、灯火のカバーや提灯、包み紙や便箋紙などである。

和紙に油や柿渋を塗る紙子《かみこ》（紙衣）は防水・防湿の効果とともに、紙の強度をも増した。こうした加工をほどこされた紙子は、雨着や番傘、被り笠、あるいは合着《あいぎ》としても用いられた。また、住居の敷物や病人の排尿便の処理にも油紙を敷いて用いられた。

山着用によく用いた紙布《しふ》と呼称する織物は、和紙を切ってこより状の糸にし、麻や木綿を経糸に、紙糸を緯糸に織ったもので、緯糸のザラザラした布目は通気性がよく、軽くて仕事着として最高であった。帯は小幅に織り、帯結びはよく締まり、着崩れをしないといわれている。特に山陰の石見地方では、紙布《しふ》のことを「いごき」といって土地で産出した和紙を織り、家庭着から仕事着にまでよく用いられていた。

鳥取県青谷町で手漉き和紙の伝統を守る谷口正志（昭和三年生、図63参照）は、家内工業でコウゾを漉いている。同町には八軒の生産者が昔からの手漉き技法を守っている。「紙漉きは一日中水の中で手を使うため全身が冷える、手作業でしもやけとひび割れた手に悩まされてきた」また「手漉き五年と和紙の乾燥技術に三年の合計八年間の修業をしなければ一人前の和紙が漉けないし、思うように採算が合わないので廃業した」と話す人もいた。現在は紙の乾燥に室内の電熱板で乾燥する方法がとられ、一日一千枚の和紙を仕上げている。在来の天日干しの苦労から救われたが、一枚一枚を漉く手仕事の土間作業は今も変わらない。

山草刈り

山草刈り作業には、田植えを前後とする六月の草が伸びた頃から九月末まで約四カ月間をあてる。「農山村のくらし」の項で前述したとおり、営農に欠かすことができない牛馬を飼育するための餌や、田の肥料の厩肥を自給するために、草刈りは夏季の農作業として村をあげて働いた。昭和三〇年代の山草刈りの状況を、私の体験から思いおこしてみたい。

草木の若芽と山草が伸びる六月ごろは、夜明けも早い。草刈りが始まると、起床は午前四時になる。老人が朝食の準備で家に残るのみで、家族全員がそろって山で朝間仕事に草を刈る。犬も牛も連れ出され、山路は村人の行列になる。

草刈り鎌は、前夜のうちによく研いで、戸口に並べられている。鎌の研ぎ方で草の切れ味が違い、作業の能率をあげるためである。目覚し時計でとび起きると、山着物の準備をし、肩から腰にかけて負い綱を襷《たすき》掛けにし、鎌を持って山に登る。牛に子どもを乗せて引く人やリヤカーを引く人、天秤棒を担ぐ人などさまざまだが、元気のいい声で朝の挨拶を交わす。頬かむりやねじり鉢巻、首に巻いた手拭いと袖なしや藁製の背当てを着ているので、男女の見分けはつきにくい。

山は一キロほどの奥地で、到着すると夜が明けた。腰まで伸びた山草に朝露が光り輝いて、水滴がころがる。

草刈りは右脛を地面に突き、左足を折り曲げて、左手でカヤを撫でるように手の平で草を倒す。右手に鎌を持って根元から刈り取るが、気を抜くとカヤで手を切ったり、地面の石に鎌が当たって火花を散らす。また鎌が滑って指を切ることもあった。その時は、かぶり手拭いの端を引き裂き、傷口を巻いた。草をざくざくと刈りながら、コオロギの鳴き声を聞くと手を止めて草株を分け、その音色を聞いていると、蘇生するような気分だった。草と一緒にコオロギを刈り取らないよう鎌の柄で追い払う。せっかく住み馴れた山コオロギを草と共に牛餌にしたくないと思い、中座して気を配りながら刈った。

朝露で下半身がびしょぬれになったころ、家族も荷作りを始めていた。刈り取った草は、三束に荷作りをした。枝木の束ね方と同じように葉先と根元を交互に重ねてしばり、左右の重さを均等にする。草束の運搬は綱を使う。一本の綱を二本に折り、その上に草を二束乗せる。荷の重心が身体の中心に合うように負い綱を調節し、輪状の綱の中に頭を入れて背負い、草束を巻いた綱を左右の腰から引き出して首にかけた綱の輪に掛けて前方で結ぶ。その荷の上にさらに一束の草を乗せて、首と頭で支えて運んだ。

背丈ほど長い草束の運搬は、道中で荷くずれをおこすことがある。背負って歩行するので草束が足元や地面に擦れ、引きずるように抜け落ちると、荷作りのやり直しをすることになる。何度となく失敗して荷作りや背負い運びを学んだ。草束を括る時は、草の上に片足を乗せて全身の力で強く踏みこみ、両手で括る。縄は糯稲《もちね》の藁がよくしまった。また背丈ほどの草束は、負い荷の最上段に置き、頭上で支えて運ぶと荷具合がよいようであった。

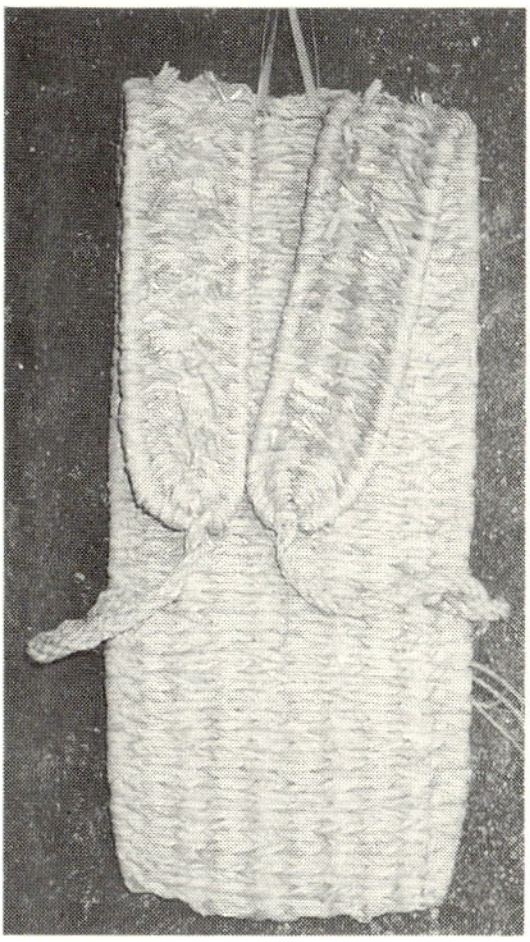

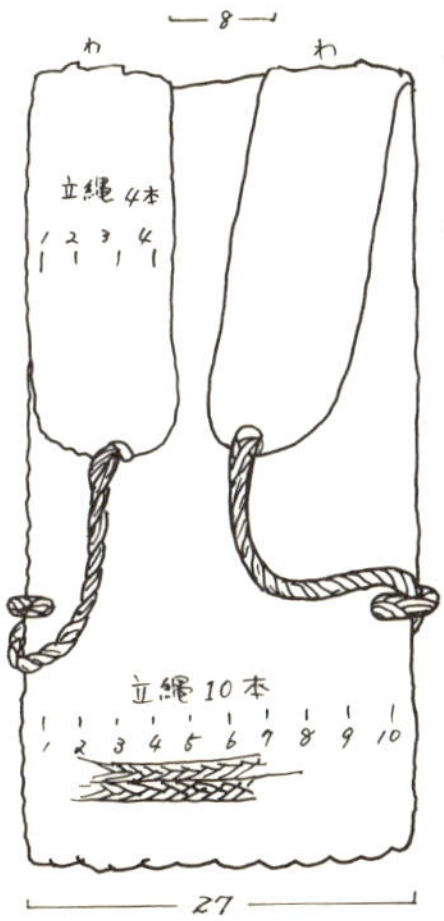

図65　背当て（藁製）
①重量800g
③倉吉市／昭和中期

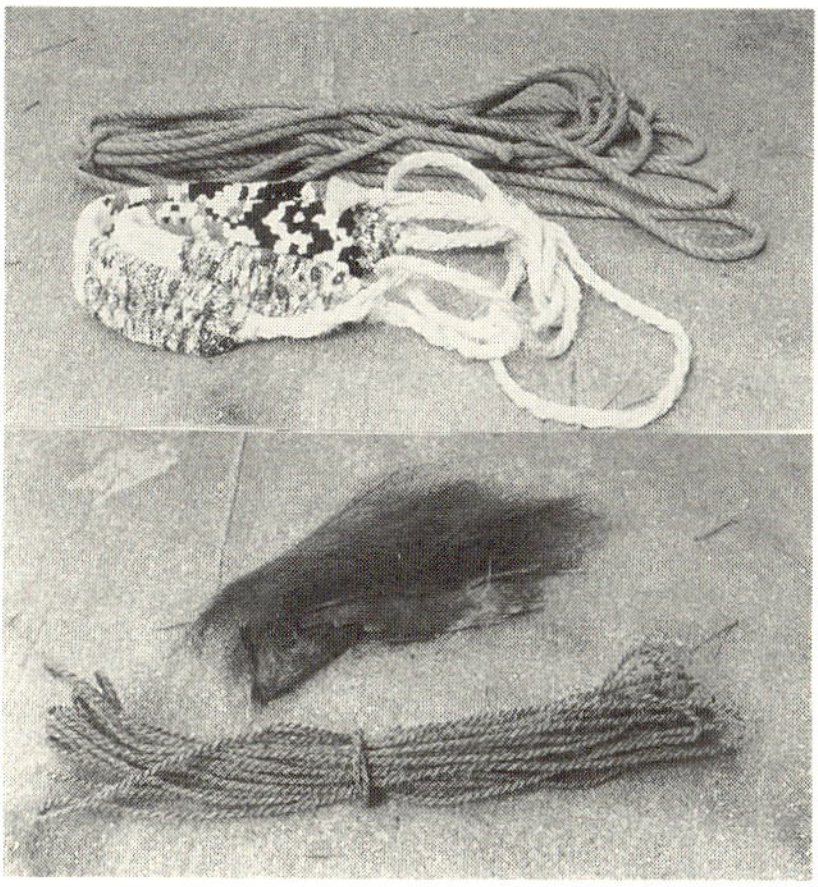

図66　負い綱と荷かわ（上）
シュロとシュロ縄（下）
③倉吉市／1990年撮影

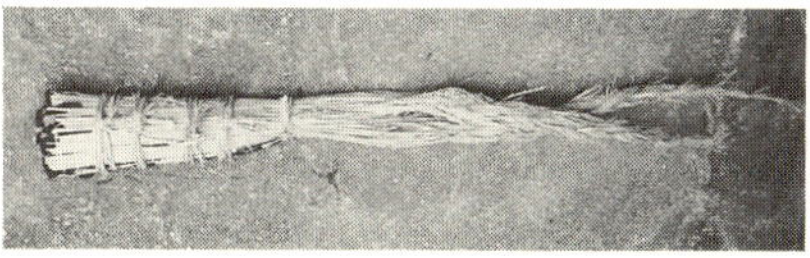

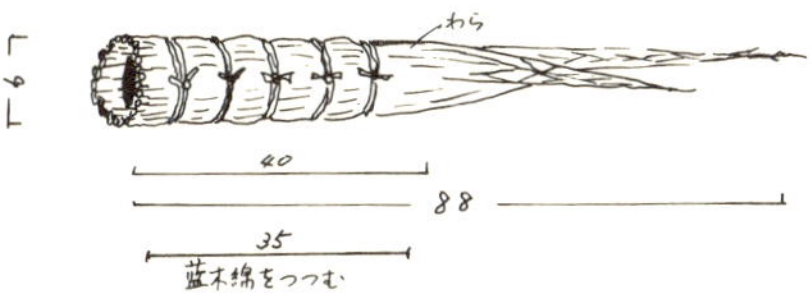

図67　防虫用カッカ
①重量330g　②夏草刈り（山草刈り，田あぜ）にブヨ防除目的で腰にさげる．2～3個そなえる．消火は水につけ漬物石を置く．蓑に火が移ると大ヤケドを負うので，その時には身体を横にしてころがるとよいという　③鳥取県日野郡溝口町／1988年撮影

山草刈りの着物は、帆布の前掛けや腰蓑で加装し、脛に藁の円座かボロ布を着けて地面に当たるようにすると、もんぺやズボンの脛布が傷まず長持ちがした。というのも、草刈りは片方の脛を地面に突いて作業をしたからである。手甲は肘より長いものを好んでつけた。それは、手先から濡れると手甲全部に浸透してしまうが、丈が長ければ着物の袖を濡らさず、汚染を防ぐことができたからである。

負い荷の運搬には、図65の藁衣の背当て・図70のカメノコ（肩と後背部に当てる藁製衣）を加装したり、袖なしを用いた。牛馬やリヤカーで山草を運ぶ人もいたが、大方の者は人力依存である。先に述べた荷作りの良否によって、重荷になったりする。綱一本を持参することで背丈ほどの草束や枝木を運び出すことを身体が知っていて、荷物と一体となって荷を支える。そのために補助衣の藁衣を用いて能率をあげてきた。

藁製の虫除けは草刈りに欠かせなかった。山草刈りは蚊やブヨに悩まされた。その防虫具に藁製の「カッカ」（図67）がある。カッカの全長は八八センチの藁苞《つと》の中に、紺木綿を丸めて入れてある（鳥取県日野郡矢田貝悦子、昭和九年生、製作）。「この藁苞の中の紺木綿に火をつけると、くすぶるようにカッカと燃えて煙を出すことから呼んだ名で、藍木綿には防虫効果があり害虫を防除したのだ。草刈りに夢中になってカッカの火が腰衣に燃え移ったりした。その時は、身体を振ると風を起こして火が強まるので、脱ぎ捨てたり、カッカを取り出すことより、すぐに身体ごと地面に転がって消火するのが一番よかった。また、山草刈りを終えて、カッカを消火するのには、必ず戸外で漬物石を上に置いた。カッカは再燃しやすく、火災の心配があった。この魔法のような藁筒から、鼻を突き刺す独特な臭いを発し、害虫を寄せつけず作業を快適に行なえた」。

防虫具として考案した藍布をくゆらす藁苞は、一度点火するとくすぶり続けて長時間燃焼し、消火しても再燃する危険もあるが、素晴らしい民具であると思う。二〇年前ぐらいに消滅し、今は蚊取線香の渦巻を腰元で燃やしている。

昭和四〇年頃までは、山林の間伐や雑草木の刈り取りが行なわれ、林間に光と風を入れて山林が保護されていた。

山に競って登り草を刈る――草肥の投入が実りの秋を左右するため、山草の盗み刈りや喧嘩《けんか》までおこった。こうして草を刈り間伐した山の地肌が秋色に染まるころにはキノコが群生し、落葉が舞う。大自然の恩恵は風が運んでくれるので、人びとは大風の吹く日を待った。風は山の枯枝や松葉を自然に落としてくれた。村人は山へ登り松葉を集める（松葉叉手《さで》という）。山草刈りをしなければ松葉集めも枝木拾いもできない。

松葉叉手を手伝った私の感想を述べると、木枯らしの吹き荒れる山の中で、松濤を聞き、松葉が矢のように降って来る。その中で地面に積もった松葉をかき寄せた。風の渡る樹海の中で狐火を見るような錯覚で、風のリズムに乗って叉手鉤を山の斜面から低地に松葉をかき集めてはかたまりを作った。いくつかのかたまりを集めて、枯木の台に松葉を載せて束《たば》にする。そうした束を四束ほどで一荷とし、背負って運んだ。松葉は竈の焚きつけとして利用された。

図68　脛巾（麻糸で編む）
③島根県能義郡広瀬町

図69　あこっぽ（藁製）
③鳥取県気高郡

藁衣

稲藁は生活必需品として、営農と家畜の飼料に用いるほか、換金用としても大切にあつかった。また、くらしの中で藁衣の占める部分は大きく、頭の先から足先までを包む大切な素材として、藁との関わりによる文化はひろく根深い。

聞くところによると、「明治末期に鳥取県東伯郡関金町に生まれた母親は藁の〝ほくだ〟〝ほくど〟（地方によって呼称が異なるが、藁の根のはかまのこと）の中で産まれ、宮参りまで土間の藁の中で育った」という（倉吉市某女談）。藁を利用した産褥《さんじょく》所を土間に作り、そこで出産したという証言であり、その母親も健在で、私は逢って確かめることができた。

前述した女性の生理期間中、土間で箱膳にする習慣と同じように、出産や月経を汚《けが》れと称して遠ざける習わしがあった。女性たちはそれらの歪《ゆが》んだ風習に耐えながら、乳児を藁製の編み籠（あこっぽとかあこ座という）（図69）に入れて、田畑に連れ出して野良で仕事をした。

土間の隅には、藁打ち石を埋め、藁打ち用の木槌を備えていた。木槌には大・中・小の三種類があり（図241参照）、荒打ちと仕上げ打ちによって木槌を使い分けていた。新藁はよく打たなければ柔らかくならない。藁を打つ音は、トン・トンと強弱があり、そのリズムが障子越しに響き渡り、鼻唄が混じって流れたりした。子守唄の拍子を打つようなのどかさで、長時間にわたり藁繊維をほぐすのだった。藁は中力で打つのが第一だと言われている。女性は、ひまさえあれば土間に筵《むしろ》を敷いて縄をなった。縄は、草鞋作りや蓑、前垂れや俵や薦《こも》作りに必要であった。こうした仕事と保育を兼ねていたので、子どもは土間の泥やワラ屑にまみれ、その中で戯《たわむ》れて成長した。

藁は家屋の敷物の筵《むしろ》や薦《こも》に用いるほか、円座や就寝用の藁布団として、柔らかくした藁を布袋に入れて綿の代わりとして用いていたようだ。現在も山陰地方の古老たちの間では、座敷に敷く畳を「トコ」と言い、また就寝時の蒲団も同じく「トコ」と呼んでいる。「トコを敷く、トコをあげる」というのは、かつて寝具類の蒲団と敷物が藁製品であり、寝筵や着茣蓙で暖をとりながら藁蒲団で就寝したなごりであろう。畳の床《とこ》は藁を糸で刺して固めて作ったもので、くらしと藁との関わりは大きい。

野良着の多くに藁が利用された背景には、もちろん、古くからの水稲栽培がある。樹皮繊維にくらべて藁はより容易に利用できた。在来の伝統的慣行による農作業と仕事着の関係は密接であり、営農

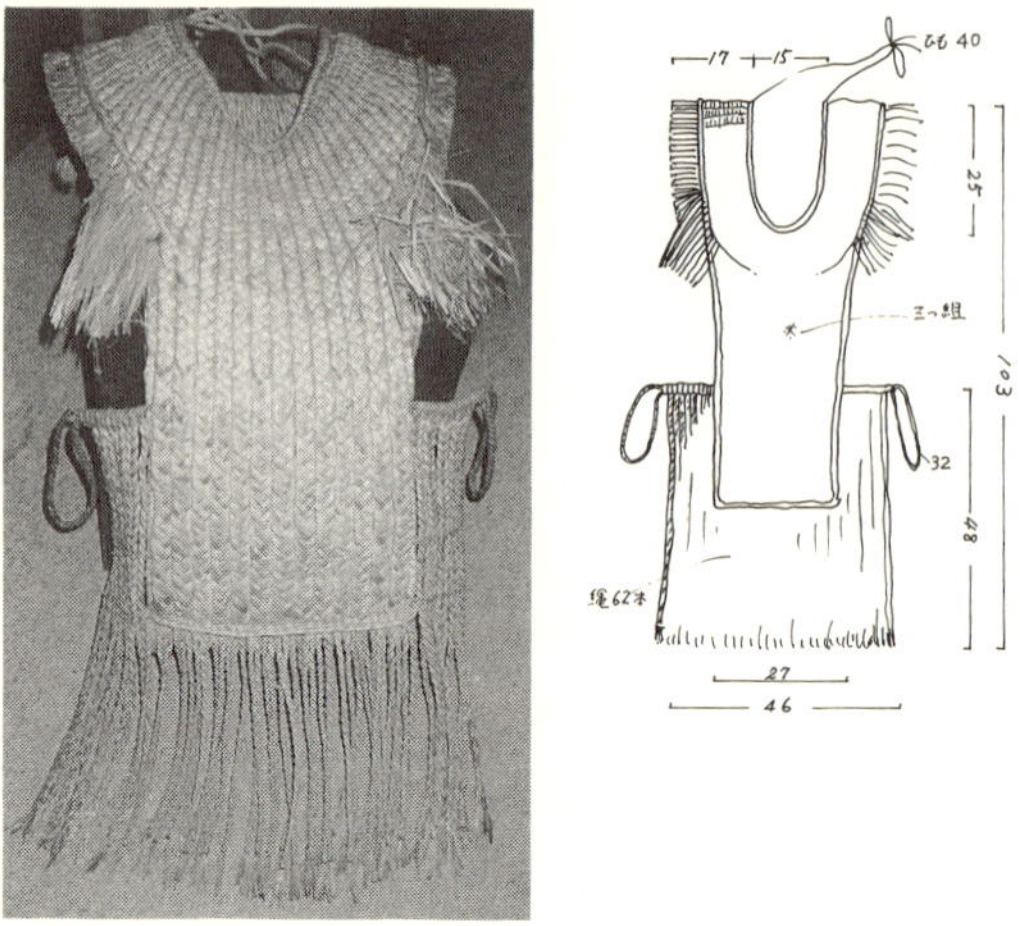

図70　カメノコ
（藁製肩当て）
①重量1100g
③倉吉市／昭和初期

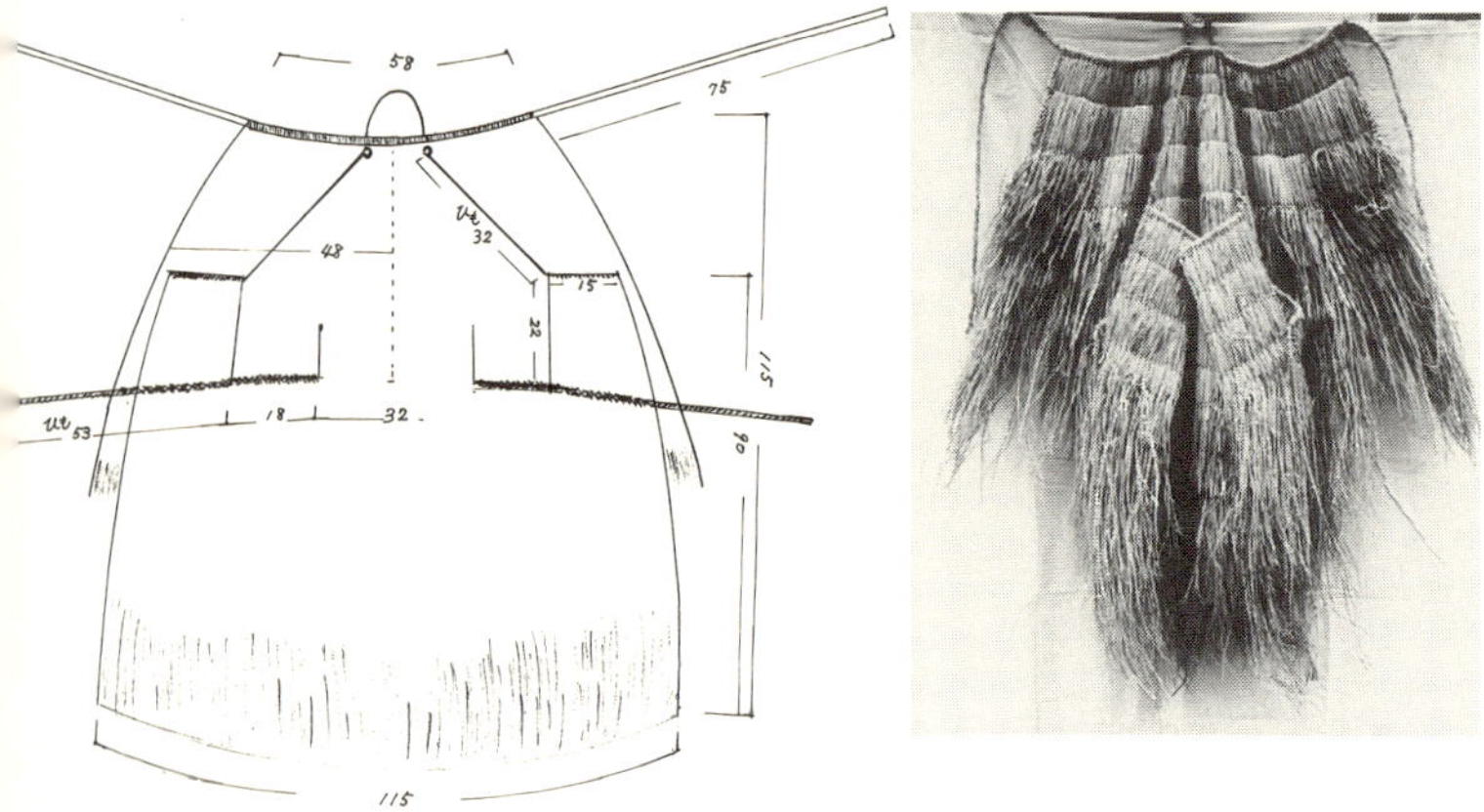

図71　前垂れ付き蓑（藁製）
①重量2500g　③鳥取県西伯郡大山町／昭和中期

の内容が変わらないかぎり古い形態の藁衣が伝承したと思われる。しかし、藁は消耗による腐敗で痕跡すら残さない。近年まで牛舎や蔵に収蔵されていた藁衣を通して、三世代、約一世紀間も変化のない形を伝承し着用してきたことを聞き取った。

図70の藁衣（カメノコ）の肩当ては「昭和初期に製作したが、薪を運搬するのに夏季は裸の上にカメノコを着て運んだ。カメノコの形は代々伝承した編み方であり、よく似た形の藁袖なしや胴衣も着用した。こうした藁衣の編みかたは、祖先の知恵として歳月を重ねた我流秘伝として受け継いでいる」という。

このように藁衣の多くは類似性が強い。手技による縄を基本にして、体形に合わせた胴衣や腰前掛け、下肢を包むものや履物、頭囲を包む被りもの、腰帯などがある。また、藁で頭髪を結ぶ人さえいたらしい。そうした藁編みの技巧の素晴らしさは、表に見える部分には少なく、隠れた衣料を支える部分に大きいことに気がつく。資料を解説しながら、藁衣の創作によってその用と美が野良着の中に見事に表現されたワラの文化について述べてみたい。

図71の前垂れ付き藁蓑は、試着すると全身をすっぽりと包み込み、藁人形のようである。蓑の下にシャツか襦袢を着るだけで、暖かくて上着は着られない。「大寒中の風雪や降雨もこの蓑を一枚着ると、山仕事ができた」と説明してくれた。蓑の重量は二・五キログラムと非常に重いが、藁は鳥の羽根毛のようによく打たれて柔軟で、繊細に編まれていた。蓑の内側は藁の青味を残し、外側の茶褐色の淡い色相と対比して美しく、ワラ工芸の粋を感じさせる。鳥取県西伯郡大山町の中田鎌三（故人）が昭和中期に製作したもので、生前に本人から譲り受けた。

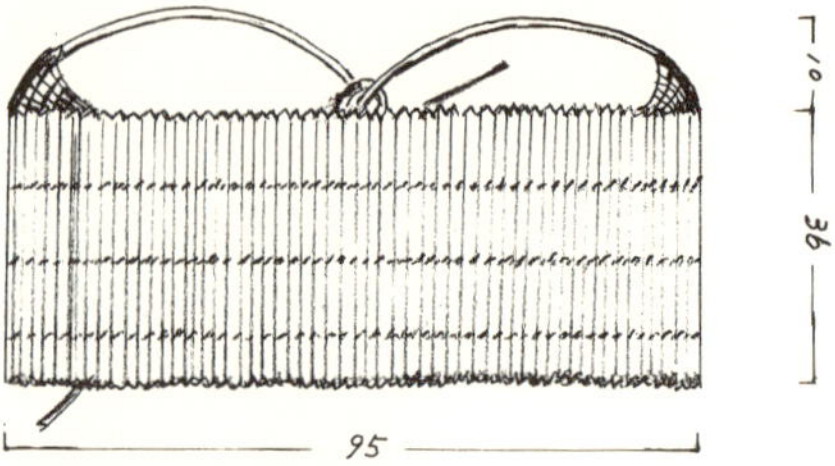

図72　腰蓑（藁製）
②防雪雨・防寒用
③島根県能義郡広瀬町
／昭和20年作

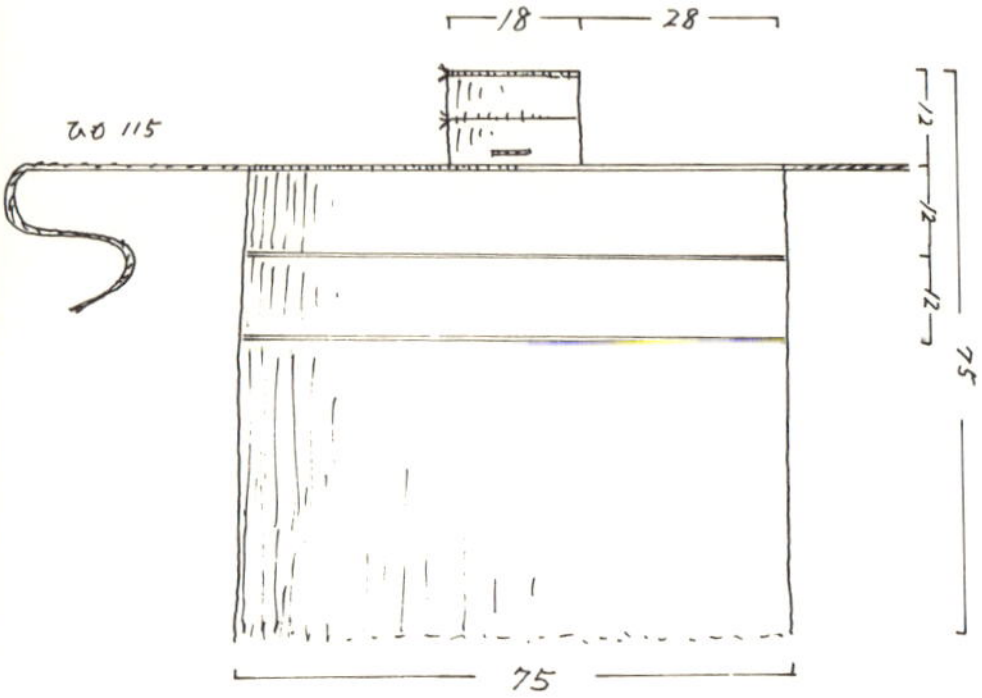

図73　腰蓑
①重量480g
③鳥取県八頭郡船岡町
／1988年撮影

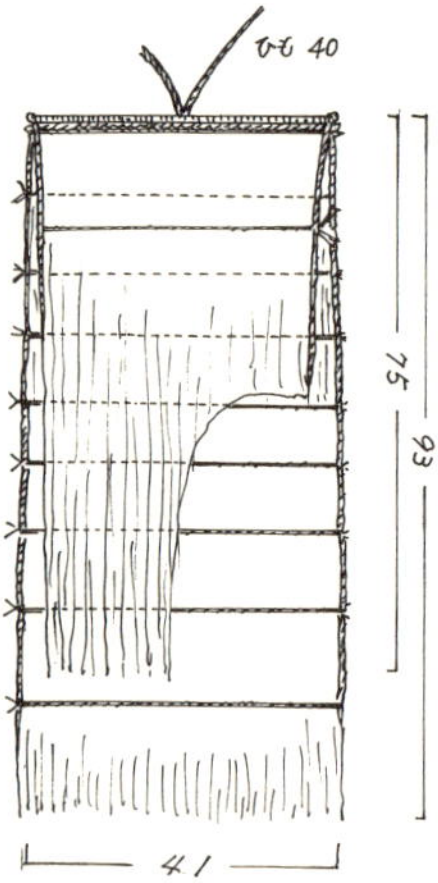

図74　背蓑
①重量870g
②二重かさね
③図73に同じ

図75　蔵の中に貯えられた草鞋
③鳥取県八頭郡船岡町下野，林家

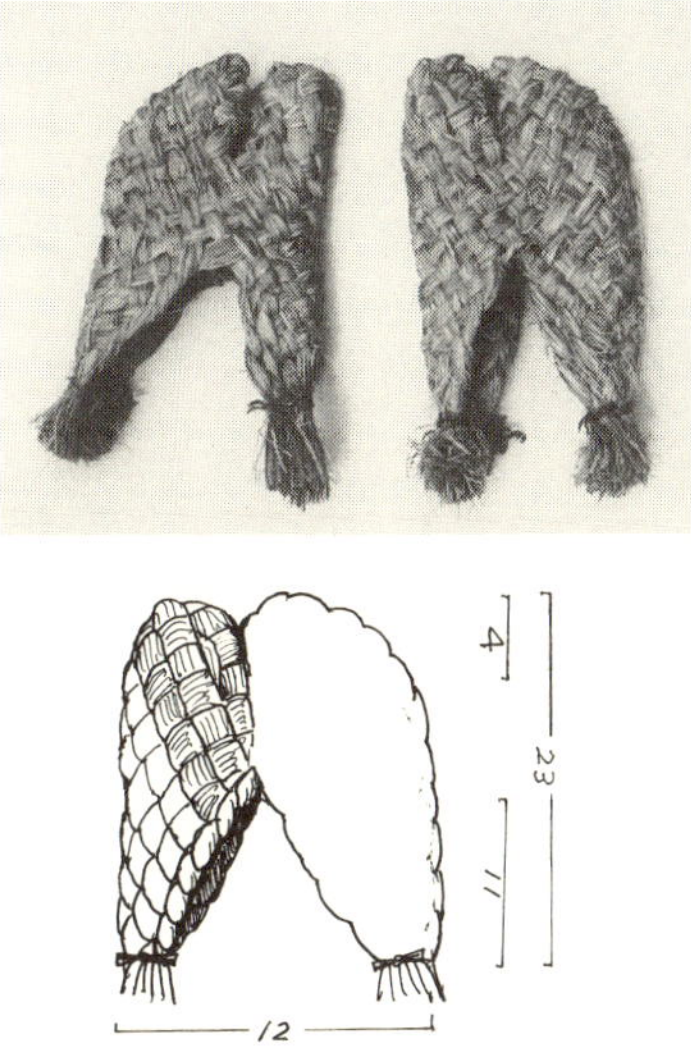

図76　つまご（藁製）
①重量120g
③鳥取県西伯郡大山町／昭和中期

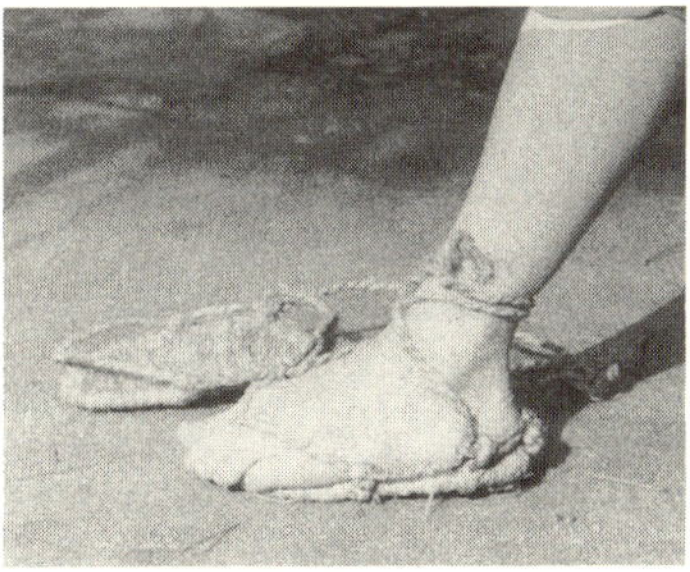

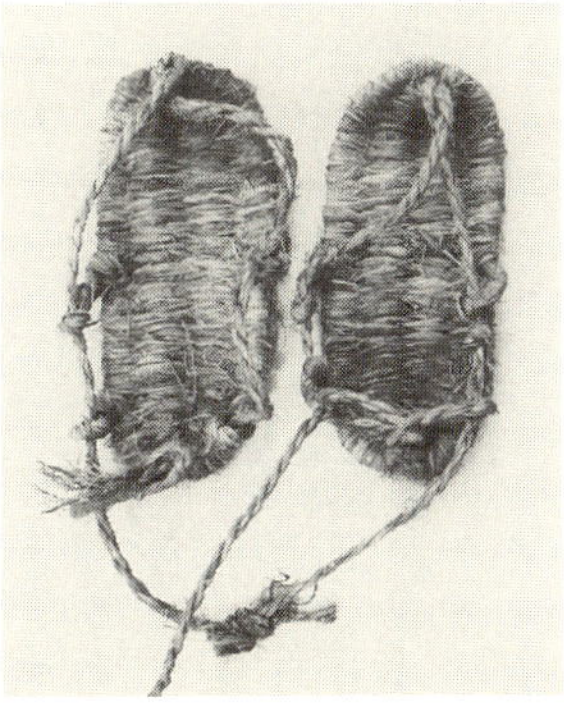

図77　草鞋（藁製）
①重量150g　③図76に同じ

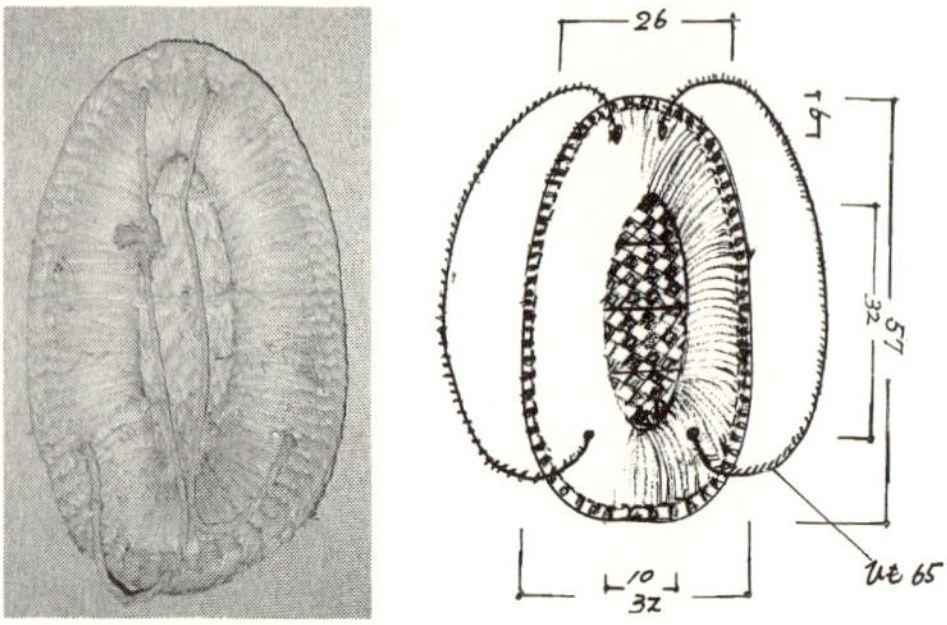

図78　背当て（どうまる）
（藁製）
①重量1700g
③倉吉市／昭和初期

蓑には、イグサや菅を用いて交編みにして艶のあるものがある。藁にくらべてイグサや菅は水に濡れても乾きが早く、軽くて着やすいという特長があり、多く用いられてきた。菅は九月に葉を刈り取り、一〜二カ月間水に浸けてから繊維を取り出す。また、蓑を編む小縄には、シナノキの皮から繊維を取り出して縄になって使った、と語り伝えている。蓑は仕事着のほかに、防寒着として保温の役目をする外出着であった。

図72は腰蓑である。蓑丈は三六センチ、幅九五センチの藁製で、腰蓑を巻きつけることによって着物の汚染を防ぎ、保温性や安全性を高めることができた。

現在も着物と腰蓑姿で働く鵜匠の装束は、在来の仕事着の形態を伝承したものと思われる。岐阜県長良川の鵜飼を見学し、鵜匠の装束に野良着の着装と重ね合わせてみると、腰蓑が船上作業での防水と保温において、機能的な形態であると感じた。また、脛巾《はばき》も下肢の防寒と保護に役立ち、下肢の動作を容易にして仕事の能率を高めていた。

履物にはその土地の風土に適した穿《は》き方があり、多種多様な形があった。つまごや足半のように爪先だけを保護し指の危険を守るもの、草履《ぞうり》や草鞋のように足底全体に履くもの、また藁沓《わらぐつ》のように足全体を

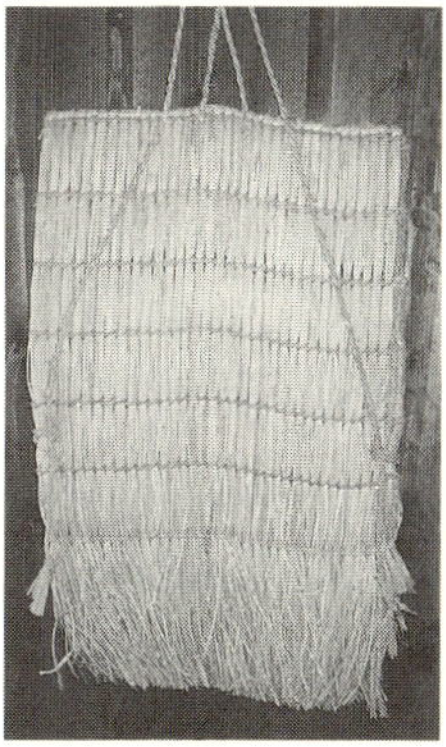

図79　山用背当て（藁製）
①重量560g　②山仕事に欠かせぬ袋兼背当て．山行きに弁当やまさかりを入れ，木枝につるすと弁当にアリが入らない．帰りは背当てにして負い荷をする
③鳥取県日野郡日南町／明治～昭和中期

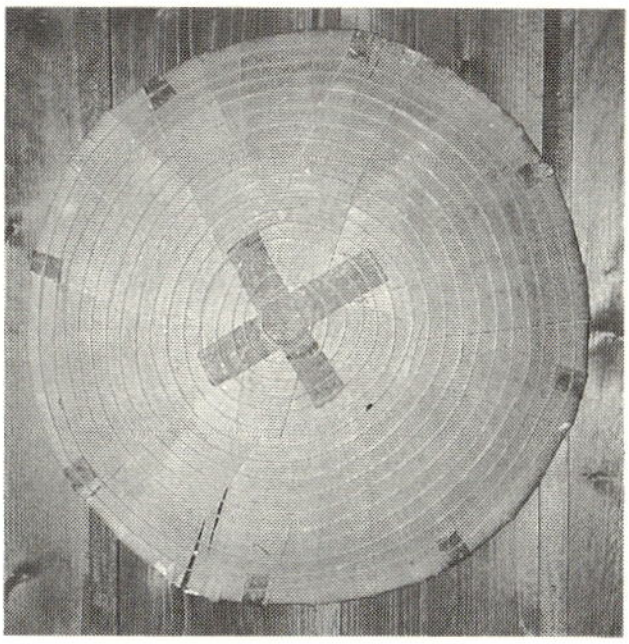

図80　笠（木製）
①重量220g
②桜の片木を竹ヒゴ（18本）でおさえる
③鳥取県日野郡日南町

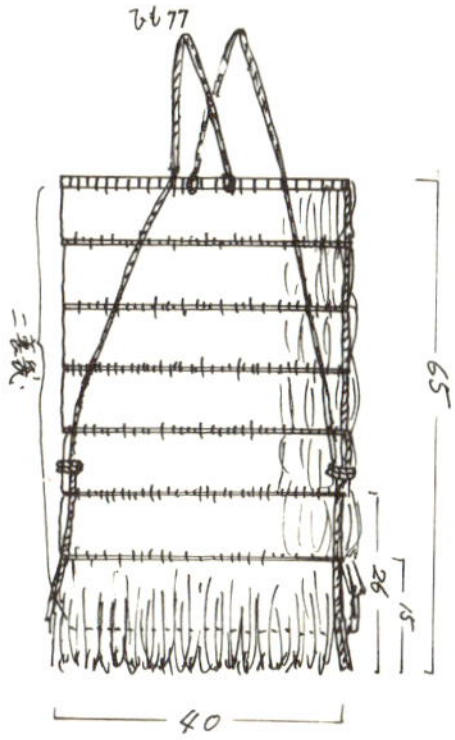

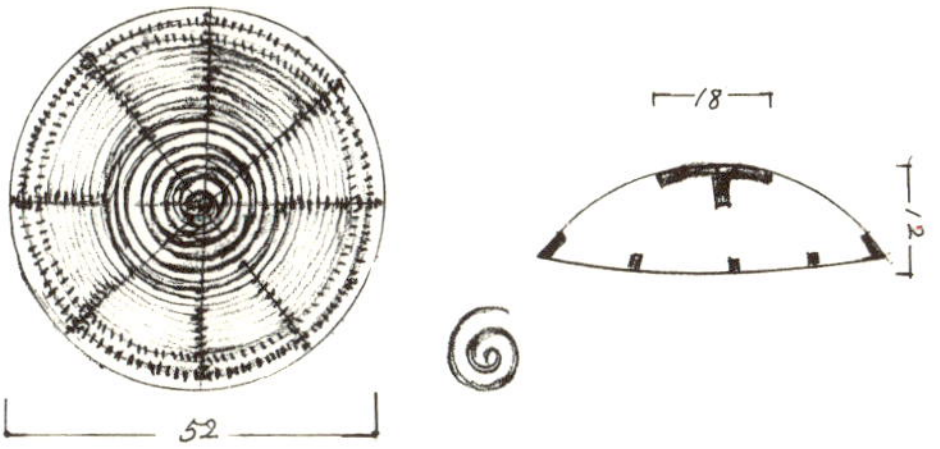

くるんで足首の高さまで編み上げる、現在のゴム長靴に似た形のものもある。これらの履物はよく消耗するので、農閑期や冬期の夜なべ仕事に老若男女が協力して製作した。藁を打つ者と小縄をなう人がいて、草鞋を編みあげていた。

　図79の背当ては、運搬用と防寒着を兼ねている。「野良仕事は、朝と夕方では寒暖の差が激しく、弁当を持参して日中遠隔地で働くには、天候異変に備える必要がある。いつでもどこでも着たり脱いだりできるこのような背当てを持参す

ると、腰をおろすのに背当てを下に敷いて休むことができ、安心して仕事ができた」。

前掲図65の背当て資料を計測すると、後身ごろの丈は五七センチ、前身側は三三センチと短く、前後の差が二四センチある背当てである。それは前屈作業を考慮して製作されたもので、小型で持ち運びも簡単であった。

弁当の持参について古老は「仕事に持って行く弁当は、いつでも麦飯の弁当が持てるわけではない。その時は芋雑炊を竹筒に入れて雑炊弁当にした。昼食は山で焚火をして竹筒ごと温めて食べたが、とてもおいしかった」という。昭和初期には大部分の人が主食すら満足に食べられない貧しい食生活であったが、最近は飽食の時代になり、野外食を楽しむ仲間が増えて酒盛りをする。「青竹に酒を入れて焚火でカンをすると、青竹の香りと味が酒をとてもおいしくした」と話していた。

藁袋を衣料として用いたと話す鳥取県日野郡日南町の入澤文子（昭和五年生）は「山仕事には藁で編んだ袋に弁当と鎌を入れて背負って登り、到着すると木陰の枝木に袋を吊しておいた。藁袋は弁当を保温し、蟻の侵入を防いだ。昼食は、その袋を座布団のかわりに敷いて、暖かく食事をした。仕事を終えて下山するときは、藁袋を背当てに使い、何かを負い荷にして持ち帰った。山仕事中に寒くなると、その袋を背当てにして暖をとって働いた」という。図79に見るように、袋の全長は六五センチ、幅四〇センチに、背負い縄をつけていた。図80の木笠は、直径五二センチの円形で、桜の片木で作った笠である。竹ヒゴを渦巻状にした内側と、外側に片木を張り、その上に桜の樹皮を配置よく飾っている。笠の頂点を十字に交差させ、円形の外縁にも桜の皮を八カ所、対角線上に張り合わせた竹と木の造形の美しい笠である。民家に藁袋と木笠を組んで吊してあったが、円と長方形の造形を絵のように美しく感じた。防暑や防雨に欠かせぬ被りものと藁袋が枯色になり、茶褐色の艶を出していて、長い年月人を助けたことを語りかけている。

山の多様な自然に即してくらす人たちの、日常生活に織り込まれた藁衣と笠であることを知った。私は、幼児期からの藁との思い出を、懐かしんでいる。農家は味噌や醤油を醸造するのに毎年土間の隅に藁を積み上げ、麹《こうじ》床を作る。その中にかくれんぼで隠れ、着物が藁と麹にまみれて困ったことを憶えている。また、第二次大戦中の少女時代（一三歳）に山から薪を運搬する手伝いをし、藁衣（背当てのカメノコ）を着た記憶がある。戦時中は男手の代わりに老人や子女まで総出で山に登り、燃料を集めた。大八車もリヤカーも通らぬ傾斜面の山路を薪を背負って運び出す。大人の藁衣を着ると足もと近くの丈になり、型にはめられたように身が引きしまる感じがした。二度目の運搬にカメノコを脱いで布の袖なしに替えてみた。運ぶ途中に背骨が痛くて薪が負えなくなり、途中で荷をおろしてしまった。こうした藁衣を着て働いた体験が、仕事着の調査に役立った。

藁衣は仕事の内容に適合するように工夫を重ねつつ伝承されたのだと思う。先人たちは、外見にとらわれることなく、機能的に体形に沿って編んでいる。首ぐりのカーブも藁で編まれたとは思えない巧みな製作である。カメノコの内側は素裸で着れるように萛蓙《ござ》式の編みで着心地がよい。図70のカメノコは背側から肩にかけて後背部は亀の甲羅のように堅く三つ組を縦列に見事に並べた手技である。藁は一本から数本で縄になったり撚《よ》ったり、三つ組編みにして、このような頑丈で木材を支える運搬用の衣料になる。また、藁はその加工法によってさまざまに生まれ変わる。物を包む、着る、敷く、被りものや履物、多種多様な形態美の藁衣を伝承し、藁と関わりの深い豊かな生活慣習があった。前述（八二頁）した藁のはかま（藁ほくど）によって産室や新生児を包む衣料にもなったのだ。藁一本を大切にした「わらしべ長者」の民話は、架空の物語ではない。先人たちのくらしを守り続けた姿勢と、物を大切にする心を伝えたものだ。

稲作と田植え着

稲は、農民の経済生活を左右する主要農作物であったので、農民たちは稲田からは一日として目を離さず、起床するや田を見回り、青田と対面した。そうした毎日の観察から一日の仕事が始まり、水田作業にかける情熱と執念は想像以上のものであった。稲の花が咲き穂が出れば掌にのせて、その稔り具合を確かめ、「重くなれ、重くなれ」と稲に声をかけて垂れ下がるのを待った。

田植えに着用する着物は、普段の仕事着とは分けていた。古老たちは「田植えご」と呼称する。正月着も同じく「正月ご」と言う。『広辞苑』（一九九一年版）で調べると、袴《はかま》のことを「こ」というと記述している。「こ」が「ご」となり、着物や袴など晴着を表わす言葉になったように推測するが、はっきりしたことは判らない。

田植え着は、新品の長袖の着物か、一度着た着物を洗い清めて着用するという習俗が残されていた。早乙女衆は長着物を六分丈に腰紐でからげ、赤い帯に赤襷を掛け、赤色の腰巻を着物の下から見せて田植え前掛けで腰元を調節した。白手拭いをかぶり、菅笠に赤い紐をつけて顎下《あご》に結んだ。田の代掻《しろかき》をする牛の角にも赤い布を巻いていた。これは、田の神さまである水神に豊作を祈願する呪術性によっている。

田植えは「猫の手も借りたい」といわれるが、集落ごとの共同体によって営まれるため、人手が必要だった。まず、いっせいに堰《せき》上げ（河川から用水路に水を引き、水が漏れぬようにする作業）を行ない、田に水を引く。そのために、四つ目鍬で田起こしと整地を行ない、田畦の周囲の草刈りを終え、水が上流から流れて田をうるおすと、水が畦から漏らないようにケタ塗り（田の周囲を泥土で壁のように塗る）をする。田に水が浸透するさまは、気持ちが高揚する。土が泥状に変わるのを素足で踏みしめ、その感触の快さに、さあ田植えだと感じた。

黒土を一瞬に銀色の水面に覆い隠すと「田に水を引いた」と言って大喜びをする。水が上田《かみた》から順番に流れてきて田植えの代掻をする。「我田引水」という言葉のように、下田の者が自分の田へ水を引き入れようと騒ぐ。その順番を狂わせて、水を落として我が田に流す不心得者を見張るために、夜を徹する水番の人がいた。田の水口に筵を敷き、その上でごろ寝をして夜を明かす。深夜に上田から水が流れて我が田に水が回ると、牛を追い出し、松明を掲げて代掻する。その風景を私は鮮明に覚えている。牛の鼻縄を右手に持ち、左手には松明を頭上に掲げて先導するのは兄の役目だった。田の中を丸く歩いて泥田をならす。泥水が顔にかかっても拭きとることもできない。両手が使えないので、顔に散った泥土が付着していた。牛の鼻息が荒々しくなると「頑張れ、頑張れ」と優しく声をかけ、牛と一体になって田をならす。深夜に牛の体から湯気の立つのを見た。人も牛も重労働であり、土と闘う農民の逞しさと厳しさを知った。こうして夜を徹して働き、下田に水を譲り渡すと、苗をさばいて田植えをした。

渇水期には水騒動や喧嘩が絶えなかった。水番（水を監視する者）の女性同士の争いをよく聞いたという。「水がいりゃあ田圃を背負って上《かみ》に行け、上田を干して下田に水をやることはできん。水を盗むな！　女の大声と悲痛な叫び声を震えながら聞き、若嫁のころは恐ろしかった」（倉吉市、佐伯ひろ子、七五歳）。

これは今から五〇年前のできごとである。稲作にとって水不足は収穫の半減を意味する。開拓田の米作りは並々ならぬ苦労が続いたようだ。その後この山間部に貯水池が完成したが、隣人関係は水争いのしこりが続いたと話していた。水との闘いや灌水に苦しんだ農民たちにとって、それは昔語りとしてすませられるだろうか。

田植え着については次のように語った。「毎年田植え時期になると、新品の更紗《さらさ》で二幅前掛け（幅七〇センチ、丈五〇センチ）を縫い、田植えに着《つ》ける赤いおこし（腰巻）や赤い紐襷の準備をした。晴着を腰紐で短くからげ、赤い腰巻を出して脚絆を巻き手甲をつけた。編笠《あみがさ》の紐は赤い布にし、着物の袖口裏に白い布を縫いつけて、袖口を折り返して着ることが流行した。襷も白と赤や桃色の各種の色があり、若人ほど派手な襷をかけた。着物や中長はっぴに黒繻子《しゅす》の掛衿をかける人もいた。帯は友禅文様の半幅帯（幅一三〜一五センチ）を蝶結びにしたり、だらりの帯（垂れ下がる飾布）で腰元を美しくして、着物の絣柄や帯を比べやいこ（比べ合い）した」（鳥取県東伯郡羽合町、前田信栄、明治四一年生）。

この談話から大正期の田植え着物を知ることができる。一度田植え姿に装束すると、被りもので顔を包み、華やかな着飾りで年齢も顔立ちも見分けがつかない。長着物の長袖を短くからげる掛襷《かけだすき》の色で老若を見分けたという。また、袖口裏に白布を付けて両腕を白く見せる流行は、口絵の田植え着を着用した娘たちの、昭和一五年の写真にうかがわれる。

この写真の提供者の中田千由子（大正一一年生）は次のように語った。

「娘時代に献報田（献上米の田）の田植えがあり、早乙女をしたときの写真である。村中の娘たちが一番上等の絣長着を着て、帯はモス（モスリンの略）の半幅帯をしめた。長袖に襷をかけ、首に手拭いを巻いてあねさん被りをした。着物の袖口は裏側の見返し（袖口の裏側に四センチ幅で別布をつける）に白布をつけ、折り返して派手に見せるとともに、紺色の手甲をつけて白と紺を対比させた。絣着の下から赤い腰巻を出し、脚絆の紐を赤くして足もとを飾った」。

昭和一五年の田植え着は、一部式長着物の晴着を用いたことがわかる。しかし、写真とその本人が証言するように、田植え前掛け姿は見当たらない。田植えは前屈作業のため、前側が汚れやすく、前身に着物が垂れ下がる。こうした着くずれと着物の汚染を防ぐために、先人たちは前掛けをつけたと思われる。しかし、時代の流行で前掛けは消えたようだ。

長着物を一四時間におよぶ田植え労働に着くずれなく着る方法として「後全部にゆとりをとり前身丈を短く腰紐と帯で結び、前屈姿勢をしても着物が下がらないよう前側をつまみ縫いにした」と、古老は話していた。

田植え着に晴着を着て帯付きで美しく飾り立てるのは、労働に不向きの着装ではないか、とも思われる。にもかかわらずそれを女性に強いた背景には、神事による思想がある。女性が着飾って植えると水神が喜び豊作になるという、田植えを神事に結びつける思想が定着し、女性たちはそれを信じて働いたのであろう。また、為政者や地主は、田植え風景を鉦太鼓と号令で盛り立てながら見世物扱いにし、苛酷な労働から農民の目を逸らしたとも言えるだろう。

昭和三〇年ごろの私の田植えの体験を述べる。まっ黒く耕した田圃に水を引き、代掻は牛を追って男性が行なった。見渡す限りの水面に翼をかすめながら田の虫を餌にするツバメたち、人間よりも一番喜ぶのはツバメたちだった。田植え日和になると、村の中が早乙女衆で賑やかになり、数十人の集団が着飾って村の中を素足で歩く。山間部の農女たちが田植えを終えて、下村の田植えに賃仕事にやって来たのだ。田植え着物の新絣と被り笠に頰かむり、また、編笠を背負っている人や派手な半幅帯に赤い腰巻姿などが行列し、見知らぬ部落に来たような錯覚で落ち着かない。

古老の談話によると「早乙女《そうとめ》嫁《よめ》という嫁捜しを行ない、早乙女の中で一番美人で働きのいい娘を選んで嫁にする習俗があり、雇用者は近所の協力を得て真剣に娘たちを観察した」という。

田植えの開始時刻は、午前四時頃からである。朝霧に包まれた田圃の畦道に、一本の帯状の人垣が見える。あちらこちらの苗代田で、苗取りをする人がしゃがんで群がっている。苗取りも女性の仕事である。男性は苗籠を天秤棒で担いで、植え田に苗をさばく。苗取りも素足で水田に入り、四つんばいの姿勢である。両手を交互に使って苗を抜き取る。その苗の抜き取りについて老女は語る。「手の大きい人は苗取りをさせても握る量が多く、苗を引き抜く力や握力も強い。足の大きい人は荷物を担がせても安定がよい」。

苗取り作業を前屈姿勢で半日も続けて背を伸ばすと、顔面と目は充血して腫れぼったい。水中に長時間浸した手足の皮膚は皺ぶくれて青白く、目の前が立ちくらむ。よく苗田にブリキの空缶（石油缶）を浮かせて、ひと時の腰休めに使った。しかし、後方を確認せずに腰を下ろすと、水中にひっくり返り下半身を濡らすことがあった。空缶が苗田の水に浮いて移動するためである。水中にころぶと「泥田で行水」「ほいたの着干」（乞食は着のみ着のまま）などと、笑いごとで済ませて、仕事中は着替えをしなかった。田植えは、時間内に集団で行なうという拘束があった。

また、苗田にはヒルという吸血動物がいて、働く人の下肢の血を吸い、水面を赤く染めた。私は苗田でヒルを見て跳び上がって声をだし、周りに注目されて困ったことを思い出す。股上に這い上がるヒルや、脚絆ともんぺの隙間で吸血してコロコロと黒大豆のようになったヒルを払う。ヒルの出血をそのまま放置して働く人や、目縁《まぶち》の腫れものの上に二匹のせて血を吸わせながら苗取りをする老女を見て、また驚嘆し、胸がドキドキしたものだ。ヒルという害虫を益虫にして血の吸い出しに使ったものである。こうした苗取りを体験し、長い脚絆を厚地の布地で縫製しなければ、ヒルから身体が守れないことを知った。

田植えの方法は、手植えと田植え定規を使う二通りを行なった。手植えは用具を使わず、目測で植える。定規は竹製と木製があり、両者とも寸法の印（シュロの毛か赤布を結ぶ）が付いていた。田植えは水田の片側から順次作業を進める。左右の定規持ちとなる人は経験者が用具を使って声をかけながら指揮したが、数年後に縄植えが流行し、一本の縄（シュロ）に赤い布印を付けたかさばりのない軽い用具にかわった。縄植えは、水田の幅に合わせて縄を張って植えていく。植えた苗から二段下げて目測し、一本の縄を張るごとに二通りを植える便利な用具であった。縄に数十名が一列に並び、両側の縄持ちの合図に従って植えては後ずさりした。三角形の田圃も田幅のとおり縄を調節して張ると植

図81　田植えの準備（しろかき）　倉吉市／昭和中期

え付けることができた。
田植えの方法は、腰を四五度に折り曲げて、左手に苗を持ち、右手で植える。左手は苗を分け、右手の人さし指と中指に親指を添えて三、四本を移植する。泥の中に深植えは禁物であるが、あまり浅植えは苗が風で倒れて浮上する。指先の力加減を体に覚えさせて植え付け、泥田を後進しながら見るまに青田にかえる。人力による田植えも一日十数時間続けると能率が上がる。しかし、前屈労働のため夕方は背骨が伸びない。無理に体を起こすと関節がボキボキと音をたて、体内から疼痛が走り、気持ちを暗くする。「早乙女が美しい」とか、「女性が植えつけると豊作だ」と言うのは、女性に重労働を強制した性差別にほかならない。
田植え期間中は、女性は疲れ果てて無言になる。無気力化することを、田植え着を着飾

図83　運搬用苗籠
倉吉市／昭和40年

図82　牛耕用縄帯

ってまぎらせ、美しい衣裳を疲れた体の梃子《てこ》棒にさせ、働く勇気を出させたのだと思う。多くの老女たちは、こうした社会的隷属関係の悪条件の中でこの前屈労働を行なってきた。苛酷な労働に耐え抜きながら、無言で身体全体が労働内容を表わしている。水田の作業によって腰は湾曲し、手足は節くれだって太く頑健で、実際の年齢よりも老けているようにさえ見える。

田植え着物と用具について説明する。図81は、牛耕による田植えの準備、代掻《しろかき》の風景である。耕作面積の大きい農家では、この時期（五月）になると人も牛も痩せる。牛の飼葉《かいば》に米糠《ぬか》の量を増して御馳走を作り、家族以上に気を使って大切にした。この写真の年代は昭和中期の田ごしらえで、牛を追う中年の男性の仕事着は洋式スタイルである。白シャツに黒いズボンを組み合わせ、麦藁帽子をかぶっている。よく見ると、泥田の中に素足で入り、ズボンを脛まで短くからげ、その上を稲藁でしばり、ズボンの汚れを防いでいる。また、腰ベルトの後方に煙草《たばこ》入れとキセルをぶら下げている。これは、藁縄を用いて紐の代わりにしたり、腰紐に物を垂れ下げて運

（上段右）図84　自宅軒下の田植え定木　1990年撮影
（上段左）図85　田植えの印縄　鳥取県気高郡／昭和中期
（下段）図86　植えなおし　倉吉市／1990年撮影

ぶ着装が、古くから伝承した習俗のなごりであると思う。また、牛が引いているのは、十数本の鉄爪がついている馬鍬《まぐわ》という農耕具である。この鉄爪でかき回して泥状にし、地をなだらかにする、馬鍬は牛の腹部に縄帯を巻いて引かせる。図82がそれである。藁とシュロの繊維を交編みし、頑丈な皮ベルトのようである。

図83は苗を苗代《なわしろ》から水田に移植する運搬用の籠で、苗籠という（倉吉市、笠見熊一製作、明治四三年生）。在家では、こういう苗籠を編む技法を継承している。竹を割り菱形に交差させると亀甲の隙間が生ずる。縁起のよい編み文様を苗入れ専用に用いた。竹籠には、

天秤棒で担げるようにシュロ縄をつけて吊りさげ、早苗を満載して運んだ。

わが家の軒下に今でも吊してある田植え用の木定規(図84)は、昭和二〇年代まで用いたらしい。早苗をまっすぐに植えるため、水田の片端に縄を張り、その縄に木定規を当てて、直角の位置から植えて後進する。定規植えは正確で経緯の筋道がよく通ったが、数十時間水中に浸けるため、木の重量が増し定規持ちは疲れた。定規を持って指揮する人は人夫賃も割増しになり、力のある経験者があたっていた。その後竹製の定規が流行し、木定規に代わって軽くて能率の上がる丸竹の定規は、水中に浮くので移動が早く、定規の左右の端に苗束を乗せて固定した。定規の種類は地方により各種の形があると思うが、縄植えを併用した方法もあった。縄の片端に鉄棒の手綱《たづな》刺し(牛馬を連れ出してくつわにつけた綱を結ぶU型の鉄棒)を土に刺し込み、その縄を垂直に張り、定規を縄の上に乗せて植え付ける方法である。

昭和四〇年前後に合成繊維のナイロン製田植え縄が出現し、在来の縄は姿を消した。図85は、ナイロン縄に赤い印がある田植え縄を木箱に収納し、そこから引き出して伸ばして使う用具である。ナイロン縄は軽くて防水性に富み、取り扱いが便利であった。在来の縄は水田に浮遊する堆肥やゴミがついて重くなったが、ナイロンは軽量でゴミが付着せず、田幅いっぱいを一斉に植え付けられ、作業能率の上がる用具であった。

図86は、現在の田植え後の植え直し作業である。手植え風景が消えてから久しく、機械植え後の植え直しもなかなか見られなくなった。昭和五〇年前後から田植え機が出現し、またたく間に農山村に波及し、水田の中で働く人影は見られない。幸い山道にさしかかった田圃で植え直しをする女性に出

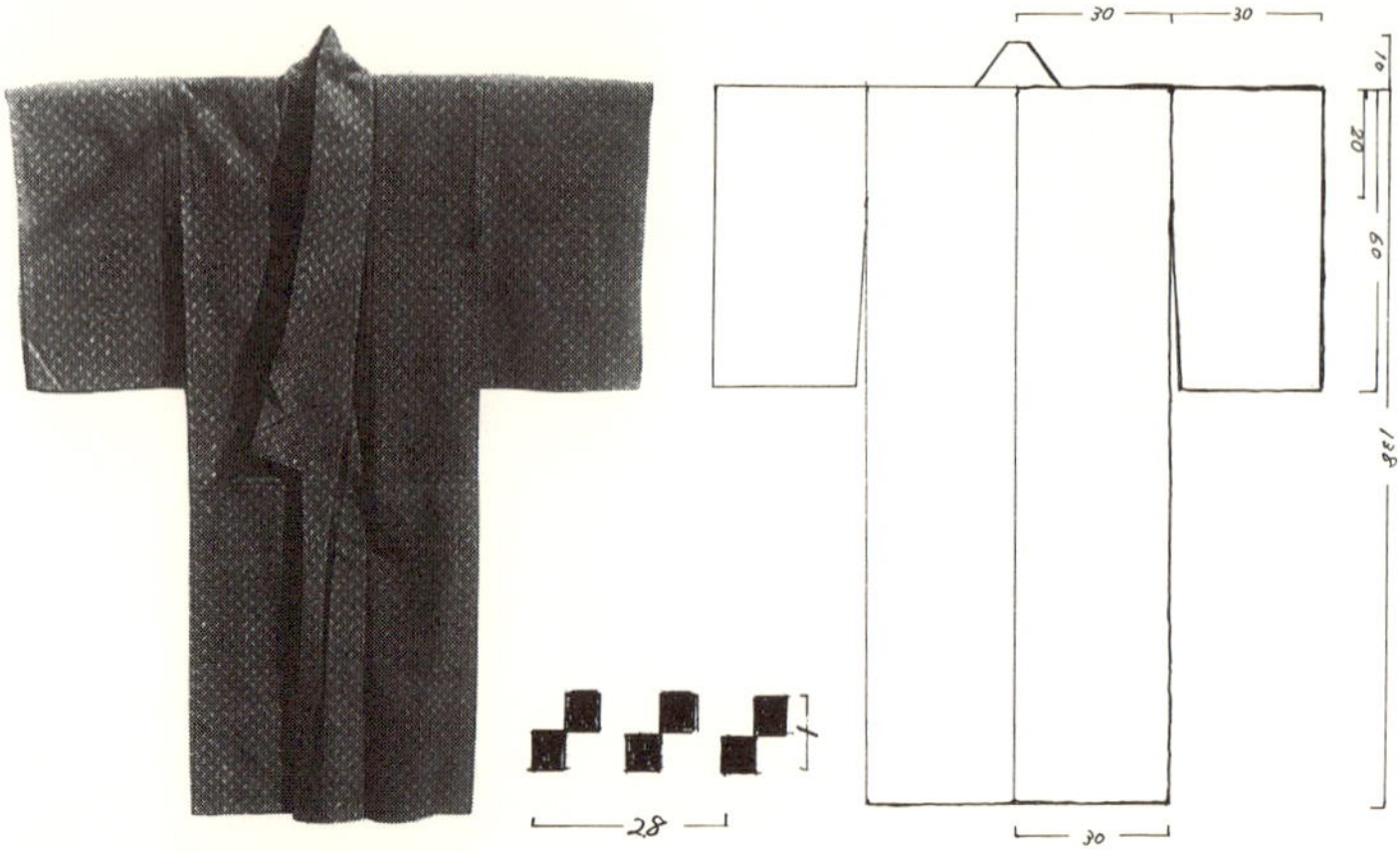

図87　木綿絣女長着

①重量780g　②経緯総手紡糸，並幅35cm に幾何文12立．地機で製織，広衿　③鳥取県西伯郡中山町／明治中期

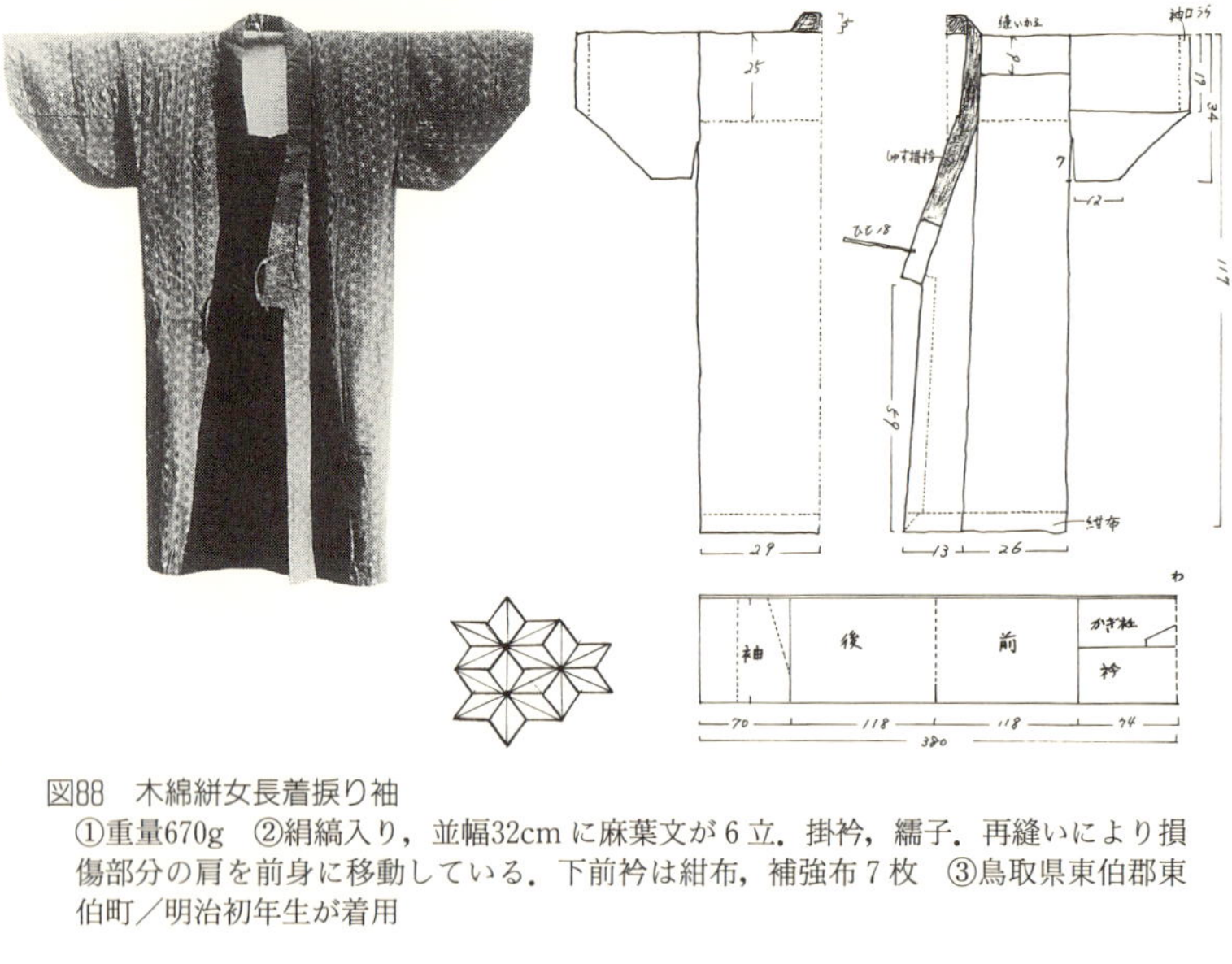

図88　木綿絣女長着振り袖

①重量670g　②絹縞入り，並幅32cm に麻葉文が 6 立．掛衿，繻子．再縫いにより損傷部分の肩を前身に移動している．下前衿は紺布，補強布 7 枚　③鳥取県東伯郡東伯町／明治初年生が着用

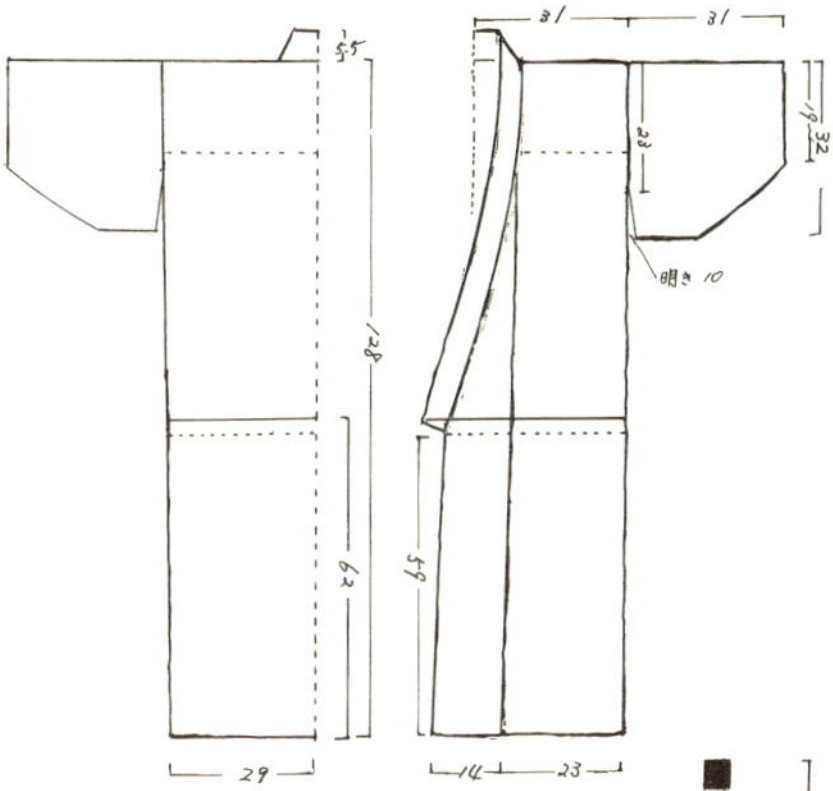

図89　木綿絣女長着
①重量580g　②紡績糸，並幅35cm に幾何文 5 立．肩当てに手拭い使用，腰上げ　③島根県島根町／大正〜昭和期

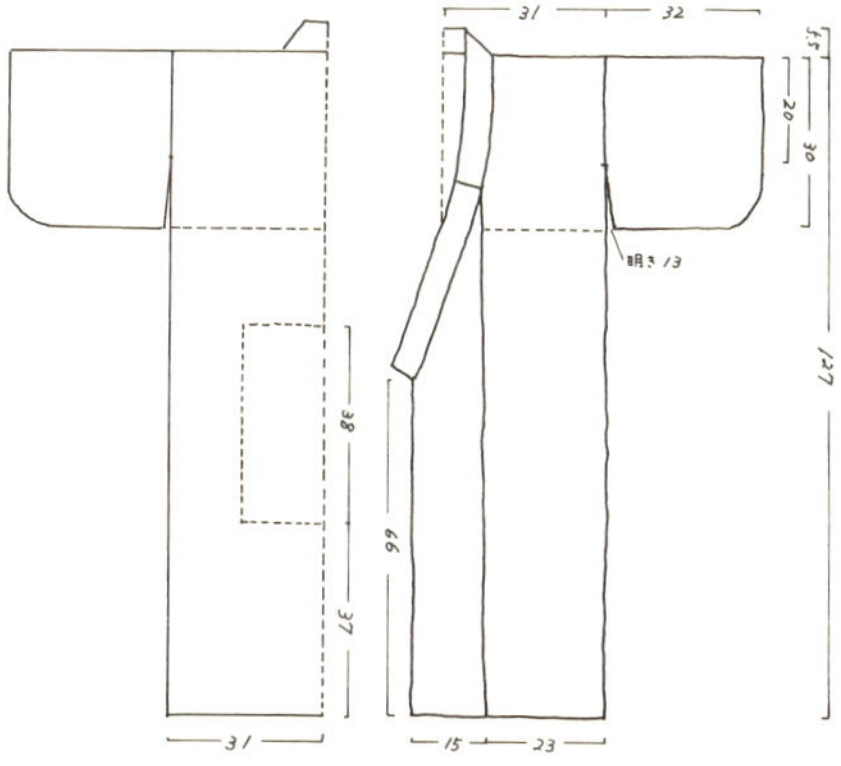

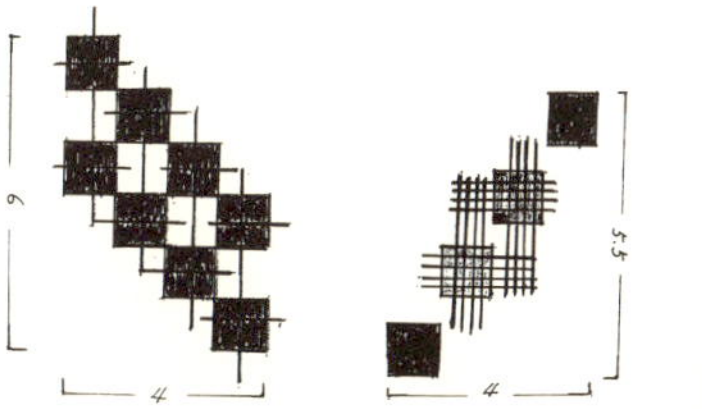

図90　木綿絣女長着
①重量820g
②手紡糸，並幅34cm に経緯幾何文 3 立
③鳥取県西伯郡中山町／大正初年生が着用

図91　木綿絣女長着
①重量800g　②紡績糸，並幅34cm，二段十字豆腐文３立　③鳥取県西伯郡大山町／明治32年生が娘時代に織る

合って、撮影させてもらった。彼女の作業衣と着装に在来からのなごりを感じる。手甲や脚絆をつけて素足で働く姿である。よく見ると、腰回りにナイロンのカッパを巻き、その上にプラスチック製の籠を腰に吊り下げて、苗を入れていた。水に濡れた苗の植え直しで腰回りが濡れるのを防ぐためである。在来は藁の腰蓑をつけていたのが、ナイロンのカッパに変わったのだ。また、苗は籠に入れて腰縄に吊りさげたが、籠の素材はプラスチックに代わった。エプロンやもんぺは別として、作業衣に昔から伝承した着装が今も残されていた。

水田に浮上した苗を植え直す女性に声をかけてみると、「植え田を歩く気持ちは最高です」と答えた。田植えが終わると、「代満《しろみて》」といって村をあげて喜ぶ。水田が青く満ちた希望を意味する。田植え後は、「代満あるき」といい、若嫁に感謝をし、実家に休養に行かせる習俗があった。

田植え着物は、他の仕事着と異なり、晴着か、手を

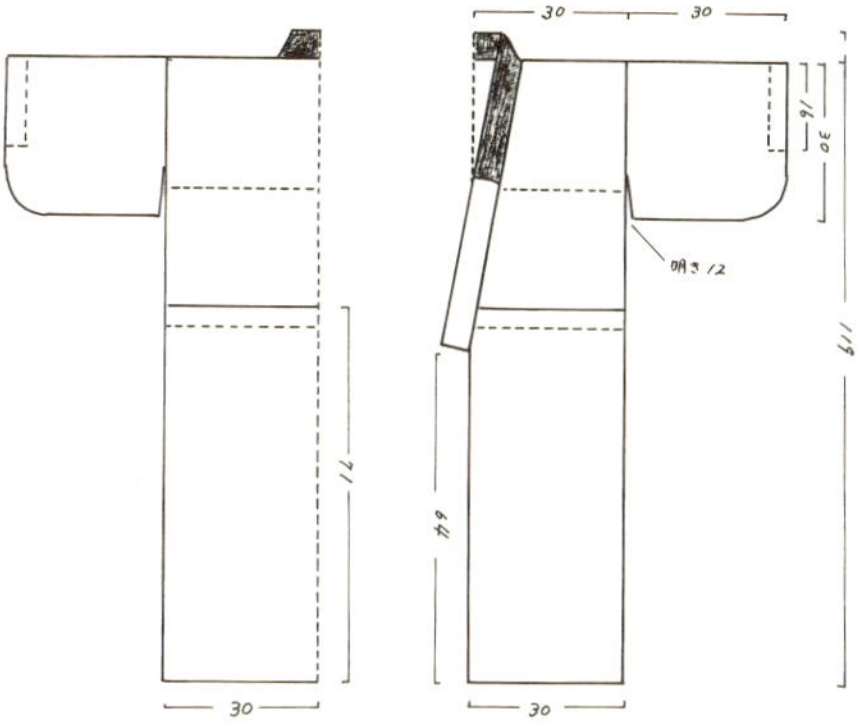

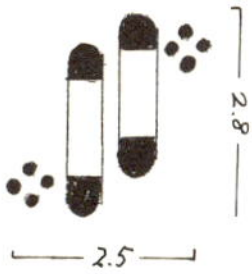

図92　木綿絣女長着
①重量560g　②並幅34cm，幾何文 4 立，経緯虫の巣違い．腰上げ 4 cm，衽なし，袖口裏絹縞，紡績糸，掛衿繻子　③鳥取県東伯郡東郷町／大正期

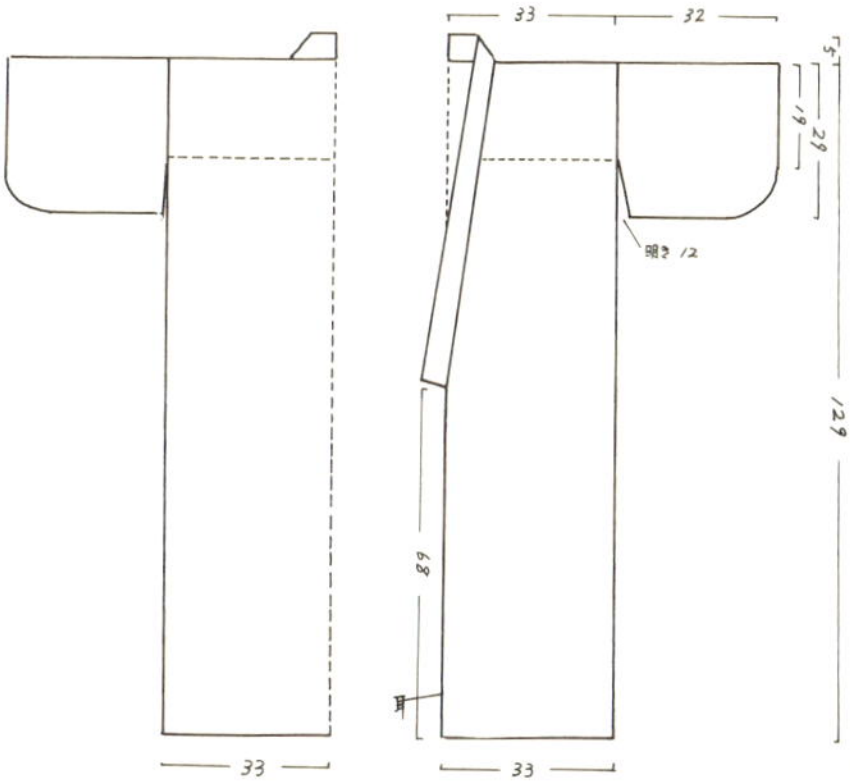

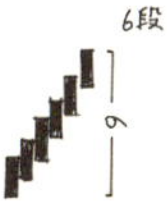

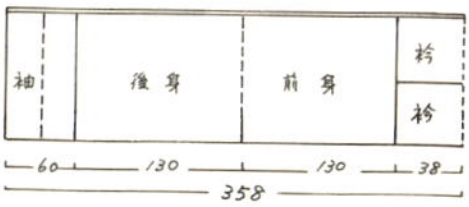

図93　木綿絣女長着
①重量450g　②並幅35cm，幾何文 6 段，斜形交互 4 立，経緯絣．背脇縫いとも 1 cm 縫い代．衿下耳のまつ濃紺色．紡績糸による厚地織り　③倉吉市／昭和初期，嫁入に持参

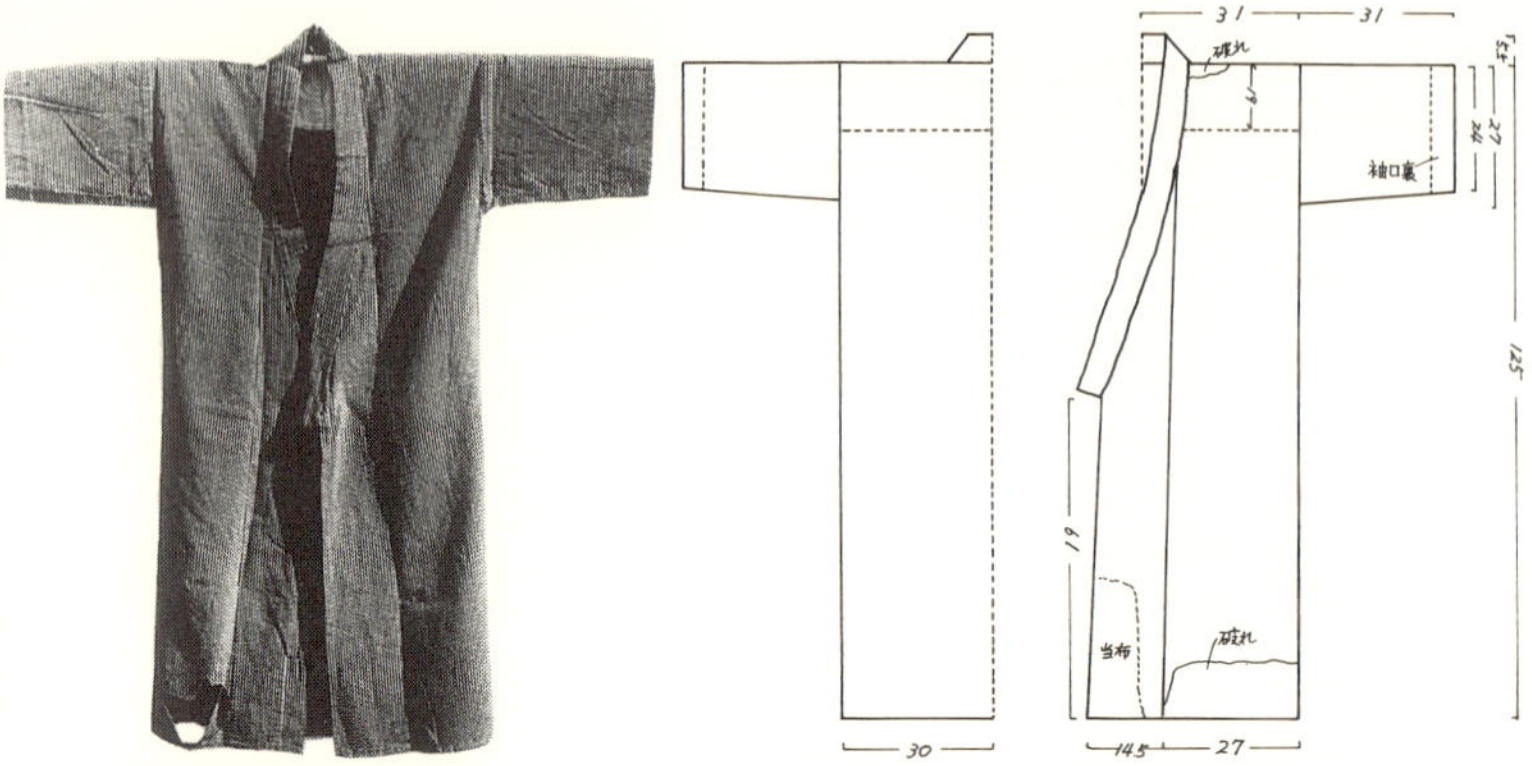

図94　木綿縞男長着
①重量640g　②並幅33cm，0.5cm 間隔縞，茶色４本単位，60立．破損箇所７，大穴２（右肩10cm，右前下27cm），小穴５ヵ所当て布あり．肩当て19cm，袖口裏紺木綿５cm 幅　③鳥取県西伯郡名和町／明治21年生

通した着物でも田植え前に洗い清めて糊をつけて着用したことは前述した。残存した資料や聞き取りによる事例を述べる。

図87〜91の五点については、いずれも木綿絣着物の外出着として田植えに用いたものである。図87の長着は、明治中期に手紡糸を地機で製織した小絣で、衿幅は広く長袖に仕立てている。袖丈は六〇センチの長袖を襷によって短くからげ、着物も腰紐と帯で短く着付け、腰前掛けで調節した。その他四点は、袖丈を三〇〜三五センチの短袖に改め、着物丈も一二〇センチほどの等丈《つい》に仕立て替えている。こうして、縫い替えによる余剰布は、袖なしに仕立てたり、当て布として大切に保存していた。

着物は袖の長さによって晴着を表わしたり、前身側に縫合する衽《おくみ》（後幅より前幅を広く重ねるために補充する布）仕立てが普通の着物の形である。しかし、昭和初期の着物に「衽なし」が流行し、その裁断方法は一反の着尺で約三メートル節約になる。資料の

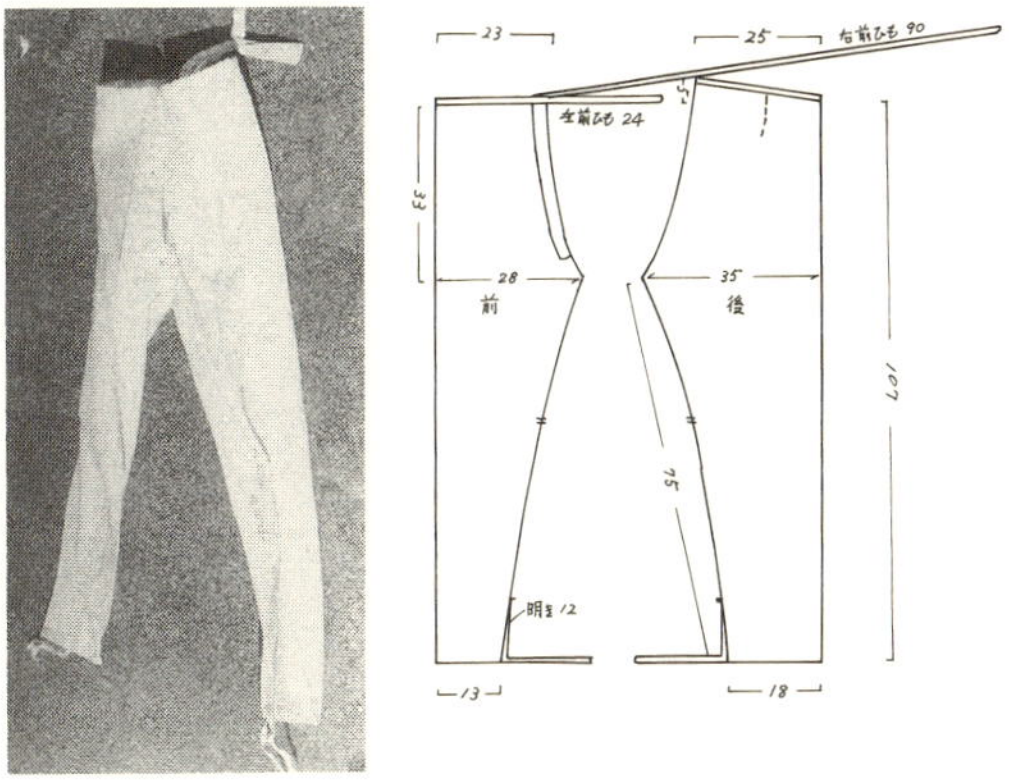

図95　白木綿パッチ
③倉吉市／昭和初期

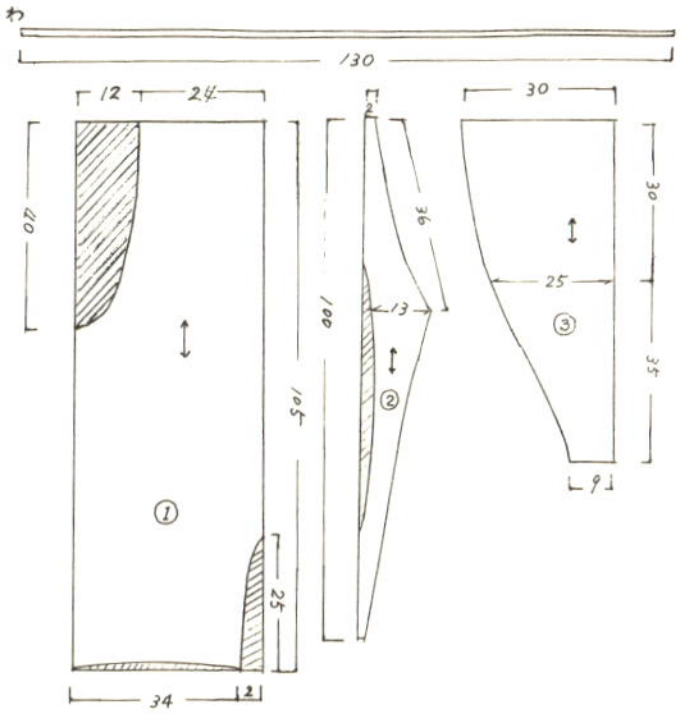

図96　紺木綿パッチ
③倉吉市／大正期

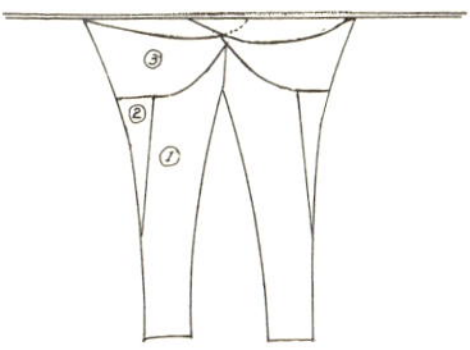

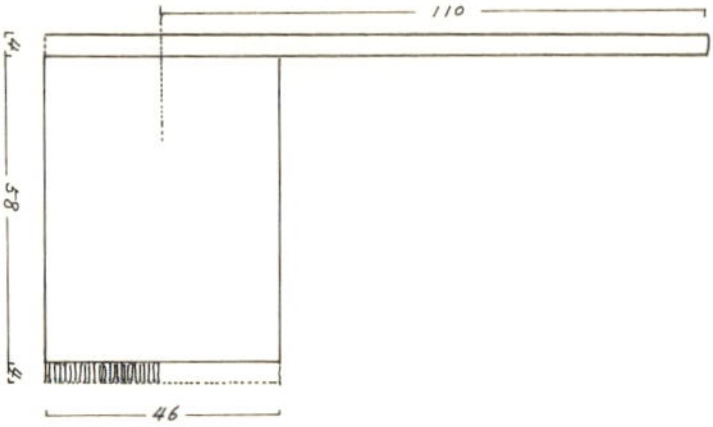

図97　前掛け
①重量180g　③倉吉市農業協同組合のマーク入り／昭和後期

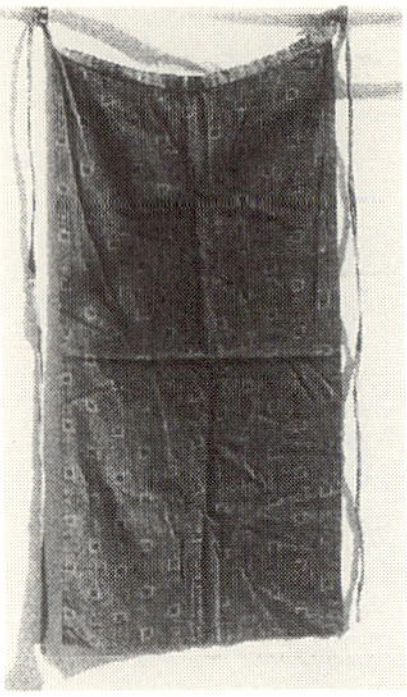
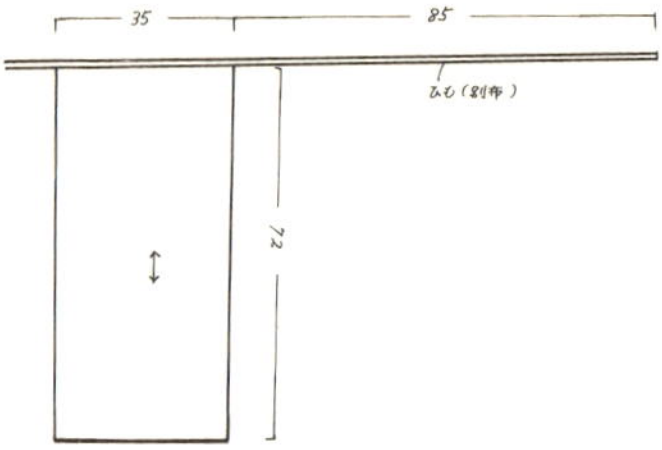

図98　前掛け
①重量60g　②表裏別布袷仕立て
③鳥取県西伯郡中山町／明治〜昭和

中には、こうした仕立てもあり、その時代の不況を物語っている。る。図92・93とも衽なしの着物である。袖口裏は絹の縞をつけ、掛衿に黒繻子《しゅす》をかけている。図93の着物は、昭和初期の結婚に持参した絣着物で、経緯幾何文を六段階に交互斜形に配置している。並幅に四立する大柄のまっ白く高度な技法で織ってある。衽なし着物の構成は一センチの縫い代で縫合し、衿下は布耳のままである。着物の全長を計測すると、総用布が七・二メートルで布地を節減していた。

　男性用の田植え着物は、外出着を用いていない。一般の野良仕事の衣料で、縞着物を中心に

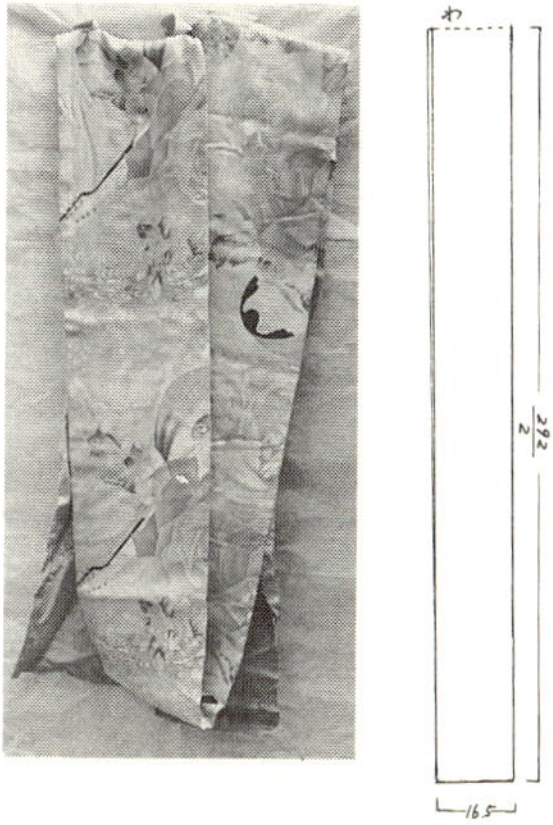

図100　モスリン花柄半幅帯
①重量220g　②田植用帯（昭和15〜40年まで）　③鳥取県西伯郡大山町

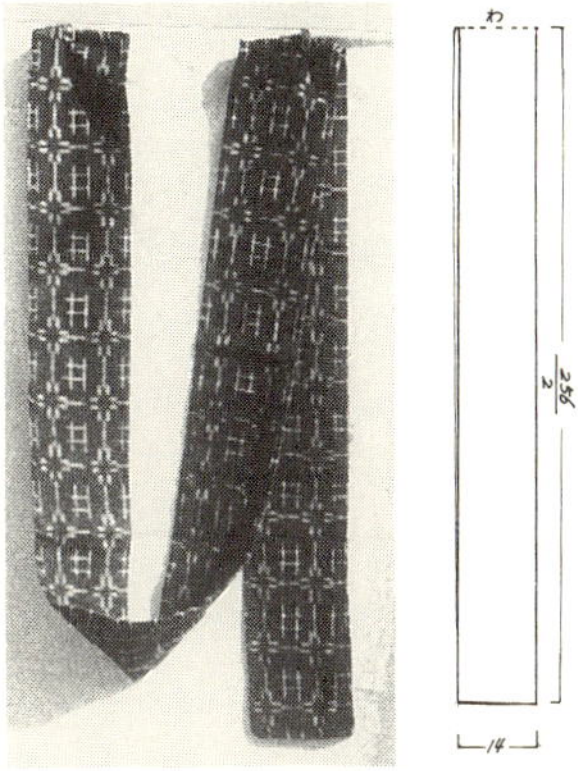

図99　木綿絣半幅帯
①重量270g　③鳥取県西伯郡名和町／明治末〜昭和期

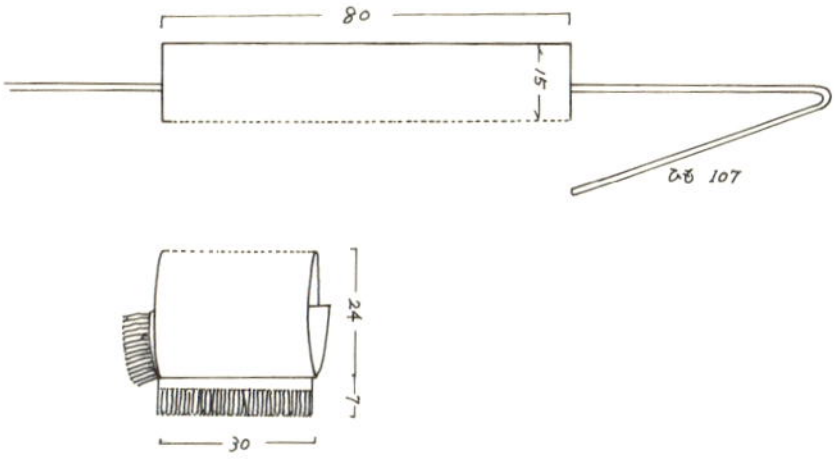

図101　市松文二部式帯
①重量540g　②経木綿，白・紺２色．よこに絹布裂き織り　③鳥取県東伯郡東伯町／昭和20年代製織

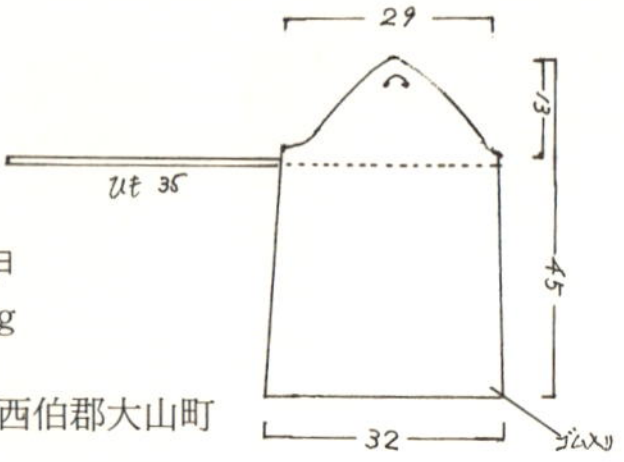

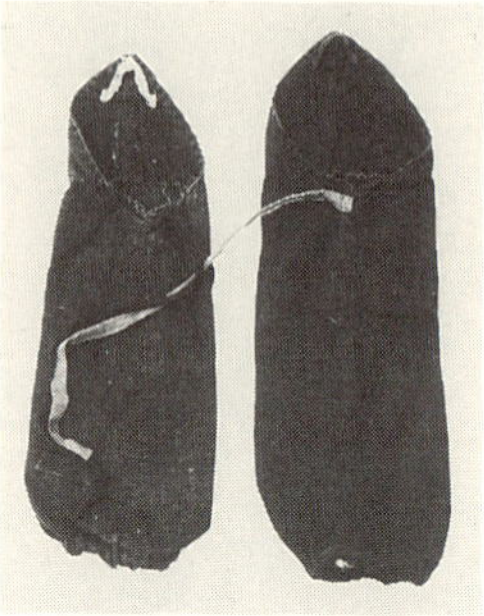

図102　手甲
①重量70g
②手縫い
③鳥取県西伯郡大山町

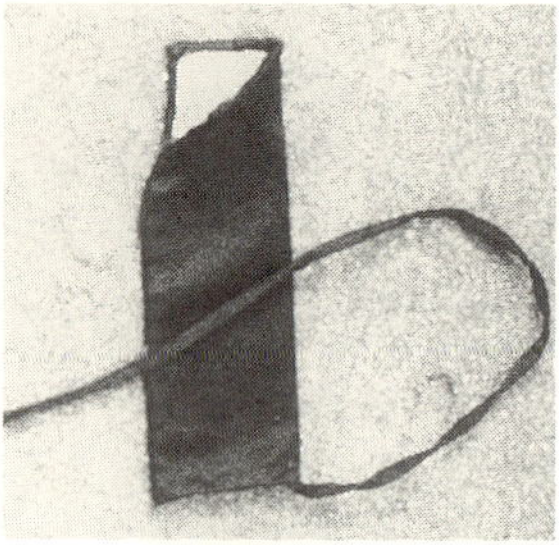

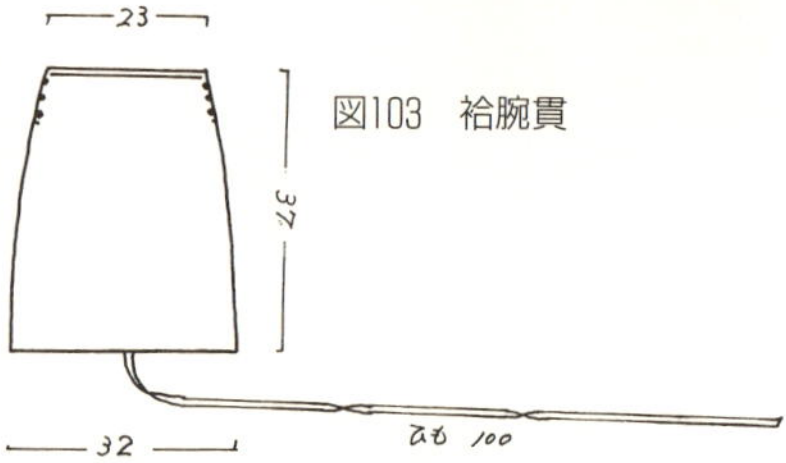

図103　袷腕貫

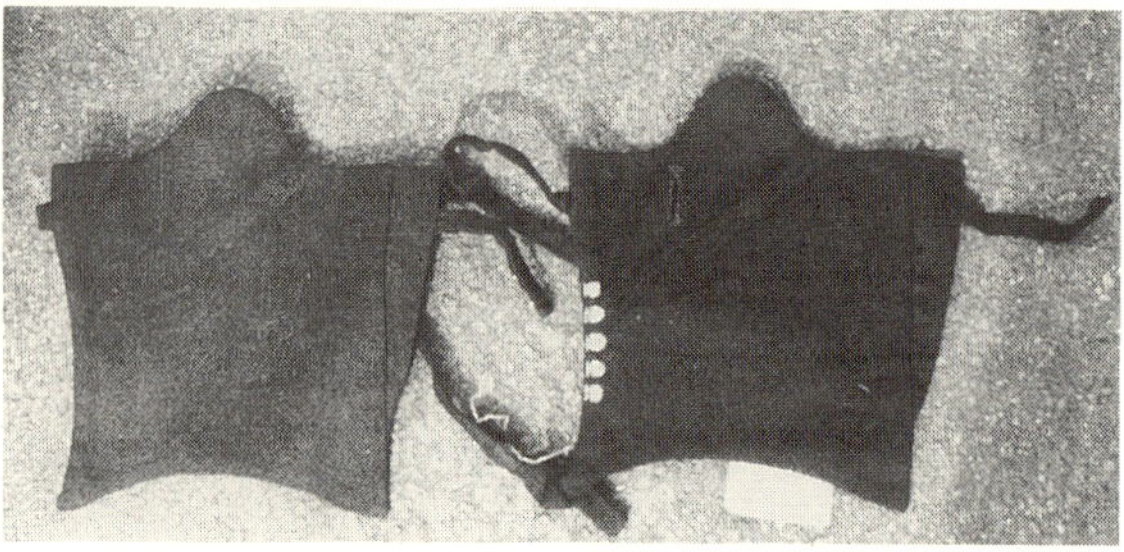

図104　袷脚絆

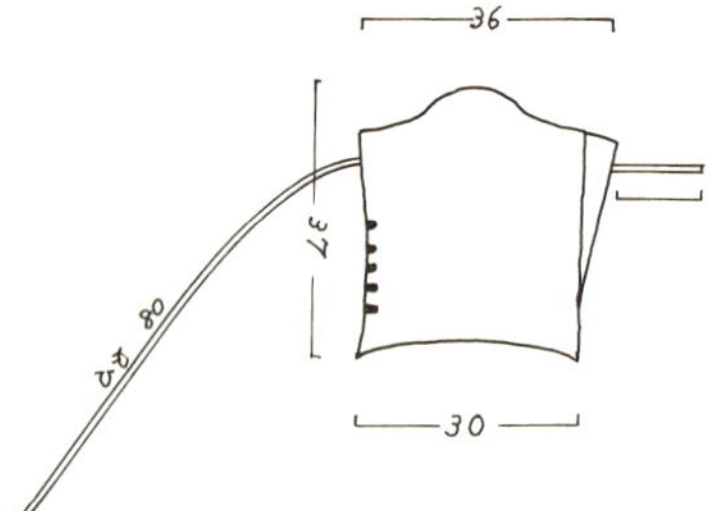

当て布や補縫いをした着物である。仕事着はあまり洗濯をしないが、田植え時期になると、よく洗い糊をきかせて着る習慣があった。

図94は男性の縞着物である。着物丈は等丈《ついたけ》より短めに仕立て、袖は洋服の袖幅を思わせるほど短袖である。こうした着物に図95・96のような股引を組み合わせて働いた。昭和初期には洋式シャツやズボン下が普及したが、それらの用布に木綿の片紺《かたこん》（経糸は紺で緯糸は白糸を織る）が流行した。それまで布地は紺色一辺倒であったが、片紺の製布はグレーになり、当時はその明度感のある色彩を好む傾向がみられた。それと同じように着物の図柄も白場が多くなっている。古老の話によると、「紺木綿より安価《やす》く、藍の染め賃が半減し、その上にあかぬけて見えた」という。男物のズボン下やシャツにグレーが流行すると、手拭いにも片紺の地手拭いがみられた。

図97は一幅前掛けである。昭和中期には腰蓑にかわるこのような木綿厚地の帆布前掛けで腰元を調節した。前掛けは丈を二つ折りに短くして用いる人もいて、男性の田ごしらえ（田植えの準備）に必要な衣料である。

女性の田植え前掛けは、前記したとおり二幅の更紗《さらさ》前掛けがあるが、手元に資料がない。図98の一幅前掛けは袷《あわせ》仕立てである。こうした一幅前掛けは中年層や老人用である。田植えに用いた帯は、木綿絣の半幅帯とモスリンの花文様の二通りがある（図99・100）。聞くところによると「絣の帯は中年用の帯で、モスリンは若向きである。モスリンの帯は昭和一五年から四〇年ごろまで田植えに締めて働いた」という。

また、図101は二部式の帯である。胴回りと太鼓結びを別に縫製していた。鳥取県東伯郡東伯町の某女（明治四一年生）の談話によると「この帯は昭和二〇年に物資が不足で何も入手できず、家にあるボロを裂いて裂織《さき》りの帯を作り、田植えに用いた。太鼓結びを自由に付けたり取ったりして働いた」という。

帯結びを太鼓や蝶結びとして、後方を日立たせて田植えをする。私もそうした経験者であるが、帯による腹部の圧迫とその重量で、胸は苦しく、身動きは容易ではなかった。その時の自縛感の体験から、快適な仕事着を模索し、全国仕事着コンクールに応募して佳作となったこともあった。

図102から図104の手甲と腕貫、脚絆は紺木綿と縞木綿で縫製し、水田作業に用いた。泥田には鉄分があり、藍染めを茶褐色に変色させている。泥染めは布地を強めて長持ちがしたと語り伝えている。また、資料の脚絆のデザインには、足の甲を被せるもの、足首まで巻く形などがある。個性的に紐に色布を用いているが、紐を締めて巻くと下肢がむくんで疲れやすい。水田作業には手甲や脚絆は欠かせない。仕事の能率をあげる上にも足さばきが良くて気持ちがいい、これが今日まで用いられてきた理由である。

水田着と収穫着

着飾った田植えが終わると、水田の除草が待っている。水田着は、梅雨期から夏期にかけて稲が成育する水田の中で働くために用いた仕事着である。やがて稲穂が出そろい、米を収穫する晩秋のころは、季節も作業内容も異なる。こうした米作りの手作業を聞き取り、ささやかな私の体験を加えて述べてみたい。

米作りは、田を肥やすため、前述した草刈り作業と耕畜牛の飼育があり、農家は一年間を米作りのために拘束されていた。米は農家経済を左右する一大産物として、その増産を願う農民の意気込みはとても大きい。しかし、この半世紀に農村が経験した大戦中の人手不足と敗戦後の男手を失った遺族のカアチャン農業と相次ぐ不況、さらに高度経済成長期の産業構造の変化による昭和中期からの離農と兼業農家の危機の中で、大型機械化による営農に移りかわり、機械の購入による赤字経営が続いた。しかし農民たちは米を主要農作物として命がけで守ってきたのである。

水田の除草というと軽労働のようにも聞こえるが、野良仕事の中で一番厳しい作業だと思う。この作業が女性に押しつけられていたことも、驚きであった。しかし、若嫁の立場では、不満に思いつつも田の草取りにはげんだ。除草には「一番草から三番草まで」というように、早苗が根づいてから稲穂が出るまでの期間に、村をあげて女性が除草した。この時期は一年中で一番蒸し暑い梅雨期から土用までの、しのぎにくい時期である。女性が水田に素足で入り、四つん這いの姿勢で、稲株のまわりを除草する。全身全霊を投入しなければ、泥田にはまり、両手で作業をしながら前進することはできない。気温が摂氏三〇度を越す蒸し暑さの中を前屈姿勢で働き、稲株が分蘖して根元が太くなったことを確認したときは、苦しさの中にも喜びがあった。

水田着には、日射防止用の莫蓙を後背部に着て帽子を被る。濡らした手拭いがたちまち乾くほどの猛暑で汗がダラダラと流れる。そうした中では、綿布は素肌になじむ衣料で、最適であった。水田除草の作業形態は、前かがみで両手を動かしながら歩く。この姿勢は前記したとおり、洋服のように打

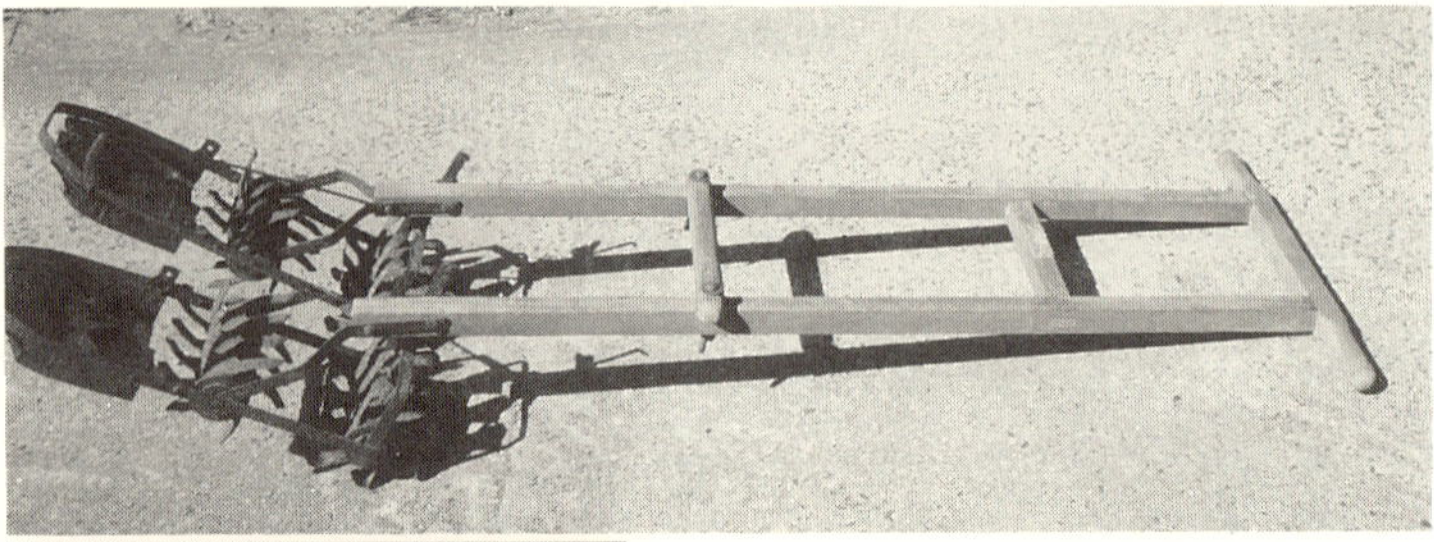

図105　田打車
③倉吉市／1990年撮影

図106　田摺り
③倉吉市／1990年撮影

ち合わせてボタン止めにしない限り、着物は着くずれて前開きになる。両手を動かし夢中で除草すると、首や胸の皮膚に稲の葉先が接触し、その上に汗で汗疹の炎症を起こす。「稲まけのかぶれ」と言ったが、毎年の除草期は胸元の皮膚を赤くした。そうしたかぶれを予防するため、中年の女性は頬かむりをし、若者は手拭い二枚で顔面や胸元を被い、手甲や脚絆を必ずつけて皮膚の露出を防いでいた。

除草は数人が並んで前進する。稲株二通りをまたいで、左右二株ずつ合計六株の稲を通して除草する。三、四本の早苗が大きくなり、根株に両手を回して土を耕すようにしてかきまぜる。「手鍬を使え」とは、五本の指で土を掻き、根元に空気を送り込めということである。除草だけが目的ではないことを知り、手に力を入れた。両手一杯に握った草は、足元の土の中へ片手ずつ交互に強く埋め込んで手を抜いた。手からこぼれた草は葉の裏を見せて水面に浮草となる。美しい草に見とれていると、稲株の通りを勝手に移動してしまう。時どき後方を確認しながら、人に遅れないように手を動かす。泥田に足を取られないようにふんばり、両手で土を掻く。ザワザワと水の音のリズムに乗せて手を動かすと、草葉の陰から蛙が飛びだして平泳ぎで逃げて行く。蛙を追って急に立ち上がり腰を伸ばすと、目の前が暗く立ちくらみが起こり、しばらく目を閉じる。気の遠くなる厳しい仕事の中で、浮草の流れや蛙の平泳ぎが慰めてくれた。

一番草を終え、二番草から三番草の除草のころには、四つん這い姿が稲に被われてしまう。稲が成育し人を覆い隠してしまい、着茣蓙のみが青田の中に浮かぶような錯覚におちいる。稲の中で這い回る仕事の苦しさを体験すると、他人事で済まなくなり、茣蓙を追って同情したりした。この時期になると、稲葉の鋭角な先端で目を突くかと思えば、手指の関節が痛くなり、身体に故障箇所が出てくる。水田の土は固まり、歩きやすくなって足を取られない反面、除草の処理は手先で土の中に押し込むことがむずかしい。そのつど、立ち姿になって、両手に握った取り草を足の下に踏み込んで埋めていた。

手植えをした苗の水中の根元を手鍬（五本の指）で攪拌する。こうした手仕事に依存した米作りに、図106のような中耕農具（田摺り）という除草具が出現したことは、女性にとって画期的な夜明けであった。板に鉄穂のついた鍬型で、立姿のまま稲株の通り道を擦ると草が浮き上がるのだ。また、田打車という稲株の間を回転しながら泥田を打つ画期的な農耕具（図105）の普及によって、多くの人たちが多大の恩恵を受けた。この田打車を倉吉地方では「太一車《たいちぐるま》」と呼称している。倉吉出身の故中井太一郎の発明（明治二五年）と普及によりその名前を冠したもので、「この車のおかげで生きながらえた」と語る人もいた。

水田除草の回数を省くとともに男性が積極的に除草に協力するように変わってきた。田押《たお》し車という新しい農具で男性が試耕し、太一車を押す姿が見られるようになった。男性は、上半身は裸で茣蓙を着て立姿で車を押した。水田除草が男女共働きで行なわれるようになったのは大きな喜びであり、女性を救ったといっても過言ではない。しかし一方、以前と変わらぬ四つん這い式の除草は、男性不在のままであった。水田除草とは、湯熱除草を意味する。太陽熱で湯が沸くことは、その時に知ったことだが、その中で四つん這いになって労働をした女たちは、農家に生まれた女のさだめとして、それを甘受するほかに方法がなかった。

稲は生きもので、日照りが続くと稲も暑く、長雨が続くと青立ちのままになる。農民は畦道に立って、天候に左右される作柄と田水の管理に明け暮れた。稲に追肥をし、病害虫を予防しながら監視し、稲穂が出揃うと田水を落とした。やがて黄金色にうれて波を打つのを待ちながら、案山子《かかし》を立て、収穫を予測して秋祭りを祝った。この成育の道のりに天候異変や害虫におかされて悲嘆する年もあった。

一〇月上旬に稲の刈り取り作業にかかるが、植え付けの時期と稲の品種によって、刈り取りの時期は異なる。よく晴れた秋空の下で、家族総出の稲刈りはいつも楽しい。手刈り用の鎌は「のこ鎌」と「草刈り鎌」の両方を使ったが、「のこ鎌」は昭和一〇年代に普及した鎌で、鋸状の刃があり、小型で柄《え》が短く、研ぐ必要のない鎌だった。それにくらべ草刈り鎌は柄が長く、鎌研ぎ石を田畦に持参して研ぎながら使っていた。

よく研いだ鎌は切れ味が気持よく、稲刈りの能率があがり、腕や肩への負担も少なかった。刈り取りは、稲株を左手で握り、右手に鎌を持って一株ずつ列を通して刈って行き、一二〜一五株を一束にして藁数本でしばった。

稲束の乾燥には棒掛けと地干しがある。地干しは数束ずつ穂を下にさげて立て掛ける干し方であり、棒掛けは地方により稲架材の組み方がいろいろである。土地のさまざまな条件に合わせた干し方があり、一列棒で干すもの、三、四段の棒を組ませて屏風のように高くして稲穂を積み上げて乾燥する方法もある。当地に伝承した干し方（八手掛《はでか》け）を述べる。稲刈りを終えた田圃の畦側に稲干し場を決める。松の丸太約二メートルほどの棒を三角地点に三本組みに交差させて立棒を立てる。棒は木槌で強く打ち込み、台風に稲架が転倒しないように三脚架を安定させ、一間ごとに並べて打つ。その上に横丸太木六メートルくらいを渡して三脚架で固定する。棒組みをしばる紐は山の葛《かずら》を採集してきたり、ワラ縄を用いたりしていた。八手掛けが出来上がると、稲束を寄せて一束ずつ棒に掛けていく。稲束の分け方を四等分し、束の四分の一と四分の三を交互に重ねて掛けていた。農家は八手棒の丸太木の数でその年の米の収穫高を予測した。

こうして稲掛けを終えて、落稲拾いをしたり、タニシを拾って「田螺飯」を炊いて家族が団欒をした。稲の乾燥は、その間の気象によるが、八手掛け後二〇日間経過すると干し上がった。

稲こきや精米などの籾摺りは、「農耕民具と習俗」の項（第四章）で触れる。

水田除草と稲の刈り取りと乾燥までの作業を簡単に述べたが、それらの仕事着について聞き取りと実物資料をもとに説明する。

水田着は、夏季労働に適応する素材として、靭皮繊維や麻や木綿で作られ、日除けにイグサの茣蓙

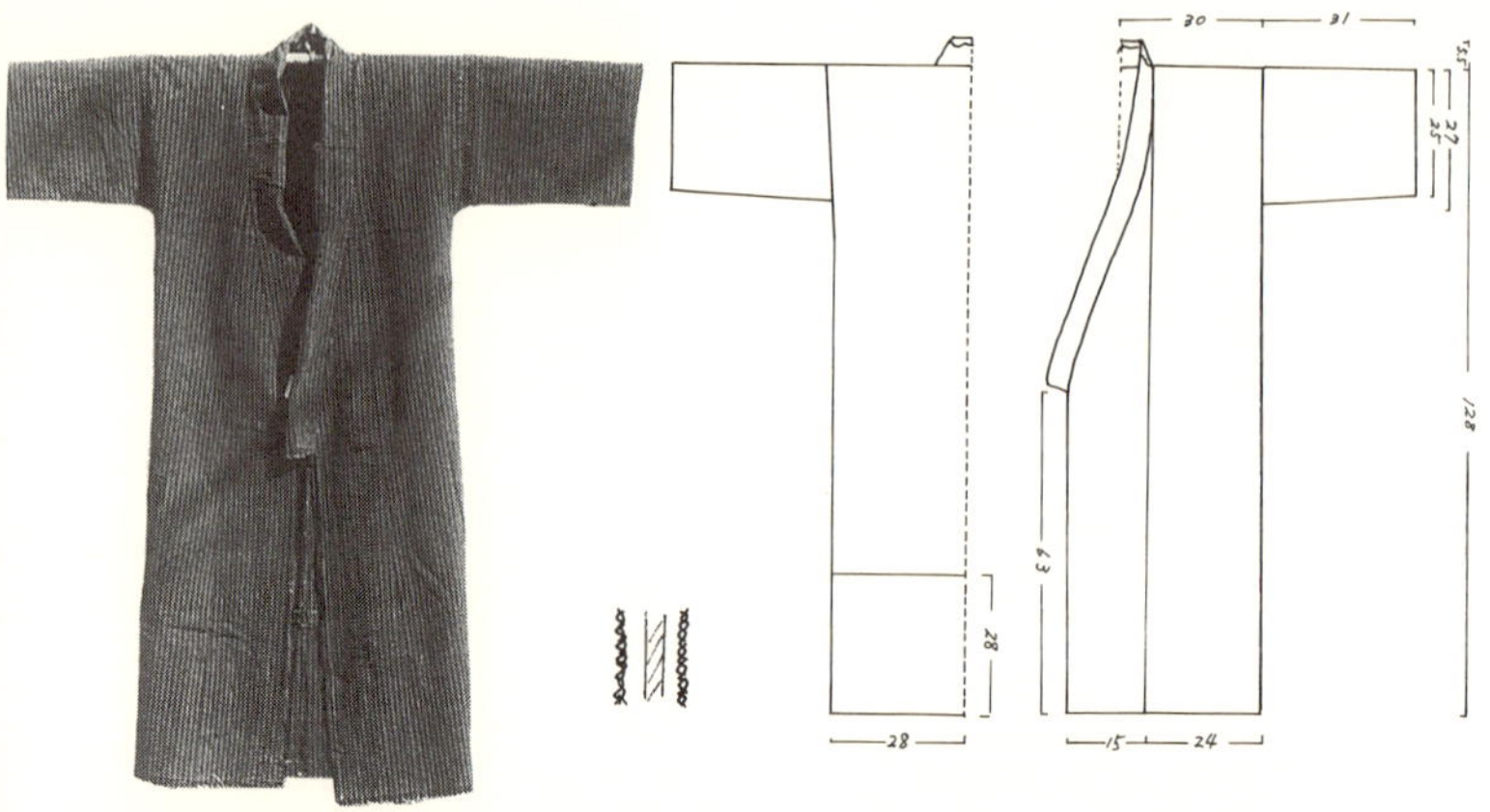

図107　木綿縞男長着
①重量600g，表地のみ　②並幅34cm，縞34立（焦茶と紺の撚糸）．袷仕立てを解いたもの，後身ごろの裾に切り替え縫い　③鳥取県西伯郡名和町／明治22年生

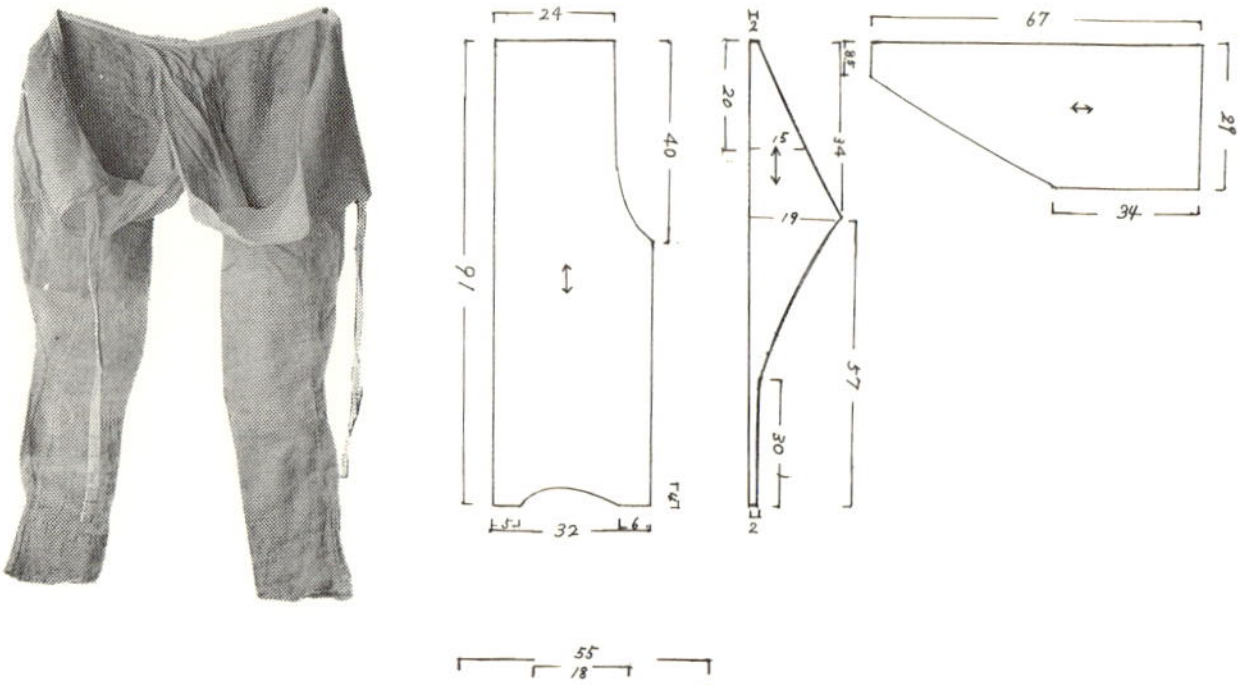

図108　股引
①重量140g
②麻仕立て，手縫い
③鳥取県日野郡日南町
／明治中期〜大正期

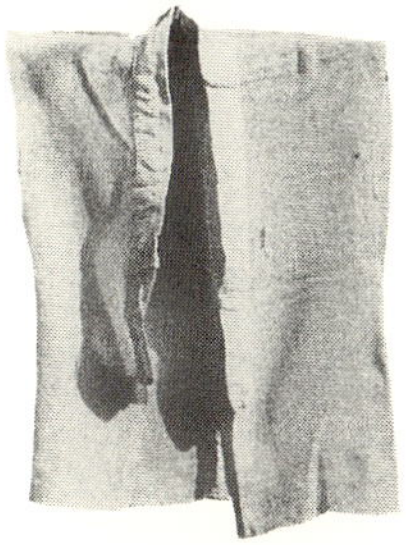

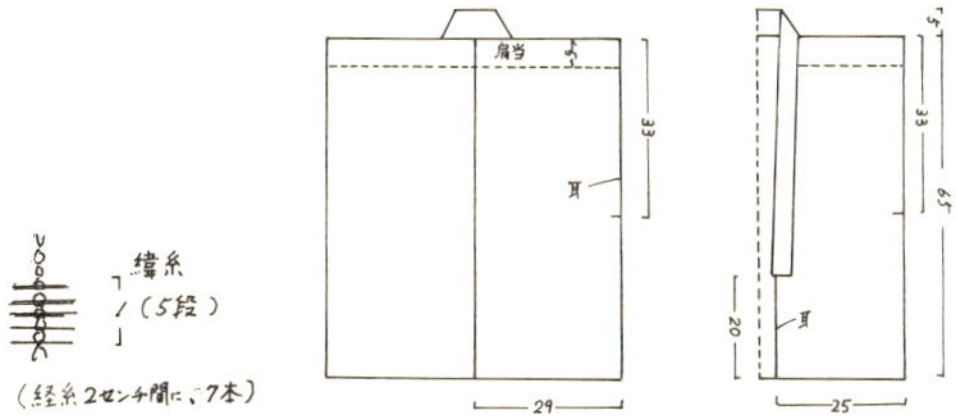

図109　襦袢
①重量200g　②布幅30cm，密度経糸3.5本/cm，緯糸5本/cm　③鳥取県西伯郡／明治〜昭和期

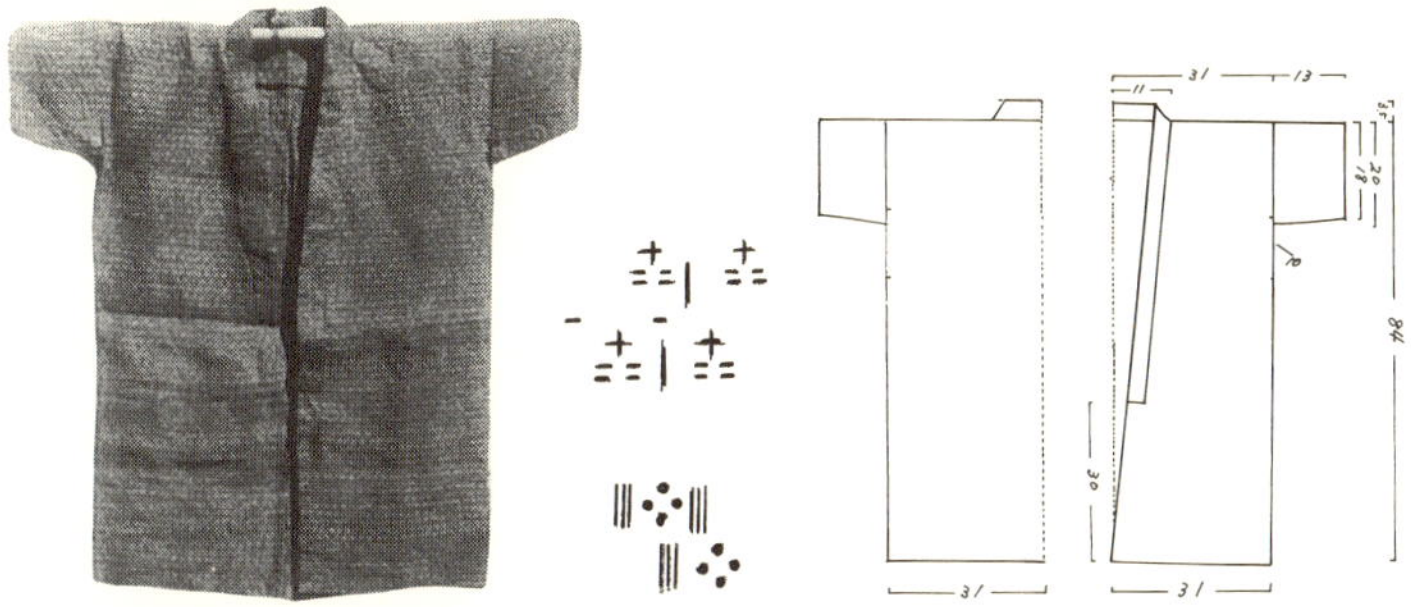

図110　麻上衣はっぴ
①重量200g　②並幅34cm，絣26立．夏季水田用，袖幅が短い　③鳥取県東伯郡東郷町／明治〜大正期

や菅笠をかぶっていた。仕事着の形態は、体型に沿って発汗と風通しをよくする工夫が随所にみられ、身軽な着装で働いた。特に手拭いで顔面を保護し、手作業を容易にする腕貫きと手甲を長くし、着物の袖は半袖や筒袖にし、袖口の汚染を防ぐため、紺布に取り替えて着物を長持ちさせている。

図107・108は男性用の仕事着である。この木綿縞着物を愛用した人は、明治二二年生まれで、明治末期から昭和中期まで仕事着に着用したという。焦茶と紺色の撚糸を組ませた繊細な経縞であるが、破損箇所が多く、再度縫い替えていて、布地も柔ら

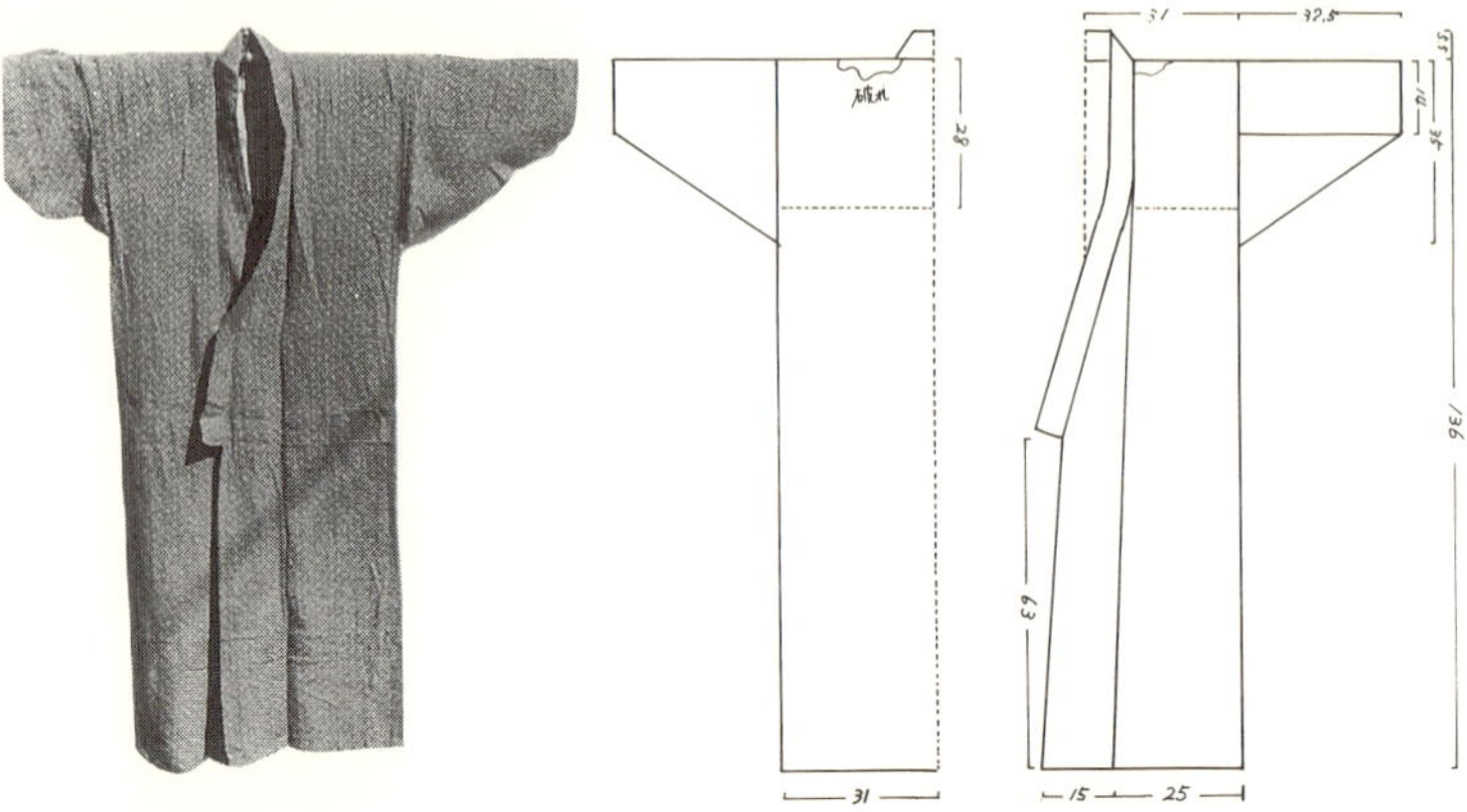

図111　麻絣女長着

①重量400g　②肩当て綿縮み，手縫い　③鳥取県東伯郡赤碕町／明治10年生

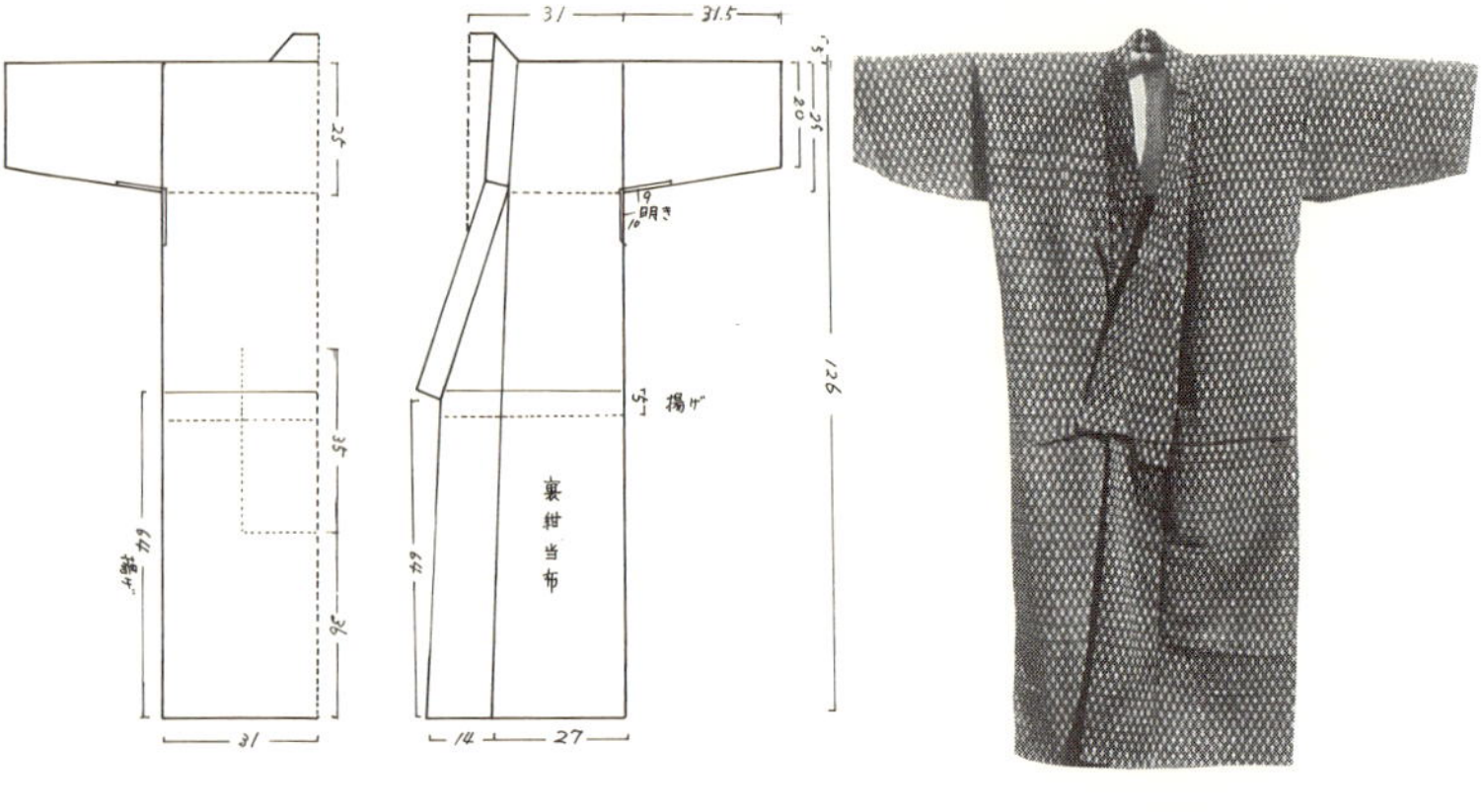

図112　木綿絣女長着筒袖

①重量580g　②幅34cm にそろばん絣20立．肩当て，居敷当て，前下身は紺の当て布左右．袖下 9 cm 明き．背・脇の縫い代は各 1 cm 二度縫い　③鳥取県東伯郡羽合町／明治～大正期

かく袖も短い筒袖である。これは水田着に限らず年中の仕事に着たように感じられた。図108の股引は、素材が麻である。肌色に似た麻は軽くて通気性にすぐれ、重量は一四〇グラムであった。「祖父が明治中期から大正期まで穿いたもの」(鳥取県日野郡日南町、某女)と話していた。

図109から図112の女性用仕事着四点についてみる。図109の襦袢は袖をつけていない。麻糸を綟《もじ》り粗密に製織したもので夏季用である。密度は一センチ間に経糸は三・五本、緯糸を五本網目状にからませて織る綟《もじり》織りである。この襦袢は肌が透けて見え、素肌の上に着ると涼しく重宝したと聞いた。また、襦袢の衿は白綿布を掛けて、取りはずして洗ったようである。

図110は麻地の半袖はっぴである。袖幅が一三センチで、普通の袖幅三三センチに対して二〇センチも狭い、珍しい形である。これは、手作業を助け、布地の節約を考慮して袖幅を減らしたようだ。前述の綟襦袢やこの麻はっぴにみるように、夏季着は手甲を長くして策衣型(腕に合せて手甲とはっぴの袖丈を調節した衣)にし、水田着として機能的な働き着にすることができた。この麻衣の重量は二〇〇グラムと軽く、着古した藍色は涼しく感じられ、印象に残る仕事着だ。

図111の麻地の長着物は絣織りである。明治一〇年生まれの人が昭和二〇年代まで着用したという。「麻着物は夏季に限らず、春秋期は下に重ねて着て、約半世紀も着用した。家庭着や畑や水田着として、着物の裾を折り返し、腰巻と組み合わせ、座敷着には着流し風にした。袖は捩《ねじ》り袖に改縫いし、仕事の邪魔にならないようにした」(鳥取県東伯郡赤碕町、某女談)。次の図112の木綿絣長着物は、着物の前後の身ごろを交換し改縫いの跡を残している。そして後身ごろや肩、前身ごろの裏側は紺布で補強し、長く着たことを物語っている。仕事着は、長い間着るうちに布地が柔軟になり、身体になじむ

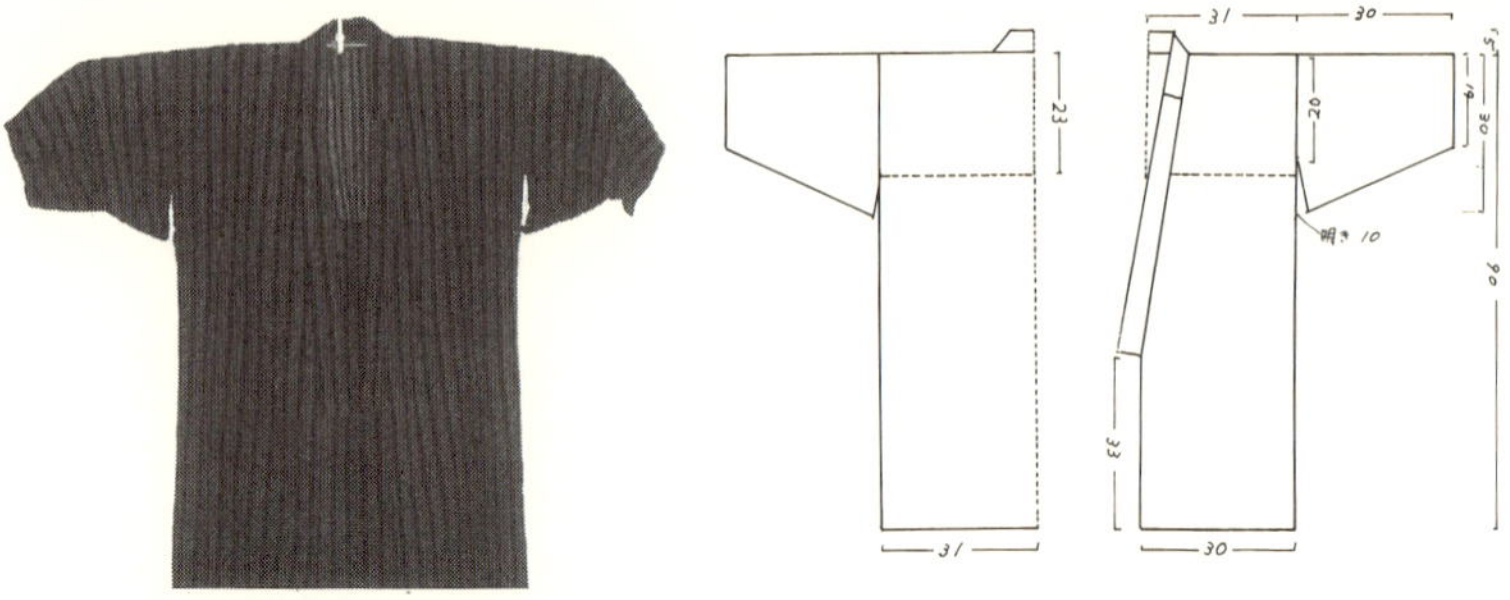

図113　木綿縞女上衣（中長はっぴ）
①重量600g　②紺・茶・銀ねずみ縞．肩当て縞布（別）　③鳥取県八頭郡智頭町／大正期〜昭和中期

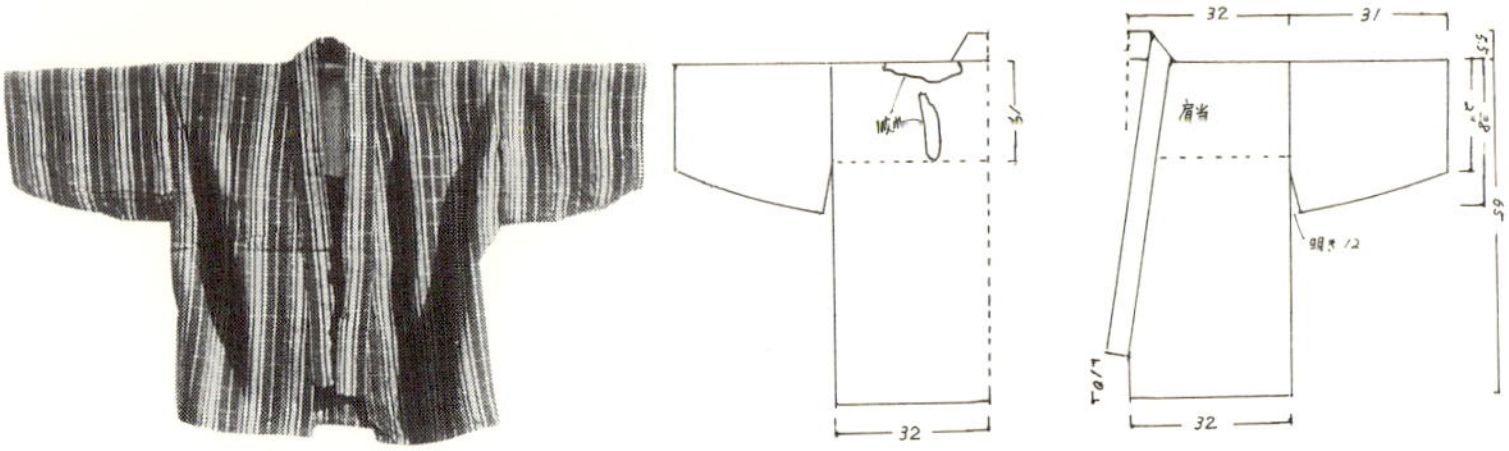

図114　縞女上衣
①重量330g　②手紡糸厚地，木綿藍染と草木染．絹糸縞，並幅36cm に縞 4 立．絹糸の一部切れる，全体に光沢あり．絹糸（からし色，ピンク）経緯の縞に交織　③大正期〜昭和中期

図115　着物の補強縞布
③鳥取県日野郡／大正期

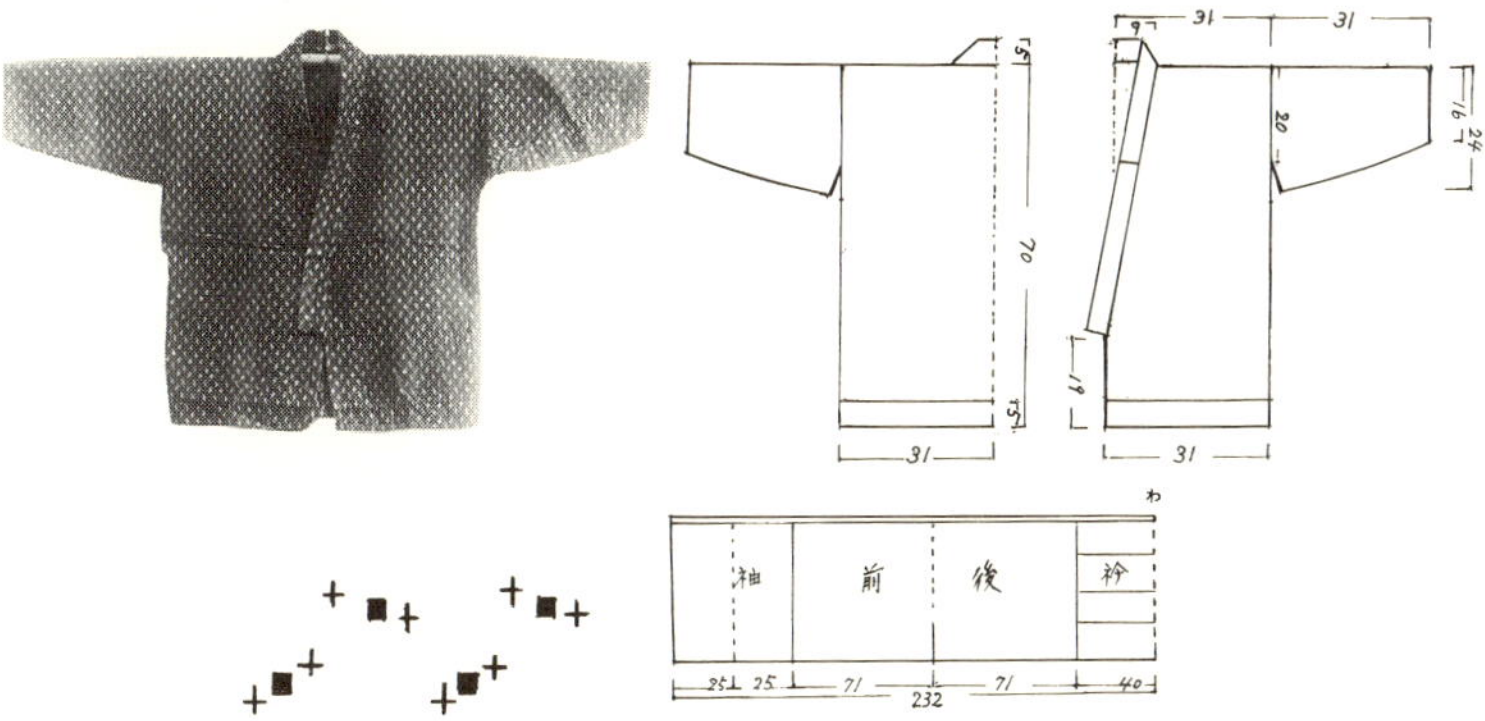

図116　木綿絣女上衣
①重量350g　②並幅36cm に十字豆腐文，16立．手紡糸．再縫製，背縫い 4 cm もの縫い代で 3 度並縫い，肩の明きを深くする．脇縫いは 1 cmで前幅を広くする．裾の縫い目は破れの更生縫い　③鳥取県東伯郡東郷町／大正期～昭和40年まで着用（85歳）

ようになって着ごこちがよい。そうした衣料に強力な糊を付けて着るのが、夏衣として涼しくいちばんよい。木綿の本もののよさと藍の洗いざらしの美しさは、眺めていても飽きがこない。

仕事着について老女は口々に言う。「絣は外行《よそ》き着で、仕事着は縞ばかり織って着た。縞の古着がないのは着破ってしまったいな……」。資料に縞が少ないのはそうした理由で、大切にした絣着が多かった。図113は珍しい縞着物の中長着で、普通の着物丈より約四〇センチ短く、袖も鉄砲袖である。また図114の上衣はっぴも縞であり、大正期から昭和中期まで着用した。この縞着には緯糸に絹を交織し、光沢のある明るい縞柄だ。

図115の縞布は、長着物に補強した当て布の断片で、時代を感じさせる各種の古い布の寄せ集めである。よく調べると、布三〇センチ間に六枚の縞布を配色よく並べ、補縫いの針目がみられた。こうした当て布は着物の肩回りによく見られるが、ボロとボロが

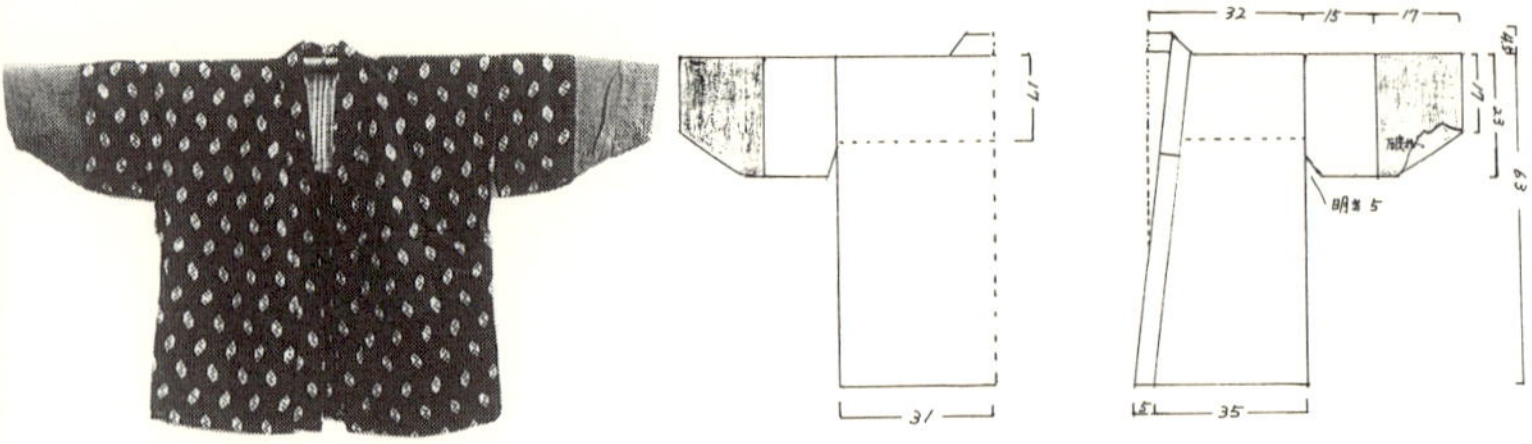

図117　木綿絣はっぴ
①重量330g　②１枚の長着を２枚のはっぴに再縫い　③鳥取県東伯郡三朝町／大正期～昭和期（明治34年生）

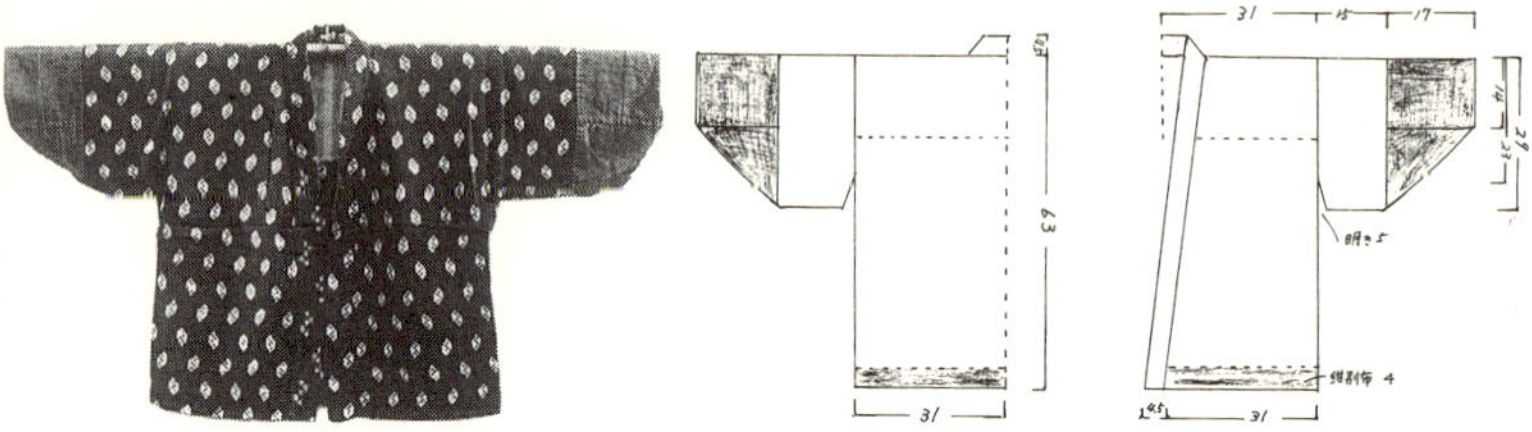

図118　木綿絣はっぴ（図117と同じ二枚組）
②ミシン縫い．裾に紺別布，下衿47cm 別絣布．一生涯着用したという　③鳥取県東伯郡三朝町

重なると、もうそれはボロ布ではなくなる。古い縞筋には玉虫色に輝く隠し糸があった。その温もりに驚き、魅了される。この資料は、鳥取県と広島県の県境の山間の村で収集し、先の縞中着物は鳥取県と兵庫県の県境の農家に残っていた。古いものを大切にする心のうちが垣間みられた。

図116は水田用の短はっぴの絣木綿である。収集時に八五歳の老女が一生涯着たと語った着物である。「大正期から昭和四〇年ごろまで着ていたが、最初は長着物だった。着物丈を漸次短く縫い替え、背中の布地や傷みをカバーするため、背縫い代《しろ》（普通の着物は一センチ）を四センチにして三度縫いにした。

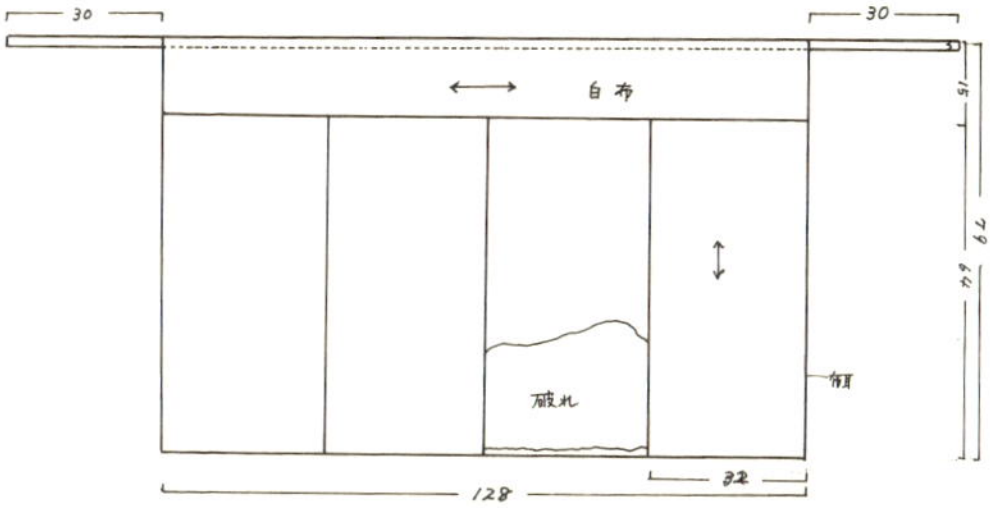

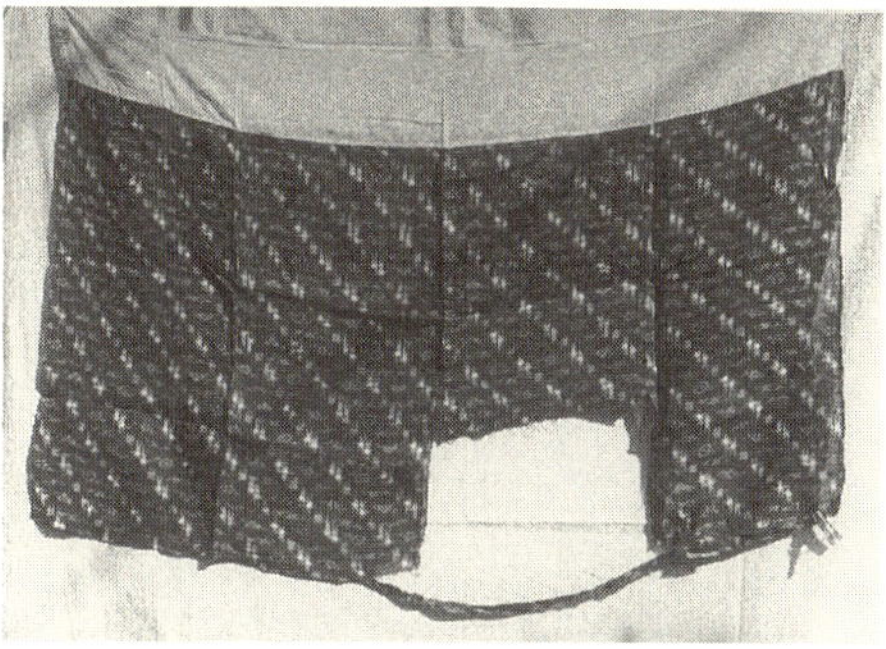

図119　麻上布腰巻（藍絣）
①重量110g　②松竹梅，桜に流水小鳥文絣．並幅34 cm，4枚縫合し白綿を上部に付ける　③鳥取県西伯郡名和町／明治25年生

図120　もんぺ
①重量300g　②厚地，手縫い，茶絹糸入り縞　③鳥取県気高郡鹿野町

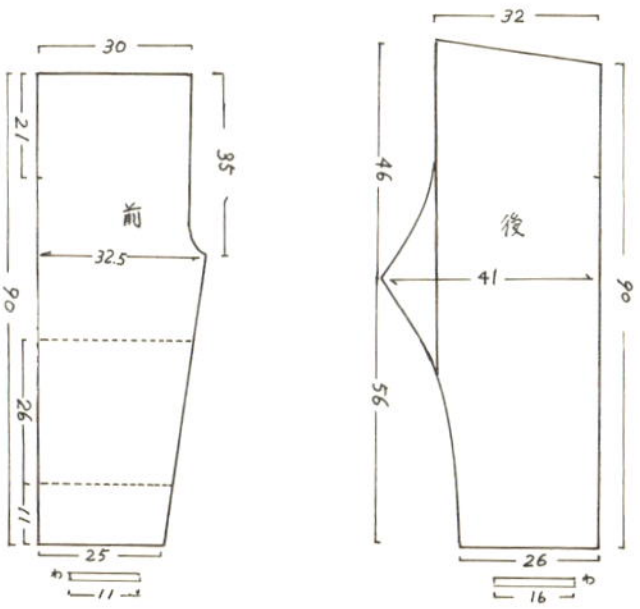

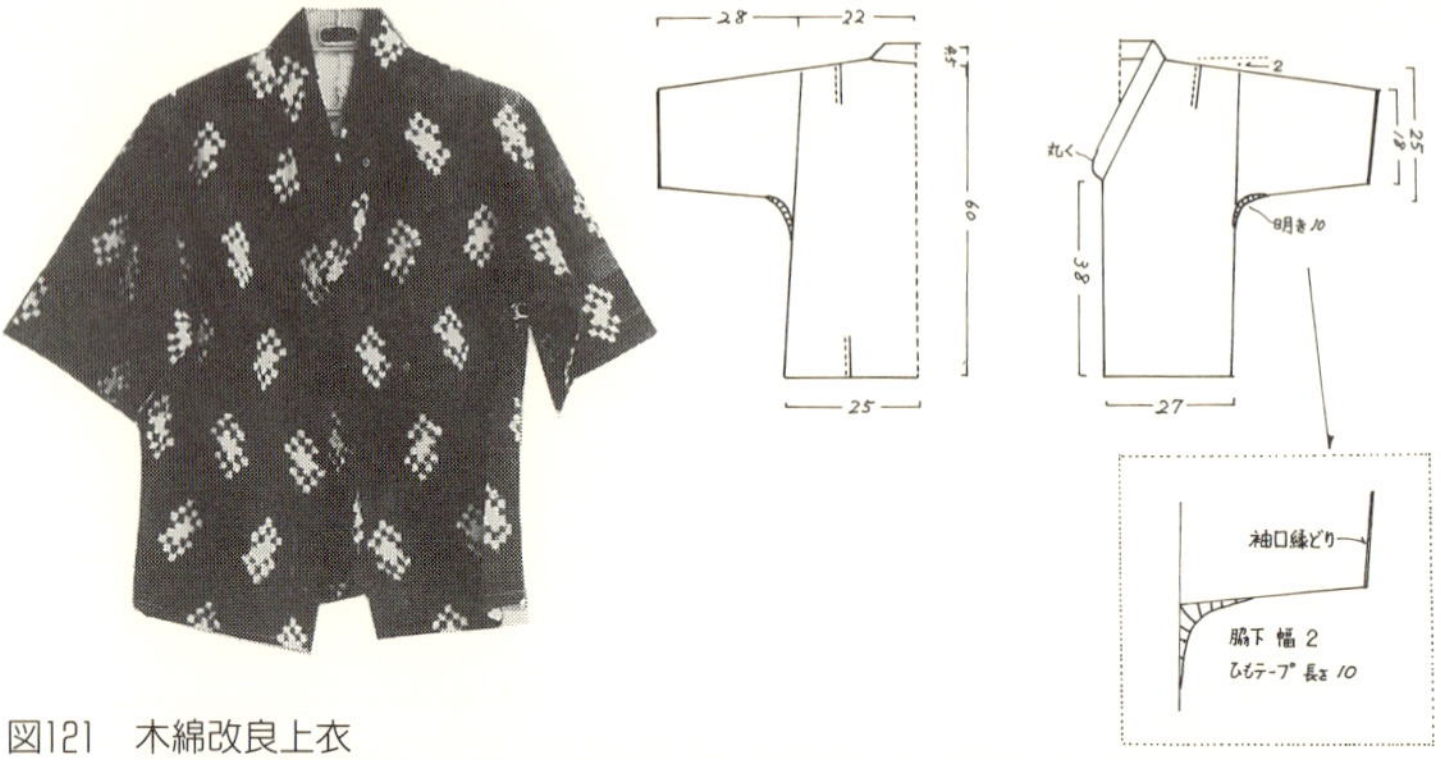

図121　木綿改良上衣
①重量210g　②和洋折衷型夏季水田用，胸の重なりを少なくして涼しく，脇下に工夫　③倉吉市／昭和30年著者製作

前幅を広くゆったりと着るように脇縫いを一センチ幅にし、裾の破損箇所は別布を足している」。再度の縫い替えや工夫を重ねて着用した仕事着こそ、資料としての価値が高い。タンスに眠り続けた木綿とは比較にならない生きた衣料である、と私は思っている。

次の木綿絣短はっぴ（図117・118）は、昭和五五年、八〇歳で健在の某女が愛用した水田着である。老女の談話によると「わたしは明治三四年に生まれ大正の初めにこの家に嫁に来た。その時に持って来た長着物を解いて二枚の短はっぴに改縫いし、一〇年前まで着て働いた。袖口はよく汚れて損傷するので、袖幅半分に紺布を袖口に付け、切り替え袖のように配色を考えた二組のはっぴ」である。この老女は一枚の着物を二枚にして一生涯着たことを証言し、今になって資料になることに安堵の表情を見せた。

次に、下衣や腰巻について説明する。図119は麻上布の腰巻である。この藍絣文様は、松竹梅と桜に流水と小鳥の吉祥文が織られている。前述したように、着物と組ま

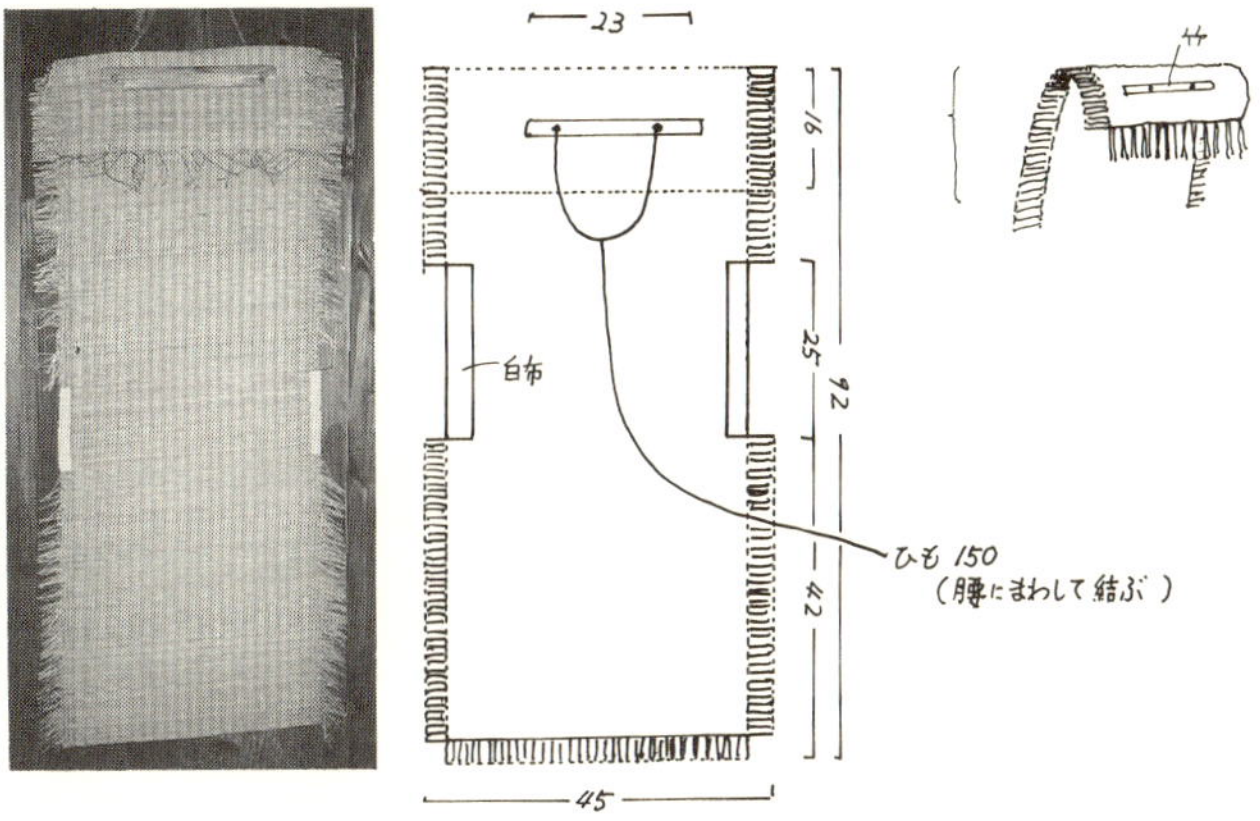

図122　着茣蓙
①重量300g　②水田用，日射防止に着る．１本の紐を腰に廻して結ぶ　③倉吉市／昭和50年ごろまで着用

せる蹴出《けだし》風に着たもののようだ。田植え着に限らず、腰巻を見せる着装は、長着物とよく調和したと思われる。この腰巻は、明治二五年生まれの人が愛用したと伝えている。

図120のもんぺは、木綿紺地に茶縞の細縞が並列した厚地を手縫い仕立てにしている。一部式長着物で通した人が、その着物をもんぺで包み込むために、ゆとりを持たせた裁断であり、股下の襠《まち》が大きく、腰回りも広い。そして、股上寸法が長いのは、水田作業や前屈姿勢を容易にするためと、穿きやすくしたためである。脇明《あ》き（もんぺの前後左右の脇下のアキ）を深くし、腰紐は、丈が前側が二・一メートルの長さの紐を胴回りを二回まわして前方で結び、後方の紐は前に回してその上に前結びにした。このもんぺの愛用者は、明治三五年生まれで、平成二年に没している。家人の談話によると「このもんぺは母が昭和初期に我流で裁断し、手縫いをし

ている。焼却しようと思ったが、いつもこのもんぺを穿いていたので記念に持っていた」と話した。また、田植えもんぺ（口絵参照）は股下が臑《すね》までしかない短い丈である。

もんぺについては、野良着の移りかわりの項（第三章）で詳述する。もんぺが普及しても、そのような下衣をつけず、腰巻に長着の一部式の仕事着で通す老女もいた。ここに私の事例を引き出すことは恐縮に思うが、昭和三〇年ごろ水田作業衣に悩み、自己流の和洋折衷型（図121）を試作することにした。木綿絣長着物を解き、改良着の型紙を作った。改良したところは、両腕の動きを助けるため、衣料を腕に沿わせて袖丈を短くした。前屈姿勢の四つん這いは着物の胸元が開き、着くずれるので、それを防ぐため衿をV型にして重なりを少なくし、スナップで止めた。また、猛暑中の作業衣のため、ゆとりと風通しをよくするため、前後の肩にタックを取り、手の動きを助ける工夫をした。着物の身八ツ口（脇下に一三センチ明ける）は作業中の汗の発散を促す衛生上大切な明《あ》きであるが、除草中は脇下が露呈して見苦しい。その箇所に共布のテープ（幅二センチ、長さ一〇センチ）を二本縫い付けてカバーした。このできあがった改良着で働くと、今までの仕事着の重量より軽減されて身軽になり、胸元の前開きや着くずれも少なく、手作業が能率的に行なえた。その反面、在来の上衣はっぴと異なり、前身ごろと後身ごろを交換して布の寿命を延ばすことはできない。洋服式の体形にデザインしたからだ。

図122は水田作業用の我が家の着茣蓙《きござ》である。茣蓙は、盛夏の水田除草に、後背部の日射防止のために着用した。茣蓙の着装は多様であり、茣蓙そのままに真田紐《さなだひも》を通して、首元と腰を結ぶ着方もあった。水田用は茣蓙を四五センチ幅に切断し、後背部に着て、一本の紐を首と腰に回して結んでいた。

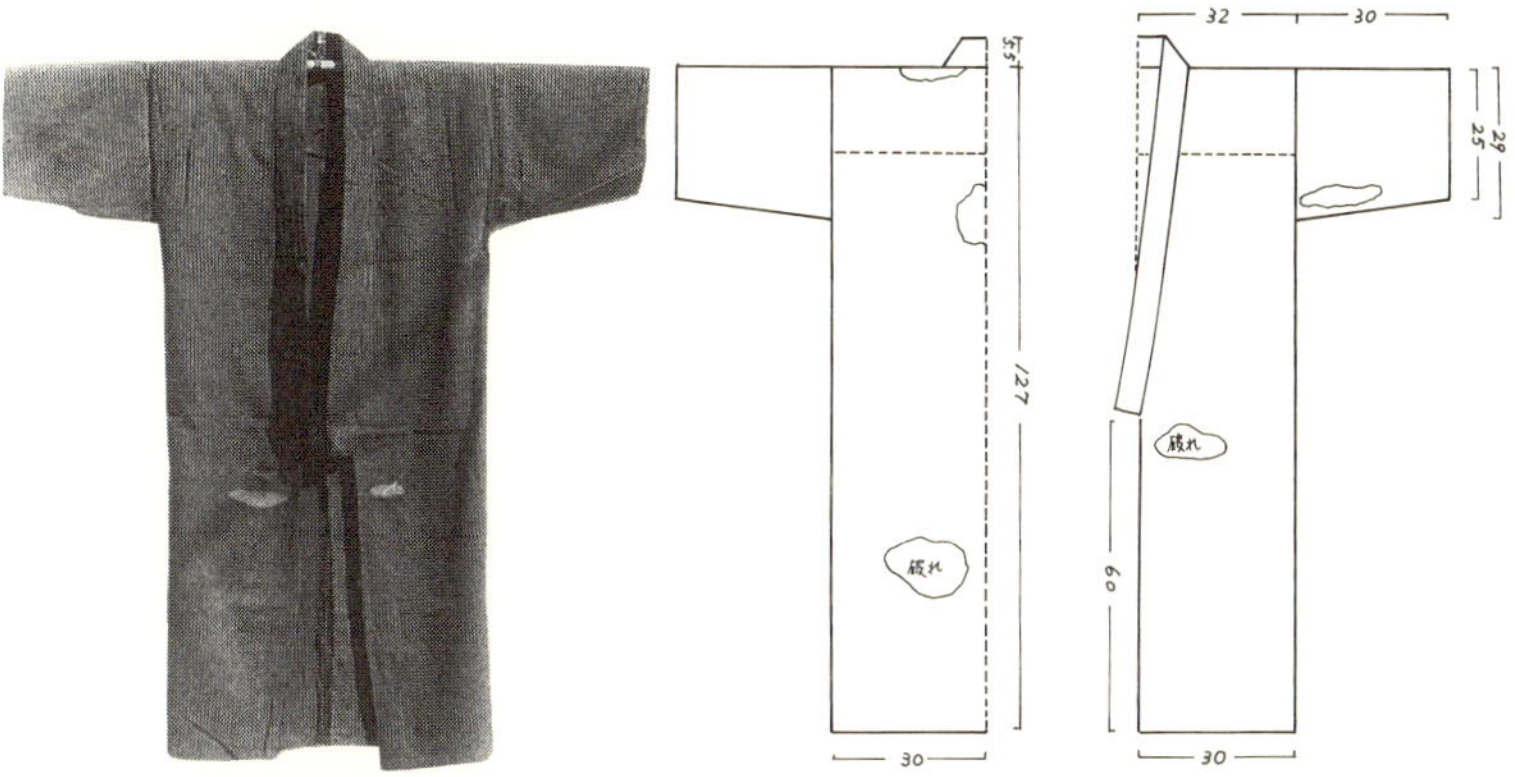

図123　木綿縞男長着

①重量540g　②並幅34.5cm に茶縞0.8cm 間隔48立．肩当布破損箇所，布地の傷み大，当て布 8 枚．袖口と袖付を交換して再縫い　③鳥取県東伯郡赤碕町／大正～昭和40年ごろまで着用

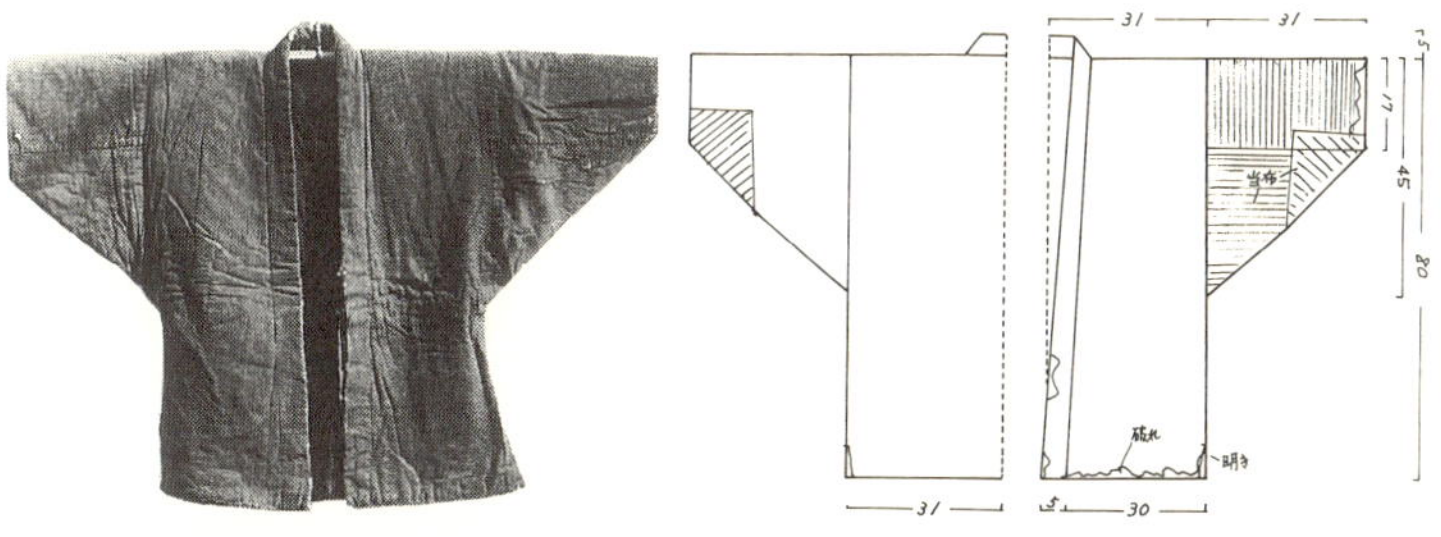

図124　木綿縞男胴着（綿入れ）

①重量940g　②並幅35cm に茶縞 2 本単位で90立，線状（紺と茶色縞）．袖口・袖下に当て布，裾・衿は破損．脇明きあり．紺裏付仕立て　③鳥取県東伯郡羽合町／明治～昭和40年ごろまで着用

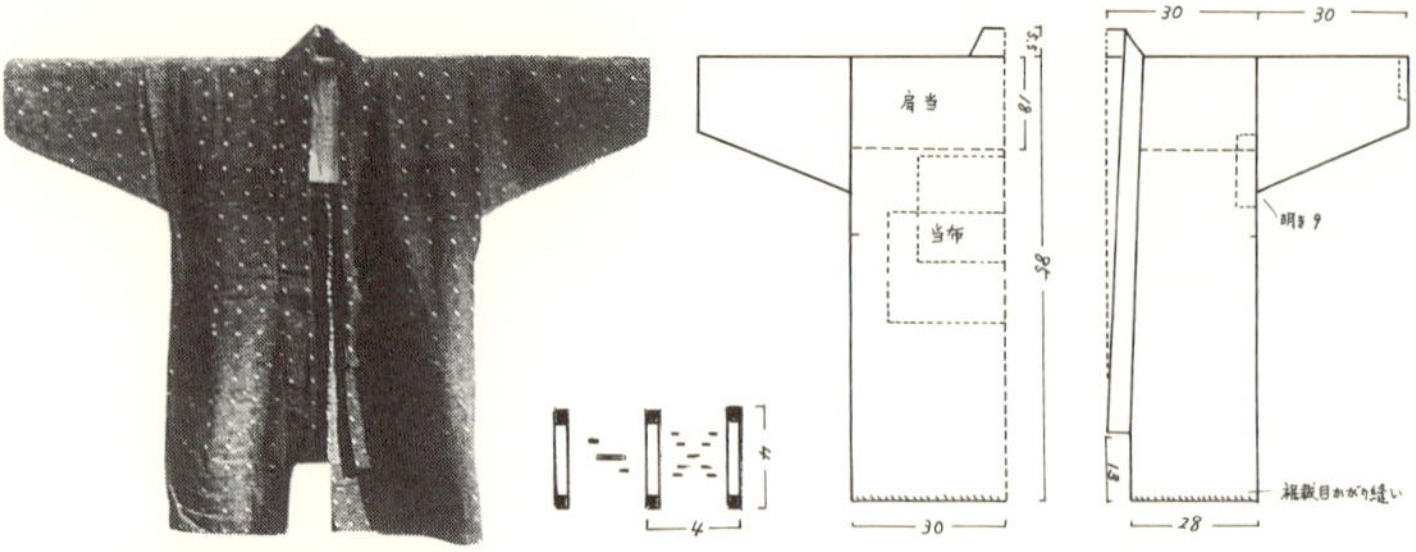

図125　木綿絣女上衣
①重量380g　②並幅32cm，絣文６立．紡績糸．当て布多数．裾裁ち目かがり　③鳥取県西伯郡名和町／明治後期～昭和中期

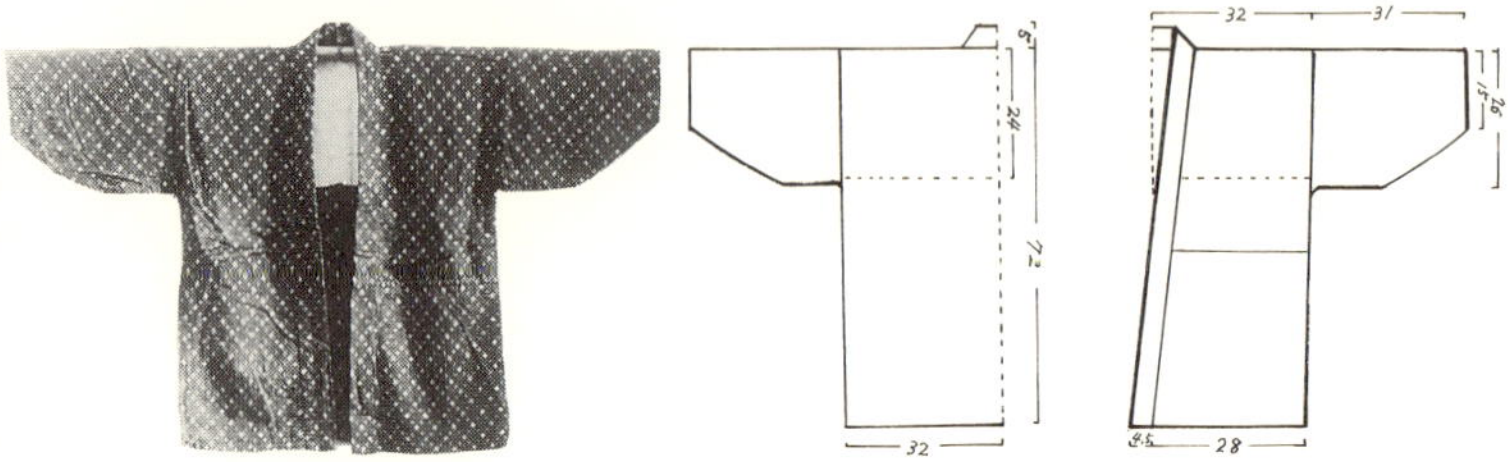

図126　木綿絣女上衣
①重量330g　②紡績糸．掛衿なし，前身ごろ左右に縫い目（再製），身八つ口なし．子持ち井桁文，並幅35cmに10立　③倉吉市／明治後期～昭和40年まで着用

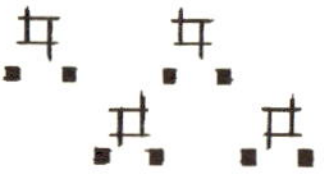

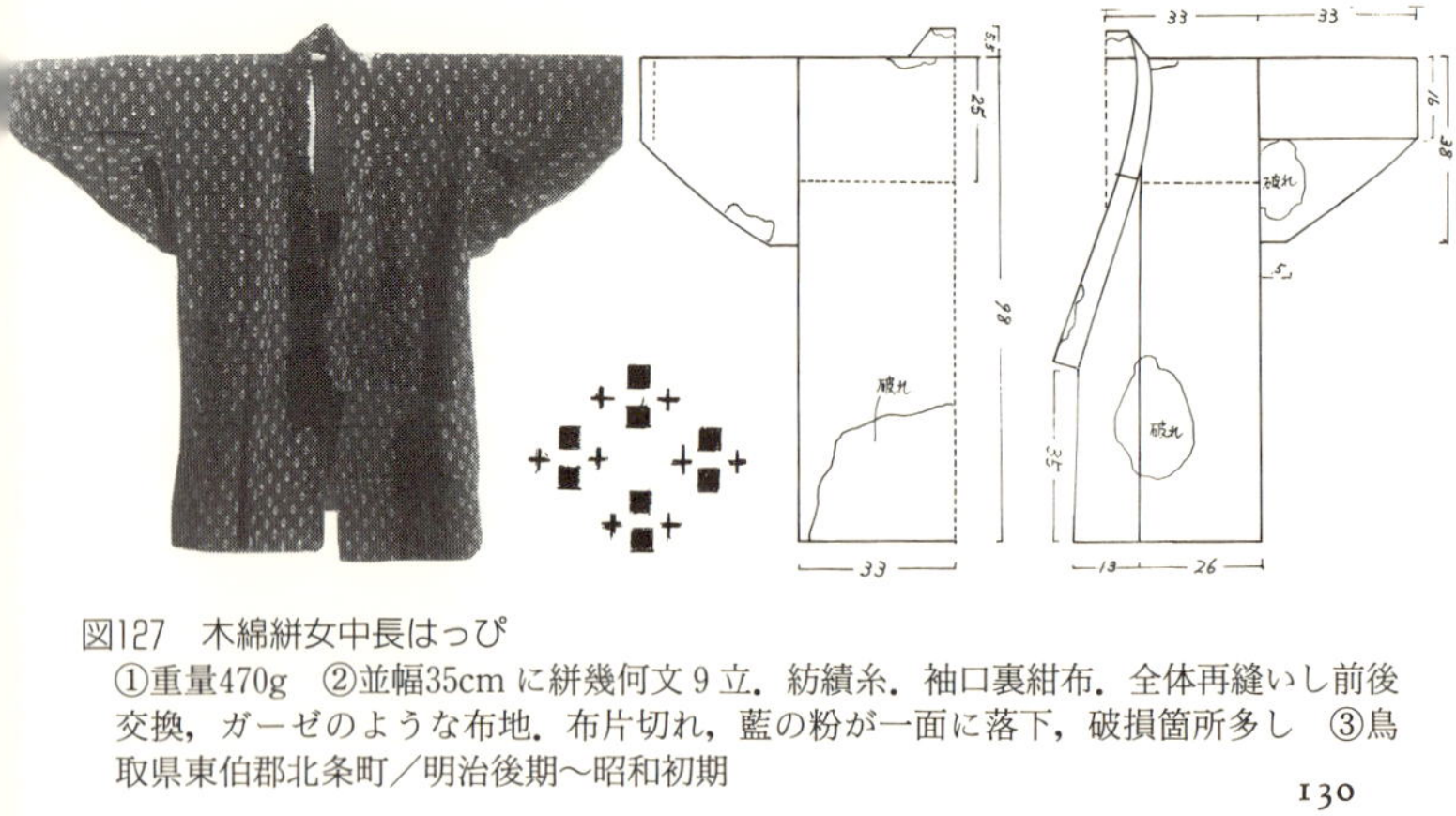

図127　木綿絣女中長はっぴ
①重量470g　②並幅35cmに絣幾何文９立．紡績糸．袖口裏紺布．全体再縫いし前後交換，ガーゼのような布地．布片切れ，藍の粉が一面に落下，破損箇所多し　③鳥取県東伯郡北条町／明治後期～昭和初期

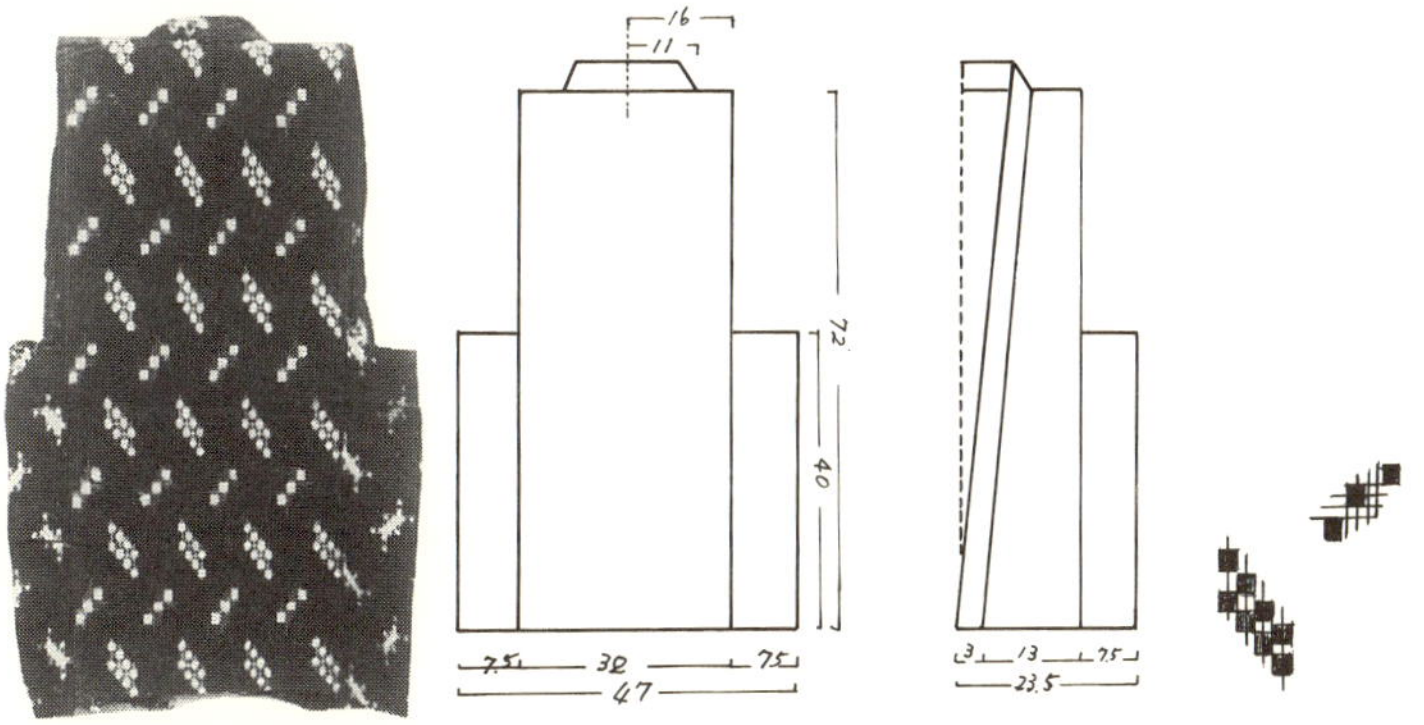

図128　木綿絣袖なし（表布のみ）
①重量140g　②紡績糸．並幅34cmに幾何文4立．1枚の袖なしに絣6柄で縫合．衿・襠別布　③倉吉市／昭和50年収集（70歳）

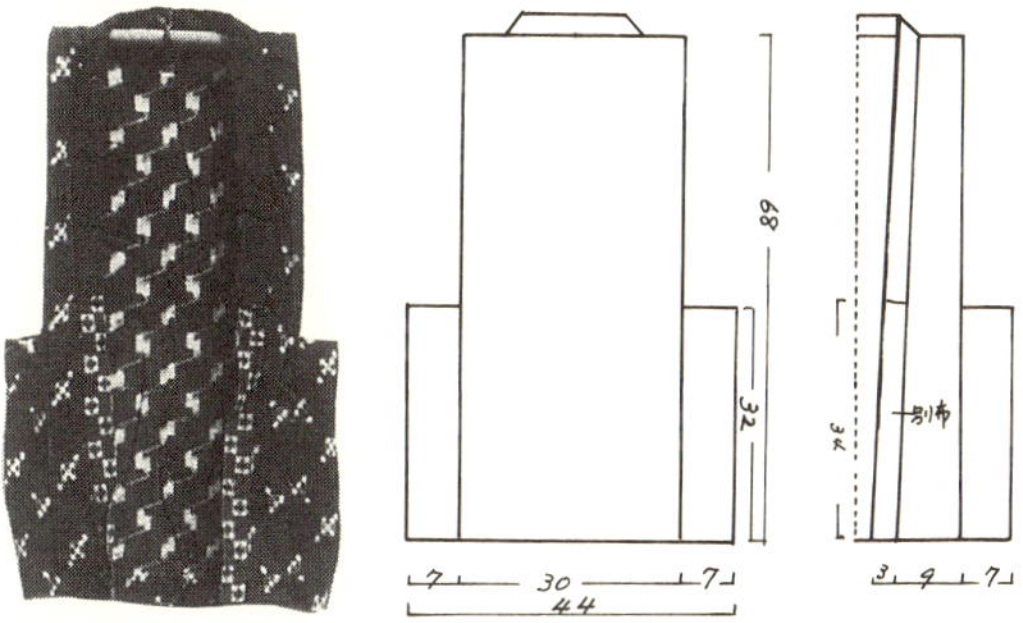

図129　木綿絣袖なし
①重量200g　②袷仕立て，裏表使用，年中負い荷用に使用．紡績糸．掛衿は黒，衿の絣文は別布　③島根県八束郡島根町／昭和55年収集（80歳）

丈は九二センチあり、着用すると脛下までの長さになる。しかし、前屈姿勢の作業能率を考慮して、その着装は後背部をゆるめ、蓑蓙がふくらむようにして着ることだった。「除草は背中と胸を焙《あぶ》られて苦しい」と母が話していたことが印象深い。このように、蓑蓙をつけることによって仕事が容易に行なわれ、身体を保護したのだと思う。この着蓑蓙二組は、明治後期に我が家の祖母（明治一一年生）から母と私の三代にわたって水田除草に着継いだもので、昭和五〇年代まで着用した。

水稲栽培による秋の実りは心がはずむ。秋の取り入れの仕事着や俵編みを控え、米の収穫高に話がはずむ。秋の日は「つるべ落とし」で日が短くなり、夜なべの仕事量は多くなる。

収穫衣について、図123と図124は男性用の木綿縞の長着と胴着である。両者ともよく着込まれ、損傷や布穴が目立つ。胴着は薄い綿を入れ、袖は寸法が四五センチの広い仕立てである。手仕事が可能で、シャツの上にこの胴着を被ることによって、晩秋の仕事着にしたものと推測した。当て布や補強、汚れもひどい。長着は等丈に衽《おくみ》なし、筒袖に改縫《つい》いされている。作図に○印をつけたところは破損箇所で、後臀部と背中、両肩と前の膝に大きな穴がある。袖下の傷みもひどく穴もあり、再縫いした跡が見られる。昭和四〇年ごろ廃棄寸前にこの資料を譲り受けたが、その着用者は健在であった。そのころは、仕事着を繕うこともなく、焼却処分するような風潮になってきた。

図125〜127は、女性用の仕事着三点で、明治後期から大正・昭和中期まで着用したと伝える資料である。これらの仕事着に共通の袖型に鉄砲袖と船底袖がみられ、着丈は等丈もしくは中はっぴである。これらの仕事着は半世紀も着込んだ傷《いた》みを二重三重の当て布の繕いに守られてきた。まず図126について、「わしは明治三〇年に生まれ、一四歳で絣工場の工女になり、絣の織り方を習って初めて織った

図130　稲掛け　倉吉市／昭和中期

絣が、この着物の子持ち井桁という柄で、とてもこまかい絣だった。等丈の着物を何度も縫い替え、袖口と袖付を交換して船底袖に作り替えた。昭和四〇年ごろまでこの着物を着た」と語った。また図127の木綿絣は着物丈が九八センチの等丈である。着物全体がガーゼのように柔軟で損傷が多く、移動するたびに布片《ぬのはし》と藍の粉塵が床一面に落下し、それを寄せ集めると盃一杯ぐらい集まった。中に浸透しない藍の粒子が繊維の表面に付着して、残留し、布地がボロ状になり透明になっていた。藍を慈しんできた人の声を聴くようであった。「心がボロボロになる」ということばを、このような着物を手にして理解することができた。

図128・129は袖なし着である。先にも述べたとおり、秋の取り入れは袖なしを携帯し、田圃の稲架に掛けていた。晩秋の気温の差は激

図132　稲刈り
倉吉市
1990年撮影

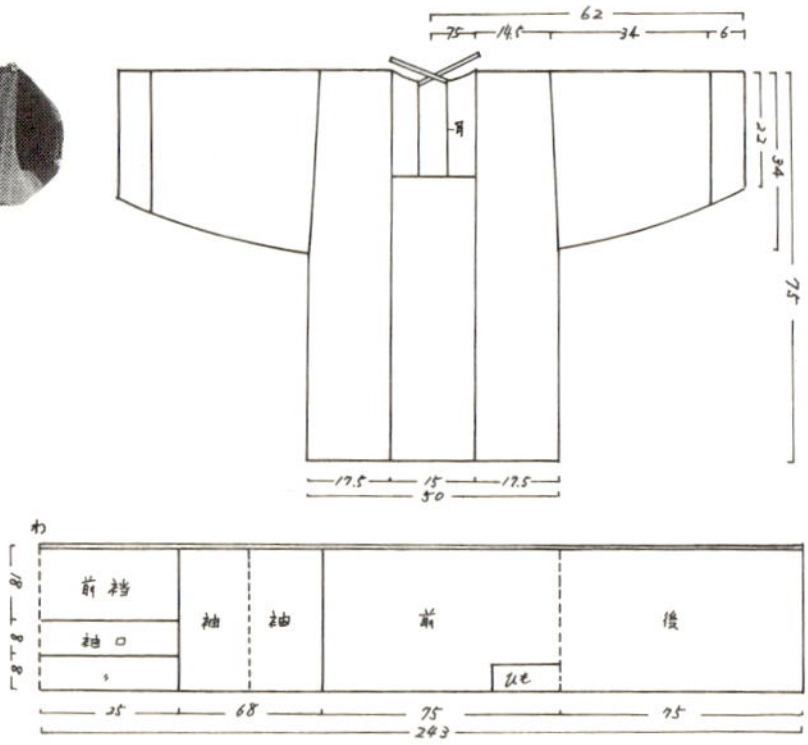

図131　手織り縞エプロン
②木綿，縞
③鳥取県東伯郡東伯町／
昭和30年ごろ

しく、袖なし一枚を被ることにより体温を調節できる便利さと、籾や藁を運搬する際に後背部を保護するための着物であった。昭和四〇年ごろの秋の取り入れは、家族と親戚が協力しあい、ほがらかな笑い声がこだました。紺絣の袖なしに赤い縁布を付けたり、友禅文様の裏側を見せる袖なしが、稲架の先端に点在し、家族が共同で着用した。幼児が親の袖なしを着せられ、袖なしが歩くような田園風景もよく見られた。こうした時代の稲掛けの作業風景が図130である。稲の乾燥中に台風で飛び散った稲束を拾い集めて、八手木《はでぎ》に掛け直す。田圃は稲株を起こして畝を作り麦種を蒔いているように見える。一〇月下旬のころであろうか。この女性の野良着は、菅笠を被り蓑を着ている。手拭いを被り、首にも巻き手拭いをしめて、格子のエプロンをつけているが、着物はよく判らない。しかし、エプロンの上に真紺の前掛けをつけ、もんぺを穿い

ている。着ぶくれて手甲も見られる。秋雨と寒気の中での労働のように感じられる。

収穫期の長雨や台風は農家を悩ませる。いつまで待っても脱穀ができないような天候不順の年は、稲架の上にみぞれ雪まで降りしきり、慌てふためく。この間の農民の心の苛立ちが原因で、家庭内のもめごとも起こりやすく、実りを収穫するまでの道のりは苦労があった。集落内での営農進度の遅れを「手回《てまわ》しが悪い」と言って案じながら、晩秋の仕事は蓑笠を準備して、天候とのたたかいであった。

女性の仕事着の中にエプロンと前掛けを二重に着けている。エプロンの暖かさは着物一枚分に相当したので、図130の農女は、エプロンが加わり、普及した。昭和中期にはエプロンでボロ隠しをする人もエプロンでボロ隠しをする人も多く、このようにエプロンの上に前掛けを着装したのだ。

図131のエプロンは、敗戦後の衣料不足を乗りきるため、高機《たかはた》でエプロンの用布を織った（鳥取県東伯郡東伯町、入江千代子、明治四一年生）。老女は「着るものがなくエプロン一枚着けると、下に何を着ていても隠せた、家事から外仕事までこのエプロンで暖かく働いた」と言う。

収穫期の作業風景をカメラで記録してきたが、近年は手仕事で稲を刈る人は見られなくなり、稲刈り機械やコンバイン（刈り取り直後に籾にする大型機）が動いている。平成二年の収穫前に大型台風が稲穂を倒し、その上に水浸しが続き、稲刈機が田圃に入れなくなった。図132はその時の老夫婦（倉吉市、伊藤積、大正三年生とその妻）による稲刈り風景である。湿《じる》田の中で、地面に倒れかかった稲を起こすようにして刈り取っていた。話しかけると「今年は雨が多く、おまけに台風が来て倒れてしまった。やむなく昔とった杵柄《きねづか》でのこ鎌を持ちだして手刈りを行なっている。田圃に足がはまって抜けないし、倒れた稲株の刈り取りは腰に力が入って重労働ですいな。これまで田下駄で稲刈りをした年もありますけえ」と言う。米作りの苦労は計り知れないものがあり、腰の曲がりや指の太さに歳月の重みが重なるようだった。

長男夫婦はサラリーマンとなって、七〇代夫婦が農業を守っている。男性はシャツに腕貫きをつけ、ズボンを穿いている。手拭いを被り地下足袋を履いているが、土にはまり、ズボンの脛下まで泥がついていた。女性は上衣はっぴともんぺ姿に腕貫きをつけていて、その上に手袋をはめ、長靴姿である。

機械化の時代に、天候に左右されて手刈りをする農民は深刻である。また、作業中の手拭いの被り方一つとりあげても、気象や仕事内容によって異なる。寒い朝は頰かぶりした手拭いを、籾《もみ》の運搬には横鉢巻に巻き替える。このように着装姿は、労働に対する身構えであり、個性的である。野良着の着装も、各家庭の個々の組み合わせにより、営農に適した着装が伝承されたり、淘汰されたりしてきたのである。

麦ふみと麦秋着

農民たちは水稲栽培の裏作に麦を耕作し、麦飯（米に麦を五割強混ぜる）を常食としていた。

稲の刈り取りが終わると田を耕起し、畝帯を作って麦種を播く準備をする。麦の種類には大麦と小麦があり、一般的に大麦（ハダカ麦ともいう）の栽培が主に行なわれていた。

種子は病害の予防として、入浴後の微温湯に種子袋を入れ、一晩浸《か》して消毒をした。田の畝を四つ目鍬でならしながら、その上に素手で種子を播き、さらに厩肥を一面にかぶせて種子を隠した。牛舎から運びだした牛糞そのままの形を両手で小さく砕いて種子が見えないように置く作業は、私の体験した記憶によると、麦種子がふくらみ、白い芽の出た種子を土にパラパラと播いて行く楽しさと裏腹に、牛糞の臭いに息を止め、目をつぶりながら肥《こえ》をかぶせる、辛い仕事だった。そのころ（昭和三〇年）村の道端に落ちている牛糞を拾い集めて、麦田の肥にする者も多く、人畜尿は栽培作物の栄養源であった。

麦が発芽して五センチほどに伸びると、麦ふみや土入れ作業を行なう。麦ふみはワラ草履で踏むと稚茎を傷めないと言われて素足に草履で行なった。そのころゴム製の地下足袋が流行したが、ゴム靴で踏むことは禁止されていた。麦田はふくら雀のように着膨《ぶく》れて、懐に手を入れて麦を踏む人が畝の上を行き来していた。誰もがいやだった悪臭の厩肥を抜け出した麦は青々と露に濡れて光り、生命の躍動を感じさせる。

このころには稲穂がよく乾燥して、稲の脱穀の時期と重なる。稔った稲穂と、冬に向かって生育する麦芽に人間の営みのサイクルを知らされる。自然の恵みに感謝する心を伝えながら生きてきたことに気づくのであった。

先に述べた麦ふみや溝上げ作業とともに、人糞尿の追肥を行なった。口絵にみるように、二人の女性が肥を担いで運搬をしている。稲穂が垂れる畦道を運ぶことから推測すると、麦の肥であろう。田圃の片隅に肥溜を作り、よく腐熟してから下肥を使ったりした。

肥の運び方は、両者とも左肩で担いで、左足を前方に出して、右手に肥担ぎの支棒を握っている。そこで古老は言う。「肥担ぎは、肥荷の重心を後方にし、二人の歩幅と歩調を合わせることが大切だ。

さもなければ歩行のたびに人糞尿がゆれてポチャポチャと飛び散って歩けなくなる。二人が同じ肩で担ぎ、静かに運ぶことだ」。

麦田の畝《うね》の順に二人が歩きながら肥をかけたが、元気な男性は一人で撒いた。女性二人が肥を撒布する方法は、担いだ肥たごを後方の者が杓で掬《すく》って歩きながら麦にかける。前方の者は後方の者の作業を先導するように調子をとることが大切である。しかし、畝ごとの直線を移動する畝代わりに肥が散乱して、衣服を汚染することを「肥まぶれ」と呼称して喜ぶ風習には驚かされた。肥壺に落ちて祝うことや、人糞尿にまみれて喜ぶことの背景は何であろうか。第四章の「農耕民具と習俗」の項で述べるが、麦に追肥をすることは麦の増収につながり、麦作は米に次ぐ収入源として期待された。

麦が生育するにつれ、溝上げ作業を二回実施する。この仕事は田圃の排水をよくし、麦の除草と生育を助け、麦根を固めるためである。防寒着に身体を包み、氷の張った溝土を起こし、手鍬で畝の両肩に土を積み上げる重労働であった。途中で畦に腰を下ろすと立ち上がれない。隣接の田圃で溝上げをする婦人も畦道に坐り込んでいた。男性の大声がするので横を向くと「頭の上にカラスが止まるぞ、早くかかれ！」と、叱咤激励する声で、私まであわてて立ち上がった。これは長時間の休息を戒める農夫のきまり文句である。

励ましの言葉をかけ合って働くほどの力仕事を終えると、陽春の麦秋期を迎える。田圃一面の青麦が熟《う》れるころの喜びはヒバリの鳴き声でわかる。麦の中で雛を孵《かえ》し春光のまぶしさで成育するさまは、見るものに希望を与えてくれた。麦の刈り取りもその巣の部分は残して後回しにしていた。

麦の収穫は、刈り取った麦を束ねて畝におき、数日後に脱穀する。大麦の麦ノギ（麦の実の外側の

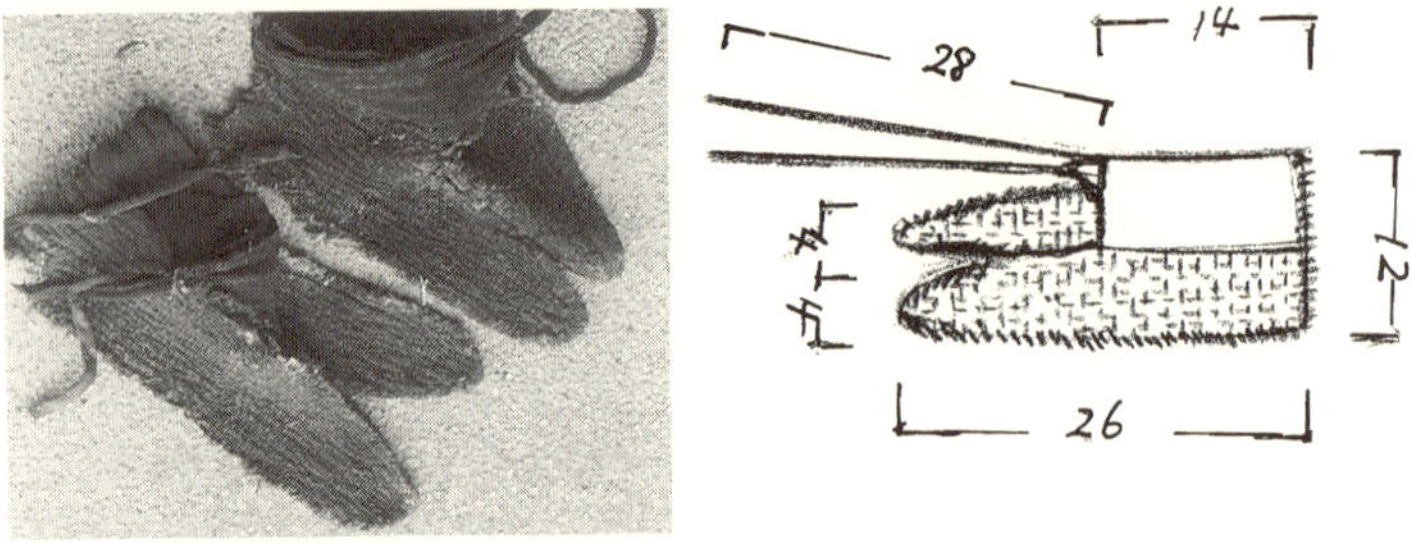

図133　紺木綿甲掛け　③島根県能義郡広瀬町／昭和10年製作

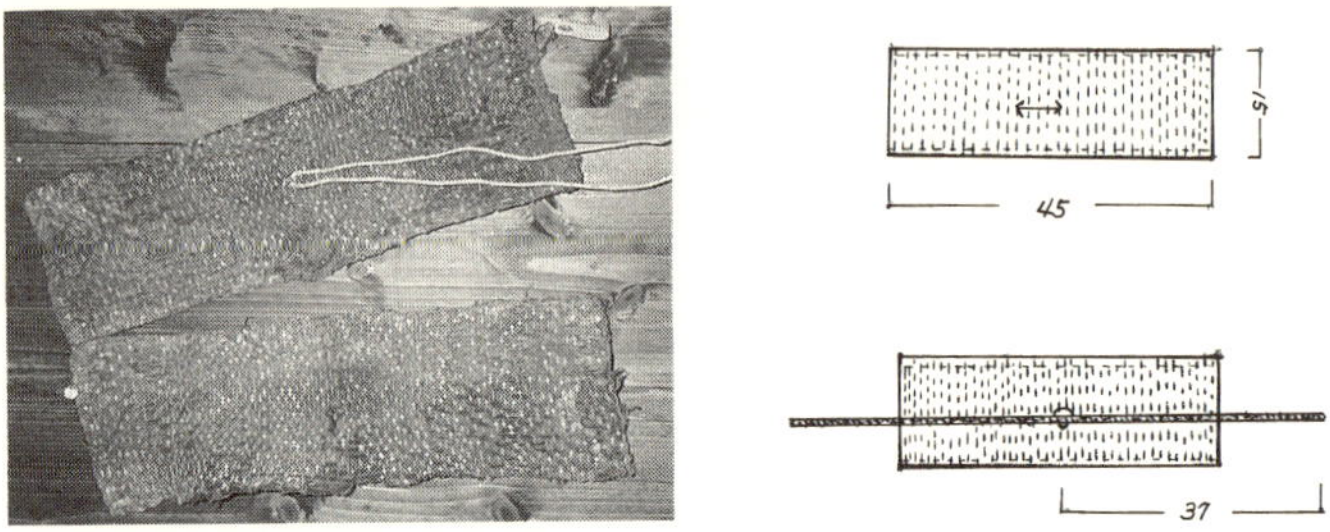

図134　布刺し脛巾
①重量２枚で120g　②紺と茶の２本交互の細縞．中に紺布芯入り．0.5mm 間隔に刺し縫い（２本どり）．紐はフジ糸（濡れるとよく締まる特性）　③鳥取県日野郡日南町／明治〜昭和初期

先にある堅い毛）が身体に触れると湿疹になる。ノギは強くて衣服をつき通して全身を地ぶくれさせるほどだ。老人は麻疹《はしか》（子どもに多い伝染病）の症状に似ていることから「麦麻疹は二〜三回で免疫化する」と心配はしないようだが、若者は不快な取り入れを経験しなければならなかった。麦の脱穀には足踏み脱穀機を用いたが、実の落ち方の悪い麦穂は、木槌や唐竿《からさお》で叩いて落とした。その方法は第四章「農耕民具と習俗」の図235（麦の脱穀具）で説明する。

　次に麦作りを中心にした田圃着と、冬季間の防寒着と履物について説明する。

図135　田の整地作業（ゴム合羽と竹籠）　倉吉市／1955年撮影

図133は、冬季の履物の一種の甲掛けである。紺木綿を三枚重ねにした足袋で裏底がない。木綿を重ねて刺し縫いにしてあって保温と防水効果があり、寒冷を凌いだ。「この甲掛けは、草鞋の上に履き、冬季の仕事用に足指の保温と保護をした」という。よく見ると、木綿を板のように強靭に刺していた。製作者は、島根県能義郡広瀬の山間の村の某で昭和一〇年である。半世紀前まで、甲掛けを履いて働く姿が、村のくらしに残っていた。

図134は布脛巾《はばき》という、丈一五センチ、幅四五センチの矩形布である。先に説明した甲掛けと同じく木綿三枚布を重ね、その上を刺し縫いにしている。紺と茶色の細縞の布地の上に、五ミリ間隔に白綿糸を二本どりにして厚い雑巾のように一針一針刺していた。紐はフジ蔓で撚った糸を縄にして、全長七四センチの長さの紐を綴じつけていた。フジ糸は水に濡れると締まる特

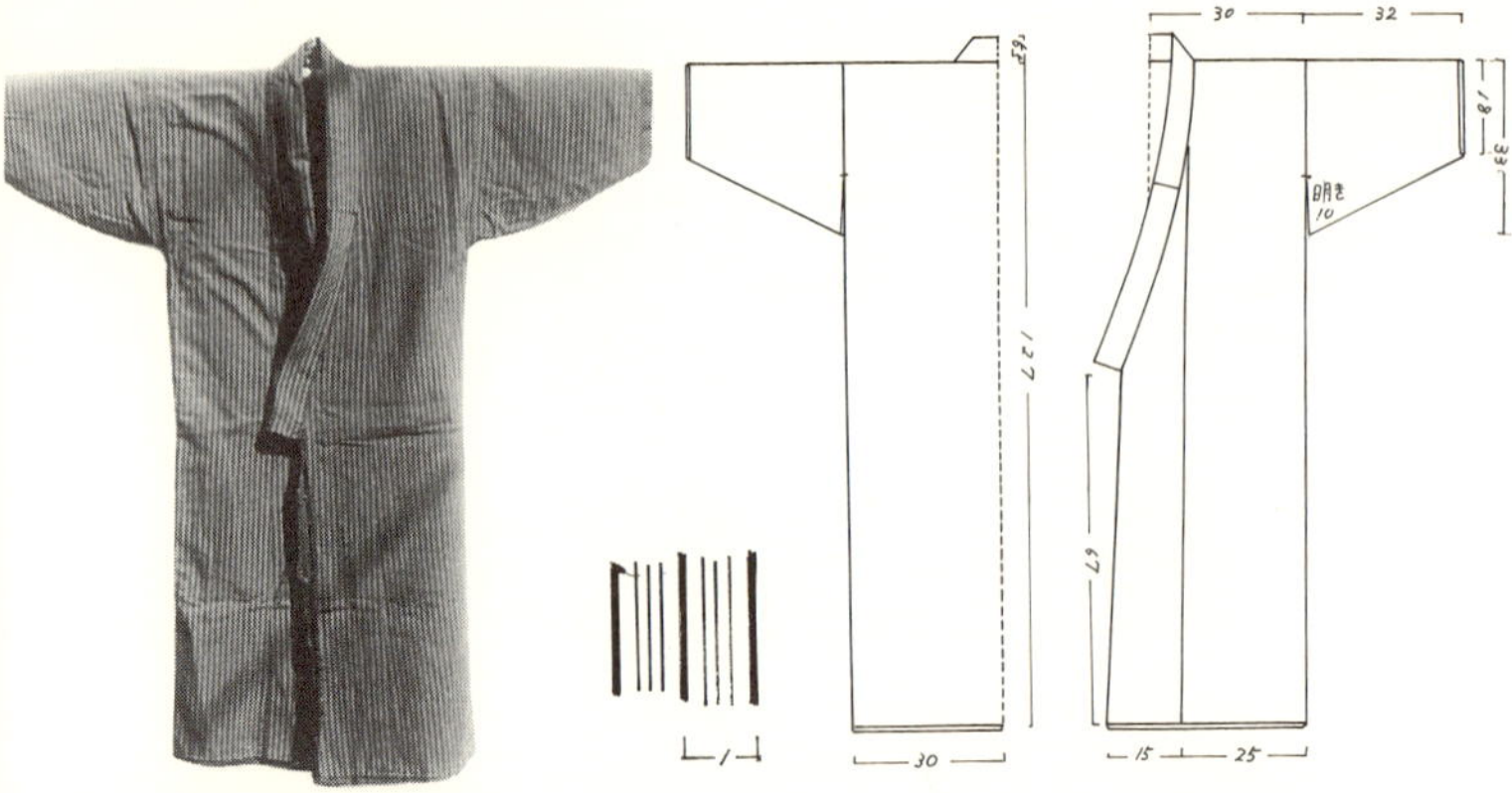

図136　木綿縞男袷長着
①重量1140g　②並幅34cm に30立，1 cm 間隔の紺地に 3 本の茶縞．裏総紺木綿．綿入れ仕立て後，綿を取っている　③鳥取県西伯郡名和町／大正～昭和期

性があり、布脛巾にうってつけであるようだ。こうした布製脛巾を下肢に巻くことにより、冬季の仕事を能率的に行なった。脛巾の巻き方は、下肢を包むのに矩形の布を斜形にして足に巻き、紐でくくったようである。脛巾の重量は二枚で一二〇グラムあり、布の凹凸面には土が干からびたまま付着しており、紺木綿が土に染まっていた。この脛巾は女性の下肢を保護する手軽な付属衣であり、着脱は自由に行なった。

水稲栽培は、土地に傾きがあると浅いところと深いところができやすく、水の管理に悩まされる。冬季間に田圃の地ならしと整地をすることが、翌年の豊作につながった。

図135の写真は、女性が整地を行なっているところで、二人の女性は相棒で土を担いで運んでいる。両者とも右側の肩で担ぎ、後方の者が竹笊《ざる》の縄を両手で支え、荷具合を安定させているようだ。帽子の上に積雪があり、蓑を着ているが、その下にゴム合羽

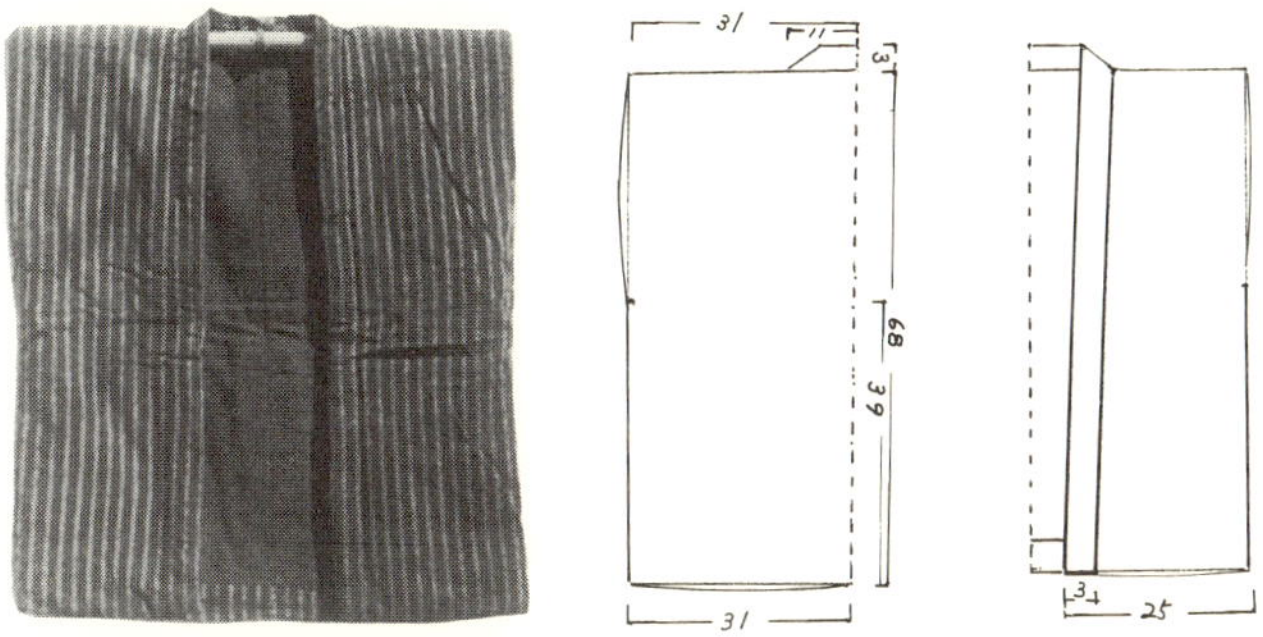

図137　木綿縞男袖なし綿入れ
①重量590g　②並幅34cm に縞（からし色 3 本単位）20立．表裏布地手紡糸　③鳥取県西伯郡大山町／明治末～昭和中期（明治22年生）

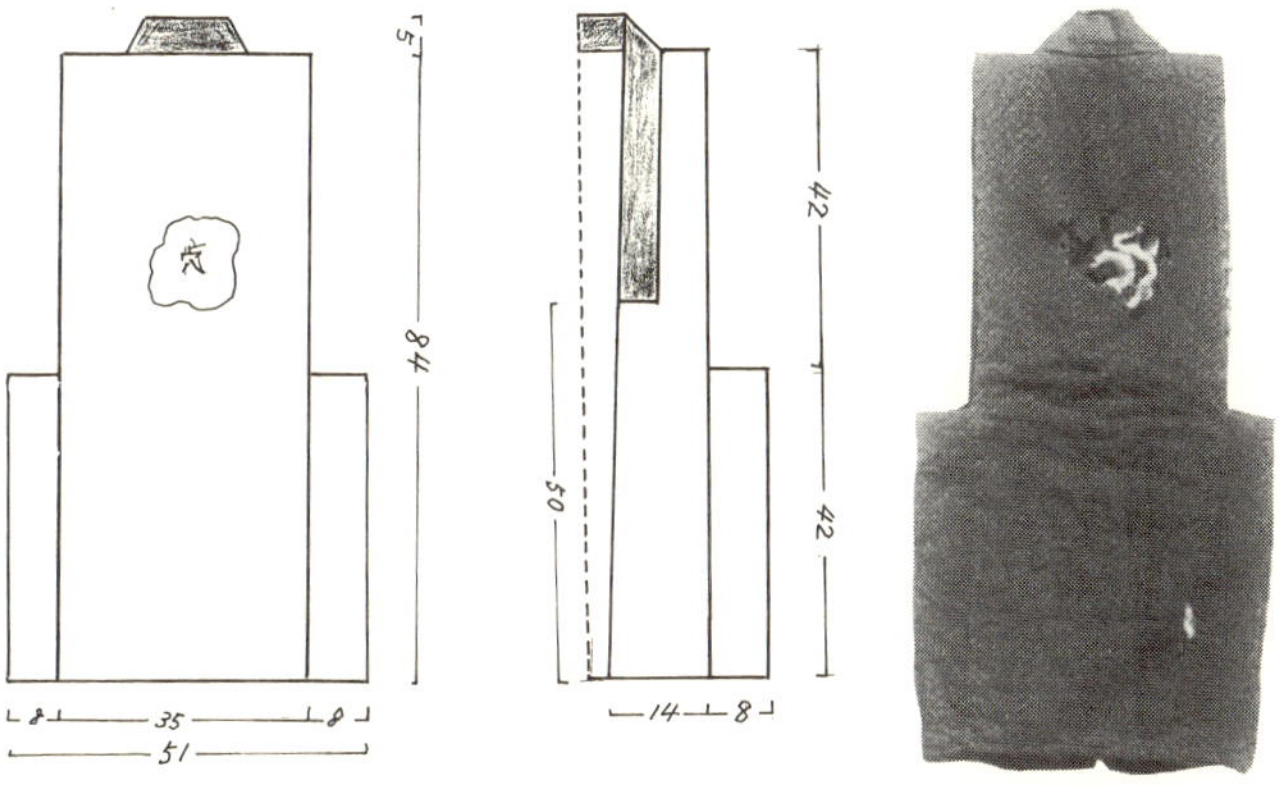

図138　木綿絣男袖なし綿入れ
①重量480g　②表地蚊絣，裏濃紺．手紡糸．掛衿繻子　③倉吉市／明治末期～昭和中期

を着用し、長靴を履いている。一方の女性は手甲をつけているが、足もとは判らない。昭和三〇年ごろに撮影したもので、粉雪が舞っている様子がよくわかる。そのころの山陰地方は積雪量が多かったから、降雪中に働くためゴム合羽と藁蓑の両方の雨着を着ている。防寒着が藁にゴムが加わったことを実証している。しかし、こうしたゴムの外套を着用して働ける人は恵まれていたようだ。その後ナイロン製外被の出現により、ゴム類の衣料は姿を消してしまった。

図136は男性用の冬期の着物である。木綿縞と紺木綿の厚地を袷仕立てにした着物で、重量は一一四〇グラムと重いものである。袖は機能的な鉄砲袖の形に改縫いし、この着物に腰前掛けをつけて仕事着にした。聞くところによると「着物の袷仕立ては、表裏共に木綿地を縫合したので着物の中でも重宝された。袷着は丸洗いはできず、縫い糸を解いて仕立て替える際に洗うので、仕事には、ひとえ着物を上にはおって働き着にした。また、ひとえ着の上に綿入れ胴着や袖なしを重ねて着て働いた」。

冬季の野良着の条件として、防水性と保温力が求められた。羊毛製品の毛糸類を着用するのは、昭和中期にチョッキ（上着の下とシャツの上に着る衿や袖のない短い胴着）が普及したことによる。しかし、まだそれは一部の人の衣料であり、多くは在来からの藁製胴着や綿入れ袖なし、裂き織りやボロ布刺しを衣料にしていた。

図137・138は男性用の綿入れ袖なし（胴着ともいう）である。両方とも、明治中期に出生した人が昭和中期まで着用した袖なしである。並幅を二枚用いて背中で縫合した胴着と、並幅一幅を背中にし、前側は一幅布を等分に切開した袖なしである。胴着にくらべて袖なしの用布と中入れ綿は半量でできあがるため、手軽で経済的にも利点があるので、野良着としてもどんどん用いた。

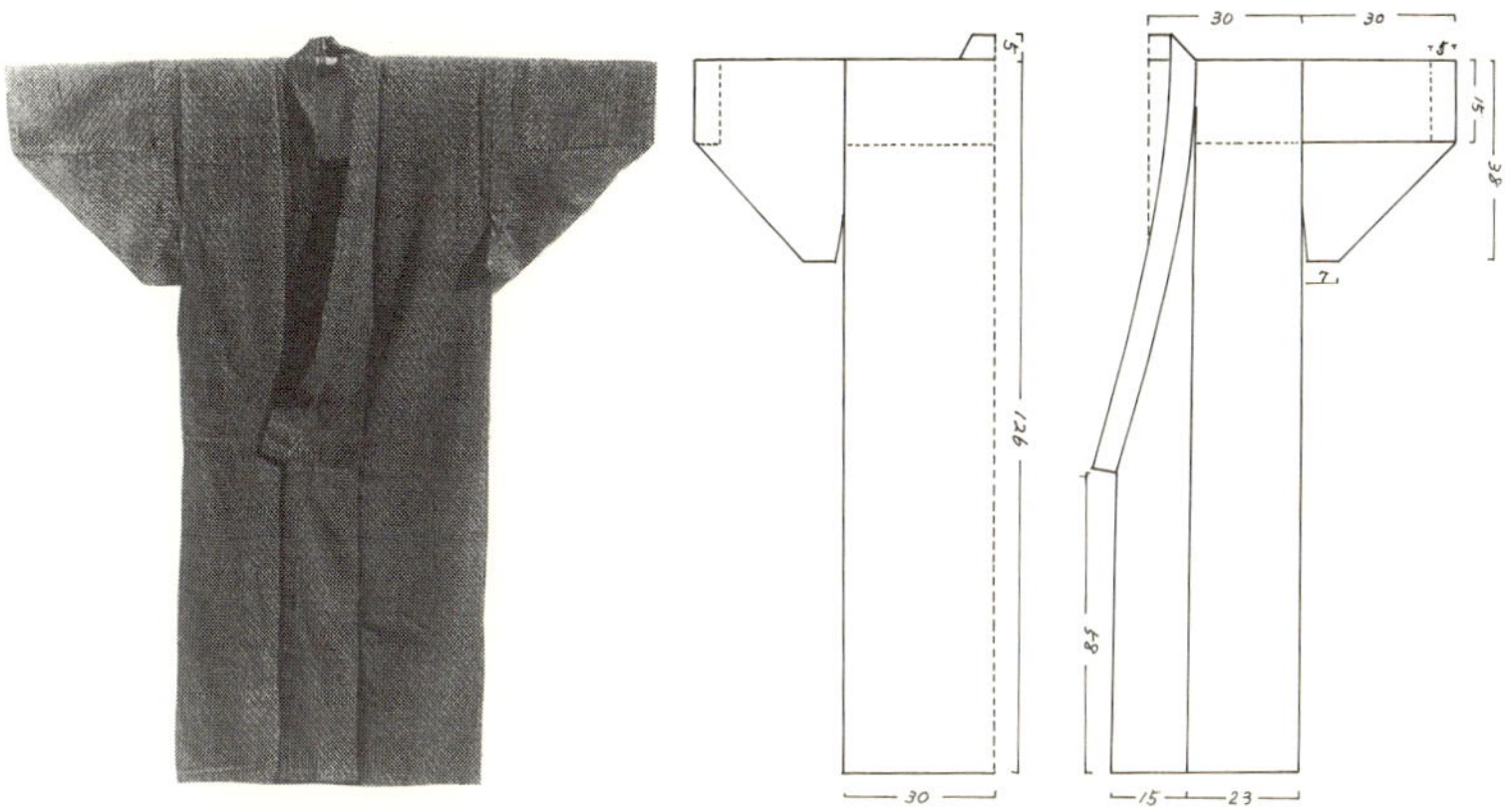

図139　木綿絣女長着
①重量600g　②並幅34cm に線丸絣23立．袖口布共絣布
③倉吉市／明治〜大正期

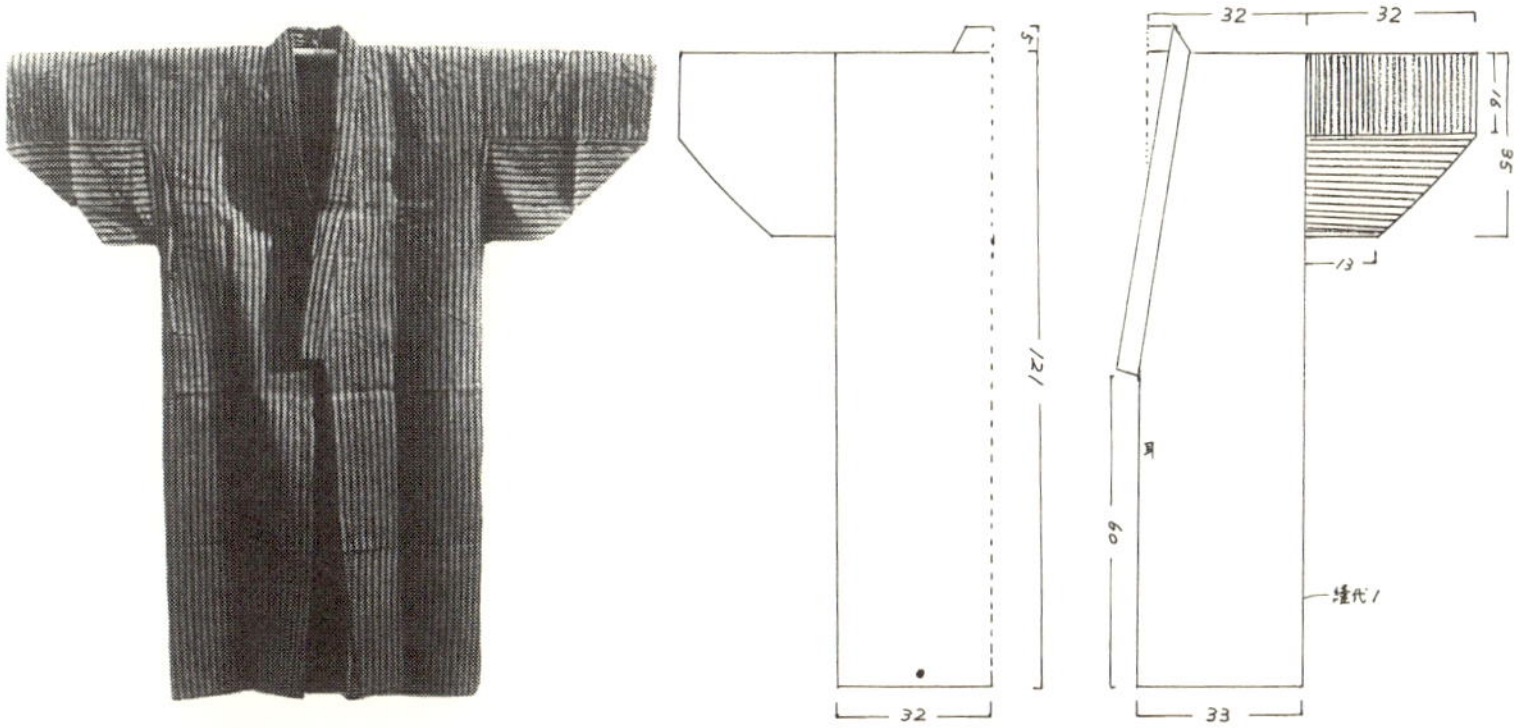

図140　木綿縞女長着
①重量530g
②紡績糸．並幅34cm に縞24立．
黄緑紺縞．ベニヤ板のように
糊をつけている．袖口裏紺布
③鳥取県東伯郡大栄町／昭和58年に78歳の女性の母のもの

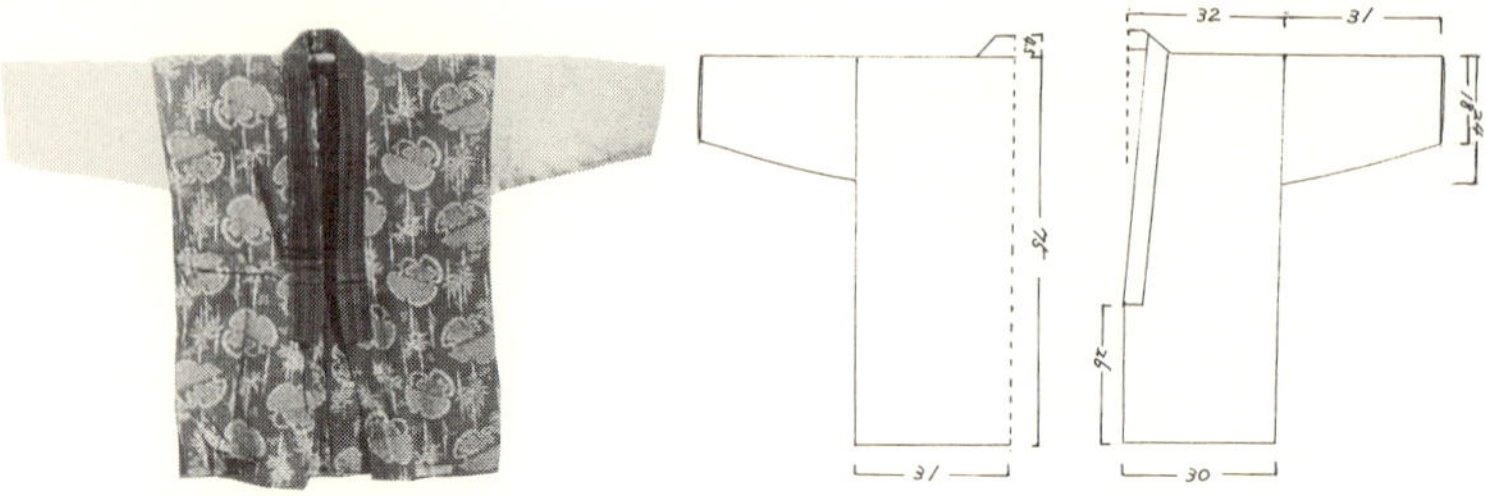

図141　木綿下着襦袢
①重量230g　②胴身藍中型染（竹・梅・雪輪文）．別袖，別衿（縞）　③鳥取県東伯郡赤碕町／明治５年生

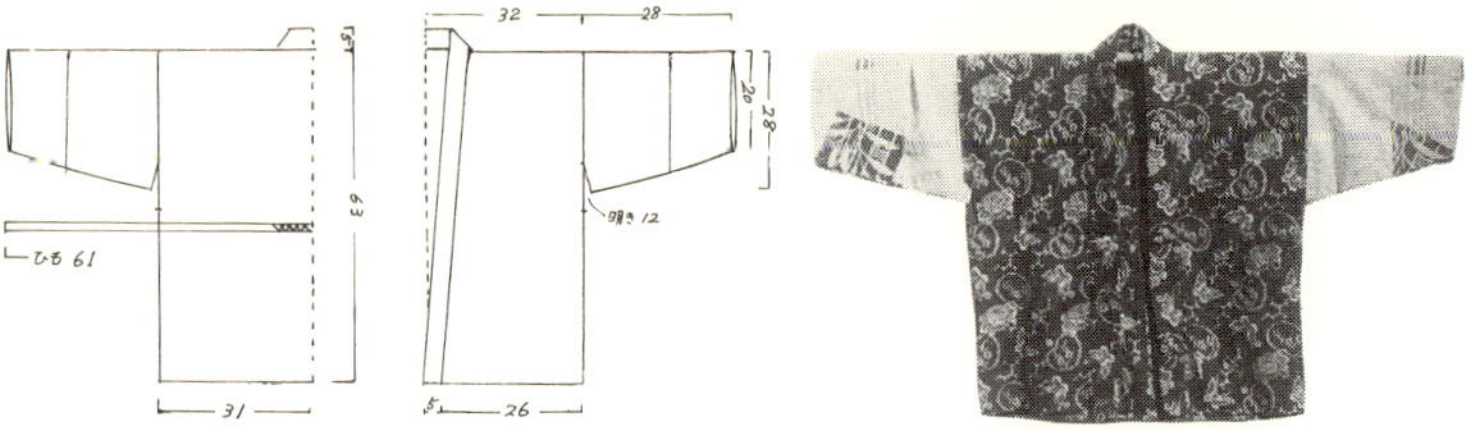

図142　木綿下着襦袢
①重量260g　②胴身ごろ藍中型染（梅・桜・菊と蝶文）．別袖モスリン布地　③鳥取県東伯郡三朝町／明治26年生

晩秋の麦作に追肥をする（口絵）二人の女性の仕事着について述べる。人糞尿のたごを担ぐ前方の女性は、縞着物の捩《ねじ》り袖を着て、袖に紺の当て布が目立ち、手甲はつけていない。もんぺを穿いているが脚絆はなく、素手と素足で働いていることがわかる。後棒を担ぐ女性は白髪の老女で、頭に被りものは見られない。木綿絣の長着物を腰帯で持ちあげて、白い腰巻をだし、紺前掛けで腰回りを調節し、この人も素足で働いている。この老女が示す一部式の長着物をからげて着装すると、肥担ぎができたのである。この写真は、昭和中期に撮ったもので、田圃と

図143　麦刈り
鳥取県西伯郡淀江町
1994年撮影

女性の労働内容や衣料とスタイルをよく記録している。

麦の収穫期に女性が用いたという仕事着の資料を、証言をまじえて説明する。

図139・140は木綿絣と縞の長着である。既述したように着物の袖は短く、図140は衽《おくみ》布を省いている。一般に縞着物を多く用いたようだが、消耗して残存数は少ない。聞き取りによると「自分の歳は七八歳であり、母親が昭和の中ごろまで着て麦落としをした。麦落としのときには、麦の先端が針状になった麦のノギが身体にささらないように、強い糊をつけて布を板のように固くしていた」と言う。麦ノギについては前述したが、麦麻疹《むぎばしか》（はしかに似た湿疹）の予防のために、木綿縞をベニヤ板状に強くして着用したようである。縞は並幅三四センチの布幅に一センチの間隔の紺と緑、黄色の三色の棒縞が反復している。布耳のまま仕立て、布幅を有効に利用した、等丈《ついたけ》の着物である。こうした色縞は昭和初期によく流行した。女性の襦袢《じゅばん》にも小麦糊をつけ、衣料の耐久性と着ごこちのよさが求められたという。

図141・142の襦袢は、胴身ごろは藍型染めで、袖は別布をつけている。麦秋期は襦袢姿で働いたという。「麦刈りや麦の脱穀作業は、着物の上半身を肩脱ぎ（片方の肩と腕を抜き、片身ごろは襦袢を見せる着装）にして、腰元に脱いだ片身の着物をしばっていた。涼しくて仕事の能率があがったし、手を楽に動かせた」。

襦袢は表着として通用するような絵文様の梅に桜や菊がある。また竹と梅、雪輪文に染められ、片身替りの着装は粋であったろうと思う。麦の熟れた中での作業と衣服の調和は、野良を美しく映しだした。

麦刈り作業も姿を消して三〇年になる。その後、刈り取り風景を追っていて数年前、平成二年六月一三日に手刈りの女性にめぐり逢うことができた（図143）。麦作りは、在来どおり畝の上に栽培し、刈り取りは、柄の長い鎌で麦を撫でるように手前に倒し、左手で麦を握り右手の鎌で刈り取っていた。左足を畝に乗せ、右足は溝にふんばるその姿勢は、在来のまま伝承されていてほっとした。

彼女はあねさん被りに麦わら帽子と、色柄のエプロンをつけている。エプロンの下は既製服のブラウスと絣のもんぺを穿き、地下足袋である。手甲と綿手袋を二重につけていた。彼女は「手袋の時代になって手甲は不要になった」と、その手甲を腕からとりだして私に譲ってくれた。仕事中にもかかわらず親切にされた私は、面喰らい、恐縮した。この手甲は、厚地の紺木綿を手縫いで仕上げていた（図102参照）。

畑着と養蚕

畑仕事には、畑の形状や地質によって栽培作物と仕事内容が異なるように、仕事着の着装にも多少違いがあるようだ。急傾斜の畑を往復するには、滑り止め用の藁縄を履物に巻きつけ、下半身を身軽に整えて腰に綱をつけておく。路傍の樹木に綱を縛り、それにすがって上下降する山畑もあった。また、砂丘畑は日射防止の被り笠と灌水に適した着装があり、これらのさまざまな畑の条件を克服しながら、作物を栽培し収穫をしてきた。

砂丘畑の一般的な作物としては野菜類や芋類（さつま芋、里芋、馬鈴署、砂丘長芋など）、豆類（大豆と小豆・えんどうにそら豆など）、雑穀類（そばと粟）など、あげればきりがない。こうした作物のほかに、従来は商品性の高い綿花や菜種、桑やお茶などが栽培されてきた。しかしそれらの作物はいまでは生産性が低下したために途絶えてしまった。しだいに流通機構が発展し、経済が国際化するなかで、輸入産物に押し流された作物も多い。特に輸入綿花の影響によって日本の綿花栽培はコストが合わず、農家は転作を余儀なくされ、完全に消滅したようだ。養蚕業が不振になると、桑畑は消えていった。かつて、綿業や養蚕が盛んであった明治期から昭和初期は、砂丘畑には綿の花が溢れ、桑の木の生け垣が続き、働く人を覆い隠していた。

そこで、砂丘畑について古老の談話を紹介する。「娘時代（昭和一〇年ごろ）に砂丘畑の水汲み作業を朝晩二回行なった。水汲みは女と子どもの仕事と決められていて、だれもがやった。一斗缶というブリキ缶を天秤棒で肩に担ぎ、二缶の水を運んだ。砂丘地に掘った浜井戸は深い。その段々を下にお

図144　菜種落とし　倉吉市／昭和中期

りて水を汲む。井戸から水を汲み上げるのに狭い階段を登るとき、水缶が脛に当たり、痛いのをがまんして働くので、いつも脛が内出血して青黒くなっていた。足の裏が焼けつくような砂丘地を、作物の生育する畝ごとに走りながら水を撒いた。水は担いだままで、水缶の底の栓を抜きつつ撒水して走ったもんです」（倉吉市大塚、生田恭子、大正五年生）という。

砂丘農業は、毎日が灌水との闘いの明け暮れであったようだ。先の談話にあるように、女性や子どもに灌水労働を分担させていたことから、「嫁殺しの水汲み」という最悪な表現が通用していた。灌水作業は下半身がびしょ濡れになり、下肢は砂にまみれる。素足で踏む砂の感触は快適なものではなく、苦しみ以外のなにものでもない。「作物が生育するほどに我が身が削られるような思いだった」とのことばから、女性の働きによって砂丘営農が成り立っていた背景がよくわかる。夏の夕方の灌水は、焼けた

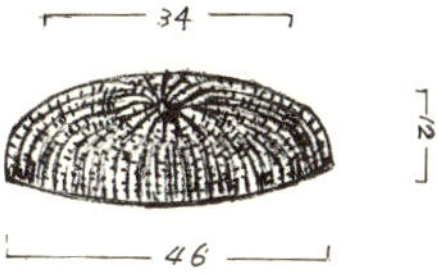

図145　菅笠
①重量180g
②10cm 間隔で20段綴じる
③倉吉市／昭和中期

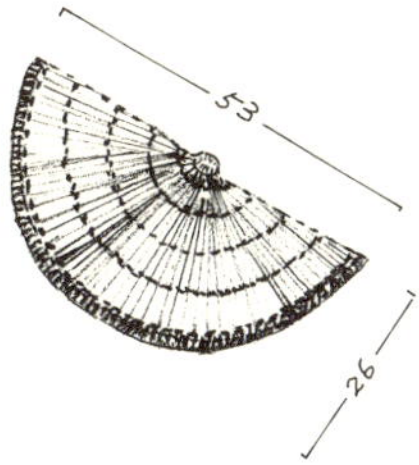

図146　イグサ編笠
①重量100g
②４段綴じ
（針目0.5cm 間隔）
③鳥取県東伯郡羽合町
／昭和中期

砂の反射が身体に跳ね返り、焼石の上を歩くようなものだったのである。

私の近隣の砂丘畑について、『町誌』（鳥取県東伯郡北条町）には、「浜井戸の数は江戸時代の天保年間（一八三〇—一八四四）に一二七〇カ所あり、明治二〇年代には一三九〇カ所になった」と述べられている。浜井戸とは、畑の周辺に掘った井戸のことで、作物の灌水に地下水を汲み上げて使った。日本海沿岸の小さな集落にこれだけの井戸があったのは、砂丘営農による綿作地帯であるため、各個の畑に蜂の巣のように井戸を掘りめぐらして灌水していたのである。

こうした女性労働に担われた灌水が明治期から大正期と続き、やがて砂丘畑に灌漑事業が完成するのは昭和中期のころである。スプリンクラー（自動灌水設備）によって

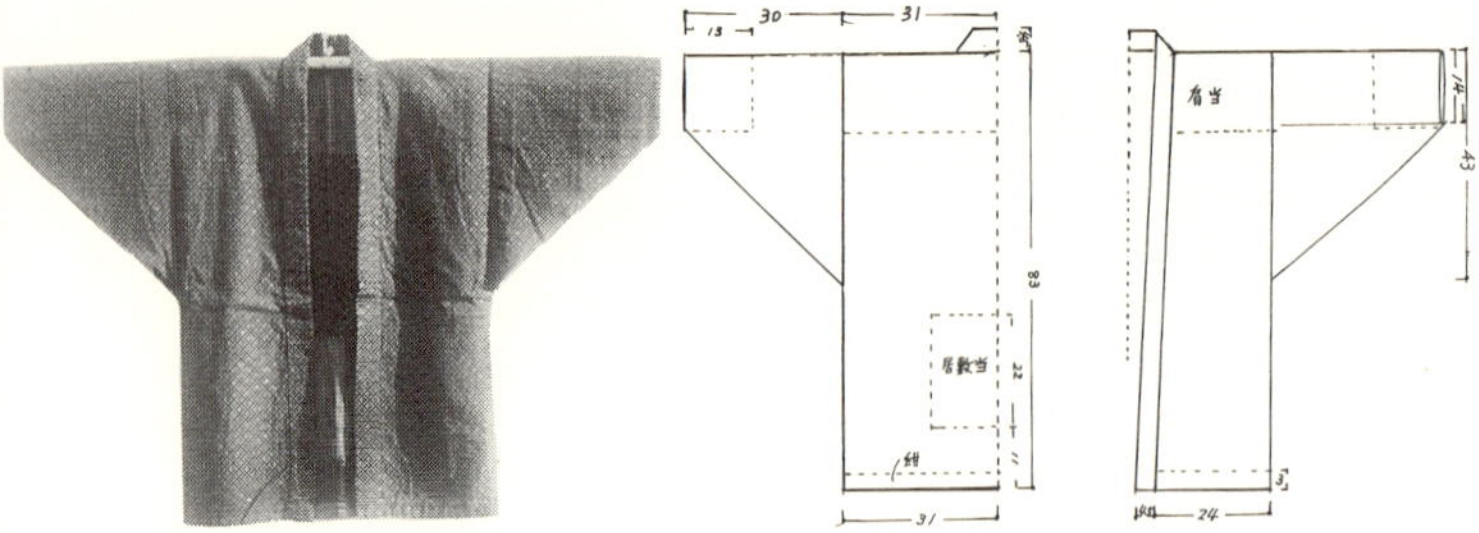

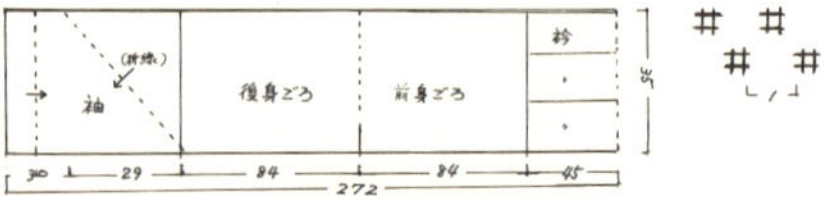

図147　木綿絣女鉄砲袖
①重量450g
②並幅35cm に井桁文31立
③鳥取県東伯郡東郷町／明治中期

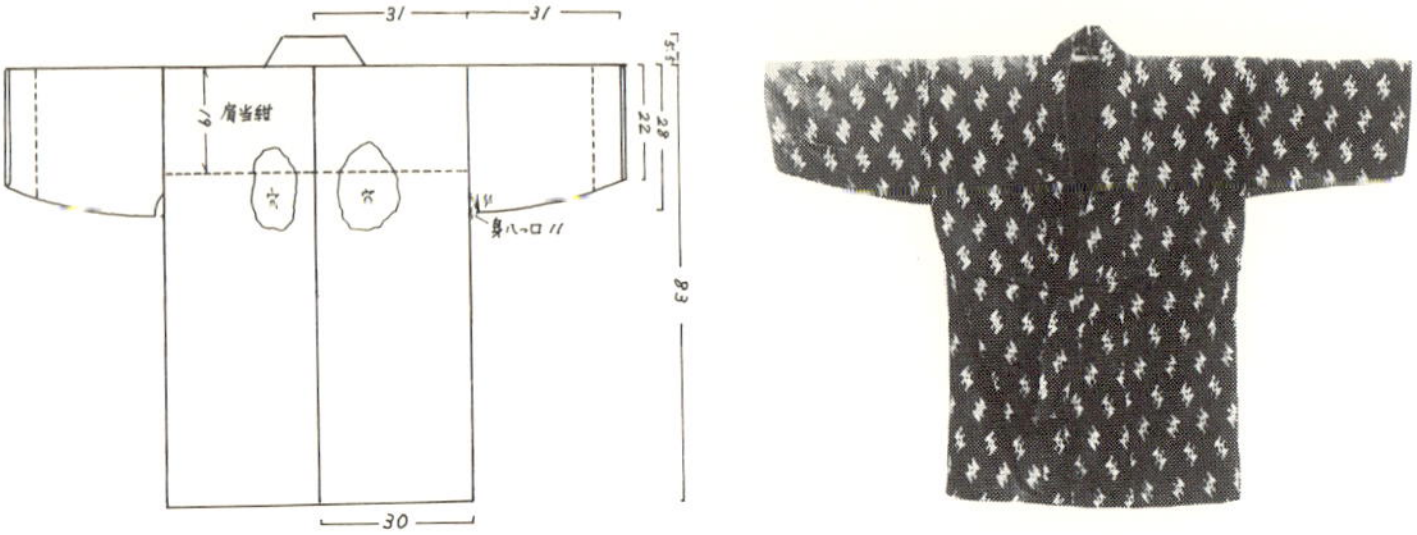

図148　木綿絣長着の裾を切ったはっぴ
①重量580g　②経緯幾何文が並幅に 5 立．肩当ては紺布，袖口裏は色縞を当て折り返して着用．手紡糸　③鳥取県西伯郡大山町／大正～昭和30年まで着用

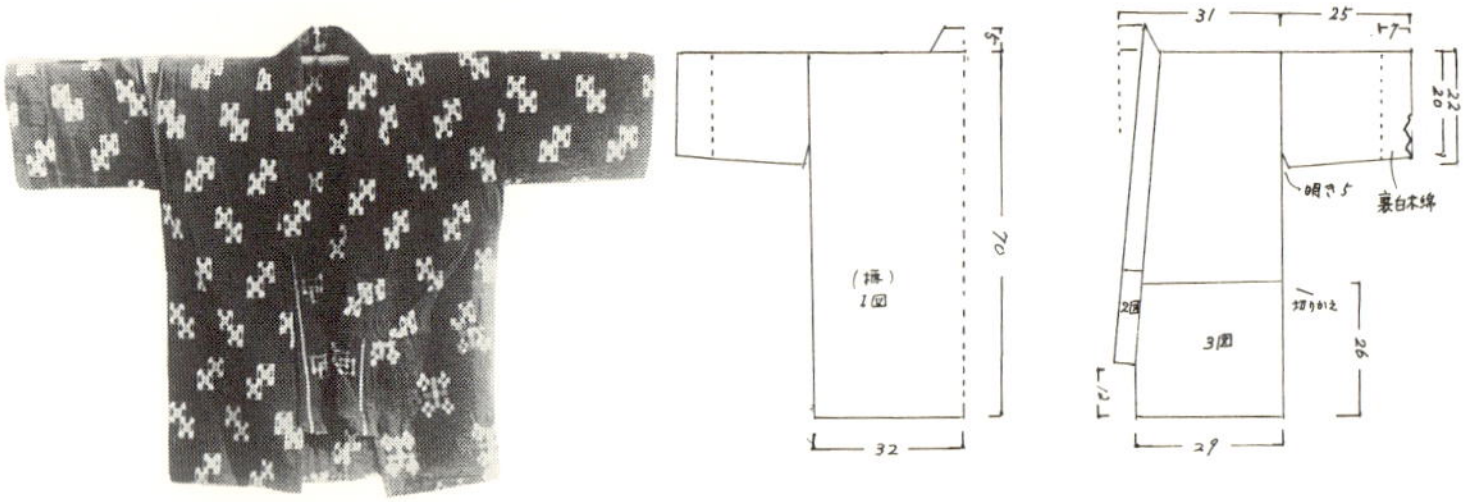

図149　木綿絣はっぴ
①重量300g　②並幅35cm に幾何文 3 立，3 柄で縫う．手縫い．衿裏紺，袖口裏白地．背縫い二度縫い　③鳥取県西伯郡大山町／昭和初～中期

畑をうるおすようになって、一番喜んだのは女たちだった。女性も作物も枯渇から救われたのである。

畑着の中で、特に被り笠について資料を説明する。図144は昭和中期の菜種落とし作業の風景である。二人の女性は、莚《むしろ》を敷き並べた上に刈り取って乾燥させた菜種を寄せ集め、腰を落として片足を投げだし、右手の棒を振りあげている。女性たちが在来からの手作業である手棒で菜種を叩いて、殻と種子を選別するようすである。そばに背負籠と片口（農具）がある。六月中旬の初夏の炎天下の作業である。菅笠を被り、紺の縞はっぴと紺縞のもんぺを穿いている。一方は、絣のはっぴに紺縞のもんぺ姿である。両者とも手甲は見られない。右側の女性は地下足袋を履いているようだ。豆類や雑穀、ゴマなどもこのように竹棒で叩いて外皮と実を選別していた。またこの写真は、畑着の着装姿の一場面を示すものでもある。

畑着の中で被り笠は欠かせない、笠類について資料を説明すると、図145・146の菅笠やイグサ笠は畑仕事によく用いられてきた。菅笠は、スゲの葉で編んだ笠の呼称で、直径四六センチ、高さ一二センチの円形笠である。また、イグサ笠は別名を編笠と呼んでいた。直径五三センチの円形に編んだ笠を半円に折り曲げた笠である。これらの笠は春から夏の日射を遮り、野良仕事には欠かせない付属衣であった。

着物について、畑作地帯から収集した資料について述べる。図147〜149の三点の衣料は、はっぴともんぺを組ませて畑着に用いたものである。もんぺが定着すると着物丈が短くなり、着丈が八三センチから七〇センチの中長はっぴを着るようになった。図148の資料は、長着物の裾《すそ》が破損したので切断して背中の当て布にしたと語っていた。肩当ては紺布をつけ、布地の傷みと小穴を隠していた。また、

図150　山畑へ湖上を船で運ぶ．　鳥取県東伯郡東郷町／昭和30年ごろ

図149の木綿絣はっぴは、三種類の柄《がら》を寄せ集めて一枚のはっぴに仕立て、筒袖口の裏側には白布をつけたり、衿裏には紺をつけ、衿先に絹縞を縫いつけて、仕事着の中に安堵感を与えたことが読みとれる。これらの仕事着は、大正期から一部式着物の着装を経て、昭和初期から三〇年頃までもんぺと組ませて用いたようである。

図147は木綿絣の鉄砲袖の中長着物で、明治中期に製織したものである。この着物は昭和五四年に収集したもので、「明治元年生まれの姑が明治の中頃に製織して結婚に持参したと思う。畑百姓であったから、この着物は膝下まであり、腰巻と前掛け姿で働いた。もんぺは穿かずじまいで一生を終えた」と長男の妻が説明した。

木綿手紡糸を濃紺に染め、井桁《いげた》絣が並幅に三一立する高度な技術の着物である。着丈は八三センチ、重量は四五〇グラムであった。肩当てと居敷当て（着物の裏側の尻の部分につける布）、裾の見返しは紺布を当てていた。

図150は、男性の仕事着を知る上に重要な写真で、昭和中期の作業風景である。山畑から作物を運搬するのに、湖水に舟をだし、舟を使って往来する様子である。大八《だいはち》車やリヤカーの入らない山道は、人力によって運搬するしか方法がない。このころは食糧増産にさつま芋を耕作し、三度の食事に一食はさつま芋ですませるようなくらし方であった。さつま芋の栽培について聞くと「水はけの良い砂丘地を選んで、さつま芋だけの専用の耕作地にして、他の作物は植えない。こうしてさつま芋を連作することが、甘い芋を収穫することになる」と話した。

図150では、木綿縞の着物を短めに着て細帯をしめている。懐中に手拭いのようなものを丸めて入れ、草履をはいているが、藁草履かゴム製かはっきりしない。一部式長着物を着流して股引はつけていないようだ。舟には竹製の笊《ざる》二個があり、男性は担ぎ棒を肩に乗せて立っている。池の向こうの山の作物を運搬に出かけるところだろう。この写真の仕事着が示すように、畑着と家庭着の着装に大きな変化は見られない。暑くなれば上半身を脱いで素裸で働くような習俗が伝承されていた。

畑着は、仕事の内容によって幅広く、各種の付属衣を組み合わせて仕事に適応させた。しかし、養蚕着は例外であるようだ。

養蚕業が盛んであった明治末期から大正・昭和初期まで、大方の農家は畑に桑を植えた。蚕を飼育するために桑とり作業を行ない、飼育専用の養蚕場まで建立することが流行した。桑畑の管理と桑とり、蚕に桑葉を与えるなど、仕事の場所が戸外の畑と、蚕を飼育する屋内の土間や座敷と、仕事着のまま着替える間もない一連の作業であった。聞くところによると「養蚕は生きものの飼育で、なにより神経をつかった。晩秋蚕《こ》（一年で四回目の養蚕）は養蚕場の室内を暖房した。暖房がはじまると蚕と一緒に寝起きした。就寝時も着のみ着のままで、桑とりに走り桑葉を与える。良質の繭を生産するため、蚕から目を離さず、休む間もなく養蚕に専念した」という。

養蚕と桑作についての聞き取りを述べる。

養蚕業は室内作業として奨励したため、着物に襷をかけて働いた。

養蚕は一年間に四回、春蚕《こ》、夏蚕《こ》、秋蚕《こ》、晩秋蚕《こ》と飼育し、農村の片隅まで普及し浸透して、村の人々は蚕の飼育のことを熱心に研究し合っていた。それは、農家の副収入源として画期的な利益があったので、競って増産された。したがって、明治中期まで綿花を栽培していた畑はしだいに桑木が移植され、桑畑は漸次増加した。養蚕は、桑作りと桑摘み、そしてその運搬と桑葉の管理の作業が重要である。蚕の飼育には日夜気の抜けない毎日が続いた。繭は商品性が高いが屑繭もでるので、屑は自家消費にまわす。この屑繭から製糸した紬糸を、木綿と交織した。このような背景があって、在来の仕事着の織りに光沢を与える絹が出現するのである。製糸技術が普及すると、屑繭から繊維を容易に自給する。こうした在家手織り製品は、親から子へと伝授する方法と、製糸工場の女工として働くことによって技術を取得する方法とがあった。

鳥取県の製糸業について『鳥取県史』（近代第四巻社会篇）によると、「明治十二年に鳥取県勧業課は上野国、富岡製糸卒業の女工を二人雇い入れている。また、同十六年に製糸場として設置した士族授産施設が置かれている」と記述されている。また、県内の西部、米子市も製糸業や製糸会社が早くに誕生したようである。その中でも「大篠津村の安本亨が東京蚕業専門学校の第一回の講習会を受講して帰り、郷土に三階建の養蚕室を新築して、地方の養蚕指導にあたった」と古老たちは語り伝えている。

県内各地に製糸工場の基盤が作られるのは、明治一六年ごろのようである。中部地区の倉吉町でも齋木製糸の同一六年をはじめに、後に山陰製糸、三島製糸、小川製糸、今井製糸などがあり、それらに納める家内工業の「足踏みだるま」製糸家が町内に五〇〜六〇軒あったという。昭和三九年に町内で聞き取った話によると「娘という娘は機場の女工か、製糸場の工女として働きにでた。工女は縞の着物を短く着つけ、髪は桃割れに結《ゆ》い、襷を掛けて働いた。手拭いをあねさん被りにし、前掛け（一幅三六センチ）で腰元を調節してからげた。糸取りは、指を水の中に長時間浸けて作業をするため、白くかせた（皺が寄った）」（元小川製糸女工小倉よしの、明治三〇年生）という。また、同製糸場で働いた山根ちよの（明治三年生）は、「工女の優等生は、鳥取の湯谷製糸場で研修を受けて帰り、工場の盛んな時代には工女数が六〇〜七〇人おった。男衆は釜炊きと製品検査や荷作りをしていた」とも言った。

町内の山陰製糸で働いた女工の談話によると、「わたしは権利工女（製糸同盟に加入した工場に雇われた女工は他工場に移ることを禁止されていた）として登録されていて、とても誇りにしていたが、どんなに立派に働いても、男工は賃金が高く一日米二升であるのに、女工はその半分の一升分の賃金しかもらえなかった」と言う。

紡績や製糸業の発展の背景には、農村子女を雇用労働者としてしばり、安い労賃で働かせる一方で、農家には蚕の飼育に必要な桑の葉の増産に従事させていた。前述したと思うが、良質の繭を産出するために、蚕の飼育場の新築が大正期から昭和初期に流行し、なかには借金をして建立した養蚕場が母屋より立派であったりした。しかし、母屋にも蚕が溢れてきて、人間の寝る場所がなくなり、ついには蚕棚の通路に寝ていたようである。養蚕のピークは昭和八年度で、全県下の農家七〇%が養蚕業と関わり、畑は見渡すかぎり桑の木の海となり、緑色で染まっていたようである（『鳥取県養蚕統計』による）。

桑畑は青葉の繁りが人を包み隠し、桑木の根元は桑いちごが赤黒く熟して、まるで裾文様の着物を着ているように感じた。私の幼少期は桑畑で遊び、桑いちごで頬や口唇を赤く染めて楽しんでいた。そのころ（昭和一一年ごろ）親から聞いた昔話に、「因幡の白兎」がある。大黒さまが大きい袋を肩に掛けて登場し白兎を助ける伝説と、桑の葉を布に包んで背負う姿を大黒さまの荷物と混同して、神様が大風呂敷を背負って歩くような錯覚をおぼえて不思議に思った記憶がある。少女時代になって、桑葉を摘むようになって、背負い方を実際に学んで理解した。

桑の葉摘みは、両指に指輪のような金具をはめて、立木の桑葉を両手を交互に動かし、金具で摘んでいく。摘む速度は熟練すればするほど速くなり、雪の降るようにパラパラと上葉から下葉へ摘むことができる。桑の葉は竹負い籠にそっと入れて押し込まず、葉を傷めないようにして、竹籠の容器より高く満載した。その上に濡らした大風呂敷か古布を被せ、生葉を新鮮なまま保って運搬した。荷作りはしばらないため、葉が盛りあがってかさばるが、重量は軽い。木枠の台を背から頭上に伸ばし、荷具合を調節しながら運ぶと、人影より大きな荷が地面を這うように見える。こうした大人たちの荷

図151　桑葉こきと桑摘み（手前）
高さ70cm，台68cm．桑の皮が付いている
倉吉市

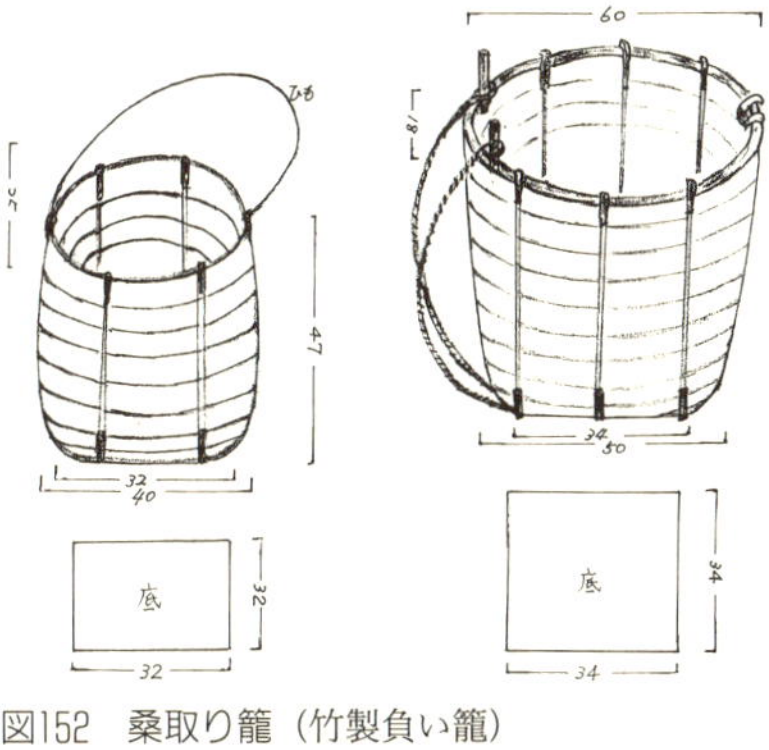

図152　桑取り籠（竹製負い籠）
倉吉市／大正〜昭和46年

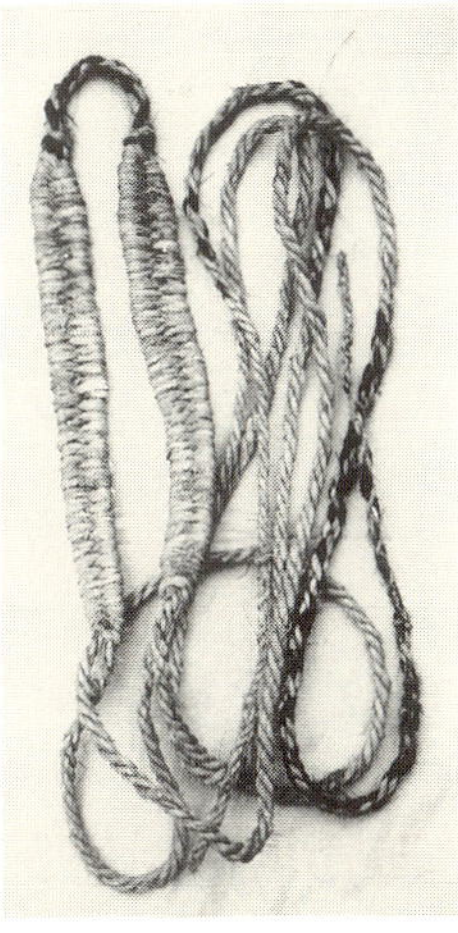

図153　負い縄

姿を異様に感じたものである。桑葉の運搬は歩幅をそろえて静かに歩き、身体と荷が一体になって背負ったのである。

収穫した桑の葉は土間に貯え、撒水して鮮度を保ち、濡れた大風呂敷で葉を囲っていた。蚕の上に一面に取りたての桑の葉を乗せると、葉の隙間から頭をだした蚕が、桑葉の先に向かって上から下へと「シャリ、シャリ」と歯切れのよい音をたてて食べる。蚕の葉を食べる音は気持ちよく、今でも私はその音を鮮明に覚えている。食欲旺盛な蚕が、葉脈をきれいに残しながら次から次へと這っては食べ、丸く肥っていく。「蚕がとまった」(繭をつくるまでに四回脱皮をし、その時に桑を食べないことをとまるという)、その時とばかり、女性たちは生きものの飼育から解放されて「肩休め」にゆっくり休養することができた。

蚕は掃立《はきたて》(孵化)から繭まで約一カ月の飼育期間である。成虫になり繭をつくるころには、温度計を準備して室内に温度を入れる(部屋を暖める)。こうして蚕と一緒に寝るようになるのは、木炭や練炭火鉢を使って部屋を暖めるようになってからである。低温ではせっかく育てた蚕が繭を作らない。室温を保つため、家中の隙間に和紙で目張りをし、蚕を観察しながら結繭させた。「お蚕さま」と呼称するのは、産物の中でも換金率が高い蚕を敬称したことによるのであろう。繭の良否は女性の養蚕に対する熱の入れ方で決まったほどであった。

蚕は四眠(四回の眠りを経て、脱皮して成長する)後一週間くらいで桑を食べなくなり、蚕の皮膚が透きとおるようになると、「あがり蚕」と言って、蚕が繭を作る簇《まぶし》(藁などで作った台)へ移し運ぶ。「蚕の選別作業」は、素手で一匹ずつ摑んでいた。結繭後は繭もり作業を行ない、良質繭と屑繭を選

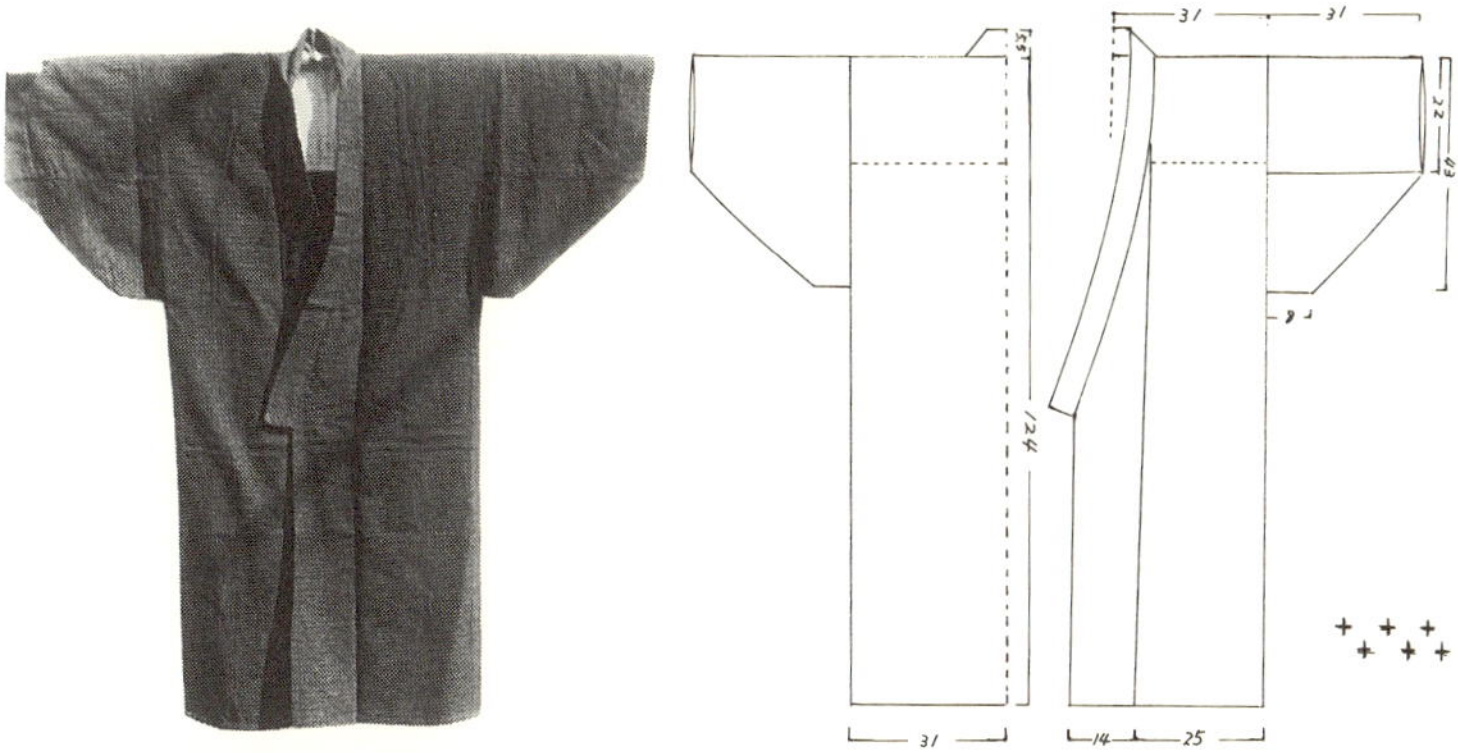

図154　木綿絣男長着
①重量600g　②並幅34cmに十字絣40立．緯糸は手紡糸．肩当て白木綿．腰上げを解く（6 cm）　③鳥取県西伯郡大山町／明治後期〜昭和中期

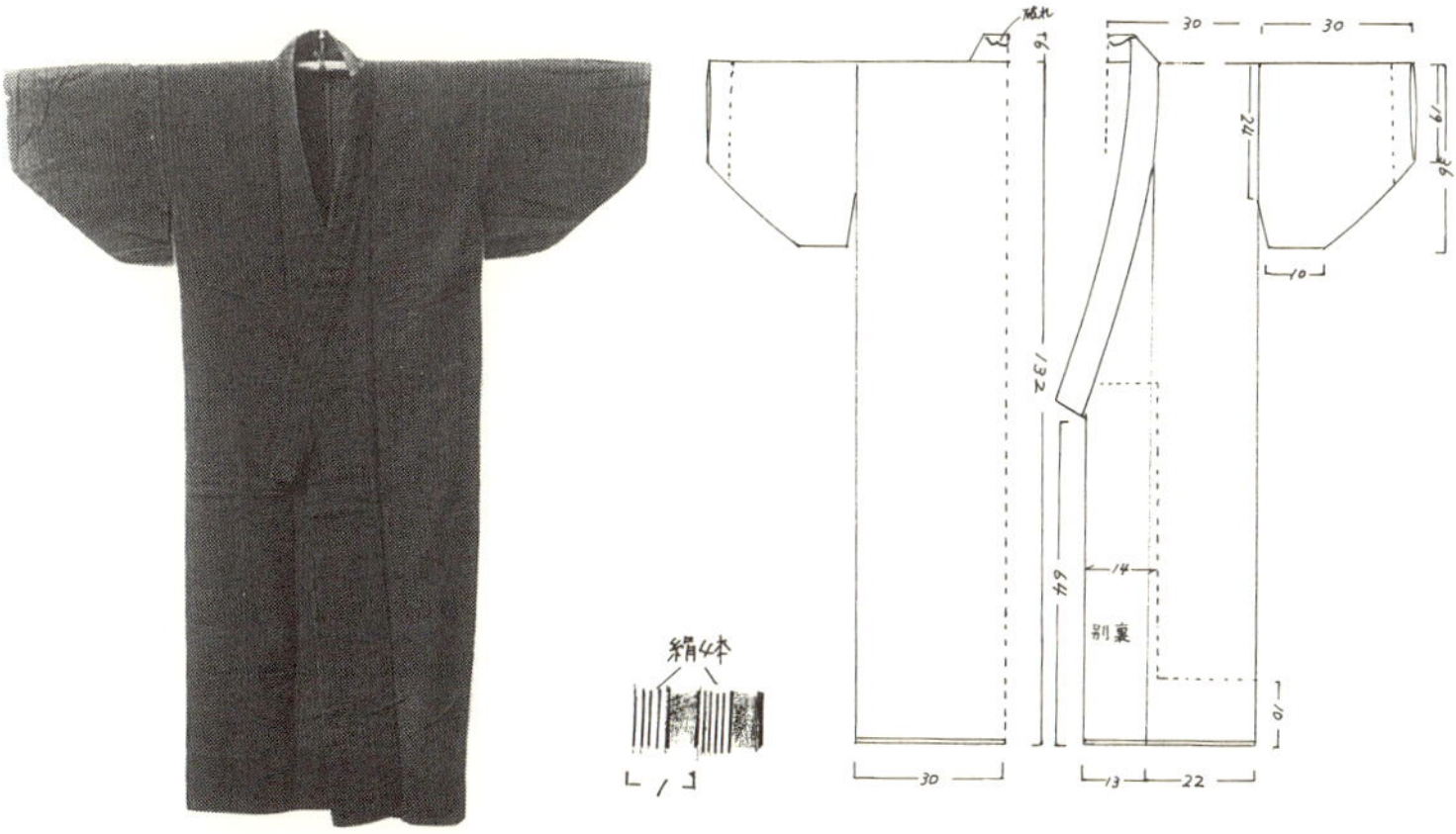

図155　木綿絹縞入り女袷長着
①重量920g　②並幅35cmに絹茶縞30立，全面が光沢．裏地藍染．手紡糸　③島根県八束郡島根町／大正期〜昭和中期

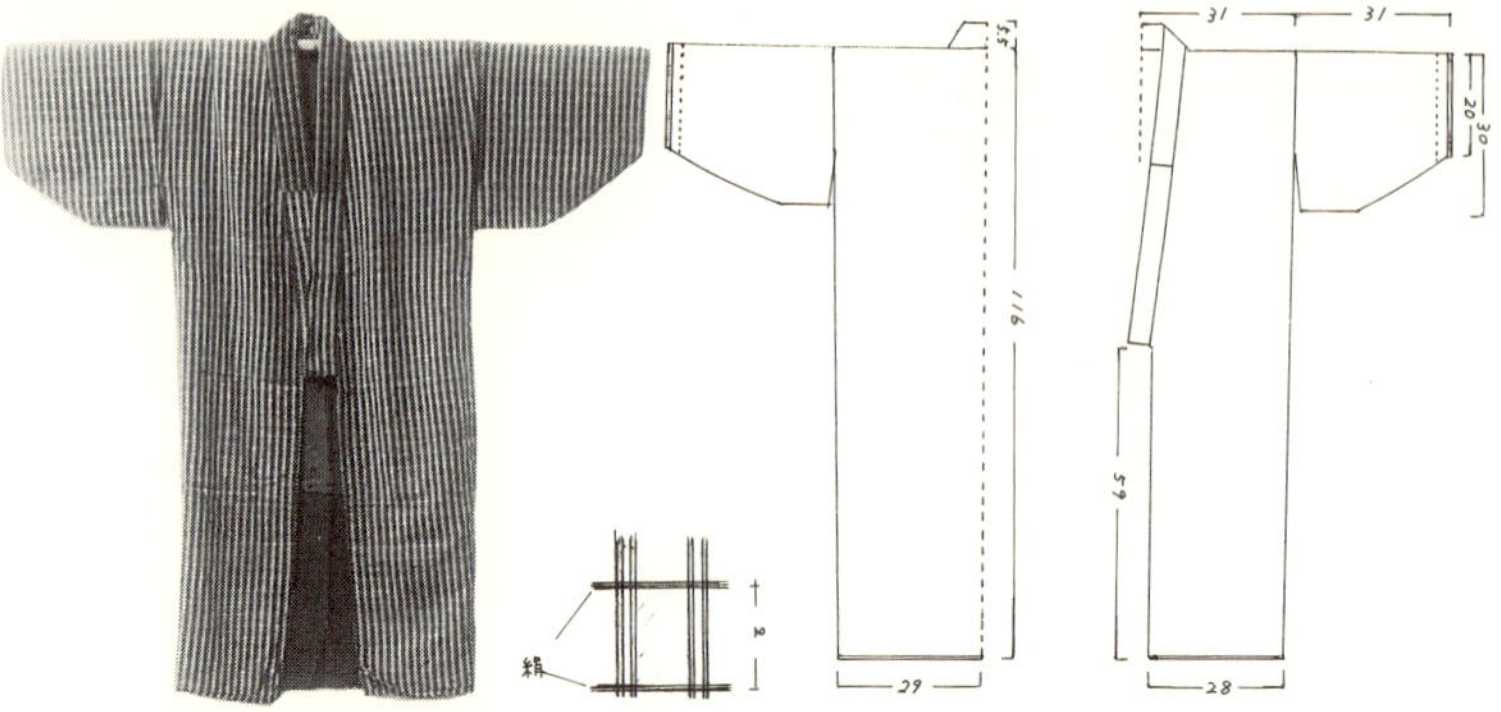

図156　木綿縞女袷長着
①重量820g　②色縞（紺・茶・黄色），手紡糸に緯糸に絹糸（オレンジ）が 2 cm おきに入る．袖口布別　③島根県八束郡島根町／大正期〜昭和期

別し、さらに良質繭は毛羽取り作業の後、布袋につめて製糸会社へ出荷した。

屑繭には、蚕の糞や小便で茶色に汚染したもの、小粒なものや玉繭（二匹の蚕がつくった繭）などがある。なかにはネズミのかじった繭もあった。屑繭の処理について古老は、「繭を煮て二〇個の繭から藁しべ（藁の芯）で掃き一本の糸に引き上げて、座繰具に巻きとり、草木染めにして織った。糸取り作業は夜なべ仕事にした。紬糸を交織すると木綿に深みが加わり、味わいのある衣類になった。蚕を育て、蚕が口からはき出した糸をいただいて着物をつくる喜びはあったが、屑繭の糸は濁って光沢がなく、泥臭く感じた」と話していた。

また、養蚕の体験者の談話によると、「昭和初期はどの家も蚕さんを養育し、家の中は座敷も土間も蚕棚で張りめぐらせていた。蚕棚は竹で一三段に組み、立て並べていて、わずかに通路があるだけだった。寝る場所がないので、あまだ（納屋の上）にあがって寝た。昭和一〇年ごろの最盛期には百貫匁（三七五キロ）の繭を出荷す

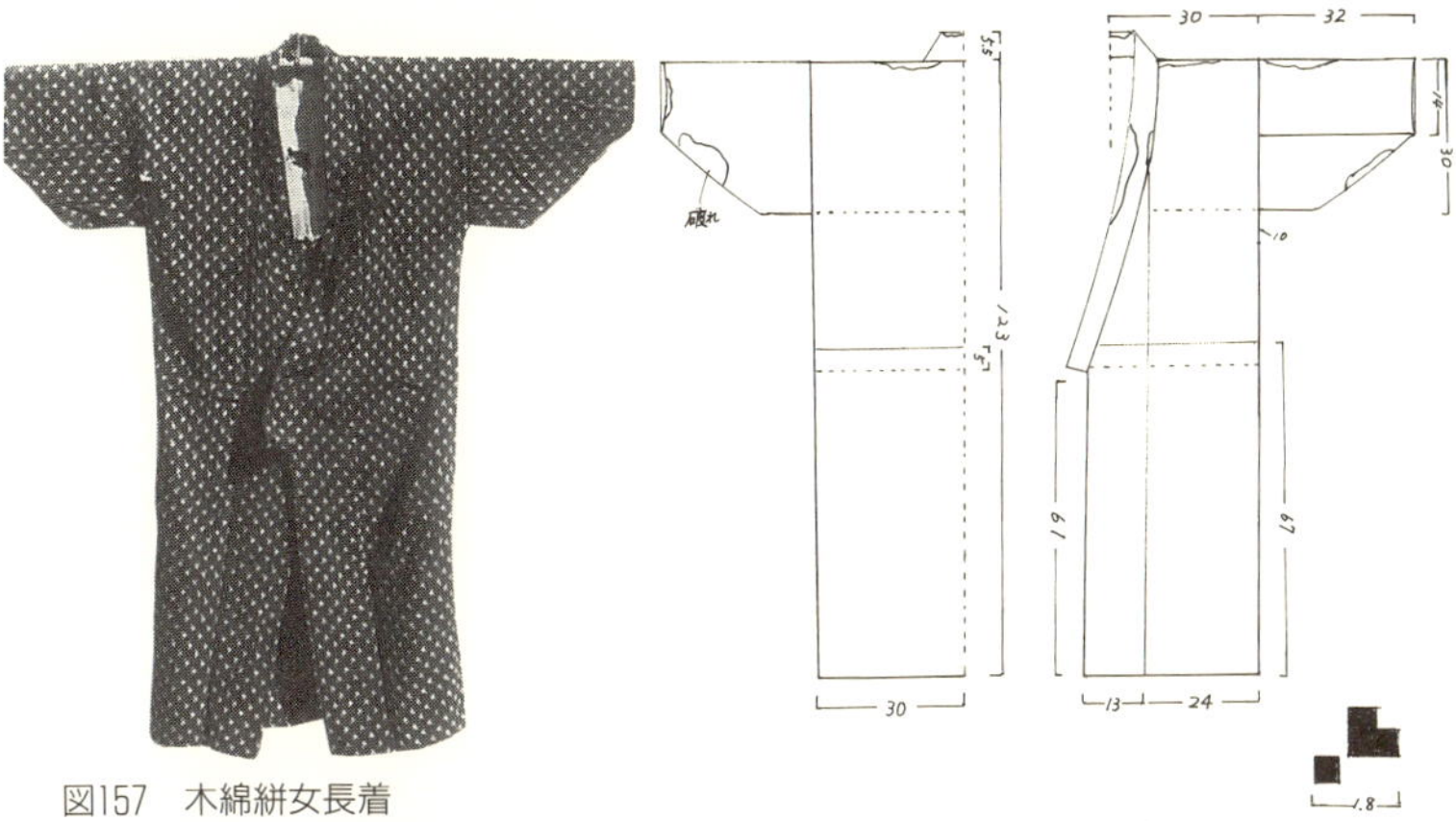

図157　木綿絣女長着
①重量560g　②並幅35cm に幾何絣11立．双糸　倉吉市／大正～昭和期

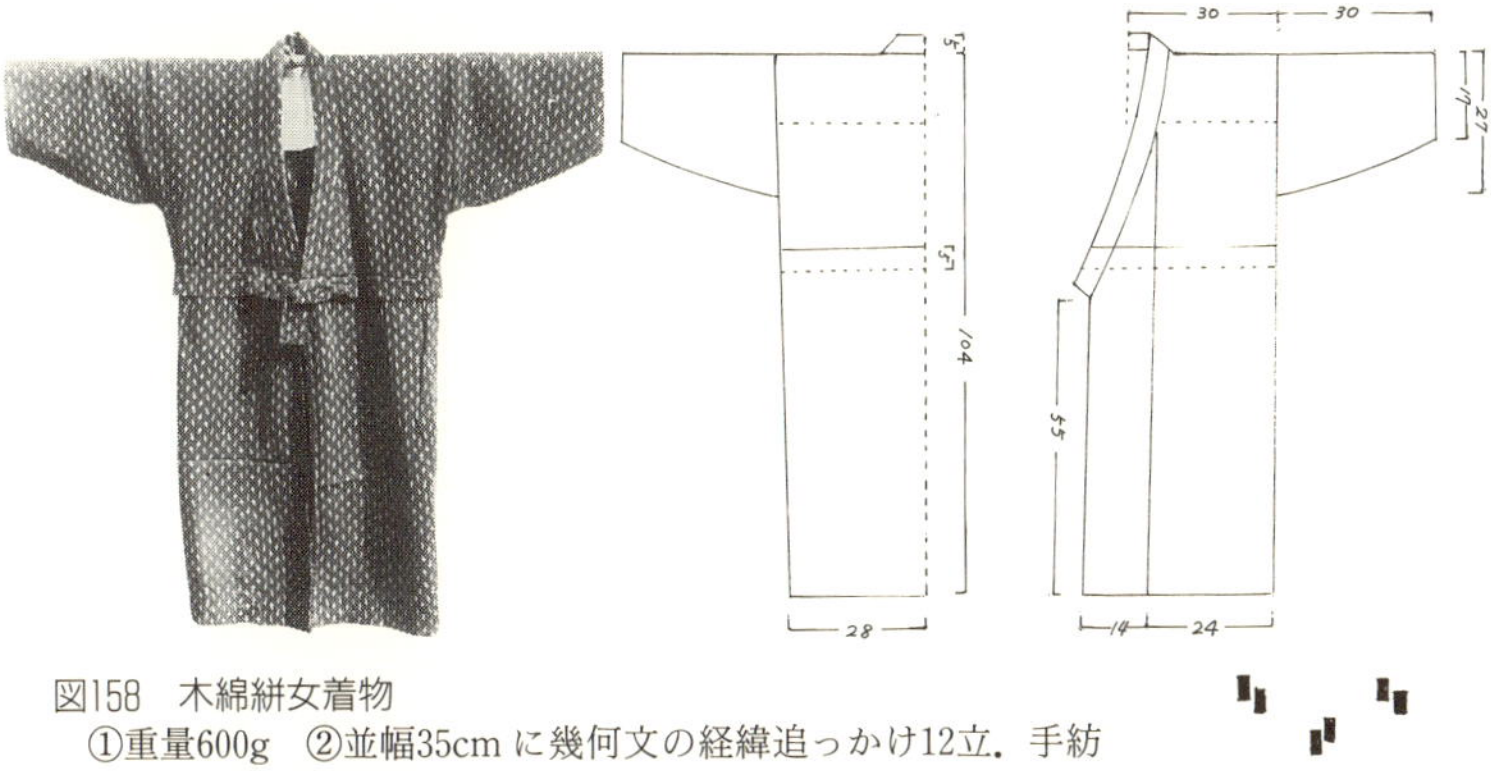

図158　木綿絣女着物
①重量600g　②並幅35cm に幾何文の経緯追っかけ12立．手紡糸　③島根県八束郡島根町／大正～昭和期

るほどの大量生産をした。養蚕の盛況ぶりは活気があるが、家族は休息すら満足にできない有様だった。桑枝を刈り取り、家の中で葉こきをする。脛を土間の莚の上について桑をこくと、桑いちごで足の裏や着物を染めた。着物の前身ごろの下側は布地が弱くなり、よく破損した。その前脛の着物の穴からいちごの汁が染み着き、皮膚を赤く染めた。石けんのない頃でなかなか色が落ちなかった。また、畑の桑が不足すると、山桑という山に自生した桑の樹木によじ登って桑とりをした。どの家にも屋敷桑といって大木の桑樹があり、桑葉を供給していた」（倉吉市、佐伯大子、大正十二年生）という。

晩秋蚕の飼育が終わると、桑木の管理が待っている。桑畑の裸枝を藁で束ねてしばり、風雪に備えて冬越しの仕度をする。野鳥たちも生きるための冬仕度に、桑の木の先端にイナゴを刺して冬餌の準備をしているのを、よく見かけた。どんな大雪が降ろうと、桑木が沈むようなことはないだろうと、鳥たちは教えてくれた。

桑の枝木の中で作業すると、笠類は枝木にとられて被れない。桑作や養蚕には手拭いをあねさん被りにし、男性は頬かむりや横鉢巻、首手拭いで働いた。着物は既述したように、特別な養蚕着としてではなく、在来の着物である。桑作地帯で着用した資料を説明する。

図154～156までの三点は、男性と女性の着物である。もんぺが流行するころは、養蚕業も下火になっているが、こうした長着物で畑仕事と土間作業を行なった。これらの中には、前身ごろの脛部や衿肩回りが損傷した資料もあり、縞に紬糸の光沢がある。手紡糸で織り上げた重たい（九七〇グラム）着物もあった。図157・158の木綿絣長着は、腰を縫い揚《あ》げて着物丈を短くし、袖も機能的な短袖である。図157の着物は木綿双糸の細番手を扇文の経緯絣に製織した、重量は五六〇グラムの軽い着物だ。晴着

用の着物を仕事着へと着継いでいることを示し、布地の損傷箇所は、負い荷による肩に大穴を残していた。また、図158の木綿絣長着物も、幾何絣であり、皮膚に馴染むまで着込んでいる。何度も述べたが、養蚕着は桑取りと運搬、室内での蚕の飼育など手作業を効率的にする短袖が求められた。着物丈も短くし、帯を巻き、前掛けをつけて、着物の前側の裾広がりを防いでいる。

果樹と気儘頭巾

果樹は、山の中腹の急傾斜面や高台の砂丘地などに多く植えられ、畑の形状や土地質が異なる上に作業は果樹の枝木を傷めない策衣型の（体形に合せた）仕事着が求められた。特に被りものは在来見られなかった頭巾《ずきん》が登場することになる。

在来の二毛作から、果樹栽培に手を広げて経営を拡張したのは、養蚕が下火となった敗戦後の昭和二〇年代からである。県は果樹栽培を奨励し、農業普及員の指導によって村をあげて山地を開墾し、果樹の苗木を移植した。鳥取・島根両県内には果樹が急速に広まり、山の急斜面に白い花の咲く梨園が誕生した。梨園に限らず柿も多く栽培され、砂丘地にはブドウが垂れる美しい田園風景を映しだした。しかし、農家は米や麦の作付けのほかに、手間をとる果樹作りを併せて行なうことになった。聞くところによると「〇〇村の負籠《おいこ》」と言って、結婚の支障になるほど果樹栽培の村は嫌われた。それは、歩幅の道路しかない集落では、山畑の往復に負籠《おいこ》を背にして水や肥料を運び、果物の収穫も運搬もすべて人力依存で、重労働の結果は荷こぶ（荷物運びで筋肉が固まり皮膚の一部がもり上がる）を作

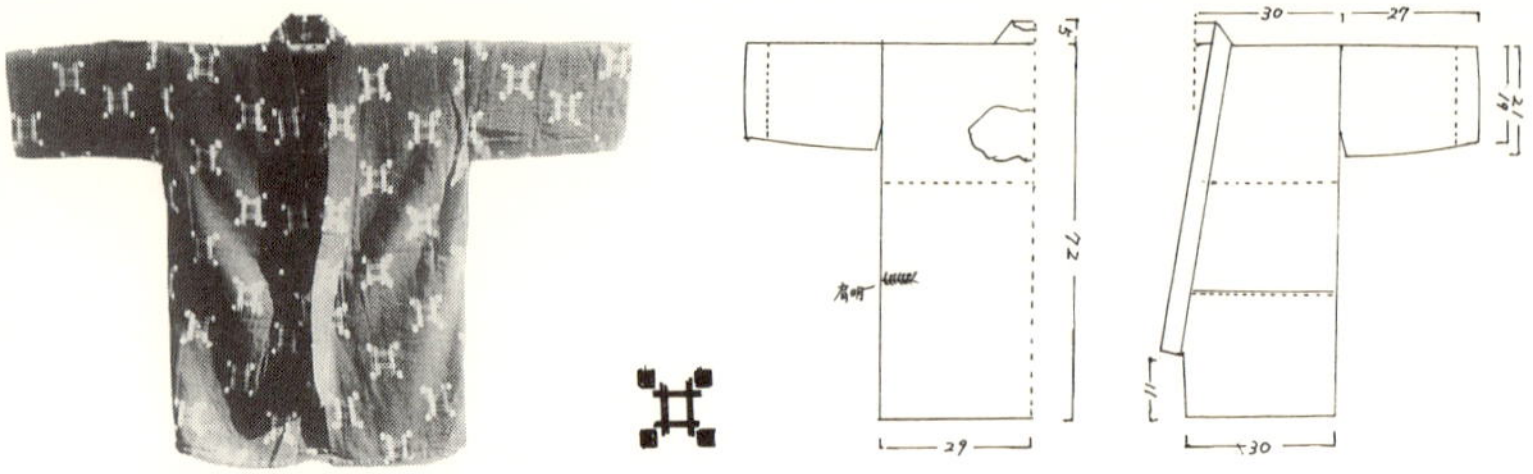

図159　木綿絣はっぴ（図160と２枚組）
①重量460g　②手紡糸．幾何文２立　③鳥取県西伯郡大山町／昭和初～中期

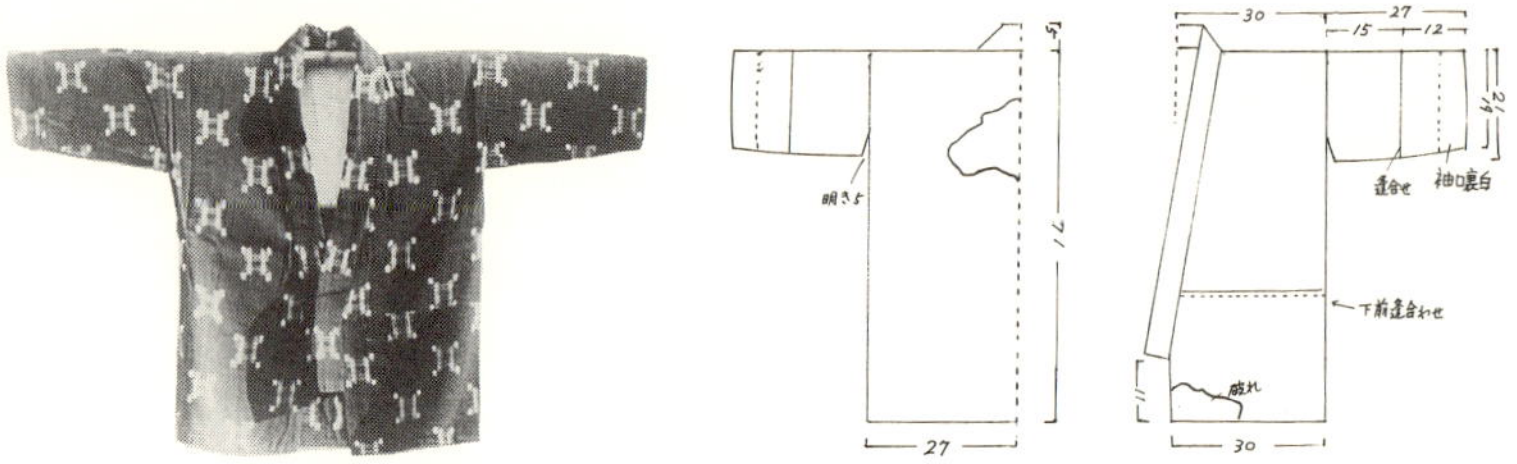

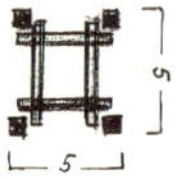

図160　木綿絣はっぴ（図159と２枚組）
①重量400g　②図159に同じ．袖の縫合は長着の衽を使う．肩当てなし，袖口裏は白布．布地が薄くなっている

ったり、足腰を痛める人が多かったからである。

昭和四〇年代に自家用耕耘機と自動車が普及して、道幅も広くなり車道が誕生して、仕事の能率は飛躍的に上がった。しかし、樹木の剪定や施肥、消毒などは人手で行ない、花が咲けば人工交配を数日で済ませるのも、人手に頼る作業だった。さらに梨の場合は、果実の間引きや袋を掛ける作業がある。果実に小袋と大袋の二回を掛け終わると初夏の六月に入る。立木に登ったり、枝木の下を頭を屈めてくぐり抜けて仕事をするには、一部式着物は不都合があり、着物を解いて上衣と下衣のもんぺの二部式に更生する仕立てが流行した。

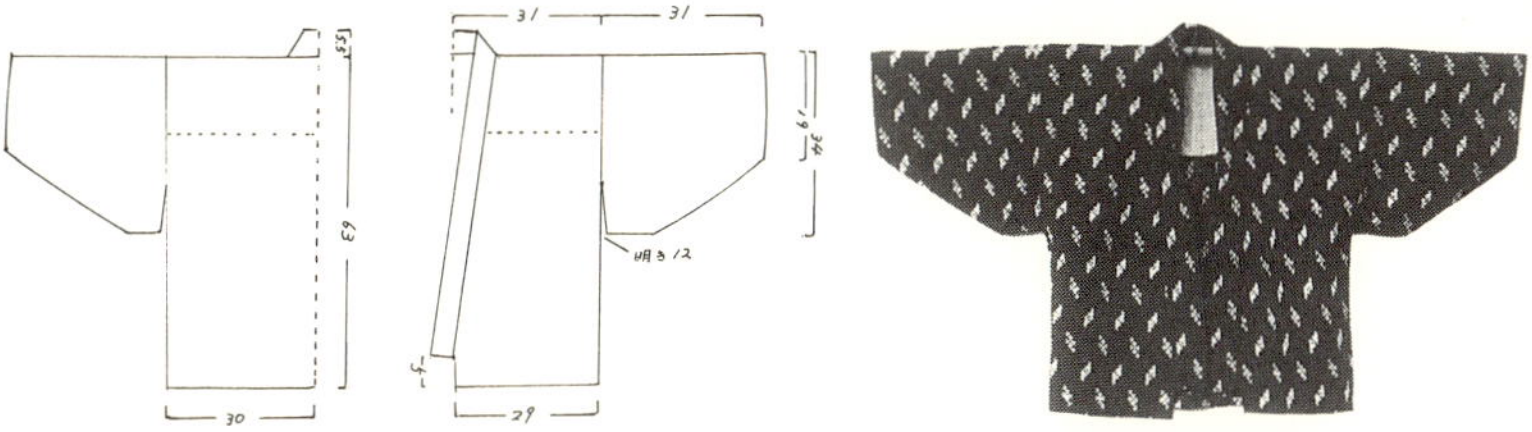

図161　木綿絣はっぴ

①重量360g　②並幅34cm に幾何文（虫の巣）5 立．紡績糸．袖口と袖付の交換の跡あり　③島根県八束郡島根町／昭和初期

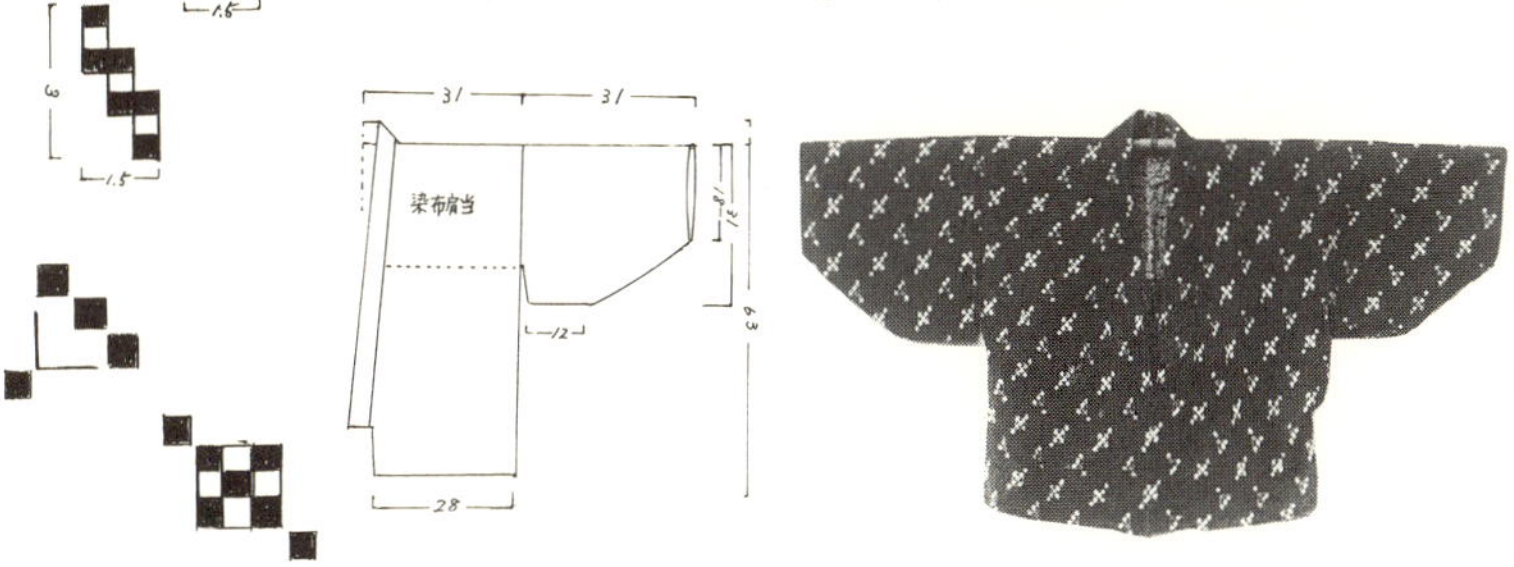

図162　木綿絣はっぴ

①重量320g　②一反着尺ではっぴ 2 枚を作る．同寸・同柄．袖のみ異なる．紡績糸，幅34cm に幾何文 4 立　③島根県八束郡島根町／大正期〜昭和期

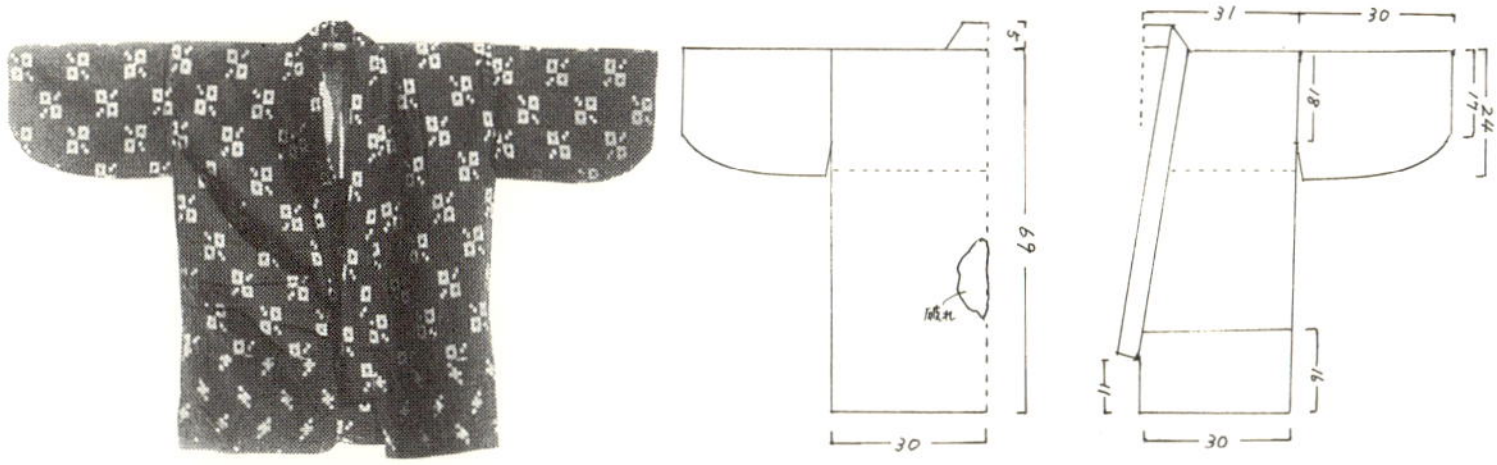

図163　木綿絣はっぴ

①重量320g　②並幅33cm に絣文 3 立．前身ごろ下は別布．紡績糸　③鳥取県東伯郡／大正期〜昭和期

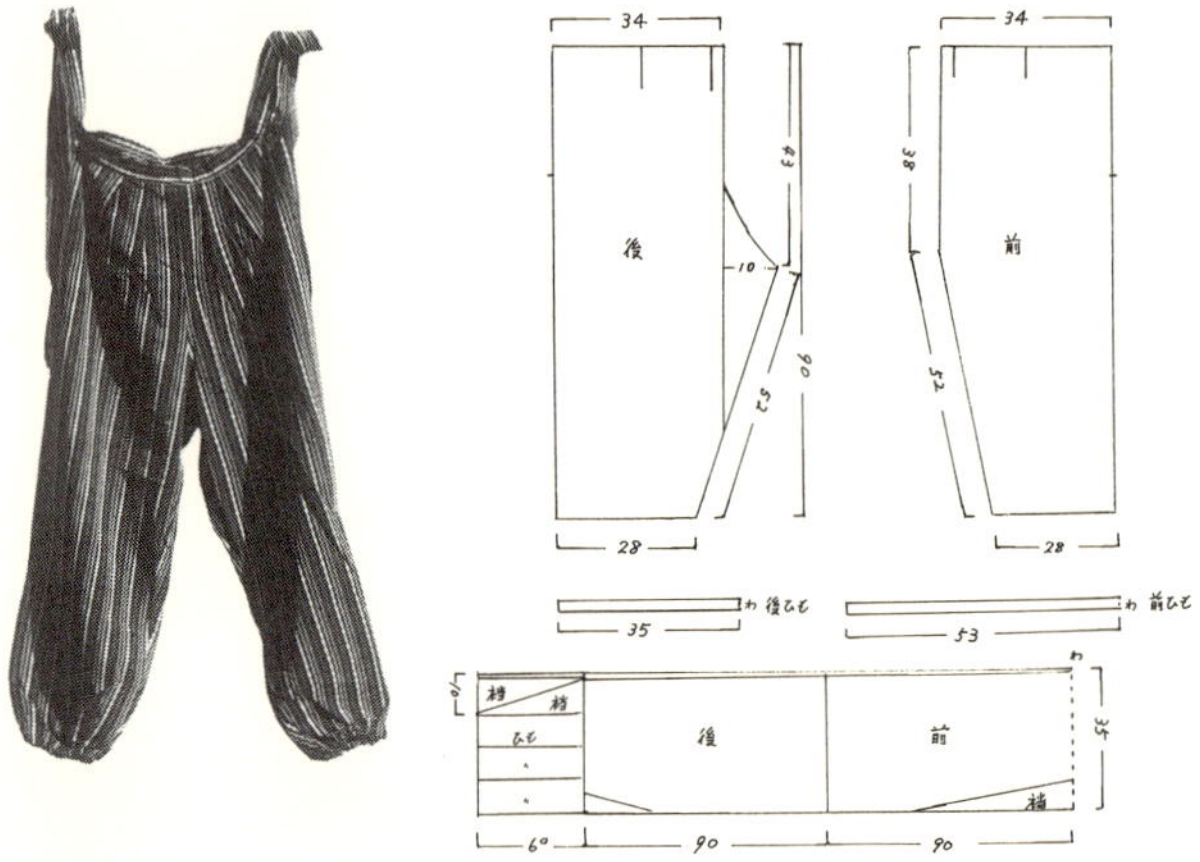

図164　木綿色縞もんぺ

①重量320g　②紺地に絹縞（赤茶・チョコレート・ベージュ）の反復，縞2cmの単位が9立．襠は後のみ．紐で結ぶ．ミシン縫い．裾はゴム　③鳥取県東伯郡大栄町／昭和20年代に織る，新品．

そして果樹栽培の普及に比例して、仕事着の形態が梨園に向く着装に変化していった。

　梨の花粉つけや袋掛けなど、聞き取ったことやささやかな私の体験を述べてみたい。梨の木は幹を三方に広げ、鉄線で固定してある。身長ほどの高さに枝棚を作り、頭を屈めて樹の下で作業をする。梨は四月上旬に桜の開花の後、まっ白い花が咲く。枝棚一面が満開になる晴れた二日間が花の寿命であり、山一面が梨の花に覆われると、花粉受精が待っている。そもそも蜂がやってくれる受精を人為的に交配するのだが、農村には老人が多く、働き手不足である。開花時に人を集めることは年々厳しくなり、大きな悩みとなっている。

　梨の花粉受精は、品種の違う梨の花粉をとり、それを小さな竹筒に入れて首から下げる。竹ヒゴの片端に丸い綿花をつけ、その綿に花粉をつけて開花した花房の上にパタパタと押していく。

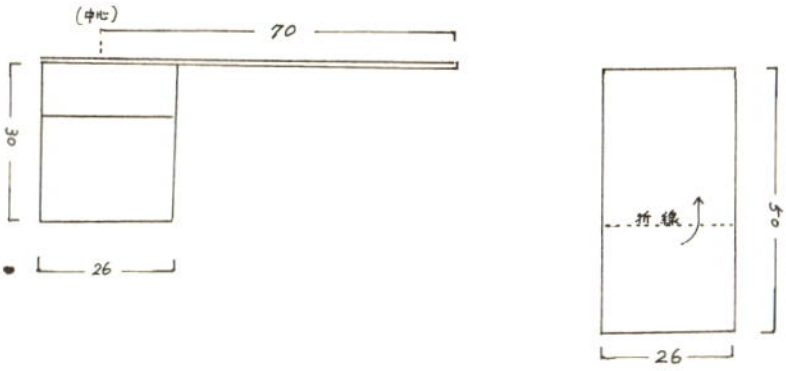

図165　木綿縞袋
①重量30g　②梨袋掛け用　③鳥取県東伯郡東郷町

図166　梨の小袋掛け
鳥取県西伯郡中山町
／1990年撮影

図167　梨果実のまびき
鳥取県東伯郡東郷町
／1990年撮影

図168　山畑の帰り
鳥取県気高郡
／1990年撮影

枝木に紐を結んで印をつけないかぎり、作業の過程がわからなくなる。経営者は「一本の梨の樹に三千個の果実を実らせるので、丁寧に花粉をつけてほしい」と言う。梨園は花盛りで蜂も応援してくれる。木台に登り枝棚の花を胸の高さで眺めながら、何万の花の上に身体を置き青空に包まれた。春爛《らん》漫《まん》に至福の喜びが湧いて来て、花をたたえて働くことに感謝をした。が、反面、花粉症に悩まされた。梨園は前記のとおり、枝木に接触して帽子も笠も被れない。そうした中での作業は、顔の全面を包み隠し、布製マスクのように両耳にゴム紐で安定させる付属衣が必要になる。気儘《きまま》頭巾とは、目だけを出し、胸元まで布を垂らした被りものであった。私は手拭いを二枚用いて、一枚はあねさん被りにし、一枚を等分に折ってマスク形に紐をつけて覆っている。

　梨の交配後は、果実が房になり玉太りすると、一個を選んで手指で間引き落とす。梨の実が大豆粒くらいになると、消毒を行なって小袋を掛ける。頭上の果実に両手を伸ばして小袋を被せる作業は、両肩に負担がかかり、首も疲れる。腰袋にパラフィン紙の小袋を入れ、一個ずつ手作業で掛ける。果実が大きくなると大袋を二度掛けにして、二重包装する。梨の袋掛け作業は熟練すると作業速度が上がり、一日に一千個の袋を掛ける人さえいた。したがって農村には仕事の速くできる人を腕詮議制（雇用者の仕事の速度によって賃金を支払う制度）で雇う習慣が残されていた。

　果実を病虫害から予防するために消毒を行なうと、袋を掛ける作業中に消毒後の粉塵が飛びかい、呼吸器や咽頭を痛めることになる。鼻炎や気管支炎を予防するためには、既述した気儘頭巾とタオルを口に当てて働いた。梨園の消毒は、ゴム手袋に長靴を履き、ナイロン合羽に全身を包み、口や鼻にマスクを掛け、目には眼鏡を掛けた。こうした薬物を使用するようになると、身体の保護と安全が第一条件になり、被服の果たす機能も重要になってきた。

素足や素手で働いた三〇年前とは違い、手にはゴム手袋をはめて手甲をつけている。百姓を象徴した手足の荒れは見られなくなった。

梨の美しいグリーンと表皮の艶は、人手を喰い、目で物を選択する時代の要請に応えた果実である。二重包装で保護し、労働を惜しまず働いたのは、農民が至高の産物として育てたからである。このように産物も仕事着もその時代の生活文化と関わっているようである。

そこで、中長はっぴから腰切りはっぴに移ったことを地域別の仕事着の資料で説明する。

図159・160は一枚の長着を二枚の上衣に改縫して着用したものとのこと。図161〜163の三点とも上衣はっぴである。はっぴ丈は六九〜六四センチと短く、袖も鉄砲袖や捩《ねじ》り袖は見られなくなり、洋式に近い船底袖が定形化した。袖丈は三四〜二四センチである。このように上衣丈が短くなるにつれ、もんぺとの組み合わせが一般的になった。図164のもんぺ縞は絣の上衣とよく調和したと思う。もんぺの初期は縞が用いられ、脚絆や中長はっぴに帯をする帯姿が消え、上衣はっぴと下衣もんぺの二部式が定着した。男性はシャツとズボンの洋式となり、仕事着の移りかわりがはっきりとしてくる。

図165の布袋は、梨の袋掛けに使う腰袋である。「果樹園での消毒中に害虫が地面に落ちると、それを拾いにツバメが群がる。やがてツバメが地面に落ちるのか、最近はツバメが少なくなった」と、ある男性が話していた。これは人間にとっての警告でもある。鳥が生きていけない自然環境をつくりだしていては、人間が生き残れるはずがない。無農薬を叫びながらも実行しない哀しさは、一体何だろうか。

第三章　野良着の移りかわり

野良着との対話

仕事着の収集を永い間続けていると、着込んだ野良着と老女たちの風貌が威厳に満ちあふれ、深い内面をたたえていることに気づかされるとともに、仕事着が語りかけてくるようになった。一枚の長着に重ねたパッチワークの補強や刺し縫いは、まるで布の中に絵を描いているようだった。

布地に付着した綿や糸屑は綿入れ着物を改縫いしたことを知らせ、破損箇所や摩擦の具合などから作業内容や着用頻度を語りかけてくる。仕事着の多くは紺染めであるが、白場から先に破れており、濃紺染めは布地を強靭にすることを実物で実証できた。藍の濃度によって着物の寿命がきまる、といわれた。古老の話す正藍染めの着物を長持ちさせたい願望のままに、着物は濃い藍一色の世界であった。着込んだ品は補強や修繕に寄せ集めの小布の絣や縞を当てて、小さな針目で埋めつくしたり、刺し縫いによって、耐用年数を延ばし続けていた。着込むほどに美しく手を加えた仕事着は、女性たちの根気強さと執念によって見事に更生した。それらに触れながら、何とも言えぬ感触の良さと暖かみを感じた。また、魔よけと神仏に対する信仰心が縫い重ねられているようでもあり、くらしの安泰を願ったのだろうと感じた。女性たちが無視されてきた社会や家庭の中で、このように暖かい心で野良着と関わり、自己表現をした仕事着の文化を、砂粒ほどでも究明したいと思うようになった。

野良着を多種多様な形態で図説して紹介する方法もあるが、既述したとおり、時代の社会的風潮や歴史的な流れは農山村のくらしに影響し、その中で営まれる営農内容と仕事着は切っても切れない関係がある。こうした観点から作業と野良着を照合したところ、稲作が固定化した在来の農村では、稲藁を中心にした藁衣が定着して、多くの野良着を充足してきたようである。農村の共同体と連帯感の中で、特定の住居に集まって縄をない、履物や着茣蓙を編み、背蓑や胴着を作る慣習が培われ、伝承されて来たようだ。

また、商品作物の麻や綿花の栽培によって屑綿から木綿を織って自給する一方、明治中期から盛んとなった養蚕による繭の生産は、商品外の屑繭を用いてみごとな布に製織する腕前を育てるようになった。そうした背景が、仕事着の特性につながり、作者と着る人の間に愛の帯のような絆をつくったのである。

このように、営農生産品と野良着の素材の関係は深く、その時代の農作業に適応する着装姿が見られた。しかし、仕事着の移りかわりについて、輪切りにして語ることはできない。明治一〇年代に出生した人たちが昭和三〇年に八〇歳前後になっても働くほど平均寿命が延び、在来の一部式着物で通してもんぺははかず、明治期の仕事着の着装を生涯固持していた人たちも多い。したがって、一般的には営農内容が変化しない限り、野良着の着物姿は一世紀以上も定着してきたわけである。

水稲耕作の副産物である藁衣については、既述したとおり、各種の仕事着――足半《あしなか》、脛巾《はばき》、草履《ぞうり》、

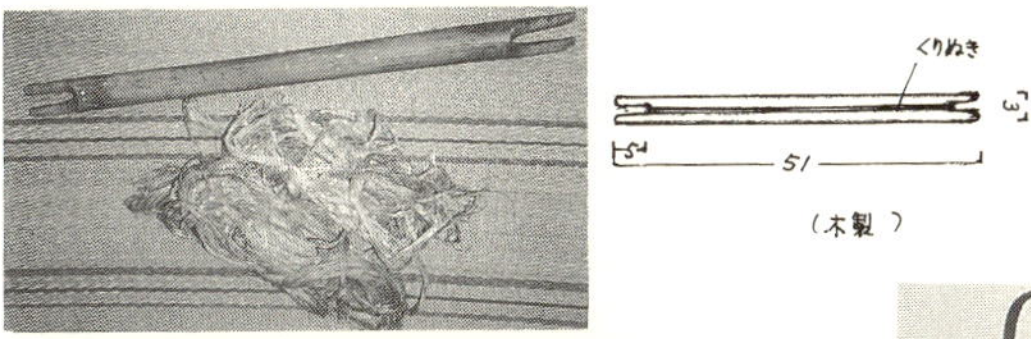

図169　麻とフジ糸・糸巻き棒

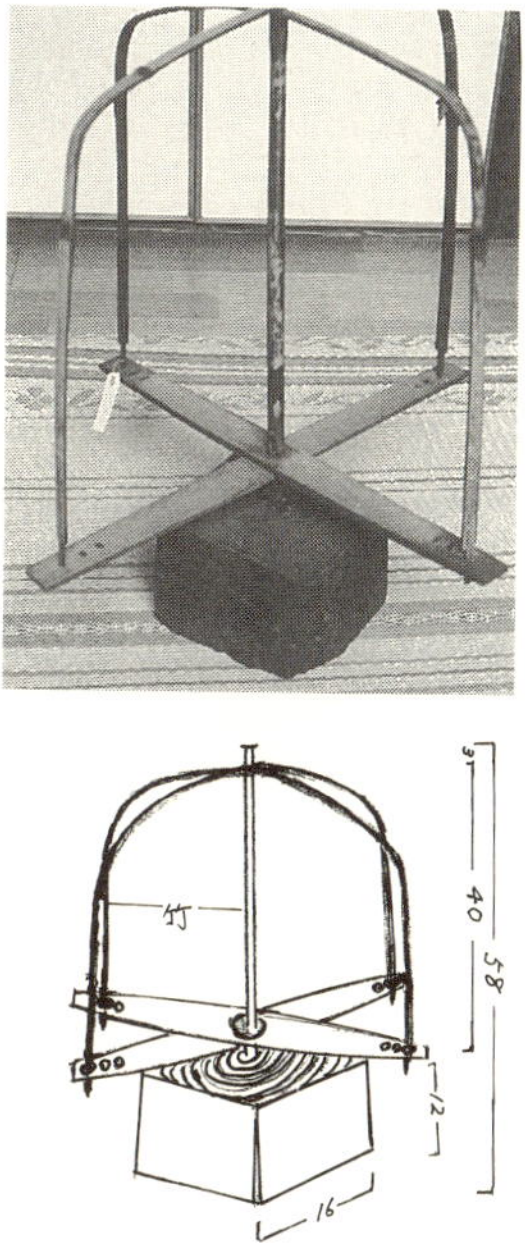

図170　緦糸取り
中心竹棒の先端に釘を入れる．倉吉市

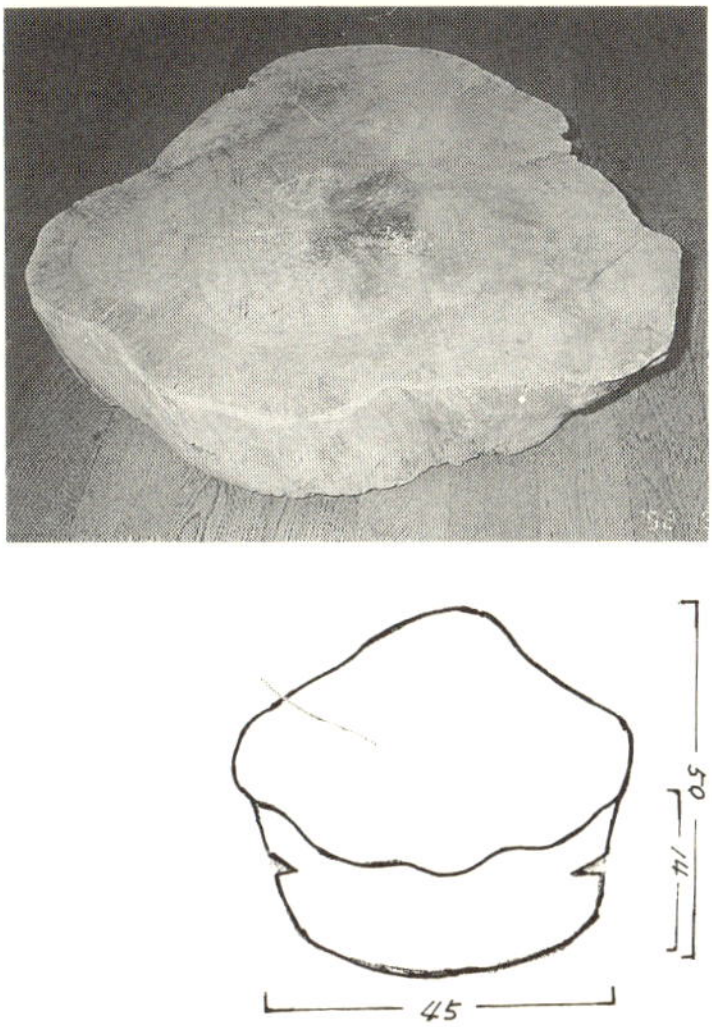

図171　砧

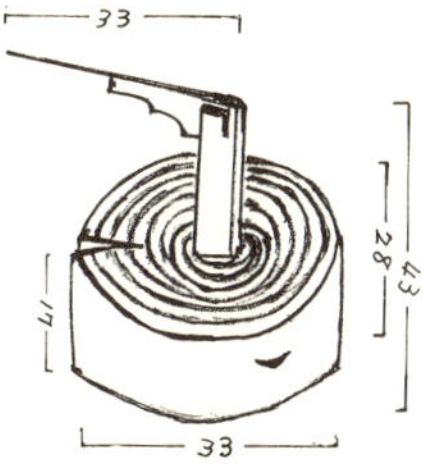

図172　糸取り台　倉吉市

草鞋《わらじ》、背蓑《せみの》、腰蓑、被りものなど多様な被服の素材となったが、その背景には、山野で採集した樹皮繊維、麻・フジ・シナノキ・スゲ・シュロ・竹などを利用する文化を受け継いだ編み技術があった。ひと口に仕事着の素材といっても、広範すぎて的を得ないので、どの時代まで遡るかについては残存した資料の範囲の被服で明治中期以後のものを検証した。

有名な沖縄の伝統的な野良着「バサージン」は芭蕉布という土地特有の素材を用いている。通気性に優れていて働きやすく仕立てられ、着丈は膝丈までの筒袖で、芭蕉布の縄で腰を結ぶだけである。このように、土地特有の自然界の草木樹の葉や樹皮を利用して身体を保護し、作業能率をあげてきたわけで、天然素材の各種の植物繊維が利用されたとみるべきであろう。

そこで、付属衣に用いた素材と形態について資料を検討する。

図169と171は、樹皮繊維の糸巻き棒と、織布を打って柔らかくする「砧《きぬた》」である。図169の繊維は、糸巻き棒と共に家庭に残存した麻とフジ糸の束である。フジはフジ布として利用範囲が広く、仕事着には欠かせない素材であった。フジ蔓から繊維を取りだして績《う》む方法を聞き取った。「フジは、花の色が紫色の濃いものほど良質の繊維がとれる。フジ蔓の太さは直径一センチ以上のもので、一メートル以上の蔓丈に刈り、山で皮を剝いだ。それを家に持ち帰り、灰汁で煮て、河川に晒す。晒したフジ皮を小さく引き裂いて繊維に績《う》み、糸車で撚りをかけて糸を作った」。

フジ皮に限らずあらゆる天然繊維は、自然の恵みである。例えば、奈良晒しは有名であるが、その地を訪ねて聞くと、月ケ瀬村は江戸初期の大麻や苧麻《ちょま》の製法を今に伝承している。この技法も先のフジ布のように繊維を績み、糸の精練には米のとぎ汁を入れて、糸車で撚っていた。図171の砧はわが家

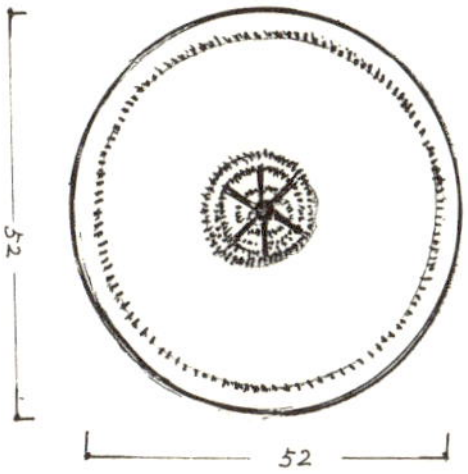

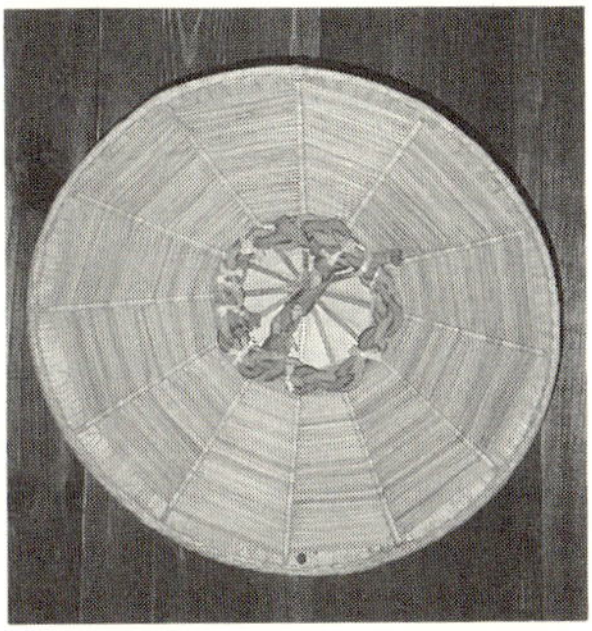

（裏）

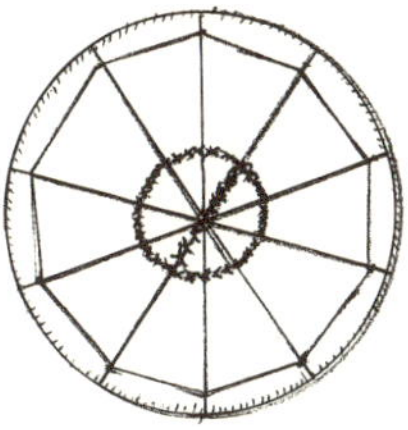

図173　菅笠
①重量280g，高さ14cm
②笠裏に油紙を貼付，布縄円座，
10本の竹を18段に綴じる（倉吉市）

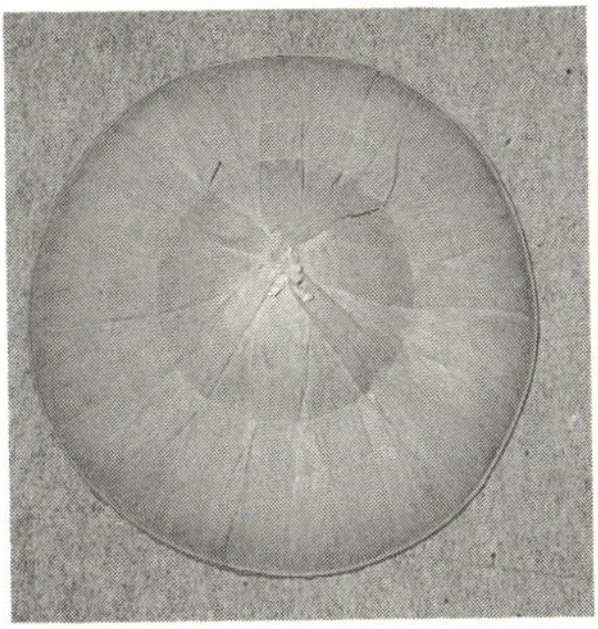

（表）

（裏）

図174　竹笠
①重量120g
②竹の皮と裏は竹を編む
（倉吉市）

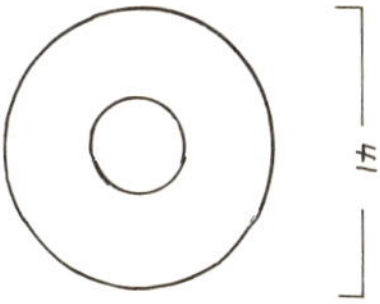

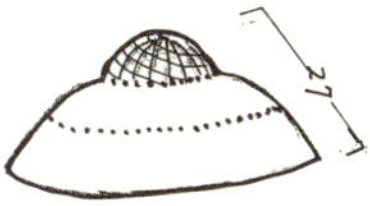

で使っていたもので、天然靭皮繊維の素材を柔軟にするために打つ木台である。「冬の夜なべに砧を打つと眠気が覚めた」と、聞いたことがある。藁打ち石のように家庭に砧を常備していたのである。織物の工具には、木製や竹製の道具が多く用いられ、その形態は座式作業に適した大きさで、移動できたり折りたたみ式で場所をとらない工夫がある。こうした用具で糸を作り、編みや織り製品の糸と緒《お》にしている。また、緒を縄にない、仕事着の付属衣とした。前述した通り、緒縄を常備した機能的な容姿は、さまざまな作業に対処することができた。また、仕事着の中には、麻やフジ糸で縫い取ったものがある。

図の笠類は、菅と竹で作られている。図173は、竹ひご十本を交差し、菅で編んである。直径五二センチの円形で、高さ一四センチ。笠の内側の頂点の頭の当たる部分には油紙を貼り、円座を取りつけている。その円座は、布で縄をなって丸めたものである。

図174の笠は竹製で、円錐形に編んでいる。内側の竹の編み文様は亀甲に似た縁起のよい編み目にし、外側に竹の子の皮を綴じていて、洗練された編み技法の笠である。

外被も、被りものと同じく、豊富な天然材料によって作られているが、ここではシュロ蓑について述べる。図175は、試着する人がシュロ樹のように包み込まれる大型のもので、緻密な編みで形成されている。この蓑の長所は何といっても雨をはじき、ワラ蓑にくらべて軽いことである。これだけ大型だといかなる大雪や雨もしのぐことができ、一家に一枚は防寒防水着として備わっていた。シュロ蓑が最適な外被といわれるのは、繊維の特性による。濡れても腐敗しない、半永久的な衣料であった。「自分の屋敷内にシュロの樹が一本あると、冬は寒さを知らずに働けた」と言う。一枚の蓑に要する

（内側）　図175　シュロ蓑　島根県能義郡広瀬町　（外側）

シュロ皮を毎年剝ぎ取り、その樹皮を蓄えておいたようである。

野良着の素材は、勤勉に働けば入手できる靭皮繊維と、情熱を持ってそれを績《う》む作業で充足した。日本のように湿度の高いくらしには、こうした吸水性に富む繊維が、衛生上にも重要な条件であった。この特性を備えた木綿衣は、素材の綿の量で糸と織物の重量が決まるために、布地の厚い、重い着物を高く評価した。長期に耐える厚地は、ひとえ着より袷《あわせ》仕立てを歓迎した。袷着を解くと、裏側につけた紺木綿で紺股引二足に改縫いすることができ、表布もはっぴ二着の仕事着が作れたと話す人もいた。また、蒲団一枚の中入れ綿を紡糸して布に織ると仕事着五枚に製織された。このように、昔の人たちは物の蘇生術に秀れていて、着物や蒲団綿を転用しながら衣生活を営んできた。一人の人が着装する衣料の重量を確かめてみたい。

身体に着る量は、季節と労働内容によって異なることは周知のとおりである。ここでは、上衣の中長はっぴ六〇〇グラム、下衣もんぺ二〇〇グラム、帯二五〇グラム、下着の腰巻と腰紐が四〇〇グラム、手甲と脚絆二五〇グラム、前掛けと被りもの三〇〇グラムを合計すると、二キログラムと概算した。男性は帯や前掛けなどを除くと一・五キログラムになるようだが、この上に藁衣を加装すると重量は増加する。これは昭和初期から中期までの衣料の重量であるが、その後の仕事着は軽量となり、一キロ前後の衣類を用いていたと思われる。

仕事着の管理について、昭和一〇年代ごろの様子を次のように話していた。「藁衣や手甲と脚絆は土間で脱ぎ、土間の竹棹に掛けたり、軒下に吊した。軒下の竹竿に雨蓑（草で作る）・負い蓑（稲藁）と古蓑に手甲、負い綱や縄製の袋大小が見られる（口絵参照）。外被を脱ぎ仕事着のまま食事をするため、土くれが床に落ちたりした。泥や汗は天日干しをして、手でもんで泥を落とした。洗濯はあまりせず、座敷の竹棹（部屋に渡した竹棹）に掛けて仕事着を休ませた」（鳥取県東伯郡三朝町、山本たけの、明治三四年生）。仕事着に土や垢が付着したまま着込み、一度洗い清めると生まれ変わるというような管理法であった。

資料を追っていると、着込めば着込むほど美しくなる質感の仕事着に辿りつくのである。仕事着と心を通わせながら、ボロになり地糸が生きて呼吸するのを手の平で撫でながら、繕い続けることによって、女性たちの心も救われてきたことを知らせてくれるのだった。これは、仕事着という媒体によって、心の自己表現を行なったのであろう。また、多様な自然界の植物素材を駆使した仕事着の被りものや外被を説明したが、それらの創作品は力と重みがあり、さらに芸術性をさえ感じるものであった。

野良着の移りかわり

在来の着物は男女共通の形であった。それが江戸末期から小紋染め、縞や各種の絣文様の流行によって、着物に男女の区別が生じ、着装の変化や帯幅の大小や結び方の違いによって男女差を表現するようになった。そのファッションの移り変りは仕事着にもあてはまる。

伝統的な野良着の着装とその変化について、明治末期から大正期と昭和初期から中期について、二人の人からその時代の傾向を聞き取った。「明治四〇年代の仕事着は、紺と縞着物で絣を着る人はなかったように思う。暇さえあれば、山からフジやコウゾを採集して糸作りをし、仕事着に織った。手拭いなんか被る人はなく、紺の頭巾だけだった。春から夏にかけて、イグサの日除笠《ひよけ》を被り、履物は山仕事に足半《あしなか》や草鞋《わらじ》を履いたが、田圃や畑では素足で働いた。男性も短着物に股引を穿き、帯はワラとフジのボロ布を小幅に交編みして用いた。女性は、着物を短くからげ、紺の腰巻を露出していた。帯は、ボロ布で織った裂織《さき》りで、小幅のもので腰を固定し、前掛けで調節した。着物はいつも襷《たすき》を掛け、身支度をして働いた。また、仕事着の中には藁衣が多く、消耗が早いのでたえず補充しなければならず、その製作に追われていた」(倉吉市大河内、佐々木寿野、明治三二年生)という。

昭和中期ごろの仕事着の着装について「昭和一三年に母親が織った上等の絣着物にモスリンの半幅

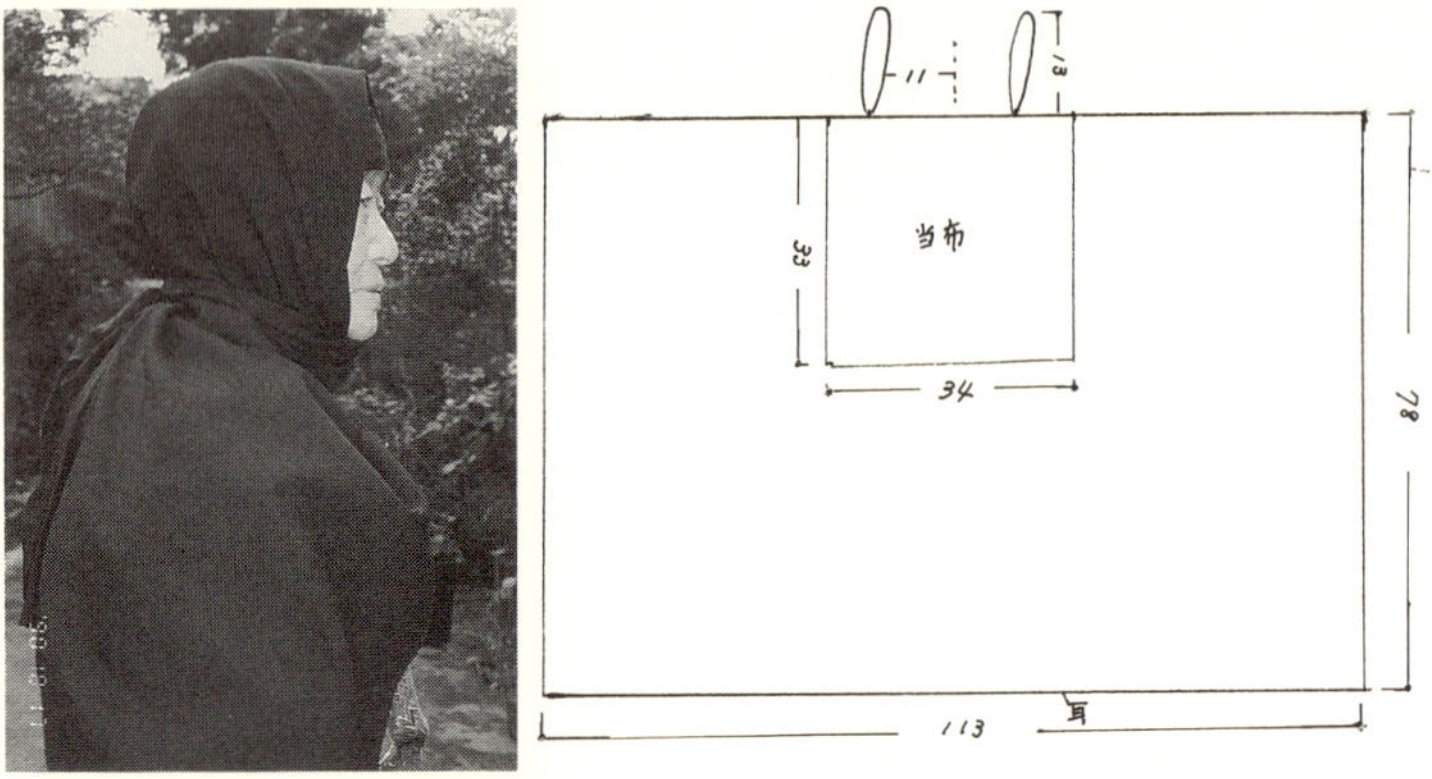

図176　頭巾　①重量100g　②黒モスリン　③倉吉市

帯を結んで、同一五年に田植えをした。新品の藍の香りがする仕事着で働いたので、よく覚えている。もんぺは昭和一七年から穿いたように記憶するが、その当時は長着物に帯を結び、その上にもんぺを穿くため、股下の襠《まち》を大きくつけていたようだ。帯をつけて働いたのは昭和三五年までである。そのころは着物丈が七分丈になり、衿に別衿を掛けて飾り、袖口にも白布を縫合して折り返して着ていた。しだいにもんぺが流行してくると、七分丈の着物が短はっぴに移ったように思う。また腰巻は不要になり、前掛けが廃れてしまい、エプロンが流行した。男性もズボンにシャツ姿が多くなり、年配者は長着物の裾をからげ股引をはく人もいれば、褌《ふんどし》を見せて働く人もいた」（鳥取県西伯郡大山町、中田千由子、大正一一年生）と話していた。

　この女性は村の農協に二〇年間臨事職員として勤めていた兼業農家の主婦である。和牛四頭を飼育し、朝夕の草刈りと干し草作りを続ける畜産農家である。夫は水田一町歩と山仕事を受けもっていた。

両者の談話から、女性の紺頭巾や腰巻、襷《たすき》に前掛け、男性の縄帯と股引が、昭和中期には廃《すた》れてきたことを知る。

図176の頭巾は大正期から被ったという現在八六歳の老女がモデルである。老女の話によると「頭巾は一枚の矩形布で、頭や顔を包む便利な被りものである。持ち歩いても荷嵩《にがさ》にならず、被ったり脱いだり自由にできた。寒い時は首巻にして使う。昭和二〇年ごろまで被ったが、流行《はや》らなくなって、白手拭いに変えた」と言う。

着物の形態で常に変化したのは袖の形である。図177の袖形に示すように、長袖を仕事着の袖形に変え、筒袖と鉄砲袖、船底袖など、腕に沿った袖丈で可能な限り短く仕立てている。このように袖形が変化するのは——縫い直しにより、まず元どおりの並幅布に解く。長方形の布を正方形に折り、残り布を真二つに縫合すると捩《もじ》り袖ができる。こうした袖の底が損傷すると、袖山線（袖山の中心、身ごろの肩に接する線）を移動して振り替え、左袖と右袖を交換して布地を長持ちさせた。袖は一枚の布に展開し、傷みや損傷を避けて船底袖の短袖に更生した。そして、最後に腕に沿った洋服袖のようにして着用した。長袖から再度短く移り変わったり、着物の丈もしだいに短くなっている。着物丈が等《つい》丈になり、七分から六分丈に移り、さらに女性の上衣はっぴは腰丈までの短さになった。男女とも着物の衽《おくみ》を省き、衿幅を狭くして布地の節減を計るとともに、身体に沿った仕事着にかわった。それは仕事着に限らず、社会の風潮が洋式化の服装とミシンの出現によって洋装が流行したことにもよる。永い間培った和服の長所である直線裁ちの着物が、洋服型の曲線裁ちに移って行くのである。しかし、急速に変わることはなかった。というのも、家族の中で明治生まれの人は昭和中期には働き盛りであ

図177　仕事着の移りかわり（袖の形）

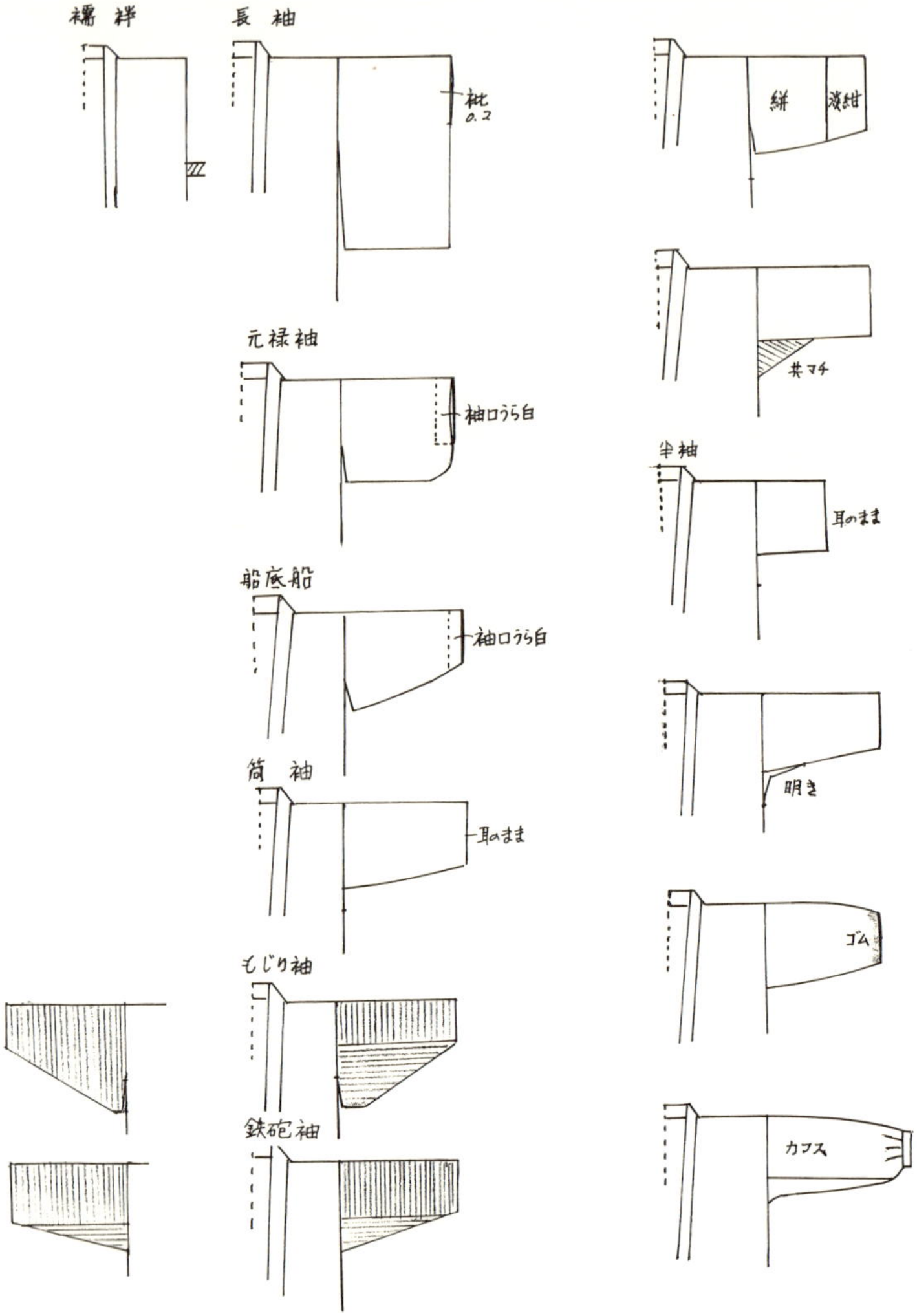

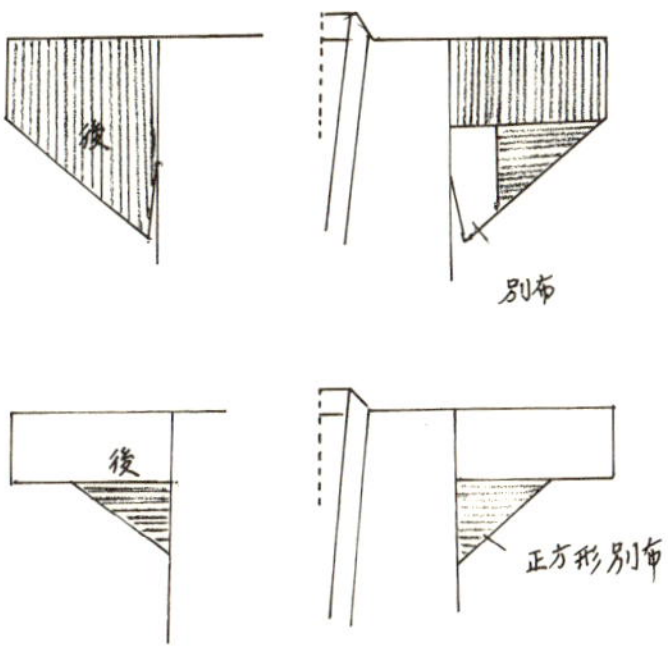

り、その人たちは洋式の仕事着やもんぺとは無縁であったからである。また、農業の就労者が高齢化し、その老人たちの仕事着は、男女別や年齢差で、多少の相違が見られる程度の藍木綿の縞着で、雀の羽根色をした茶系統の色と紺を交織《こうしょく》した縞が仕事着に多く用いられた。絣を仕事着に用いたのはその後のことである。

仕事着の色相や文様と縞は昭和初期から派手になり、色縞も多く、隠し紬を交織した光沢のある縞も多い。また、絣は時代を遡るほど絵画的文様や繊細な小絣が多く、昭和初期には白場の割合が多く、幾何学文様の派手な左右のシンメトリーや、斜線の雁木文様（雁の行列に似た文様）などの連続文様が現われる。また縞筋が太く新鮮なデザインに変わってきたようだ。しかし、あくまで仕事着として特別な形態の変化はなく、基本的な着物の袖や着丈、衽なし程度の変化を見たにすぎない。

もんぺの流行は若者から始まり、仕事着に画期的な変化をもたらした。もんぺについて某女は、「昭和三〇年ごろ洋服型の仕事着が流行し、絣の着物を解いて上服ともんぺを製作した。もんぺはズボンの型紙を借りて裁断し、ミシンで縫った」という。その時代の洋装化する社会の傾向と風潮により、流行を追いかけようとする若者が和式から洋式のデザインに移り、野良着の着装が変わって行くことを物語っている。しかし、仕事着に付随する手甲や脚絆は変わることなく用いられてきた。

和様から洋式へ

私たちの祖先が和服を大切にし、漁撈や山林・水田・畑や砂丘地などでの多岐にわたる仕事をしやすくするために、襷《たすき》や前掛け、腰蓑に背蓑を着け、手には手甲をはめ、足には脚絆《きゃはん》に草鞋《わらじ》の付属衣を加装して働いてきたことは前記したとおりである。その土地の環境と風土に適した村の伝統的な着装を守りながらも、ボロを着ようが、片肌脱ぎで働こうが、声をかけあって働いてきた。仕事着もその家の経済状態に左右されることは当然のことであった。

しかし、第二次大戦後の社会変動により日本の伝統文化が否定され、目新しい多様な文化に刺激されて、衣食住のくらしに変化が起こった。また、近代の大型機械化の導入による農業経営は、労働形態の変化とともに、必然的に作業衣も仕事にマッチする形に変えざるをえなくなった。そして衣料の技術革新にともなって、新しい合成繊維が出現し、既製服が市販されるようになって、仕事着を画一的なものに変えてしまった。

そもそも、衣生活の洋風化は、官吏や軍人や教員などの一部の職業人のあいだでは、大正期から昭和初期には取り入れられていたようだ。しかし一般庶民の衣服や仕事着は、旧態依然の和服姿が主流であった。その洋装化の流れに乗るのは、女性より男性のほうが早く、手縫いの直線裁ちのシャツとズボン下などが用いられた。女性は和服から抜け出られない者が多かったらしい。

戦後の洋式化への社会的風潮は、その当時の女学校や洋裁学校での洋裁教育が影響を与えた。洋裁技術を学んだ人は、着物幅の反物で和洋折衷形のシャツとズボン下を縫い、男性に着せた。その用布には、白糸と紺糸を半々に交織した鼠色や棒縞の手織り木綿を製織して用いたようである。聞くところによると、「紺糸の縞布から白縞を着るようになり、汚れがよく目立った」という。

昭和二〇年前後の仕事着は、男性は股引からズボンやズボン下を穿く者が増加し、シャツと組ませる二部式の着装をする者もいた。女性も二部形のもんぺとはっぴを着る人が増え、はっぴの袖口を洋式カフスにしたり、袖にゴム紐を通して絞り形の袖に変える者がいた。ゴム紐による整え方も洋式である。こうして仕事着を眺めると、一足跳びに和様から洋式へ転化したのではないことがわかる。

和様から洋式へ移りかわる現象をよりよく理解するため、在来の着物と野良着についての資料を見てみよう。

和様の仕事着

男性用の仕事着である図178と図179は、木綿絣長着のひとえと袷《あわせ》着の茶縞である。両方の着物は、最初は町着として長袖を付けていたが、昭和初期ごろに袖を三角袖と筒袖に改縫いして仕事着にしたと言う。絣着は八ミリ間隔に経緯のそろばん絣が製織されており、袷着物は二ミリ間隔の茶縞で若向き用である。濃紺の通し裏をつけ、重量は一二〇〇グラムもある重い着物だった。

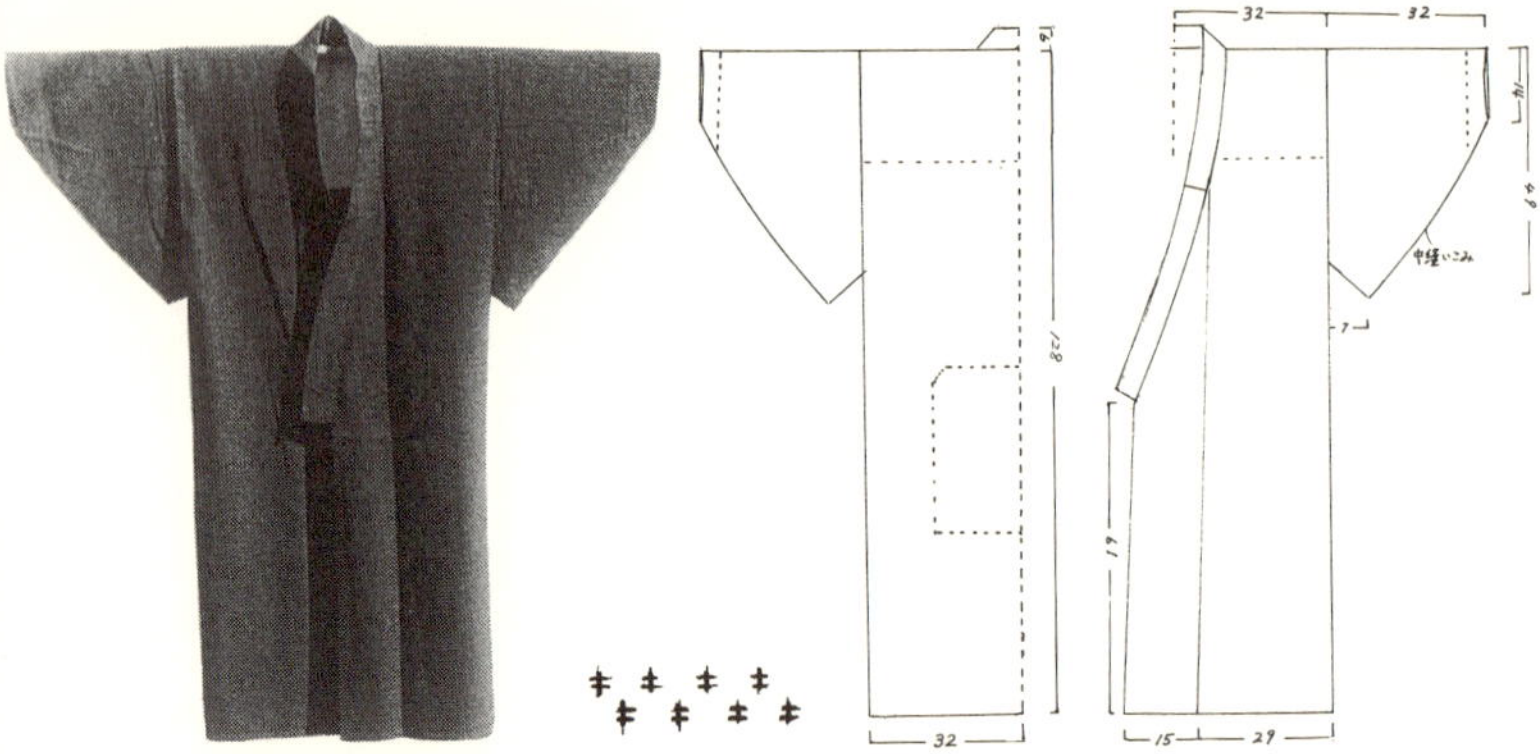

図178　木綿絣男長着
①重量700g　②並幅33cm に絣文（そろばん）40立．紡績糸　③鳥取県東伯郡東郷町／明治期～昭和期

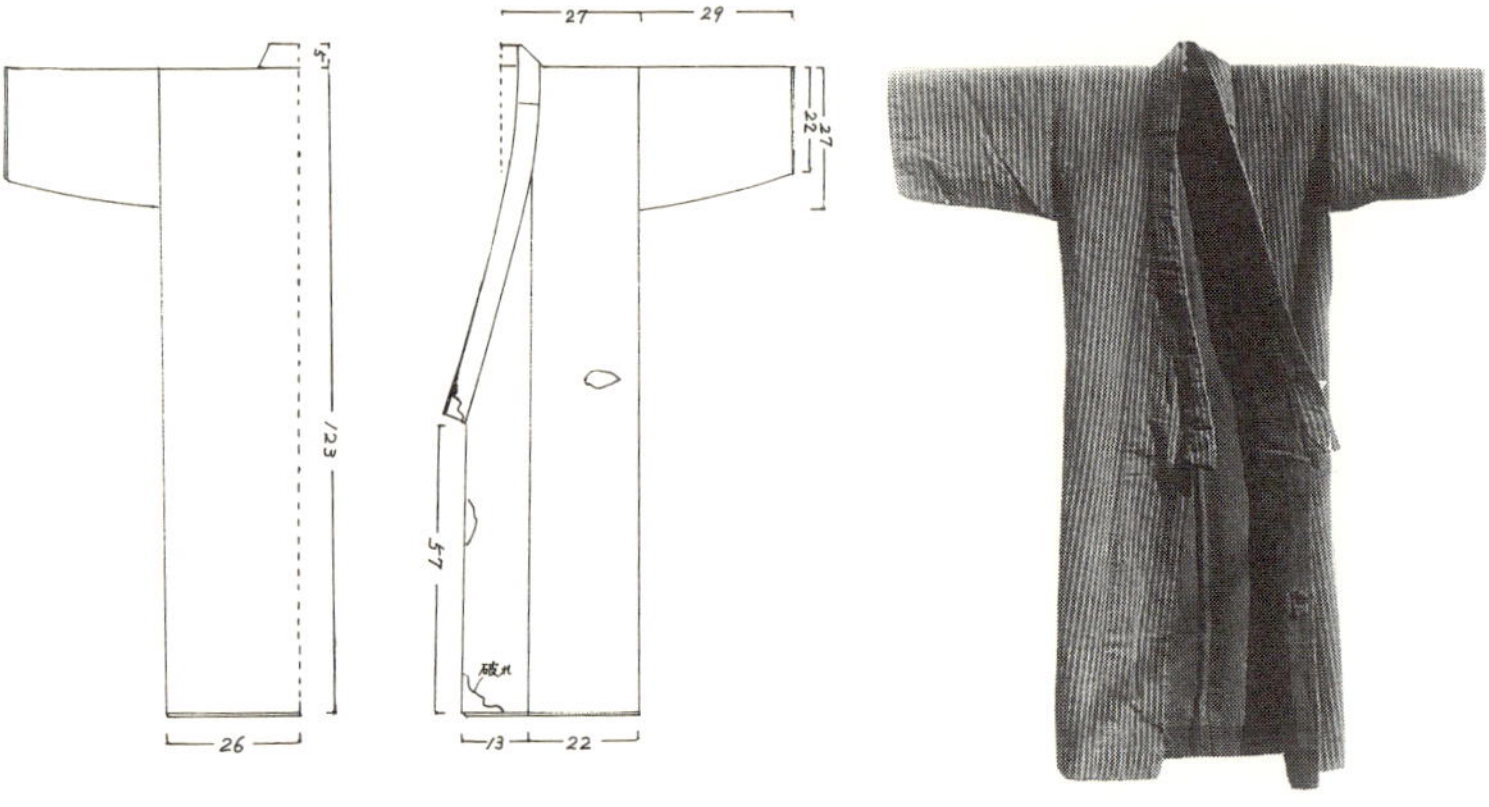

図179　木綿縞男袷長着
①重量1200g　②並幅33cm に茶棒縞27立（青年用）．裏濃紺木綿　③鳥取県西伯郡名和町／大正期～昭和期

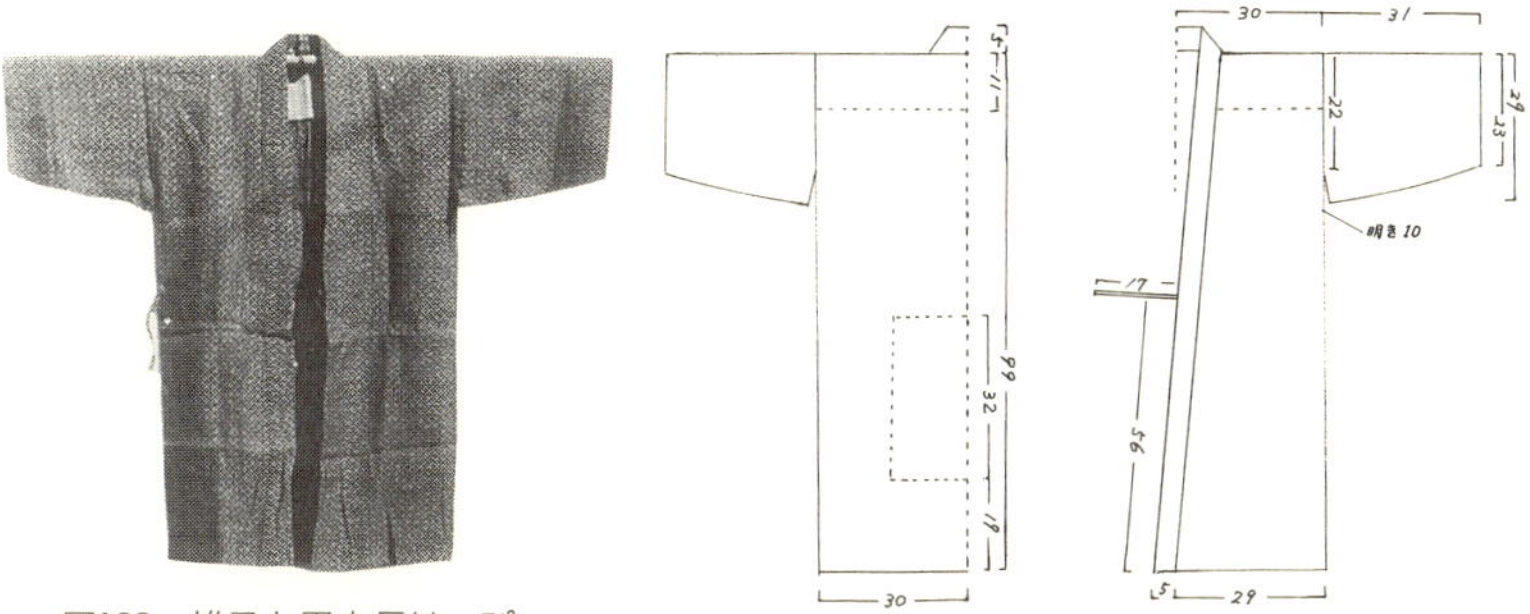

図180　帷子女用中長はっぴ
①重量300g　②並幅34cm，麻絣．濃紺肩当　③鳥取県東伯郡赤碕町／明治 6 年生が着用

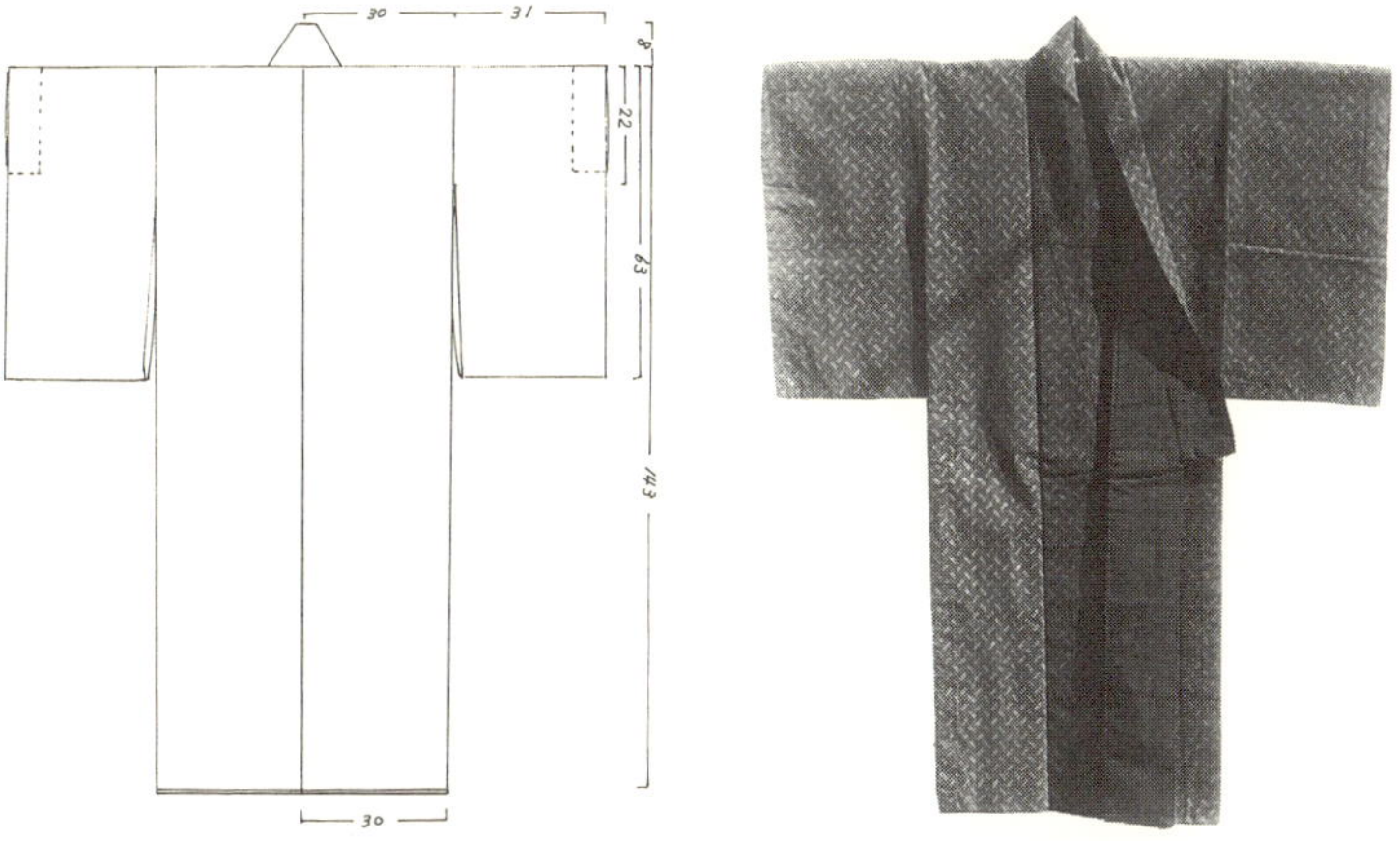

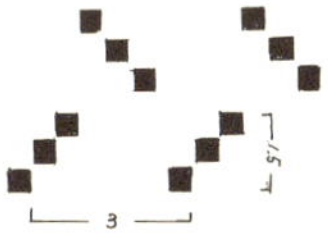

図181　木綿絣女袷長着
①重量1300g　②並幅35cm に経緯絣幾何文12立（三段豆腐）．手紡糸を地機で織る．裏紺木綿，袖口裏梅の絵絣．広衿　③倉吉市／明治 9 年生が着用

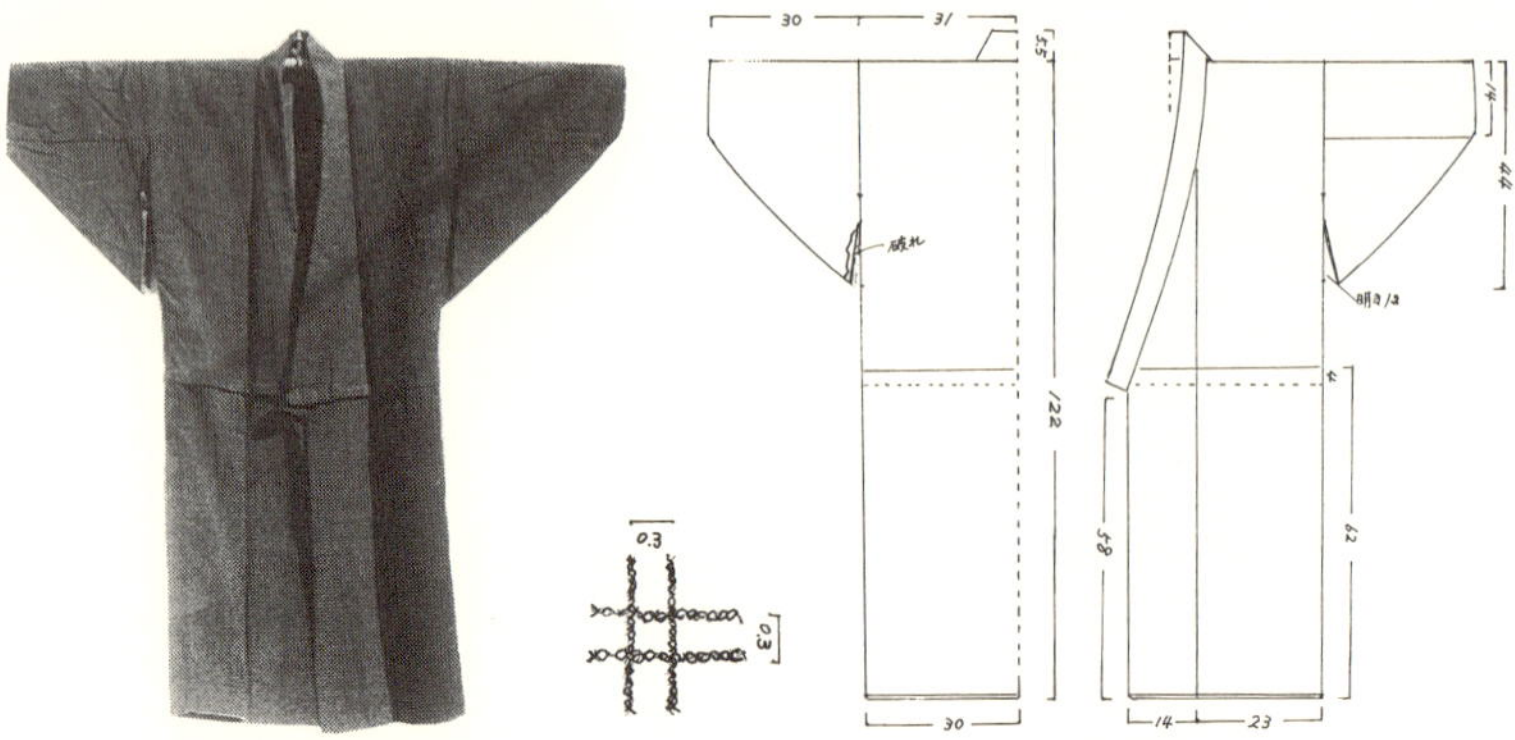

図182　木綿格子縞女袷長着
①重量980g　②表地は紺絣糸の撚糸を 3 mm 間隔に格子縞，裏地は総紺木綿　③鳥取県西伯郡名和町／明治期〜昭和期

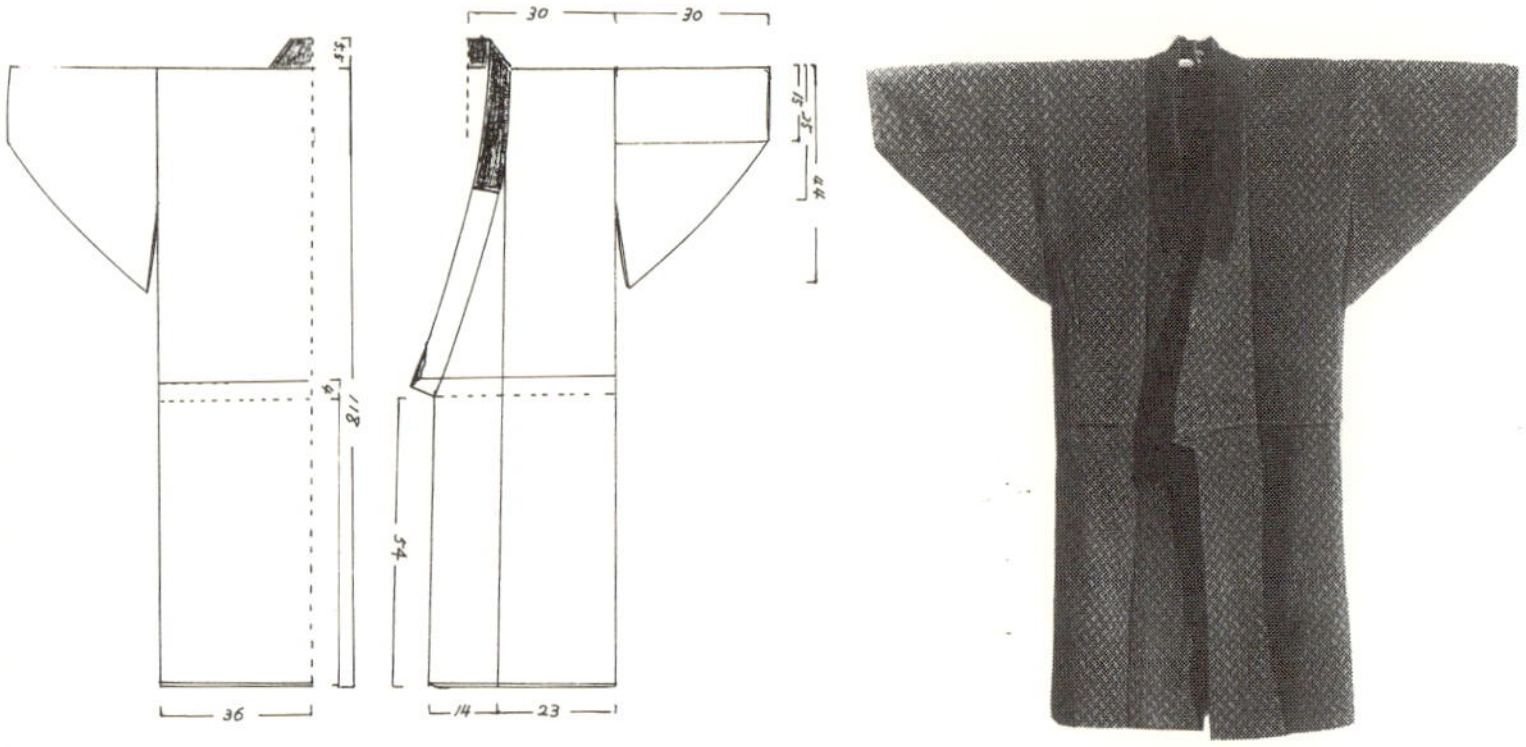

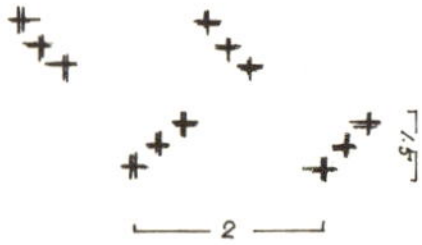

図183　木綿絣女袷長着
①重量1000g　②総紺裏付．手紡糸．経緯十字三段ずり文15立．袖口裏縞，腰上げ，掛衿は繻子　③鳥取県東伯郡羽合町／明治30年生

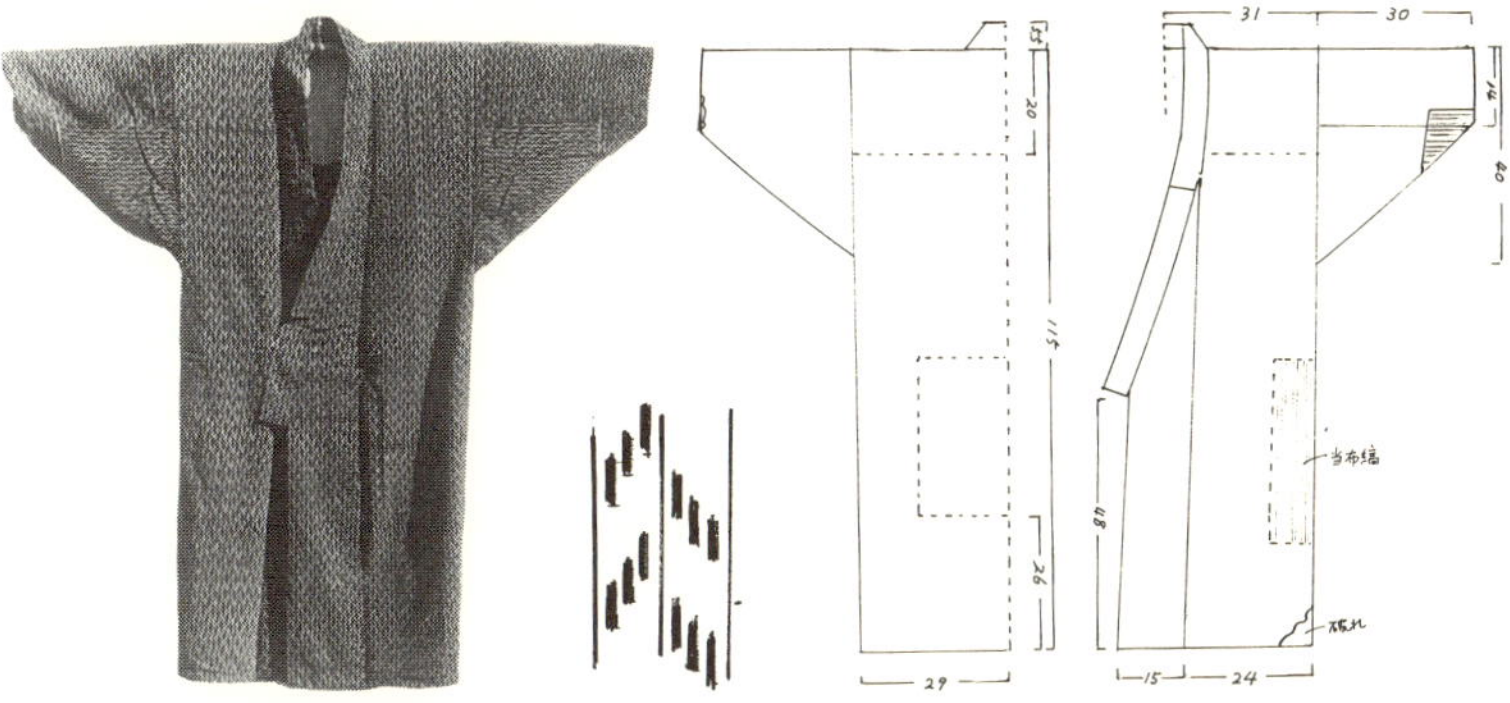

図184　木綿絣女長着
①重量550g　②並幅34cm に縞（線矢絣）36立．手紡糸．共布居敷当て　③鳥取県東伯郡赤碕町／明治21年生が着用

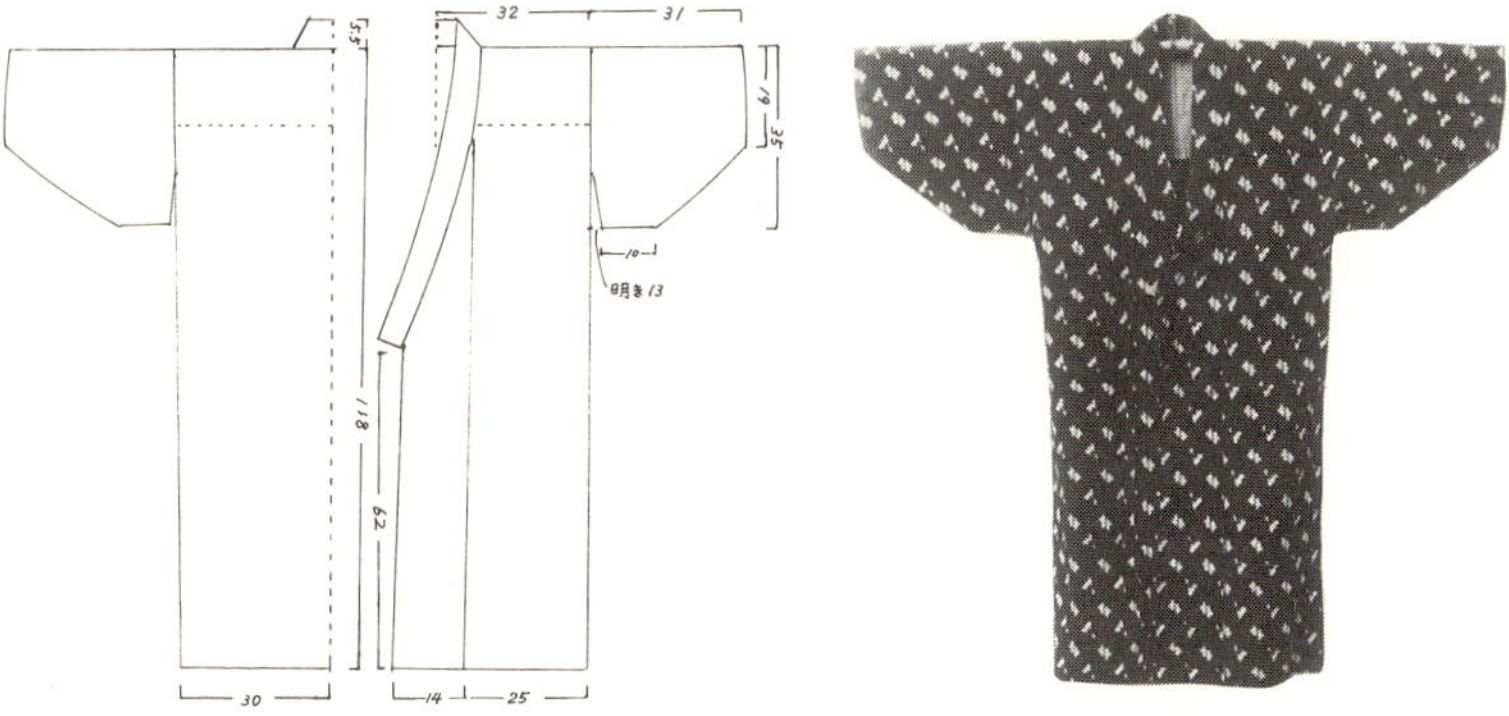

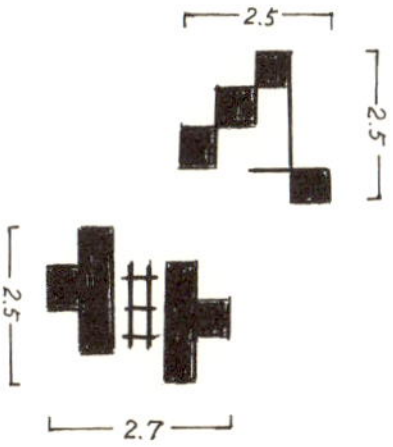

図185　木綿絣女長着
①重量600g　②並幅35cm に幾何文 4 立．肩当て染布格子．紡績糸　③島根県八束郡島根町／大正期

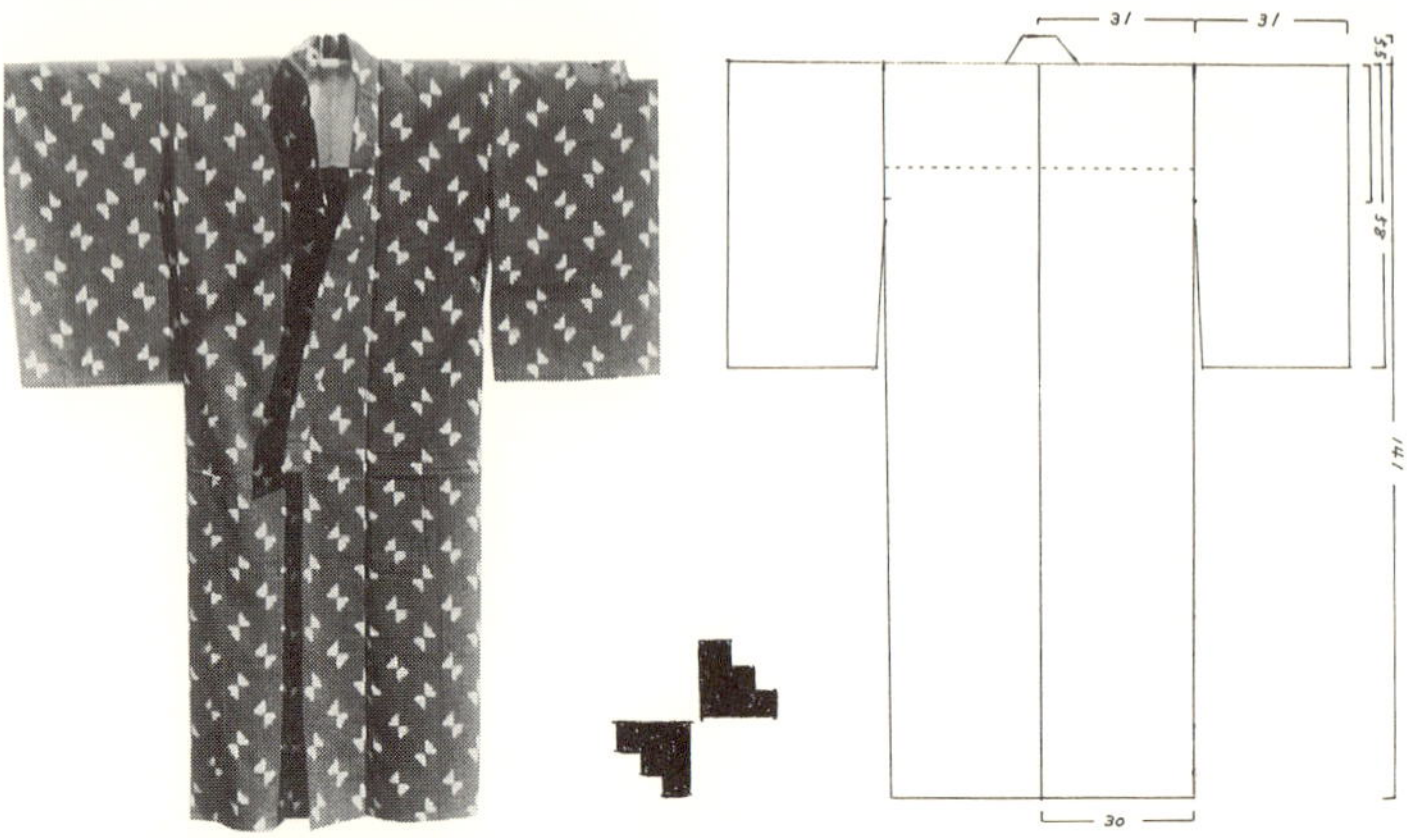

図186　木綿絣女長着
①重量850g　②並幅34cm に鼓文 3 立．紡績糸．肩当て白　③鳥取県西伯郡中山町／大正期～昭和期

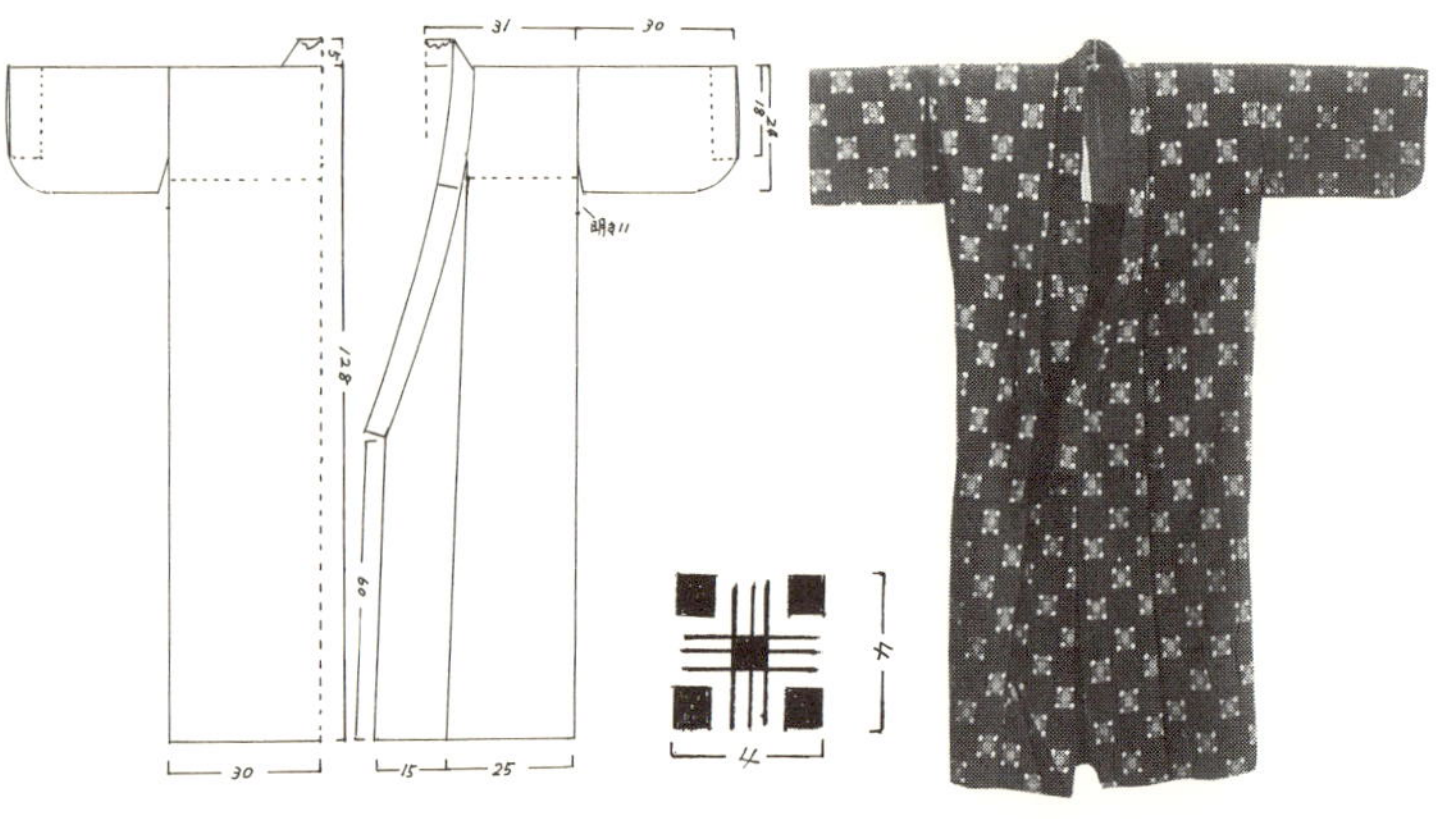

図187　木綿絣長着
①重量680g　②並幅33cm に幾何文 3 立．袖口裏別絣（虫の巣）．紡績糸　③鳥取県西伯郡中山町／昭和期（大正 9 年生）

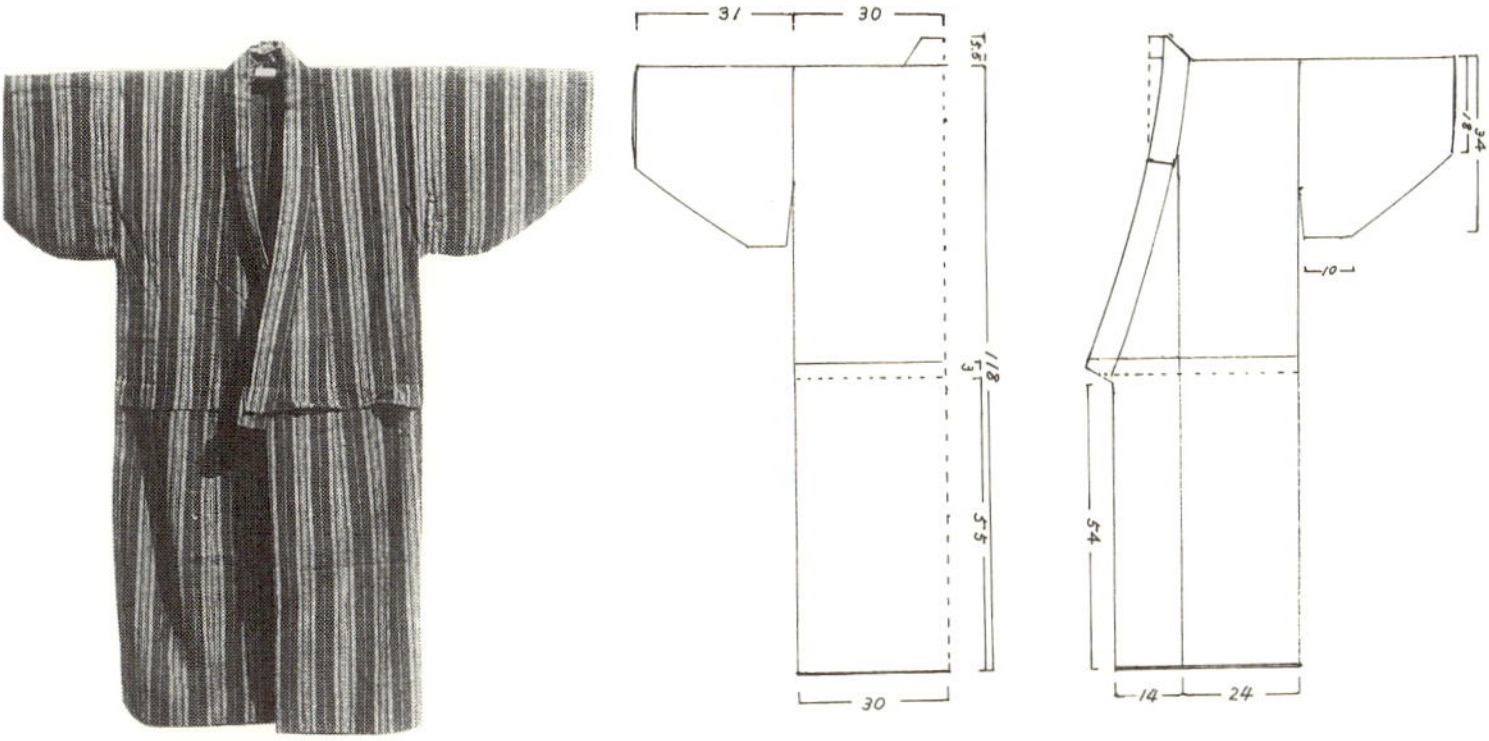

図188　木綿縞女袷長着
①重量1500g　②双糸と紡績の色縞，並幅34cm に 4 立．裏総紺木綿　③島根県八束郡島根町／大正～昭和期

女性用の仕事着について図180～189の一〇点について述べる。図180の帷子《かたびら》の中長はっぴについて聞いた。「麻着物は、土用に着るだけでなく、年中重ね着に用いた。帷子は軽く、暖を取るのにも中間に着ると通気性がよかった。暑くなれば脱いでも荷嵩《かさ》にならず、仕事の途中で着替えた」という。この談話から、重ね着により体温を適温に保つ、被服気候（人体をつねに快適な状態におく被服下の人工的な気候）の着方を実践していたことを知った。帷子の袖は腕が通るほどの袖幅になり、明治末期から昭和初期ごろまで用いていた。

図181は、木綿絣の袷着物の新品である。この着物をここに引き合いにだしたのは、古老から一生涯に一枚だけ新品で残したと聞いたからである。「明治九年に生まれ、娘時代に手習いでこの着物を織った。経緯絣の三段豆腐という幾何学文様で、とてもむずかしい絣だった。着物の仕立てに袖口の裏に梅の絵絣を縫いつけている。袖丈は六三センチで中振り袖と袷仕立てである。毎年の田植えの時期に箪笥からこの着物を取りだしては、あきらめ

て、着ずじまいで年老いた」と語った。重量は一三〇〇グラムである。野良着の元の形を知る上にも重要であるとともに、着物を自分の分身のように大切にしてきた老女の着物に対する愛情を感じさせるものである。

図182〜188も今まで述べたとおり着丈は等丈《ついたけ》で船底袖に改良したり、衿に黒繻子《しゅす》を掛けたり、腰上げ(着丈《きたけ》に腰回りを縫い上げる)を縫って八分丈にした着物もある。この資料の中に重量が一五〇〇グラムある重いものは、手紡糸が太く、打ち込みの力が強い在家特有の厚地織りである。山陰の寒冷地の衣類では手紡糸を太く、織りの打ちを強くして地質を厚くすると、暖かくて強靱な着物になる。織り方で糸の量が異なり、打ち込みが強いと二倍の糸がいる。

着物から短はっぴに変遷したことについて、古老は図189について説明した。「わしは明治三〇年に生まれ、一三歳で機織り工場の工女として働いた。三年の年季を明けて家で織ったのが、この小絣である。織りながら目が痛くなるほど緊張した小柄だ。長着物のまま着たが、昭和三〇年に五八歳のとき着物を切断して二枚のはっぴにした。とても勇気がいった」と。このような年配者が着物を切断して着るまでには、時間が経っている。もんぺという機能的な下衣の暖かさと、穿き心地のよさに気づきはじめ、着物丈を短くした。仕事着の二部式を用いる心の準備ができたのだろう。

図190の木綿色縞はっぴは、昭和三〇年に製織した縞である。長男の嫁の仕事着に、姑が織ったもので新品である。「嫁が来た初めての正月に、着物を作って与えるという習慣があり、姑が織ってくれた。綿を栽培して糸を紡ぎ、家庭で赤や紺染めにし、棒縞に織り、袖口は洋式のゴム入り仕立てにし、手縫いである。一度も手を通さぬうちに洋服の仕事着に変わってしまった。簞笥の肥しになったが、

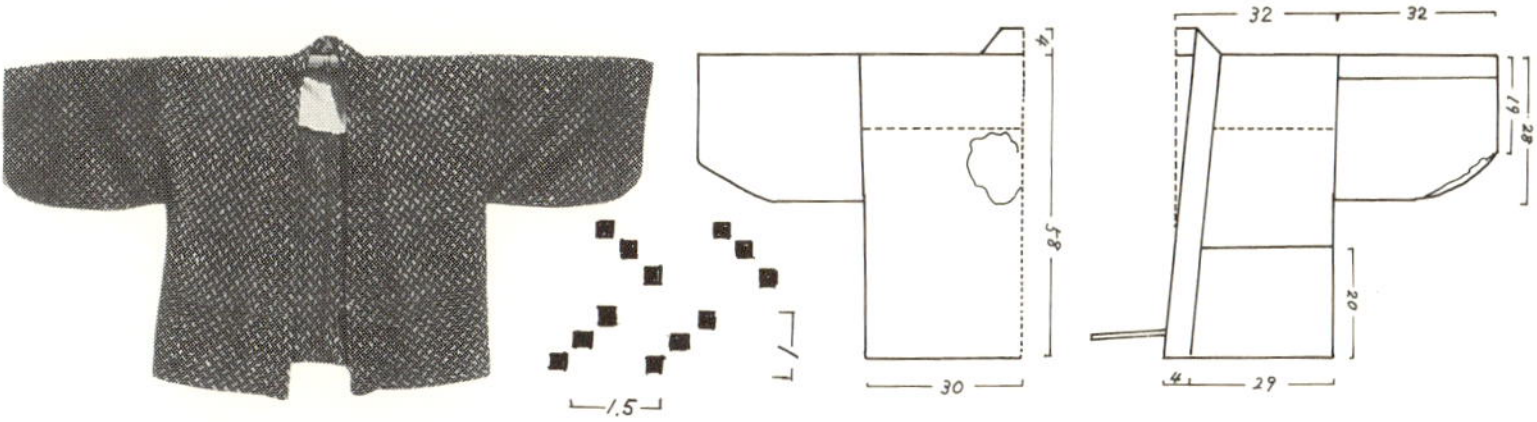

図189　木綿絣女上衣
①重量290g　②経緯真白の細絣，手縫い　③倉吉市／明治30年生，13歳で製織し昭和50年代まで着用

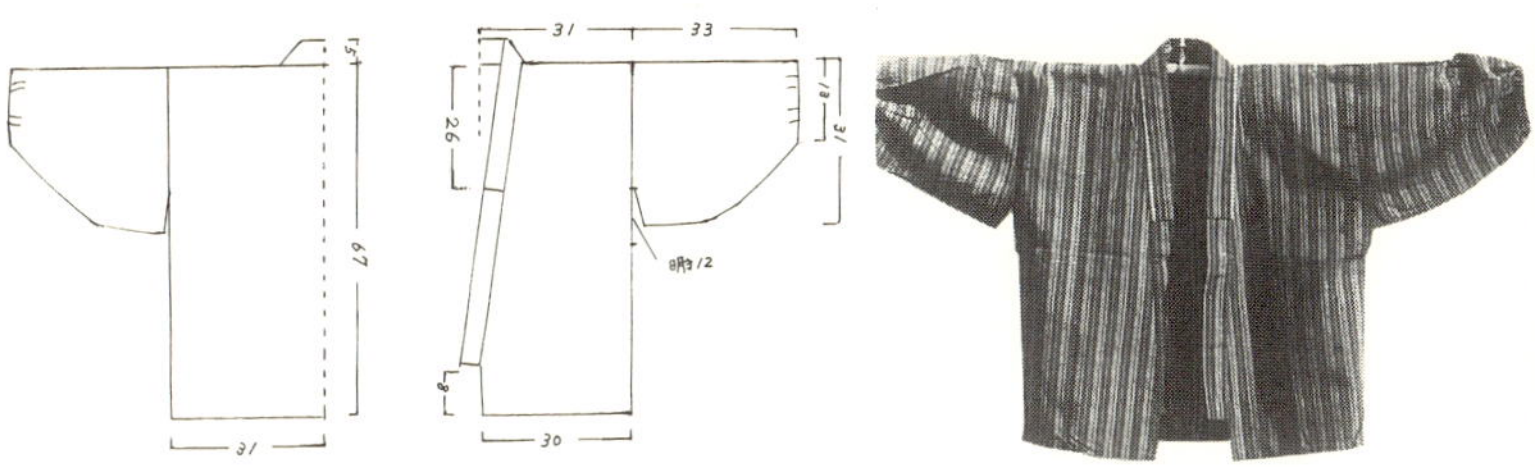

図190　木綿色縞上衣
①重量280g　②縞（赤・白・紺・淡紺），手縫い，袖口はゴム入り　③鳥取県東伯郡大栄町／昭和30年ごろ製織

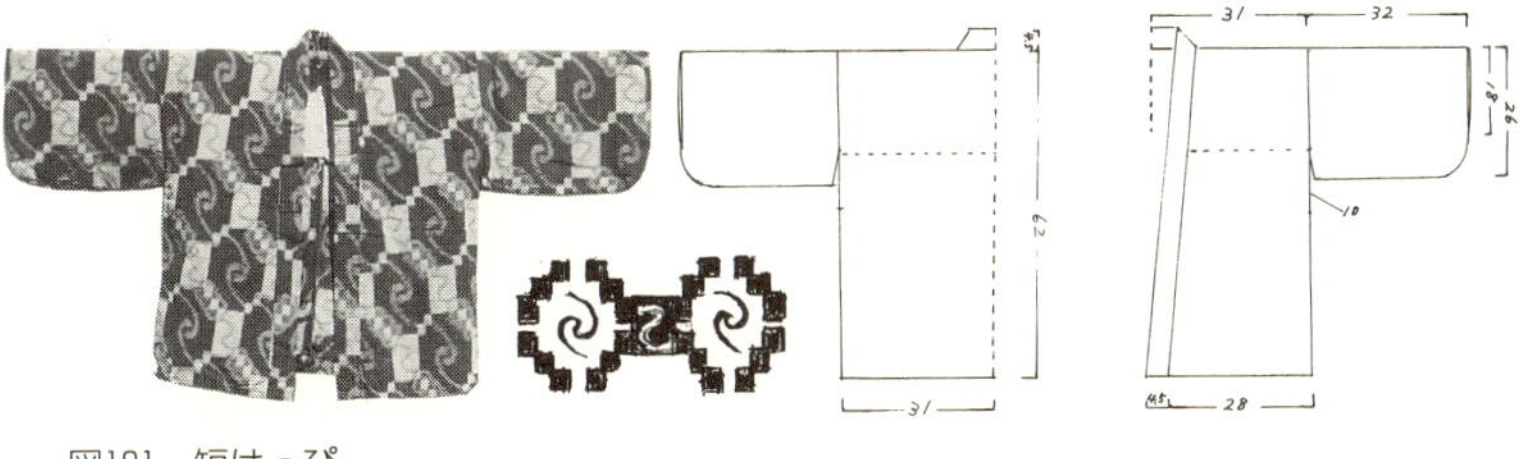

図191　短はっぴ
①重量240g　②木綿機械織り絣，昭和30年，著者手縫い　③倉吉市／昭和中期

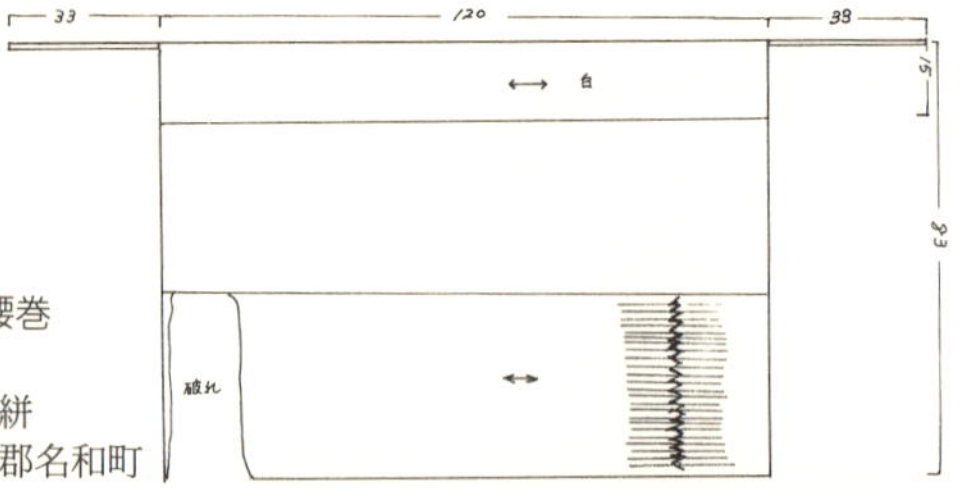

図192　木綿絣腰巻
①重量100g
②浅黄木綿矢絣
③鳥取県西伯郡名和町

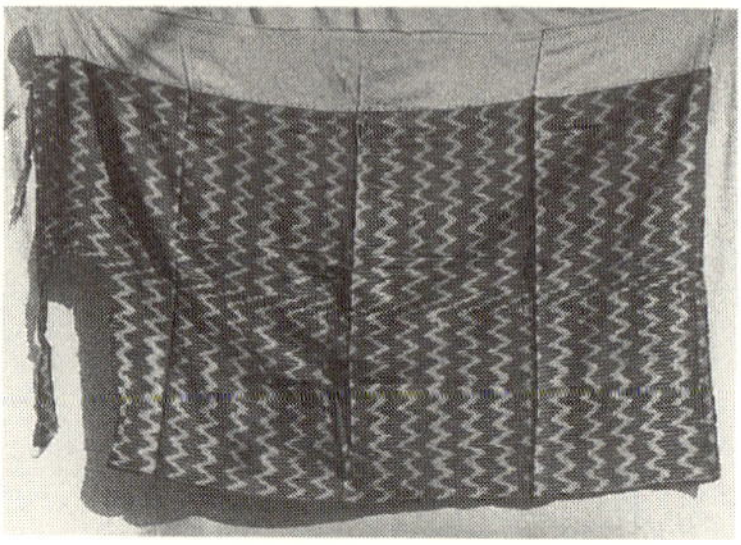

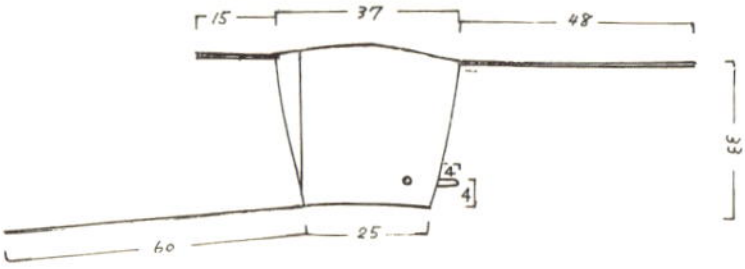

図193　縞脚絆
③昭和期

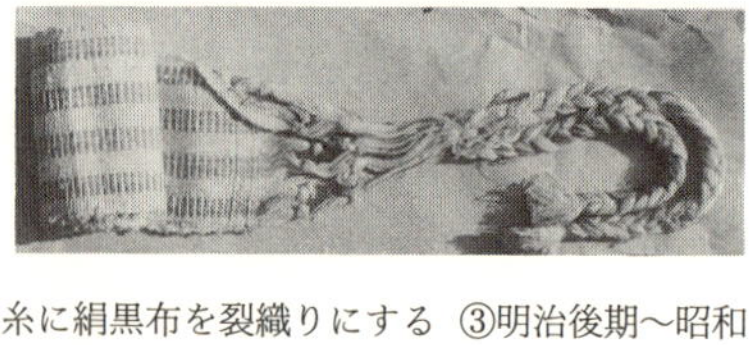

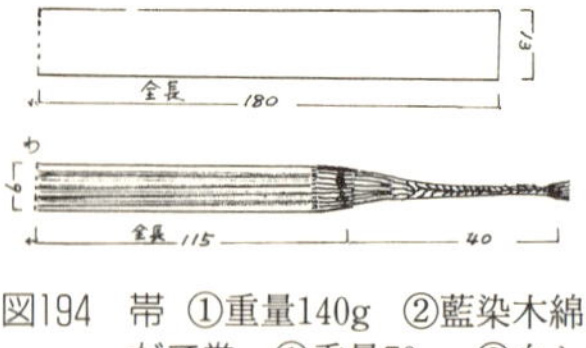

図194　帯 ①重量140g ②藍染木綿を経糸に絹黒布を裂織りにする ③明治後期〜昭和
だて巻 ①重量70g ②白と赤の綿糸縞 ③昭和中期

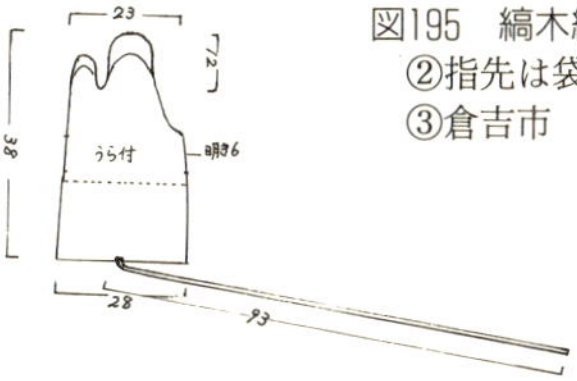

図195　縞木綿手甲
②指先は袋状
③倉吉市

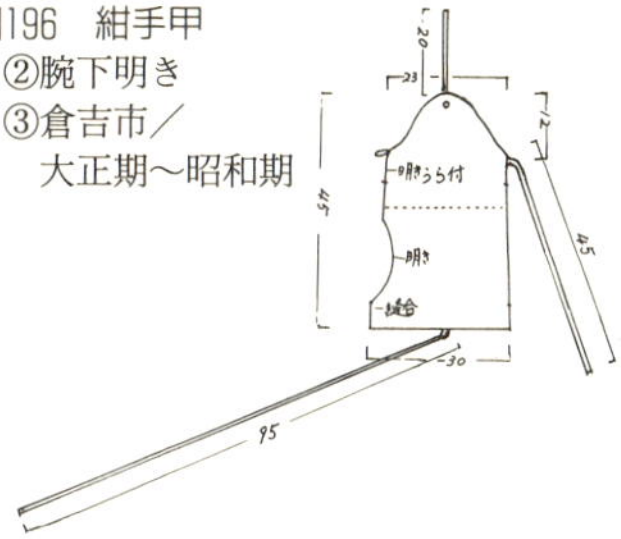

図196　紺手甲
②腕下明き
③倉吉市／
大正期〜昭和期

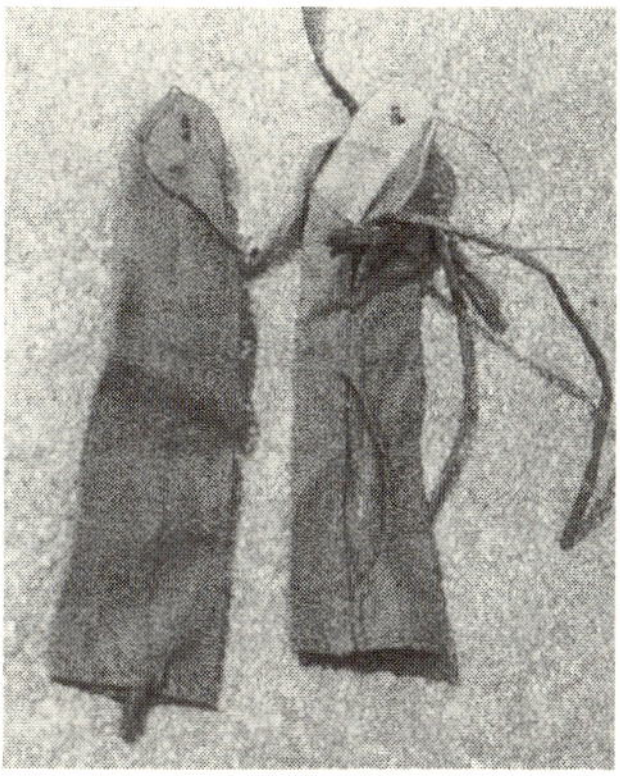

図197　ゲートル
①重量90g
③倉吉市

資料になれば使って……」と、私に譲ってくれた。私の学友で大規模農家に嫁いだ人である。このはっぴの重量は二八〇グラムで色縞の美しいものだった。

このように、昭和中期ごろの用布は手前縞や、在来からの着物や、蒲団を解いた表布、その時代に流行した備後の機械絣など、さまざまな図柄と風合いの用布を用いていたが、その形態は同じである。

図192の腰巻は、短はっぴと併用した矢絣である。腰巻は二幅を縫合して別に浅黄色の腰布をつける。着物の紺色との対比が美しい。帯も、仕事中はもちろんのこと、就寝中も巻く人がいるほど習慣化していた。手甲や脚絆は和様の仕事着には欠せぬ役割を持ち、紐結びの形式が多かった。紐の結びが強ければ手足がむくむ。私は紐結びの方法で疲労したり仕事に支障が出るような体験をしている。

図197の男性用ゲートルは、昭和初期（満州事変後）に戦場からの帰還兵が持ちかえり着用したことが始まりのようである。ゲートルはズボンの上や素足の下肢に巻きつける。一片の布を斜形巻きに重ねて、下肢を軽快にして働くことができた。付属衣も、しだいに洋式化の流れが見られ、やがて洋服を受容するのである。そうした画期的な曲線裁断の試みに対する人びとの様子を述べてみたい。

洋式への移りかわり

女性がもんぺを穿くことが洋式への移りかわりの第一歩のようである。もんぺについて聞きとった。「昭和一〇年ごろ、母親が東京の親戚から送られた、もんぺという股のあるものを穿いて村を歩いたら、村人が驚き、大評判になったと、小さい頃に聞いている」（鳥取県東伯郡三朝町、米原秀雄、大正一三年生、現在倉吉市在住）。

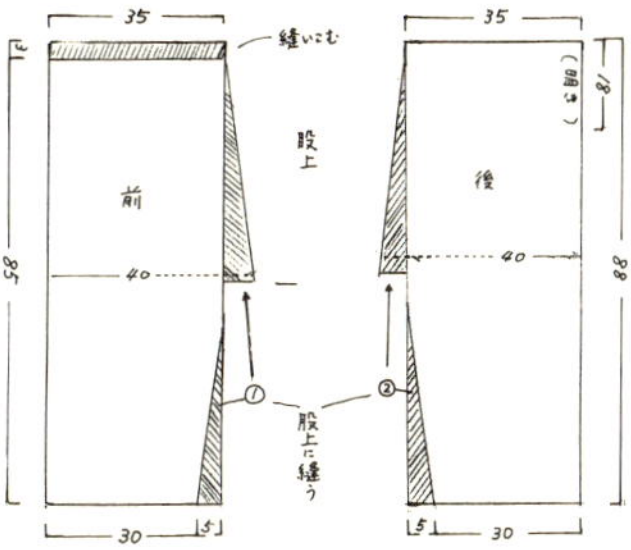

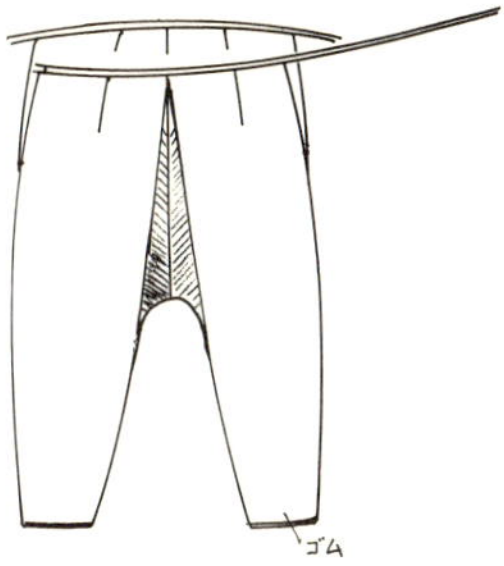

図199
もんぺ

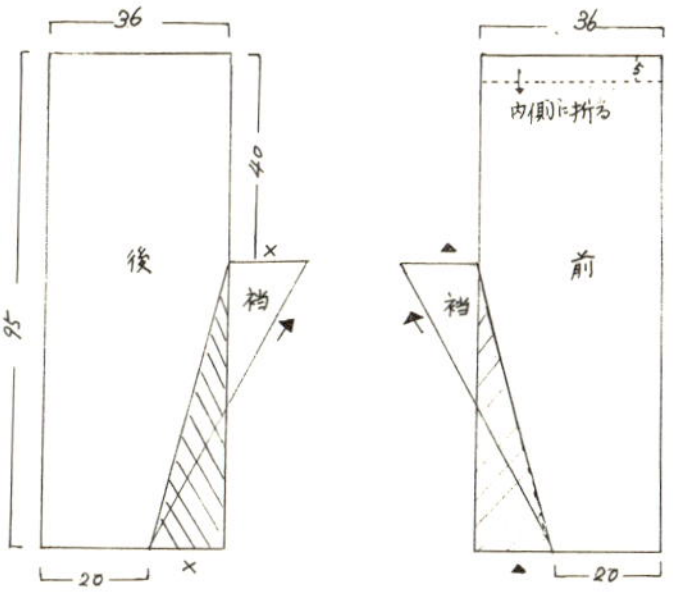

図198　もんぺ
②並幅35cm総利用し，股下の裁ち布を股上に加え，前後同寸法に仕立てる．股上の前を3cm縫い込み前後の差をつける．再縫いする場合を考えて同寸法の布を裁断しておく
③倉吉市

また、昭和一三年に結婚した人の話によると、「嫁《とつ》いできた年は、若嫁さんと言われて着物が目立った。縞の長着物に太鼓結びの帯をしめて、蚕さんの桑とりをした。そのころはもんぺは誰も穿いていなかった。もんぺは戦時中（第二次大戦）から流行し、銃後を守るために必要だった」（倉吉市海田、伊藤房子、大正一〇年生）という。

農村では、長い歳月に共同体で培ってきた仕事着の着かたの約束ごとがあって、一人だけもんぺで独走することには勇気がいった。もんぺ姿を「男まさり」と名ざしされることを恐れた。女性は人前で足を投げだしたり、下肢を見せたりすることは禁止されていた。正座する座式生活の行儀作法を躾《しつ》けられ、ましてや股のある下衣もんぺは敬遠された。これは、男女の性差別の教育が生んだものであろう。もんぺがいかに機能的な下衣であるかを知りながらも、目を閉じる人が多く、それらがもんぺへの転換を遅らせたようだ。

もんぺの普及は山間の村などでは導入が遅れたが、全般的な流行は急速に広まり、多彩色の棒縞のもんぺを織る自家用機《ばた》の音が響くようになった。また男性のシャツ縞も織られ、仕事着の充足に忙しかった。その当時の衣料不足について、「終戦後の衣料不足を乗りきるために、蒲団や長着物を解いて仕事着を作った。もんぺは、着物幅四枚をもんぺ丈に切り、曲線裁ちはせず、余分な縫い代を内側に入れて手縫いにした」と某女は話していたが、もんぺの股上《またがみ》と股下《またした》のカーブに鋏が入れられないということである。

図198・199のもんぺは、直線裁ちに考案した形である。老女の説明によると、「もんぺを着物のように再度縫い替えて寿命を延ばすには、曲線裁ちにはしない。まず、並幅三六センチの用布でもんぺ丈九五センチを四枚用意する。あとは、別紐があればいい。図198は四枚の用布の足首を狭くした残り布を股上に加えて縫合する。股上は前後の差をつけて前側を三センチ内側に折りこむ。また図199のもんぺも同じく並幅四枚のもんぺ丈の用布でできあがる。用布の半分の位置で股上と股下に分け、股下の足もとで切断し布を回転して股上に加える。前後の差も内に折り込み、布を切らずに作っている。この方法でもんぺの左右と前後の布地を交換して縫い替え、長持ちさせた」(倉吉市、佐伯大子、大正一二年生)と言う。

図199のもんぺの用布は並幅三六センチ、布の長さ三八〇センチである。

昭和三〇年代のもんぺは、体型に沿った曲線裁ちをミシン縫いによって仕上げている。図200のもん

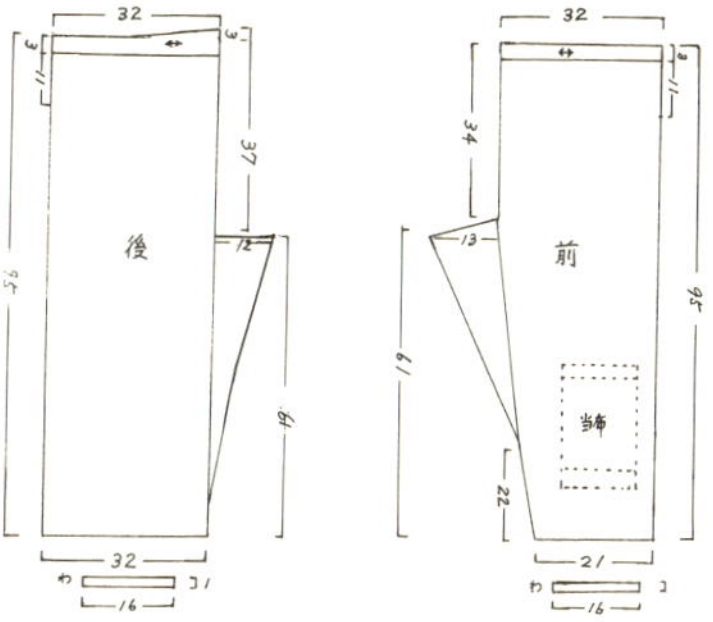

図200　もんぺ
①重量380g　②木綿紺地 1 mm 間隔に茶縞 1 本の反復．厚地，ミシン縫い．上部ゴム，裾はカフス仕立て．前脛当て二重布　③鳥取県気高郡鹿野町／明治30年生

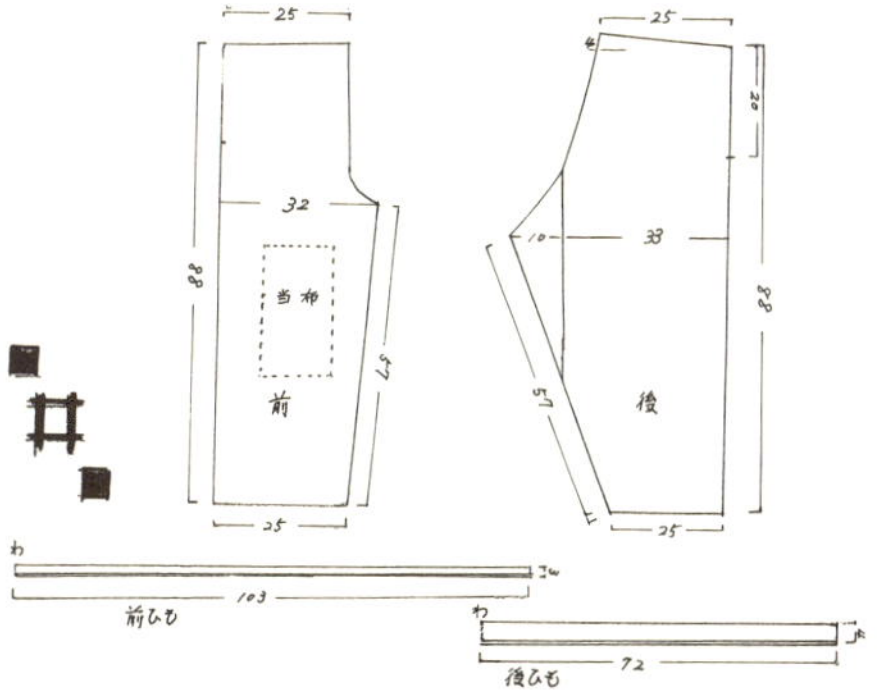

図201　木綿絣もんぺ
①重量290g　②並幅35cm に幾何文絣 5 立．襠ひも別布，膝当て別布　③島根県八束郡島根町／昭和期

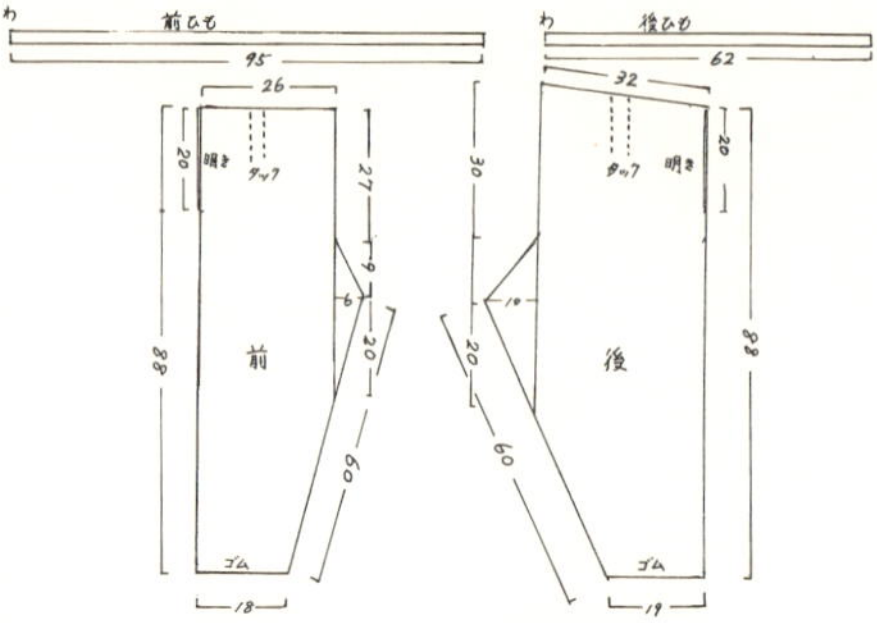

図202　木綿絣もんぺ
①重量250g　③鳥取市／昭和60年に70歳が着用

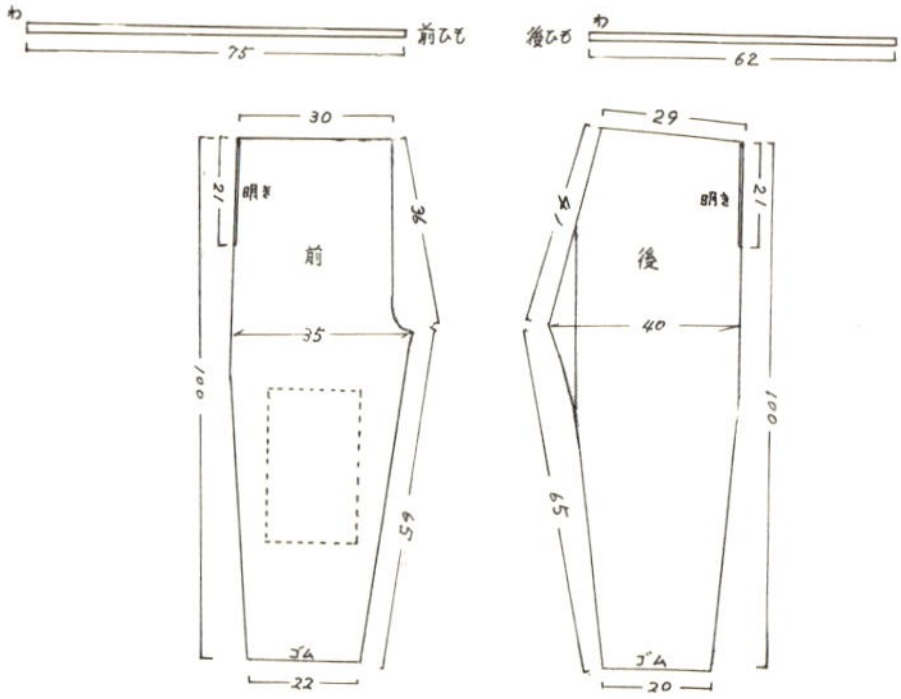

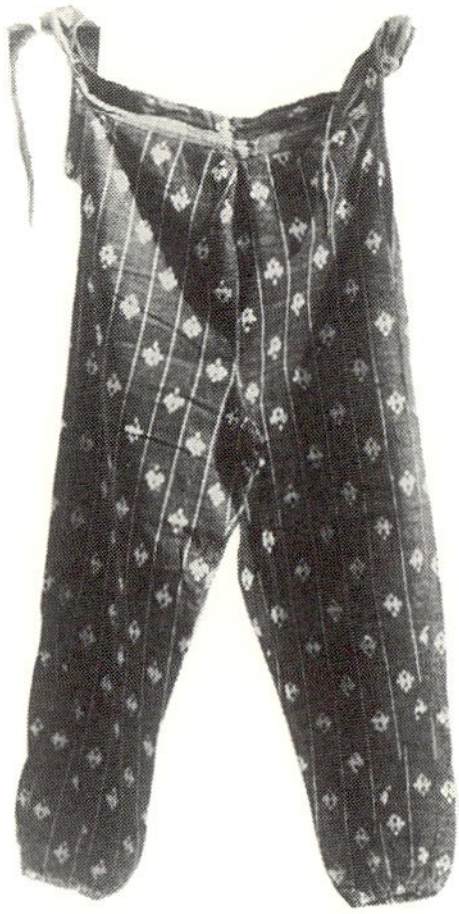

図203　木綿色縞絣もんぺ
①重量300g　③鳥取県西伯郡大山町
／昭和54年に74歳が着用

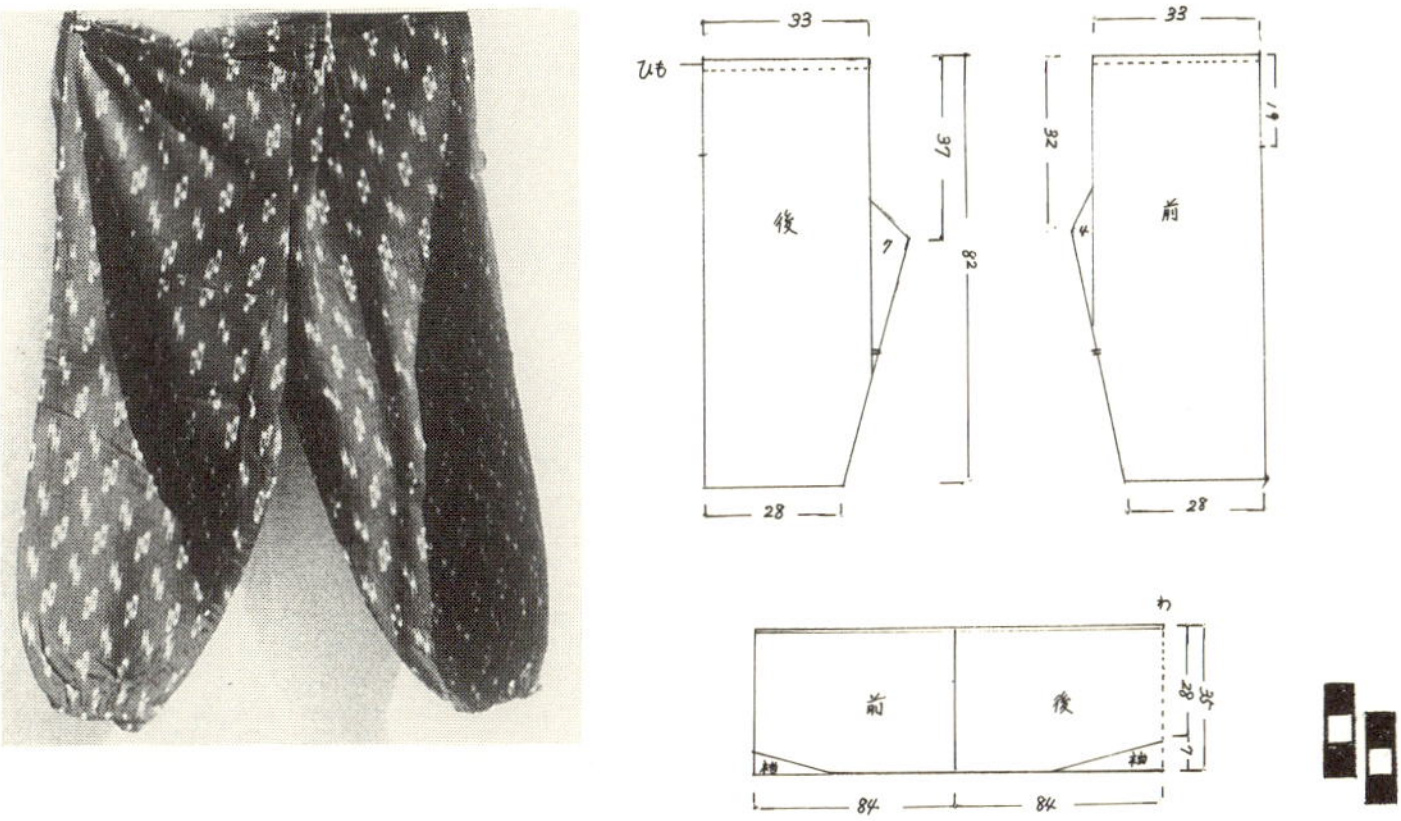

図204　木綿絣もんぺ
①重量220g　②手縫い，股下の縫い代を別布でくるむ．腰ひもで結ぶ．紡績糸，並幅35cmに虫の巣文７立　③鳥取県東伯郡北条町／昭和60年に92歳が着用

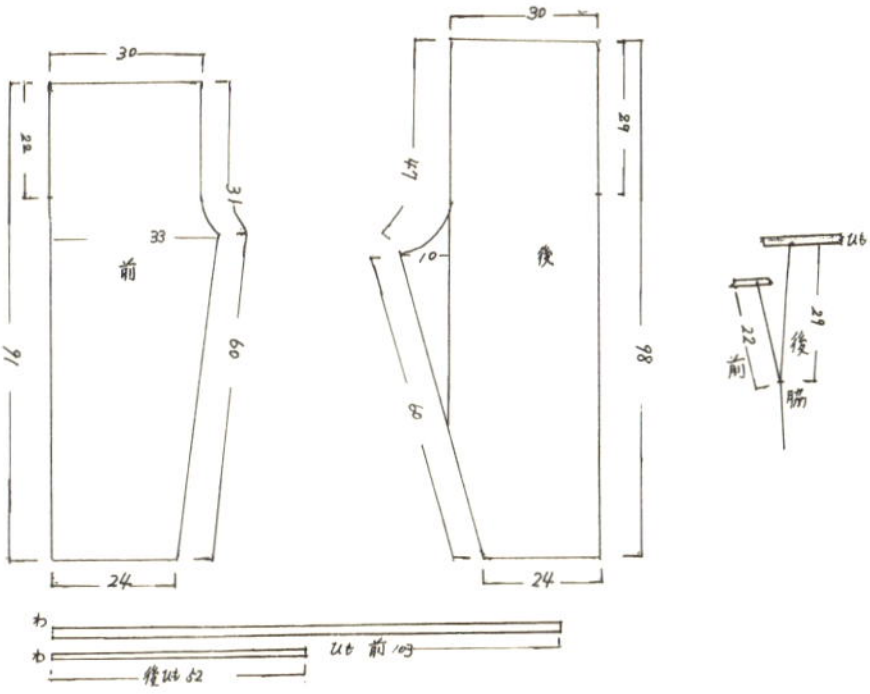

図205　木綿絣もんぺ
①重量250g　②並幅34cmに十字絣，19立
③鳥取県東伯郡東郷町／90歳が着用

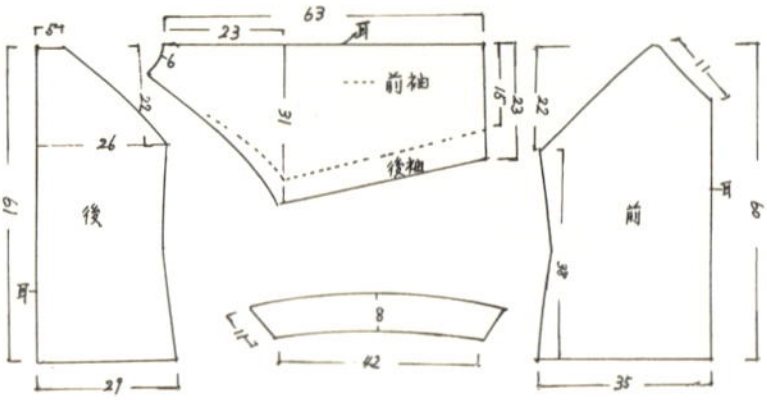

図206　木綿絣洋式上服
①重量300g　②並幅に 4 立幾何文 2 種類．ラグラン式裁断　③鳥取県東伯郡関金町／昭和30年ごろ

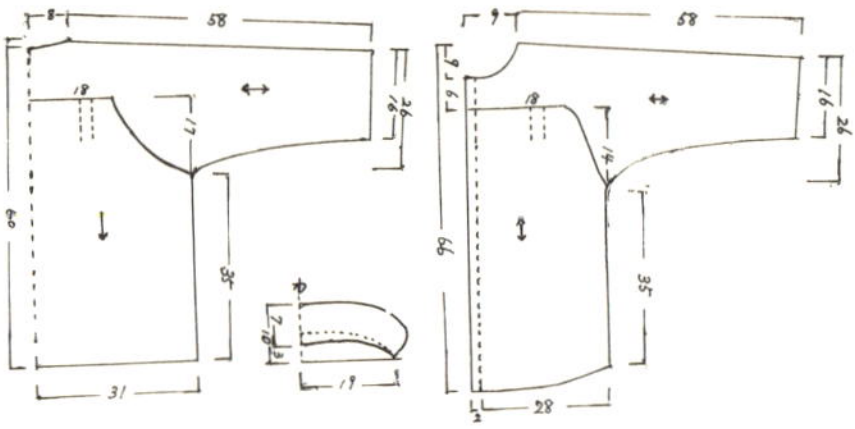

図207　木綿絣上服
①重量250g　②ラグラン袖と丸衿　③鳥取市／70歳が着用

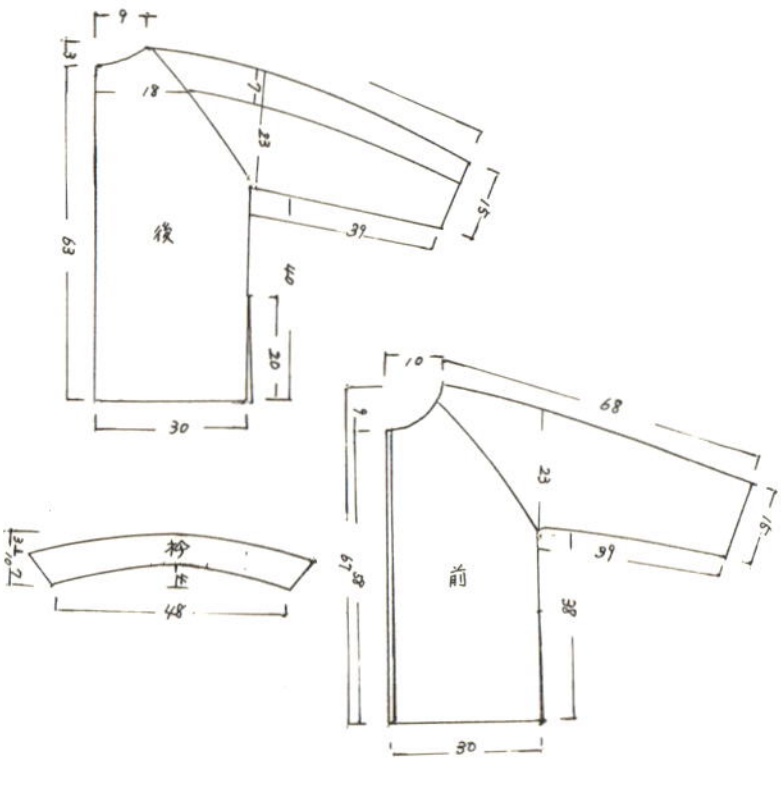

図208　木綿絣上服
①重量270g　②蒲団を解いて洋服に仕立てる　③鳥取県東伯郡三朝町／昭和中期

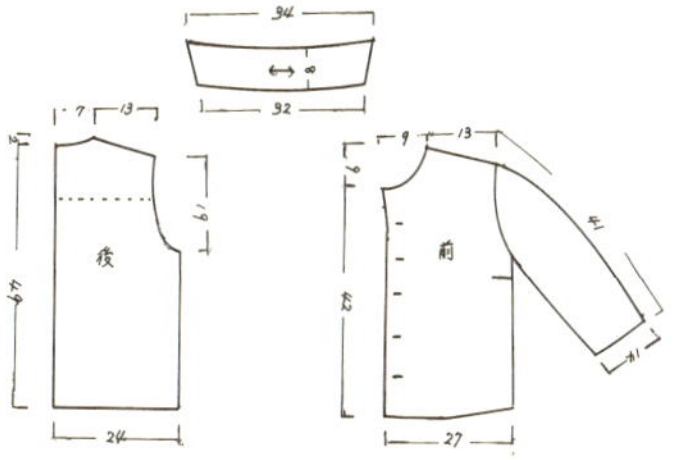

図209　木綿絣上服
①重量150g　③山口県／昭和期

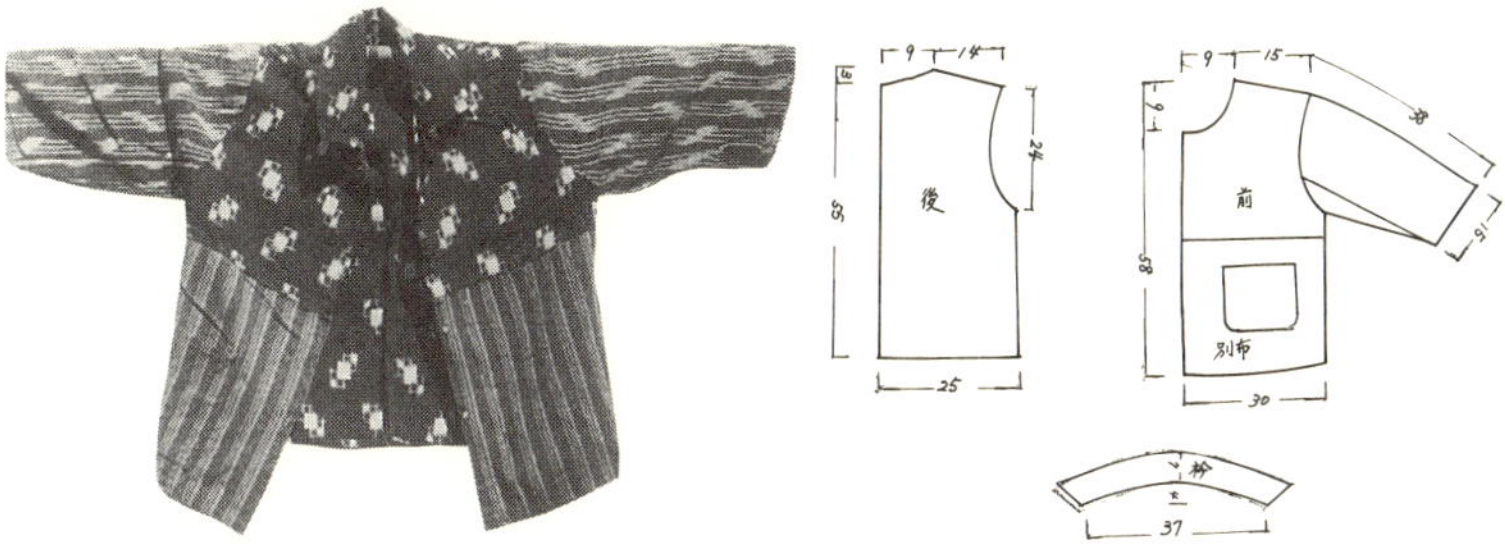

図210　木綿絣上服
①重量180g
②縞絣 3 種縫合
③倉吉市／昭和期

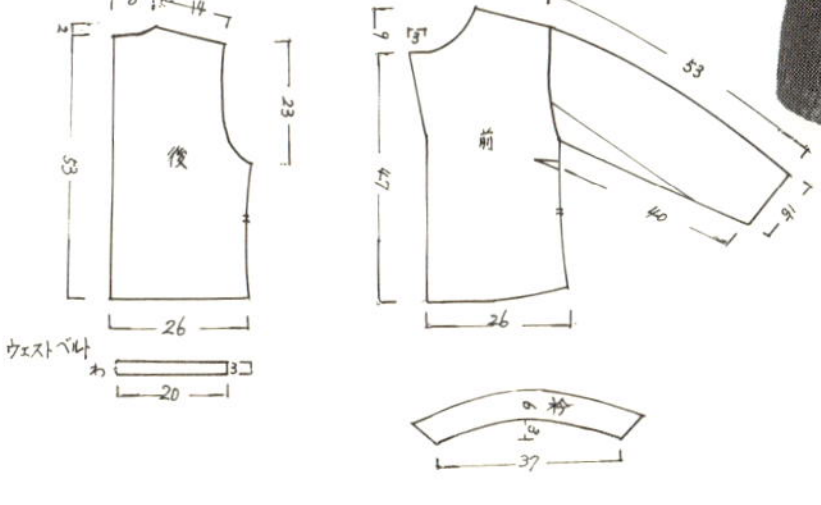

図211　木綿縞上服
①重量280g
②チョコレート色と紺色の縞
③鳥取県西伯郡／昭和期

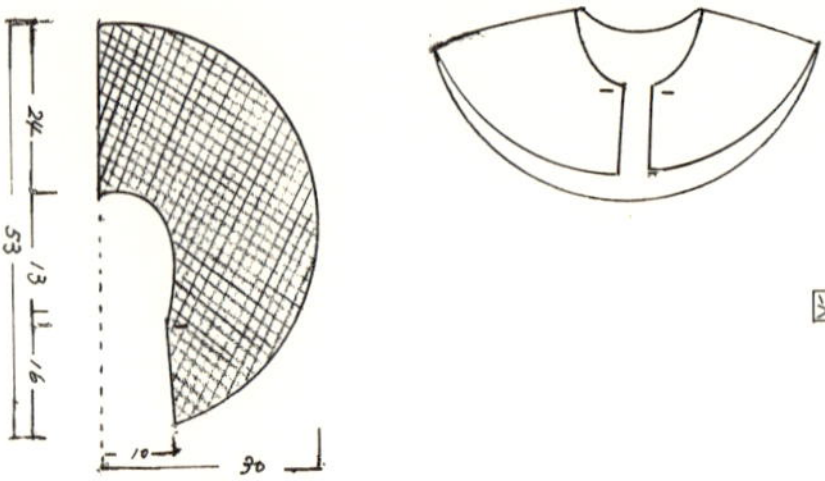

図212　肩掛け
①重量100g
②負い荷用デニム．ミシン刺し子
③昭和40年著者作

ぺは、普通のもんぺに比べて一〇〇グラムも重く、三八〇グラムである。「明治三〇年生まれの母が勧めに応じて穿く気になったのは昭和三〇年(六〇歳)ごろである。蔵から木綿縞着を出し改縫いした。長着物の上にもんぺがはけるように大きい仕立てにし、腰にゴム紐を入れ、足首はカフスをつけた。股下の襠《まち》は広く前脛当ては二重布にし、冬季にも暖かく穿く工夫をした」(鳥取県気高郡鹿野町、武信久仁子、大正一一年生)。

もんぺの紐がゴムにかわり、足首が筒状からふくらみのあるカフス仕立てになる。そして長着物を包むために股下の襠が大きく袴のようでもあり、老人がもんぺに馴染むための気配りがみられる。図201～203のもんぺを実測して感じたことは、股上が浅くなり、洋式の曲線裁断が多くなり、男性のズボン形に近づいていることだ。もんぺにも形状や裁断に変化がある。それに、併用する上衣も洋式の服に変わっている。

図206～211の六着の洋服は、木綿絣や縞を裁断し、洋服の原型から製図して作ったものである。「着物から洋服に改縫いするのに、ラグラン袖(袖付の上部が衿ぐりからの形)にすると並幅のまま裁断できたので、この仕立てが流行した。友人に洋服の型紙を借りて、切ったまま縫い方がわからないので、そのままにしている。絣柄二《ふた》文様で一枚の衣服を作る予定だった」と話していた。これは、昭和三〇年代に洋服の仕事着が流行したこと

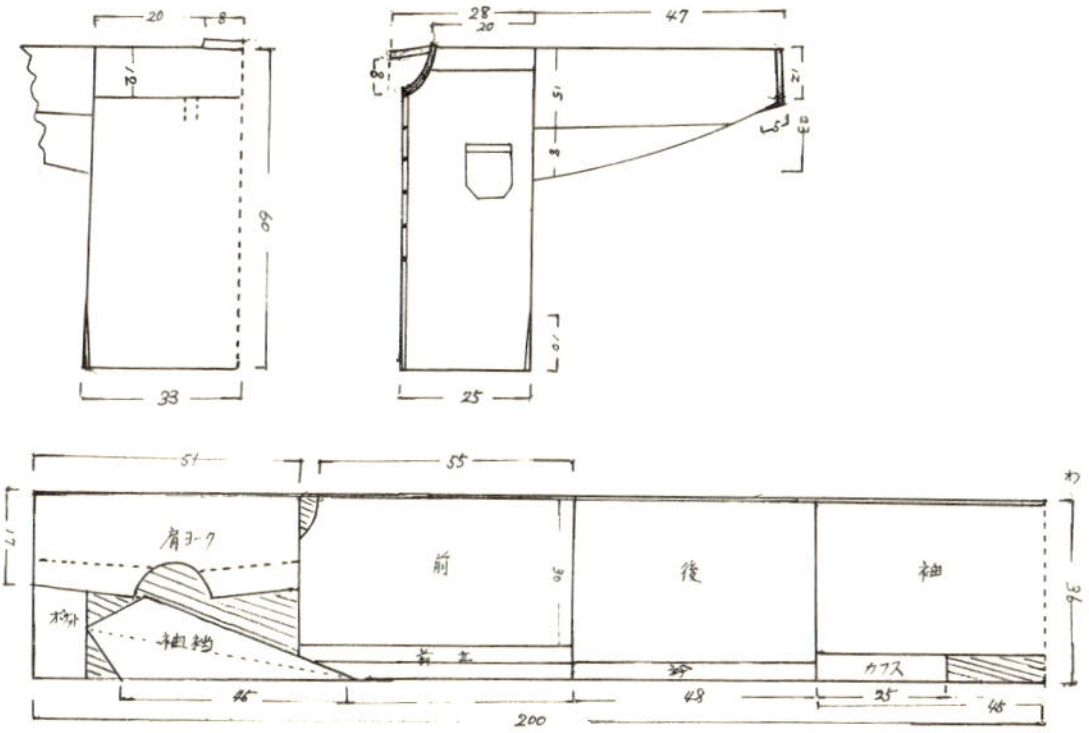

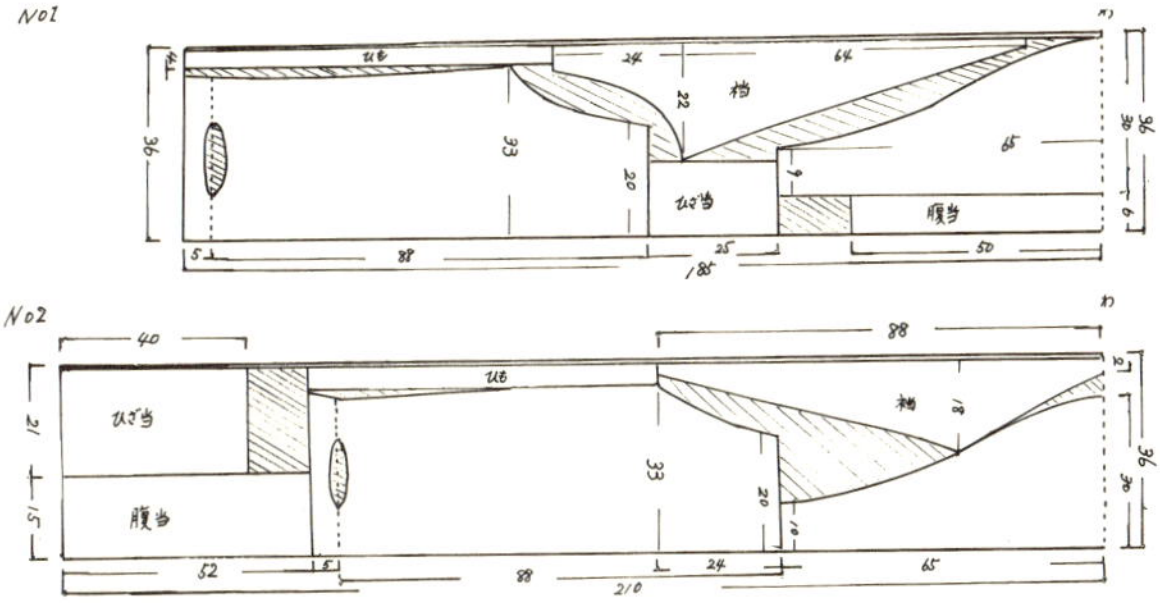

上：図213　白綿シャツ
②手織り，手縫い
③鳥取県八頭郡智頭町／明治20年生

下：図214　木綿紺股引
①重量250g
③鳥取県八頭郡智頭町／明治20年生が昭和30年ごろまで着用

図215　木綿絣女袷長着
①重量1500g　②並幅34cm に幾何文（緯絣）16立．表裏地とも手紡糸．袖口はしつけ糸のまま（新品）　③鳥取県西伯郡中山町／明治５年生

を証明する資料である。

図206・207のラグラン式洋服は、もとは長着物を解いて仕立てている。また図208は、「第二次大戦中に蒲団の中入れ綿を国に供出し、その表地が残っていたので、洋服に裁断した」と説明していた。

次の図209は、山口県内で昭和中期に着用した木綿絣の上服である。用布に備後絣をあて、肩下《かたさが》りや袖ぐりの曲線による洋服の裁断で、長袖のブラウスの原型である。重量は一五〇グラムで非常に軽く、仕事着が軽量化している。このように洋服丈や袖丈も短くなり、六分袖も見られる。

また、図210・211は、洋服丈が短く、屈伸すると腰が露出するような上服丈であり、オーバーブラウス（下衣の上側に垂らして着る）式である。もちろん下衣の中に上服を入れて着るアンダーブラウスなど多様な上服が作られた。

図212は、新繊維のデニムという木綿と化繊の混紡織物で、市販の広幅布を用いて私が試作し着用

した。デニムの出現で袖なしのかわりに肩掛けと背当て用に、こうしたケープ（肩にかける、袖のないもの）を模索した。胸の打ち合わせにボタンをつけ、全面に補強ミシンをかけている。数回着用したまま残していた。デニムはエプロンや前掛け（胸あてつき）用に使う人もいた。

そのころは衣料不足が解消され、市販品が出回るようになり、エプロンの既製品が流行した。仕事着にエプロンを着ると、まっ白で清潔感があった。エプロンは「汚れ知らず」と言って、着物の袖口や前身ごろの汚れを防ぎ、下に何を着ていても隠せる便利な衣料で、着物一枚分に匹敵する暖かさがあり、若者と中年に歓迎された。老人は「エプロンは肩が凝る」と言って敬遠する者が多かった。

男性用のシャツについては既述したが、図213はそうした木綿白シャツの実物を計測した裁断図である。用布は着物幅三六センチ、丈四メートルで、一枚のシャツが縫製されている。「明治二〇年生まれの父が、昭和中期まで着用したと伝えている。母が白木綿を織り、直線裁ちにして手縫いで仕上げている」と、長男の妻が説明した（鳥取県八頭郡智頭町）。木綿手紡糸特有の暖かみのある布面で、在家織りの特長をだしていた。図214の股引は、実物資料を採寸し、推定図をもとに著者が製作した。古い紺布の洗いざらしで美しい。着物離れが激しくなると、こうした股引も姿を消した。

以上、和様から洋式へ移りかわる初期の傾向を資料や証言を混じえて概観的に述べた。用布に着物幅を用いて洋服を裁断し、手縫いから始まり、やがてミシン縫製に進んでいる。さらに、広幅布が市販されて、既製服が登場するようになる。

しかし、和服の着装も生き続けた。こうした着物が日本人の衣生活を背負ってきたともいえる。その背景を知るため、再度資料を引き出してみた。

この着物（図215）は袷仕立てにした女性用で、一五〇〇グラムの重量で驚くほど重い。明治五年生まれの人が一生涯着ることなく大切に保存していた着物だと聞いている。布地の風合いがゴツゴツした感じであり、色相は黒に近い藍染めで、堂々とした美しさが感じられる。糸を紡ぎ、地機で織る原始的工程で、分業ではない一貫した作業からくる作者の心がそのまま伝わってくる着物で、言いようのない陶酔感におちいる。長期間の苦労から生まれた一枚の着物である。着物を織る時は糸に感謝と祈りを捧げ、布に織り上げる。織り上げた布地は「巳《み》の日に裁断するな」と言う。巳《み》は身《み》に通じるからであろう。実際に布を織る体験をするとよくわかるが、一センチ織るのに二三本もの緯糸を交互に織り進むので、この製織工程からも布の大切さがよく理解される。

こうして製作した着物は「元の糸になるまで着る」。着物の更生は、直線裁ちにした共通の身ごろ二枚布を解き、各一枚をパズルのように前後に交換して移動すると、布地が長持ちした。着込んで愛着がでるころに本ものの木綿の味をだし、一世紀も着ることができた。そうした野良の仕事着は、なんとおおらかで絶妙なことであろう。女性たちが最近までボロの木綿を刺し続けた、着物に対する先人たちの願いを語りつぎたいと思う。

野良着の誇り

着物の長所とは、男物も女物も同じ直線による裁断方法で作られ、年齢や体形にとらわれず誰でも着用が可能であったところにある。また、着物を解けば元の並幅にもどすことができ、裏返して改縫いしたり、多種多様な仕事着に仕立て直して用いることができる。人びとは、長い年月にわたって機能的な仕事着を求めたため、しだいに淘汰されて格好のいい仕事着の形態が生まれ、伝承したのである。

仕事着の形態美は、何といっても自然界の中で働く姿に見られる。身体の動きによって生じる動的な姿が、周辺の野山に映えて美くしい。

有名な西洋の絵画に、ミレーの「晩鐘」という絵がある。働き終えた農夫が鐘の音に合掌する厳粛な姿を描いている。二人の農夫が感謝の祈りをしていて、野良着姿がよく調和し、素朴さの中に神聖な美しさが潜む。この情景は見る人の心を打つ。この絵のように農民たちは、自然界の中で、田畑に種子を蒔き、秋には収穫をして、その恩恵を感謝してくらしている。早春に希望に燃えて種子を蒔く表情や姿勢と、仕事着の動的な美しさは重なっている。秋の収穫期の喜びと感謝にみちた情景は、荷物を運ぶ背負い衣など、袈裟《けさ》衣と荷と人間が一体になった美しさである。重い荷物を笑顔で運び、稔りに感謝する表情が溢れ、見る側も嬉しくさせられる。

野良着は半世紀近く人びとと関わり、身体の発汗を吸収し、泥にまみれて土臭くなっていく。汚れては洗い、繕って着るうちに、木綿本来の肌に馴染む風合いが生まれてくる。藍の色も冴えを増していき、精密な織り文様が浮上する。このように着込まれた野良着の立体像は、角度により、陰と陽の美しさが滲みでて、誇張のない素朴な衣料に生まれ変わる。

在来の日本の住まいは、薄暗い中に、障子の明かりや、周囲の緑の木々から零《こぼ》れる太陽光線の美しさがあった。そうした木造の住まいの美しさの中で、野良着姿も一段と美しく見えたのだろう。野良着の見えない部分の袖口裏に色縞の紬《つむぎ》を縫いつけたり、隠し絹の小布を衿先に当てて賞美する贅沢さも持っていた。闇のような住まいの中で、チラリと光る美の発想は、農女たちが野良着の中に培った文化だと思われる。女性たちはこのような野良着を用いて心を癒し、野良着と語り合うエネルギーを潜ませていた。

布の中に安泰を願う祈りをこめて家族を守り続けた女性たちは、自己主張をすることもなく、心を温めていたのである。禁止されている色紬を木綿にからませて布地に光沢をだすなど、同系色の多配色の均衡の見事さに、私は頭を垂れてうなずくだけであった。野良着の破損箇所に手を触れると、艶をだした紬の繊維は話しかけてくる。

大きい花柄や赤色などの目立つ衣料ではない。紺一辺倒の中に、遠目に輝き、無地にしか見せない奥深い色相がある。布の糸目に隠し真綿を入れ、着込まれた真綿が輝きを見せる衣料など、薄暗いところで見るのが一番美しく感じる。そうした仕事着の補強布の当て布も粋だ。経縞には直角に緯縞を貼り合わせて、まるで方眼（経緯の線で多数の方形をつくる）的な構成美が仕事着に展開しているのだった。

木綿縞と絣文様には、個人の嗜好と時代風潮が感じられるが、また技術の高度化へ向けて前進した。緯糸だけの文様から、経糸を重ね合わせる経緯絣に進化し、経緯幾何文様の中に絵文を抜きだして見せるなど、高度な技術を駆使し続けた。その背景には、租税や強制賃織りのために苦しんだ長い歴史がある。彼女たちは、ほとんどの人が文字が読めなかったが、数学的に縞計算と絣算を行なって織っていた。機具を収集するとき、藁芯を束ねて一緒に保存していることがあるが、これは藁算によって織り糸の計算をしたことを示している。平成四年に沖縄の那覇市博物館を見学した時に、織物に使った藁算用の藁が展示されているのを見て、山陰地方と同じ方法であることを知った。

女性たちは、機に繋がれ、換金率の高い織物を製織する流れに組み込まれ、その境遇から抜けでることができなかった。抵抗心を押さえ、沈黙を守りながら織り続け、その気持ちを絵絣に描いて精神的な拘束から解放されていたようである。また、こうした織物文化を築きあげた女性たちは、織り技法を持って生きながらえ、くらしを支えて、波瀾の人生を乗り切って生きてきた。その誇りが野良着の中に刻まれている。新品には見られない縫い替えた藍衣の変化と、身体の部位による布地の傷みや刺し縫いを、実際に手にとって見た時と、それを着装した時では、感じがまるで違う。野良着を着て労働にたずさわると、まるで生きもののように感じられ、衣料の不思議な魔力に驚くのであった。

T字型前掛け一枚取りあげても、人との関わりは大きい。これはあくまで作業の補助衣であるが、前掛けを折り曲げて腰袋にして物を入れたり、尻前掛けにして腰をおろす際に臀部の下敷に用いていた。また、寒くなると前掛け頭巾《ずきん》といって、頭巾の代用になった。そして防雨や防寒用に前掛けを肩から背部に掛けて腰でしばり、一枚の平面布を被服全般に兼用する用い方も伝承された。

野良着を誇る文化には、一枚の前掛けや一本の襷《たすき》にも教わることがある。色襷を首に下げたり、腰紐飾りに装飾すると、働く人たちの仕事への心を高揚させるとともに、衣料の調節弁としての多様な着装で「機能的な姿」に変えた。また、既述したように、手甲や脚絆《きゃはん》の赤布をつける飾り紐とその機能的な体形にまとめた均整美は、後姿も美しい。

野良着について忘れられない想い出がある。今から二十数年前に、勤務していた学校の現職の校長が急逝した。葬儀を見送る喪服の行列が、河の土手に、カラスが並んだかのようにまっ黒い帯状に立っている中で、その向かい側の土手に、麦藁帽子を被り、紺縞の着物にズボン下姿と地下足袋を履いた中年の男性が、こちらに向かって小走りにやって来た。片手の紺布の袋が前後に揺れ動き、何か重い物のように感じた。近づいて私のそばに来るなり、息を切らせながら、「娘の世話になった校長さんを送りたくなって、山仕事から降りて来た」と、私に話した。私の担任していた娘の父親が突然に大声で話すので、私は赤面した。手に持った縞袋には米を入れていた。村の共同体の約束に、葬儀に米を持参して悔やむ習俗があった。

数百名の父兄の中で、役員以外の人で葬式に参列した人は少なかった。聞くところによると、山に鍬を置いたまま、汽車を乗りついで駆けつけたのだという。土手の上に両膝を折り中腰で柩に合掌した姿は、私の脳裡に焼きついた。素朴で倫理感のある農夫は、勉強より仕事を手伝うように言って子育てをした。「本を読むより働くように言っているので、テストの点数は取れないです」と、父兄会でよく話していた。娘は高校卒業後に縫製工場に就職した。親から離れ、県外の工場で働く中で、早朝出勤して清掃し、目立ってよく働いた。工員の中で、よく働く姿が目に止まり、同年に入社した女工員より一足跳びに製品の見回り役に抜擢されたのである。現場では誠実な勤務と素朴な人柄が好感を持たれる。これは学校教育に依存していてはできないもので、この父親の人間教育によって培われたものだと感じた。

野良着姿で学校の父兄参観日にも参加するこの男性は、百姓と野良着姿に誇りを持っていた。最近になって、そのクラス会に招かれた私は、二十数年の時の流れを呼びもどして、その娘の消息を知りたいと思った。友人の談話によると「稲刈りの最中なので欠席すると話したが、なんでそんな大百姓に嫁いだかと聞くと、父親が、人間は田畑で作物を栽培して生産する百姓が一番の幸せだと言って、どうしても聞き入れなくて仕方がなかった」とのことだ。

彼女は農家の中堅として、現在二人の子どもを進学させて働いているとのことである。このことを知った私は「よかった、よかった」と安心した。

野良着で堂々と歩ける人や、百姓を誇り高く思う人、勤労を美徳として働く人に感謝をしながら生きる人は、子育ての本当の意味を教えてくれる。

農民にとって野良着は最高の衣料であり、喜びも悲しみも共にした連帯感のこもった着物であり、粉飾のない深い美しさを宿している。これが野良着の文化だと思っている。

本藍染めに生きる人

藍の歴史は古く、神話にも登場する染料である。ここでは歴史的な記述を避けて、農民服として定着した藍染めについて述べるとともに、本藍染めの仕事を守っている女性を紹介する。

藍は、草木染めの中で、栽培染料として古くから農村に浸透した。それは植物染料の中でも木綿に染まりやすく、堅牢度が高い上に、洗うたびに色が冴えて美しくなる。また、藍には害虫を寄せつけない薬効があるばかりか、その人の身体をも保護するという言い伝えがある。

一方、江戸時代から明治にかけて、庶民の衣服の色相はくらしの隅々まで紺色に染めて用いていた。

その背景には、周知のとおり染織に対する規制により厳重に定められた服制があり、農民は木綿の材質を藍染めにした衣料に限る、という御法度のもとで衣生活を営んできた。そのことが藍染めを発展させ、藍縞や藍絣を製織して、世界に類を見ない高度で緻密な作品を創り出してきた。こうした誇り高い織物が、時代の波に浚《さら》われて近年廃棄されつつあることは残念でならない。

藍衣の中に美学や文化などはないと思っている人たちに、私は遺品に代わって語りたい。藍染めしか着用できなかった庶民が、藍の中に絣技法で文様を描いてきた。これは布の中に絵を描いたに等しいと思う。木綿地一センチ織り進むのに二三本を手で打ち込み、文様を出す。紺一色であることが知的で冷静で、落ち着きを表現する色としてぴったりだったわけで、藍色は自然界との保護色のために獣の害にあうことを免れ、毒虫からも保護することができた。また、藍色は衣服の汚染が目立たないために、洗濯に手を取られることはなかったし、顔を引き立てる色目であった。表面は紺色に見せかけているが、太陽の下では群青や青磁色が浮上し、光線によって藍の輝きを違えて見せる。

農村の中で、私はさまざまなことを学んできた。なかでも、藍によく似たタデ科の植物で小川の稚魚を漁獲する方法がある。田の畦や溝から刈り集めたタデ草を石で撞《つ》き、川の堰を止めて、タデ草を水中に撒布すると、川魚がタデに酔ってか、ふらふらと浮上してくる。そうした魚を拾い集める方法であった。藍汁は魚を酔わせるエキスであることを見たり聞いたりしていたが、実際に藍を少々栽培した私は、その強烈な臭いに驚き、藍の防虫効果に納得した。

藍は成育中に折れ葉が枯れると、茶色ではなく紺色に変わることを観察して知った。九月に一番葉を刈り取り、生葉を乾燥させ、他には木桶に漬け込み、沈澱藍を作ることにした。葉藍を廊下に干すと、鼻を突き刺す臭いで、換気をしないかぎり目が痛むほどの刺戟臭である。ちょうど煙草《たばこ》の生葉乾燥と同じような臭いを発して息苦しい。鼻をつまんで近づいて見ながら、藍を毒ヘビやムカデまでが嫌うことをよく理解した。緑色の葉藍が空気中で酸化して紺緑色に変わりはじめ、折れ葉もろとも群青色に変わる様は目にまぶしい。

藍葉が貯えた色素の生命を惜しまずに衣料は戴いてきた。古代から藍の染料は陶磁器や絵画にも用いられ、その素晴らしさは語り継がれている。待ち続けた甲斐があり、木桶に漬け込んだ葉藍から純粋な結晶の沈澱藍を確認した。絵具として筆に藍をつけて何かを描きたくなるように美しい本物の藍色である。

藍染めの衣料は、素肌に着ると人体の皮膚を緊張させて、健康維持につながると言い伝えられ、赤ちゃんの襁褓《おしめ》にも用いられた。藍染めの回数を多くして、濃紺を好む傾向があり、藍染めの紺屋《こうや》は村々に一軒はあって、繁盛していた。ところが時代の移りかわりにより、明治二七年にインド藍の輸入によって大きな打撃を受けた紺屋には、藍と硫化染料の混合染めも見られるようになり、正藍の純粋染料のほかに化学助剤の発酵建ても行なわれるようになった。それは、苛性ソーダと消石灰、ぶどう糖などの発酵建てである。また化学建て染め法によると、一時間ほどの短時間で藍を還元さ

図216　藍甕と多々納桂子
昭和5年生，島根県簸川郡斐川町出西

せることができる。こうしたインド藍による染色は、在来からの藍蒅《すくも》による地獄建てによる藍色の輝きとは、微妙に違うことがわかる。正藍染めには色相が優しいというか、見る者を引りずり込む魔力が感じられる。

紺屋を訪問して、敷地内に植えられた椿の樹や枝の灰を藍染めの発酵助剤に使った話はよく聞いていた。また、「藍を着る」と言って、藍染め回数を重ねて重くなった衣料が喜ばれたことも、紺屋は話していた。

そこで、女性で藍の道二〇年間、本藍染めを守る島根県簸川《ひかわ》郡斐川町出西《しゅっさい》の多々納桂子（昭和五年生）の工房に伺い、話を聞いた。彼女の住まいは、広い道路から垣根を通って入る。広い敷地内に織物工房と藍染め舎、本宅がおのおの別棟に建てられ、庭園の紅葉した樹木の下に群がるチャボが羽ばたきをして迎えてくれた。中には砂上に羽根を浴しているチャボや、大根の葉を食べているもの、チャボを守る番犬がいて、半世紀前の田舎ののどかな秋の風景を見る思いがした。

藍染め舎で、糸を染めている若奥様の案内で本宅にお邪魔する。玄関の入口の間には炭火が燃え、束ね熨斗《のし》文の藍染め絞りののれんが掛けられ、座布団も藍絞りの大判であった。勧められて中の座敷で抹茶とお菓子をいただいた。「昨日まで火の祭りという釜出しを行なって、大勢のお客様を迎え、その方たちに抹茶をふるまって大変喜ばれました」と、彼女は話しながら、おいしい濃茶でもてなしてくれた。ようかんも下駄の歯のように厚く、菓子器も厚い漆塗りで、手に持っていて温もりがある。

「これは、この地方で作られている什器《じゅうき》です」と説明してくれた。

彼女の藍染めに対する執念を聞き取った。「昭和二九年四月から倉敷民芸館織物工房で外村先生御夫妻の指導を受けたのが始まりである。しかし、翌三〇年には結婚して、出雲の斐川町出西に住むことになった。藍染めは米子の浜にある河田紺屋で染めてもらったが、その後ご主人が死亡されたので、同じ弓浜の木村紺屋のお世話になったり、兵庫県丹波の前川紺屋でも染めていた。前川紺屋の奥様も倉敷民芸館の工房で勉強した人である。昭和四六年の秋に天然藍による絞り染めで有名な故片野元彦先生が出雲に来訪され、夫と共にお迎えし、案内をした。先生の天然の藍の色は『わが民族の持つ極美の色を再現した』ものである。先生がおっしゃるには、『藍は生きものだから、生かして染めることが大切だ』と話された。純粋な藍建て技法の指導を懇望すると『よし、教えてやる』とポロリと言われ、教えを仰ぐことになった。そこで四国の阿波の藍で代々藍師と呼ばれる佐藤家の藍蒅《すくも》と、しじら織りの藍師をしていた某氏がおいでになり、藍甕に発酵建ての藍が建った。ところが先生は大変に叱られた。『化学建てを教えると数日で藍が建つが、先にやさしいことを覚えたら進歩がない。水が低い方に流れるように流されてしまう。いっさいの化学薬品を使わない木灰で建てる地獄建ては、生半可《なまはんか》ではできないが、藍の色が違う。そんな薬品の藍建てをしたらいけない』と、先生に導かれて灰建てに切り替えた。昭和四八年一月から着手して、何度も何度も失敗しながら、微妙な変化に即応できるカンを身につけてきた。染めた糸を持って大阪で個展を催される片野先生の会場を訪ねて指導を受けた。お目にかかれない年には大阪から名古屋のお宅まで足を伸ばした。先生の仕事場は見せてもらえなかった。玄関先で『これは立派に染まるようになった』と、糸を手に持って喜んでくださった。染めに勇気と自信を持って帰った一カ月後に先生は他界された。葬儀のおりにお嬢様から先生の藍甕を見学させていただいた。先生の魂が藍の華となって光り輝いているようだった。お嬢様はその後継者として藍絞り染めの個展を開かれているが、作品の本藍の美しさと値段の安さは格別である。生活はとても質素でありながら、仕事は一生懸命され、人様のお役に立つもの、喜んでもらえるものを一生作りたいと言われている。個展の初日には一斉に赤札がつく。私もそこで買ったのれんを家に掛けて、先生とお嬢様の恩に感謝をして暮している」と話してくれた。

奥の床の間には「見仏子心」の掛軸が吊され、そこに座って本藍染め二〇年間の喜びと苦しみを聞き、いつの間にか、私も仏心の生き方を学ばせてもらった。広い縁側には収穫したばかりの白綿と茶綿が干され、その綿で経緯とも手紡ぎした格子の座布団に座らせてもらい、彼女の作品を見せてもらう。藍の色が生きた織物に囲まれて、その心地のよさと住まいの環境の美しさに胸が熱くなった。心からもてなすこのような姿勢を学ばなければと感じた。

彼女は「元気で働かせてもらっている。自分の生活は質素にする。空気はタダ（無料）である。値段を安くして皆さんのくらしの中で使ってもらいたい、と夫はいつも言っていた」と話した。多々納弘光（昭和二年生）は出西窯陶工の代表者で、日本民芸協会常任理事である。平成五年、東京国立美術館で出西窯展を開催し、国際的に高い評価を得ている。民芸の精神の用と美をめざして一生を貫いた夫妻である。彼女は「あまり注文を受けすぎると、身体がしばられて身動きができないので、ほどほどにしている。作品の行き先を知り、いつまでも責任を持って見守りたい。自分の製品は自信がもてる藍だから、ほとんど色落ちはしない。洗うたびに灰汁が落ちて明るく澄んでくる。私が藍に馴染んだのか、藍が私に馴染んだのか、二〇年のあいだ藍と共に生きてきた」という。

私は心を衝かれた。藍は少し色落ちするが……という曖昧な妥協で染織を行ない悦に入っていた自分が恥かしかった。彼女の手間を惜しまず高価な蒅藍《すくも》を一夜のうちに腐敗させて甕のそばで悩んできた道のりを思うと、それは藍の微生物との戦いであったと思う。帰途、山陰線の列車の中で、彼女が実際に染めてくれた藍のハンカチと組織織り（織物を構成する経緯の糸の組み合せを変化させる織り）の藍染めのテーブルセンターを広げ、その上に緑色の陶器を並べて眺めた。宍道湖の上に弧を描く大きい虹が立つと思うと、鉛色の空に白い煙が立ち登る。汽車から見る晩秋の風景にほっとする。豊作に終わった田圃の稲株からは、また青々とした蘖《ひこばえ》が燃え立ち、畦道は秋草色に染まって一段と美しかった。

第四章　農耕民具と習俗

農耕民具のいろいろ

在来の農耕民具や生活民具、機織り工具と紡糸車などは、中国や朝鮮の文化との交流によって伝えられたものが多く、儒教文化の要素も混在しているようである。こうした多種多様で膨大な民具の歴史が解明されないまま、今後の調査や研究に委ねられている。

ここに農耕民具を引きあいに出したのは、民具を使う農作業の方法と野良着の着装との関連を残存した民具資料によって説明するためである。民具の中で運搬具、手動具、敷物類、藁製と布製の包み物、また履物作りの工具を取りあげる。

この地域（鳥取県倉吉市）の農家は、一年間の農事暦の始まりを、観音市《かんのんいち》として、楽しみに待っていた。そこでは一冬に製作した民具類を市に並べて売買し、農耕具を新調して仕事の準備をする。秋の収穫後は、毎夜のように履物を編み、竹籠を作り、蓑を製作した。一年間に消費する草履《ぞうり》と草鞋《わらじ》は、家族数や働きによって異なるが、相当数を確保しなくてはならなかった。

そこで私は、年の一番初めの催しである観音市に出かけてみた。昔は旧暦を使っていたが、現在は

図217　観音市
倉吉市／1988年撮影

二月一日（平成元年度）に行なわれ、観音市の街道には在来の藁製負い緒《づな》に木負い籠《こ》が並べられ、女性が売っていた。隣の路傍には竹製の手籠や熊手にザル、手箕《てみ》（片口や丸ぞうき）の竹製品があり、とても懐かしく感じた。町を歩く人は農家の中高年が多く、民具の前に立って眺めていた。私も仲間入りして、木負い籠について尋ねてみた。

「木負い籠に使う木は、昨年の秋に山に登り、エンズイの若木を刈り取って、生木の時に皮を剝ぎ、まっ白の木にする。弾力性のある木で、木を曲げながら火に炙《あぶ》り、負い籠型の骨組みを作る。その骨組みの丸木に小縄を編んで巻いて仕上げる。背当ては藁で作り、負い緒《づな》には藁に布を交編みしている……」。また、「毎年、並べるとすぐに売れてしまう」と話したが、木負い籠の値段は一個七千円だった。

図218は、昭和三〇年ころに木負い籠を背負った女性と、竹負い籠の中年の女が花を売り歩く姿である。旧盆前の八月一〇日ころは、在《ざい》の村々から盆花用の桔梗《ききょう》と千屈菜《みそはぎ》を負い籠に満載して町で売っていた。若い女性は、はっぴとスカートを組み合わせ、その上にエプロンを掛け、素足に下駄履きである。一方中年女性は、縞着物と紺縞のもんぺの紐つきを穿き、帯をしめて腰に手拭いをさげている。地下足袋姿の足どりの歩幅が大きく、笑顔が見える。両者とも花束を抱えて、一束〇〇円ですと話しかけるような、その当時の風俗をよく表わしている。負い籠は、農産物に限らず弁当や買い物の運搬

図218　盆花を売る女性　倉吉市／昭和中期

に用いられ、また、子どもを野良に連れだすときの容器にも使った。

木負い籠は「肥負《こえお》い籠」とも呼称し、牛馬の厩肥を戸外や田圃に運ぶ農具として欠かせぬもので、人の背に前掛けを当てて背負った。狭い畦道を肥負い籠で運ぶのに、人と人がすれ違えないため、空荷の者は用水路に降りて、負い荷の人を優先して道を交していた。木負い籠で運びだす厩肥の量は、一週間ごとの牛舎の敷藁と糞便の量であり、家から運ぶ行列が見られるほどであった。

木負い籠はよく使うため、木の骨組みに巻いた小縄が消耗する。それを取り替えると、新品同様になり、木は半永久的に腐敗しなかった。牛舎の周辺には木負い籠を重ねて置き、底を上に向けて負い荷の台によく使った。

仕事と運搬具の関係は深く、仕事の大半が運搬作業でもあった。人手に頼って運ぶには、

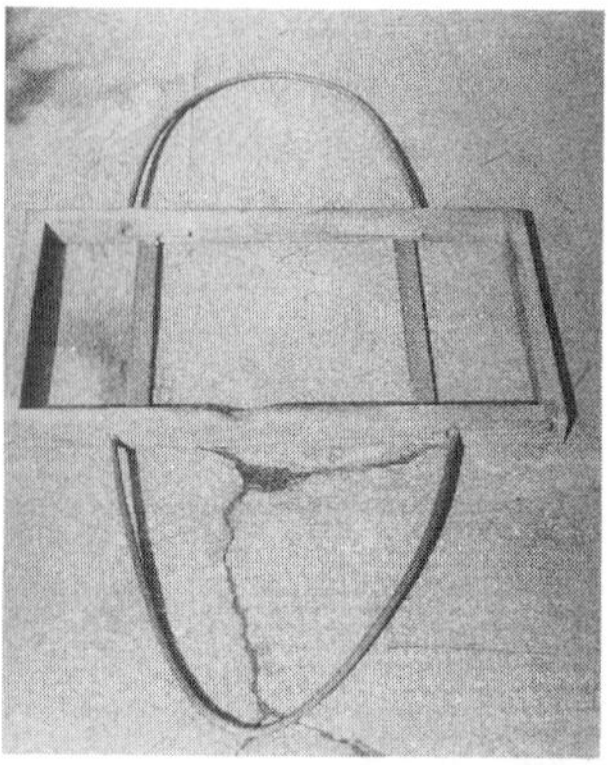

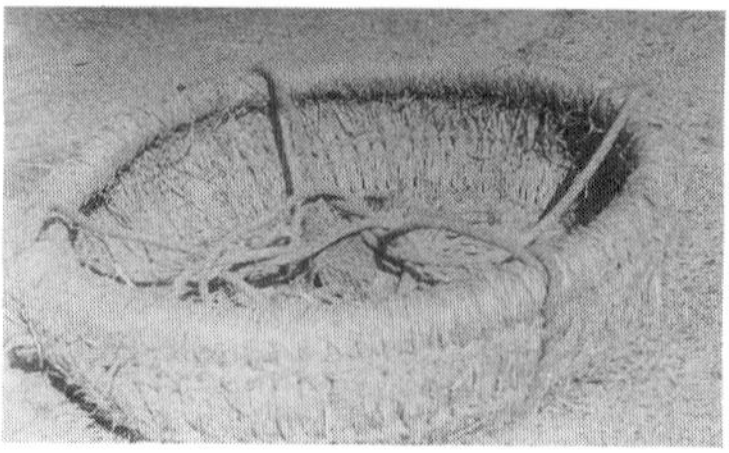

図219　運搬具（藁製）　倉吉市

図221　運搬具（木製）　倉吉市

図220　運搬具（竹製）　倉吉市

背負う、頭や肩上に乗せる、担ぐ、吊りさげる、引く、持つなど、身体の各部位に補助衣や民具を加装して物を運んでいた。天秤棒で担ぐ運搬具にも藁や竹製など多様な形がある。

図219〜221の三点の運搬具は、地方の呼称で「ビク」「ダツ」「荷台」などと呼ぶが、正式な名称はわからない。これらは天秤棒で担ぎ、一荷にして運んだ。

冬季は義父（故人）が藁製のビクの製作を土間でよく行なっていた。ビクの作り方は、最初に竹を円形の輪状に骨組みし、その輪郭に外側から藁で巻きながら、小縄で編んでいく。円形を立体形に編み進み、底の部分

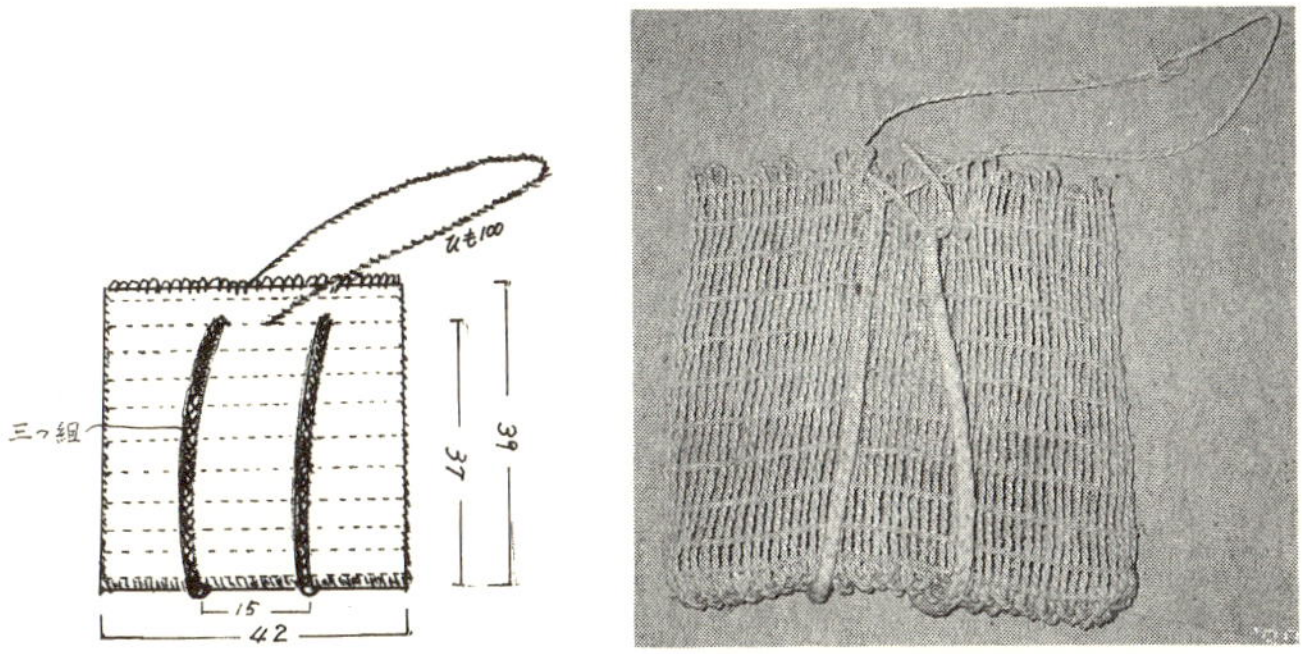

図222　カンガリ
①重量600g
②フジ縄50本を綴じた袋
③倉吉市

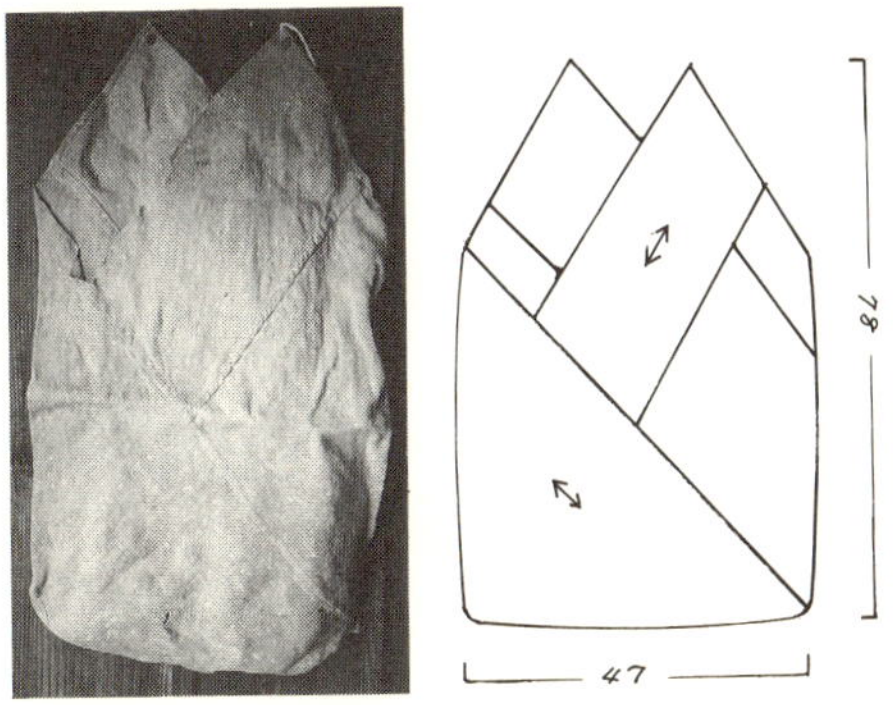

図223　フジ布の袋
①重量450g
③倉吉市／明治期〜昭和中期

は堅く小さく編んで、内側の中心に編み終えた藁の先端をまとめる。底の広い椀型のビクができあがる。その裏底に対角線に綱をつけ、担ぐようにする。

竹製の「ダツ」は、先のビク編みの反対側からスタートする。底から竹を編み始めて、円形の浅い竹籠に編み、輪郭を補強するため添竹をして円形に仕上げる。これも担げるように裏底に綱をつけている。

次の木製荷台は、四角形の木枠に丸竹を曲げた単純な形で、定形の包みもの、例えば蔬菜類の苗箱などを運搬した。これらの用具は、穀類や野菜類、芋類、豆類などの収穫になくてはならない運搬具で、それらの民具は各家庭の手作り品である。

次に、袋と風呂敷について述べてみたい。

図222の小縄製の運搬袋は、地方の呼称でカンガリと言う。この袋は五〇本の小縄を綴《とじ》編みにして輪を作り、左右を綴じて袋に作ってある。背負い綱でランドセル式に負ったり、肩から吊りさげて持つ綱もあり、用途の広い四角形の袋である。図223の袋はフジ布で作られ、野山の産物の採集には欠かせない袋である、山の中を歩くと、イバラで仕事着が引き裂かれるのを防ぐために、前掛けのように垂らして持ち歩いたようだ。袋の縫製は、フジ布の織り幅（三四センチ）を斜形に巻く構成で縫合している。このように布をねじり巻いて作った大小の袋が図224である。在来の計量単位の枡に合わせて、一升から五升入りの袋である。木綿縞や絣を寄せ集めて美しい袋を作っている。

図225の大袋は、養蚕家に残存した繭用の袋で、「片倉製絲紡績株式會社」（大正五年「片倉製糸上井分場」として創立）の社名が記録されている。聞くところによると、「町内に片倉製糸工場があり、このような袋で繭を出荷していた」という。袋の大きさは幅八五センチ、長さ一五〇センチあり、材質は木綿である。繭は軽いために、このような大袋で運べたことと思う。

包み物として、風呂敷を忘れることはできない。図226～229の四点の大小の風呂敷をとりあげる。並幅二枚を縫合した小風呂敷と、四～六枚を縫合した二メートル四方の大判の風呂敷である。

風呂敷は、多目的な運搬具として各家庭に常備され、農産物の中でも綿花や木綿の売買に用いるほか、海産物の乾物の包装に使って、村の中を往来した。また、雑穀類や土産の包み、神仏への供物、里行きの衣類の運搬など、物品の移動に風呂敷は欠かせなかった。山仕事に持参する弁当包みの小風

図224
右 鳥取県東伯郡大栄町／大正〜昭和期
左 布袋大小 倉吉市／明治〜昭和中期

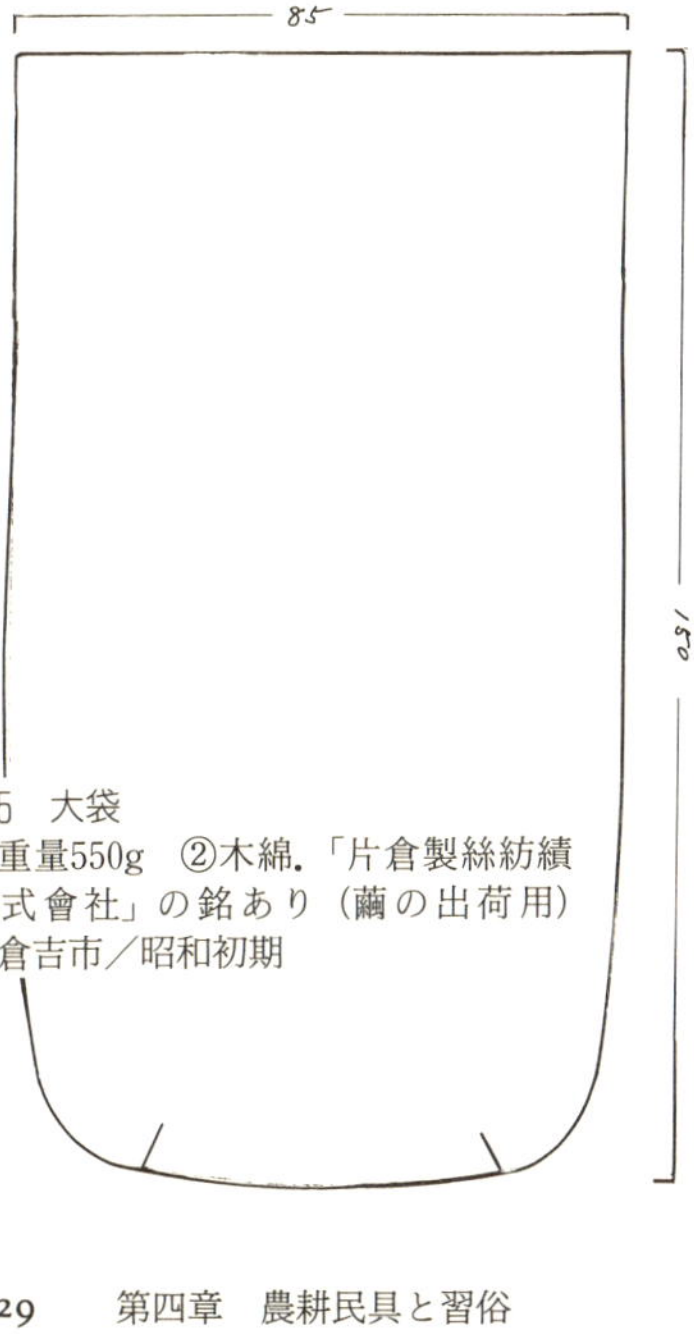

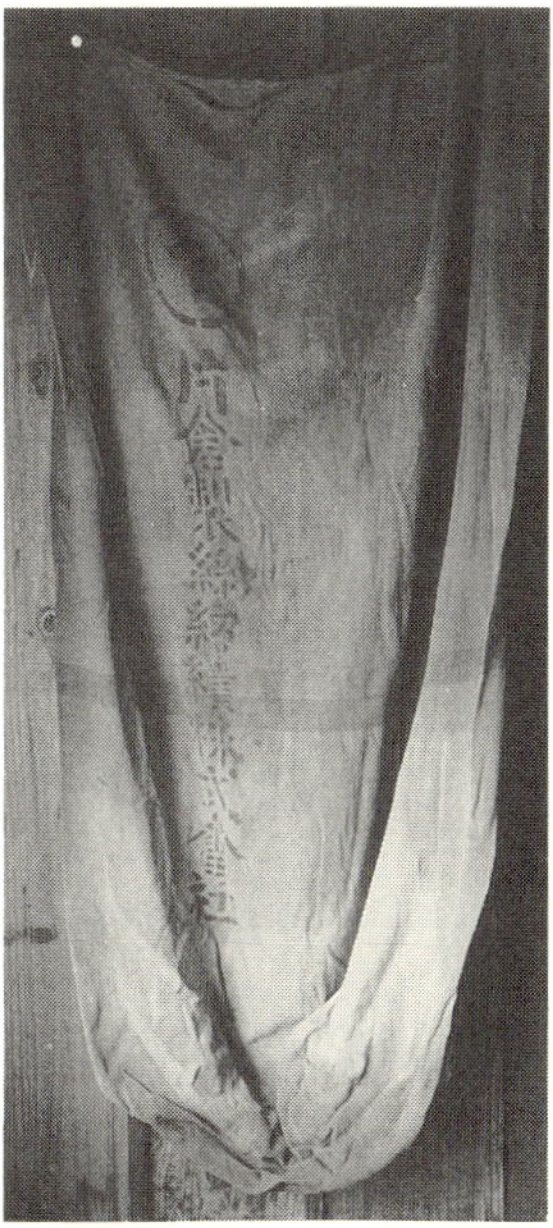

図225 大袋
①重量550g ②木綿.「片倉製絲紡績株式會社」の銘あり（繭の出荷用）
③倉吉市／昭和初期

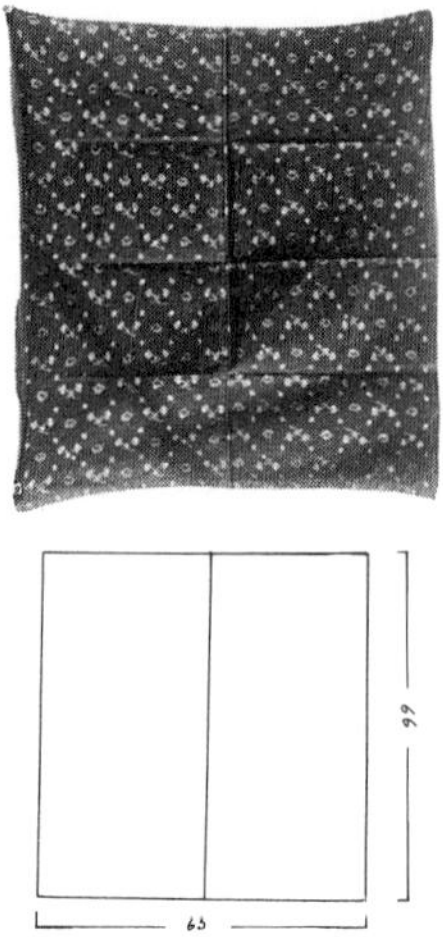

図226　木綿絣風呂敷
①重量100g　②絵絣（梅花と葵文）．2幅を手縫い　③鳥取県西伯郡中山町

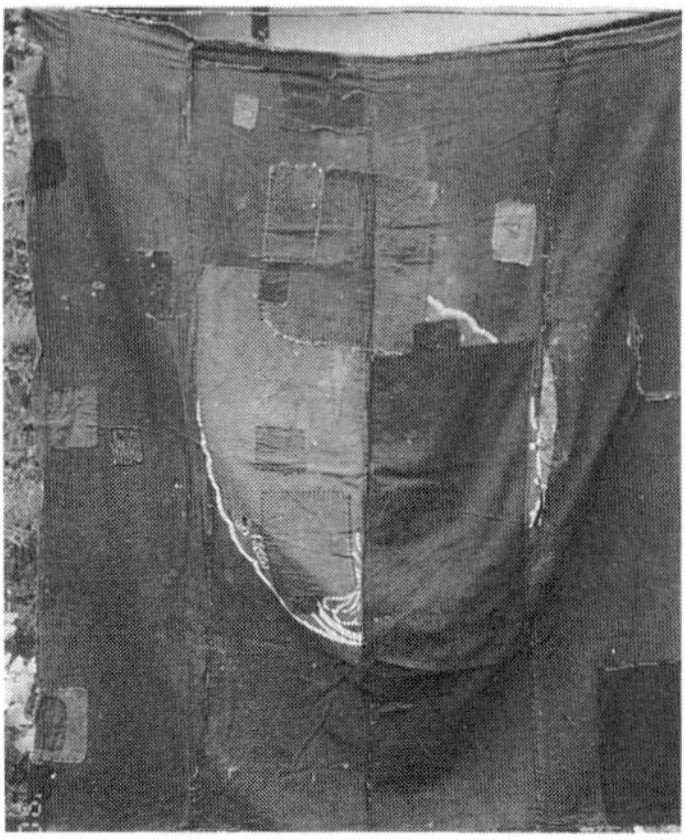

図227　四幅風呂敷
①重量400g，150×134cm　②当て布24枚　③倉吉市／明治期〜昭和初期

呂敷を、山では頭巾として被る人さえいた。風呂敷は物を包むだけではなく、前記したように刈り取った桑葉のカバーとして被せたり、肩から掛けて暖をとるなど、自由自在に用いられた。図227の風呂敷には二四枚の当て布があり、くらしの中で役立ったことを語りかけている。図228の六幅の大風呂敷の四隅に二四花弁の刺し縫いがあり、よく見ると糸目にゆるみ代《しろ》を取っている。「重い荷物を運ぶのに、刺し糸が切断しないようにゆるめているので、明治期から昭和中期まで一世紀は使ってきた……」（鳥取県日野郡日南町、三森文子）という。六幅風呂敷の用布には一反《たん》布が必要で、着物一枚分の用布で作った。こうした大風呂敷を使うのは、上農者か半商人が多いようである。この風呂敷の重量は七五〇グラムであった。図229の四幅風呂敷は、和紙を用いた縞布である。老女は、「戦後、物が不足して風

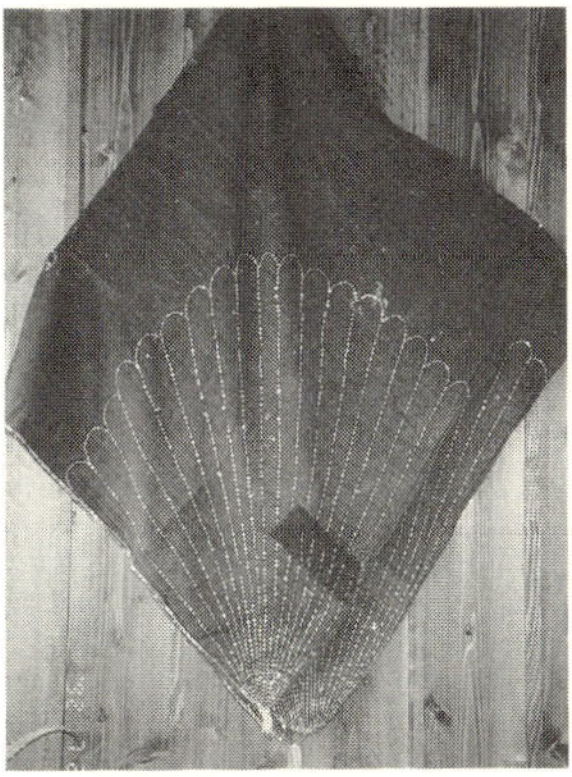

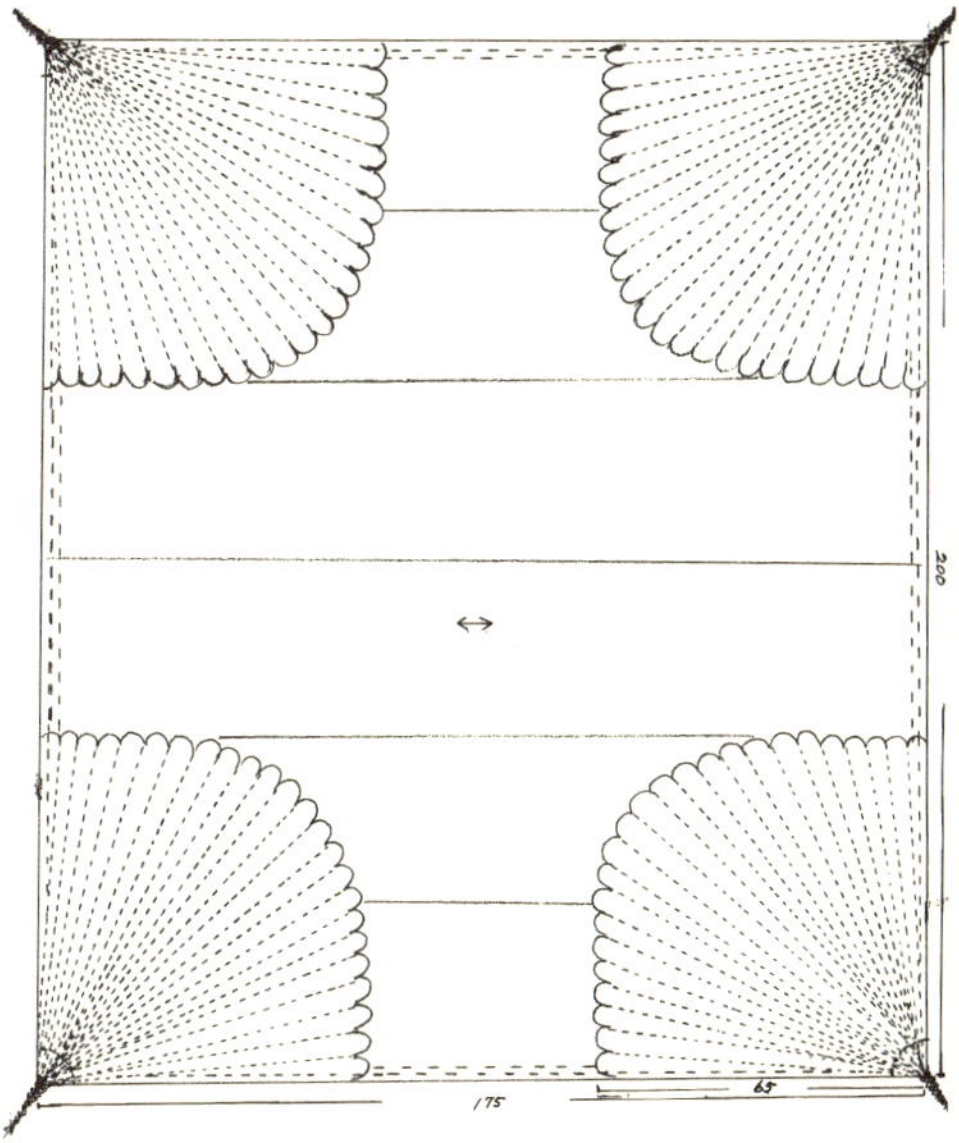

図228　大風呂敷
①重量750g　②木綿紺地刺し子，６幅．手縫い．刺し子24花弁．当て布10枚　③鳥取県日野郡日南町／明治期〜昭和中期

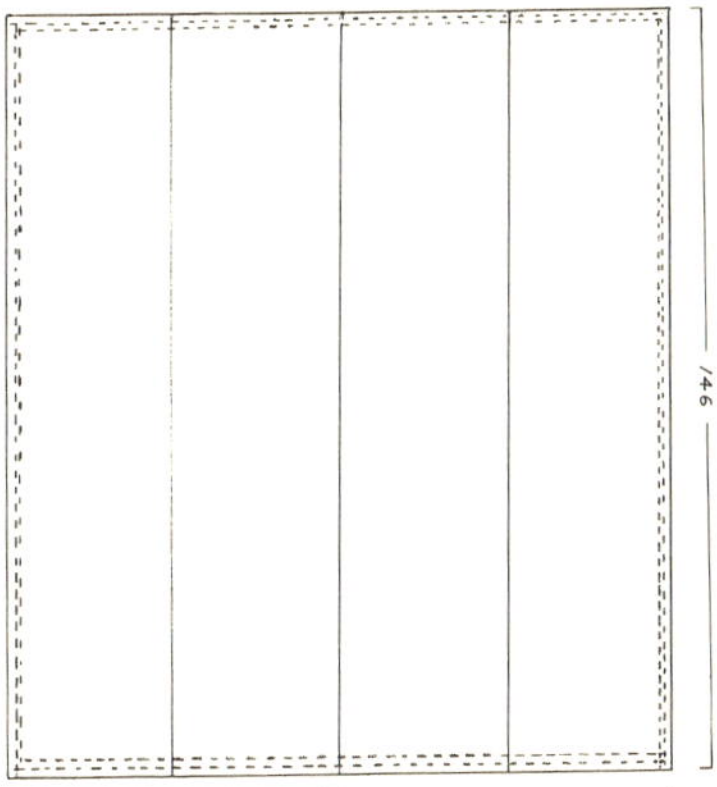

図229　木綿と紙糸縞大風呂敷
①重量420g　②４幅，黄色・紺・淡紫の木綿縞に緯糸紙こより（綿糸不足のため）．③鳥取県東伯郡東伯町／昭和20年作

呂敷さえなく、物を運ぶのに竹負い籠ばかり背負ったが、古い和紙があることに気づき、古紙をこより状に糸車で撚《よ》り、緯糸に製織した。田圃の弁当運びや、山仕事に持ち出し、山では風呂敷を着て仕事着にも使った。気温の変化する春先は風呂敷を携帯すると安心して働けた……」（鳥取県東伯郡東伯町、入江千代子）という。老女は健在であり、私に風呂敷を譲ってくれた。

農作業に必要な、敷物や産物の包装具、民家の敷物の莚《むしろ》などの資料を説明する。図230・231は、莚とこも織り（俵用の包み）の機工具の木箴《おさ》である。この箴を織機に取りつけ、経糸に小縄を通して織り幅と密度を決める。そのための木箴の穴である。莚用の穴数は二一個あり、こも用は一五個である。莚の完成品を実測すると、幅九二センチ、長さ一八二センチの長方形に織られ、経糸は木箴に二本ずつ通し、両端は各一本ずつ加えて四四本の小縄の経糸を入れていた。また、こもは幅六〇センチ、長さ一二〇センチあり、三〇本の小縄を経糸に用いていた。織機の構造は周知のとおり、二本の経糸の間に緯糸を交織する。緯糸にはよく打った藁を通して織る。その藁を通す工具を竹梭《ひ》といい、長さ一一五センチの鉤型の竹である。先端の鉤に藁を掛けて経縄の中に挿入し、緯打ちをする。莚もこも織りも同じ工程である。各家から莚機を織る音が地響きとなって近隣まで響き、威勢のよい仕事であった。

莚に製織後、それを等分に折って両端を綴じ縫い、叺《かます》に加工する。叺は穀類や芋類を入れる容器として、農家には籾叺を五〇〜一〇〇枚は常備していた。叺が古くなれば芋類の運搬具として、背負って運んでいた。

莚と人びととの関わりは昭和中期まで続いた。家庭の台所が土間から板張りになり莚に変わる。さら

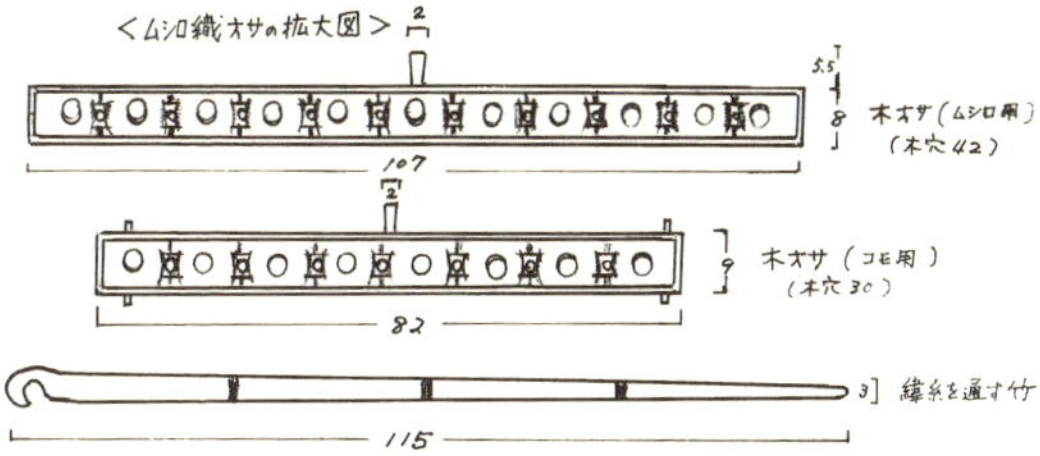

図230
莚織り工具

図231　莚（藁製）
経小縄44本

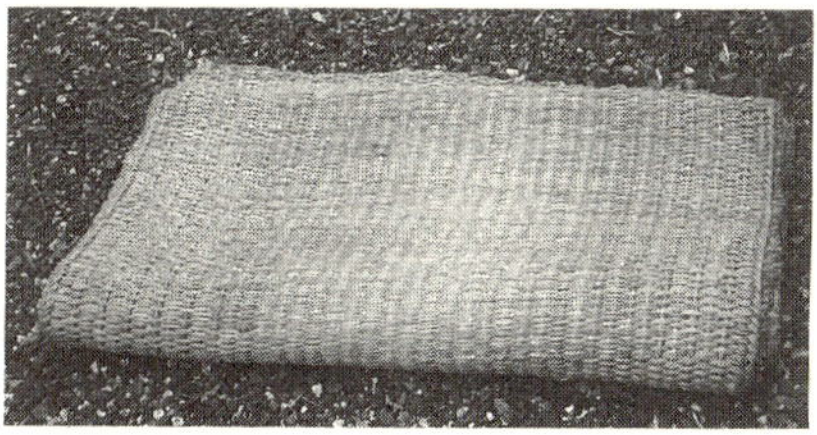

に部屋は茣蓙から畳に変わってきた。しかし、台所や下《しも》座敷は長い間莚の生活が固定化していた。幼児のいる家庭はどの部屋も畳を上げて莚敷きや板敷きにした。莚は簡単に戸外に持ちだして干すことができることと、素足で歩くゴツゴツとした感触のよさを身体が知っていたから、老人の多くは莚に固執したのだろう。

農家は広い土間に莚を敷きつめ、収穫した産物を選別し、調製して俵や叺《かます》詰めを行なった。土間の片方では、これらの藁製品を作った。藁ほくどや消炭《けしずみ》を燃やして手を炙《あぶ》りながら、家族そろって働いた。土間の隅に埋めた藁打ち石の上には木槌をおき、空《から》打ちをすると狐が集《つど》うと言って戒めていた。

収穫期になると、莚を田畑に持ちだして敷き、脱穀をする。さらに、家の周辺に莚を敷きつめて豆や穀類を干し上げ、商品とした。特に菜種と麦・大豆などであるが、天候とにらめっこをしながら、莚を広げたりたたんだりして、一週間は干し物から目が離せなかった。農家によっては五〇枚くらいの莚を常備し、乾燥が終わると、莚の両端を二人が持って片手の棒で交互に莚をたたいて埃を取る莚打ちを行ない、蒲団たたみのように四つ折りにして収納した。

こも織りについては説明したが、編みごもは用途が広く、簡単な編み具で編むことができ、主に米俵用と養蚕用に利用した。図232のとおり、木製の台を組み立て、小形の杵を数十個準備して、それに小縄を巻き、藁を挟んで杵を交互に組ませて編む。この資料は養蚕用で、長さ九〇センチ、幅五五センチの大きさである。

米俵用のこもを綴じる竹製の綴じ針が図234に見られる。こも俵は、上下に藁製の丸い蓋、桟《さん》俵を当てて針で綴じて俵を作り、米を包む。

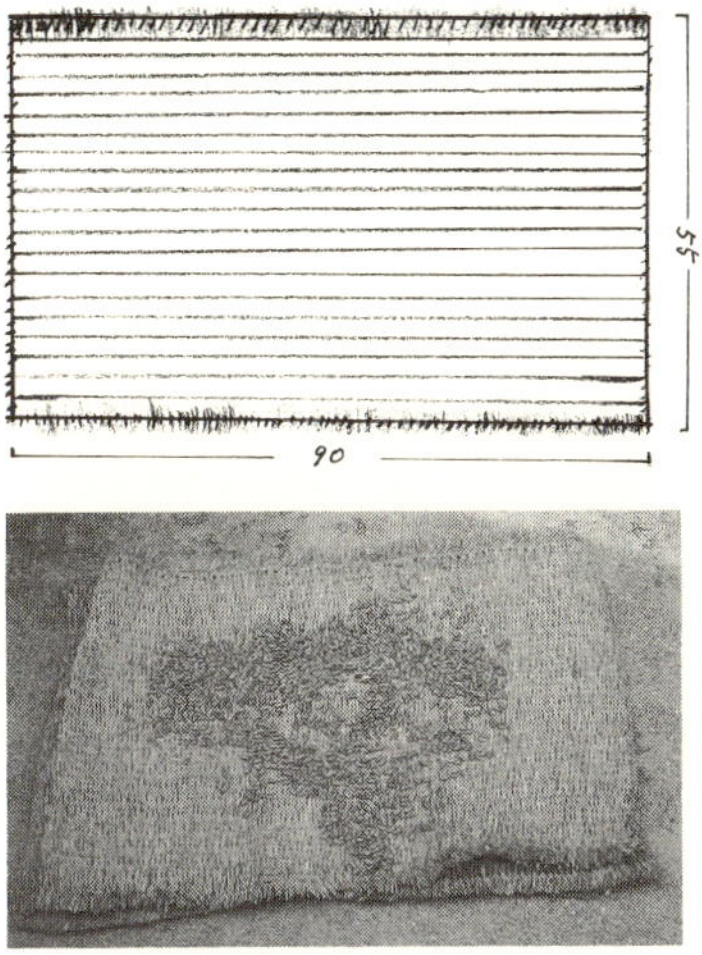

図233　養蚕用こも
経小縄22本，緯ワラ10段が 5 cm

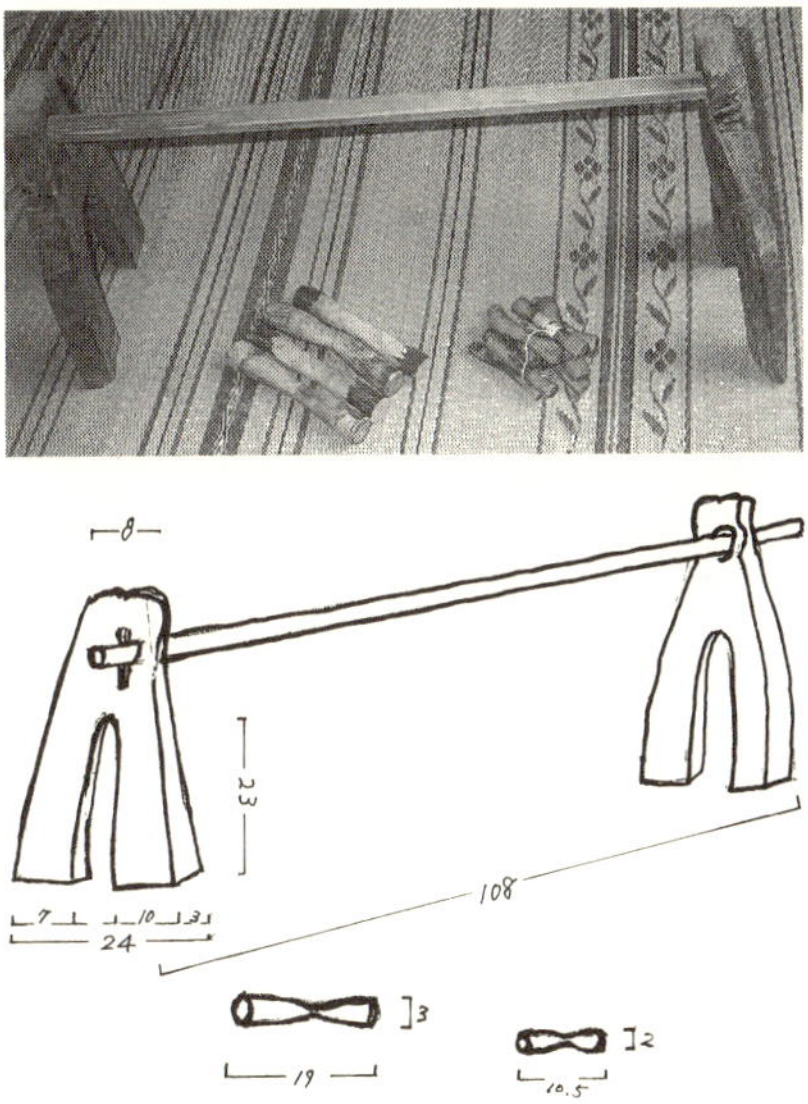

図232　こも俵編み工具

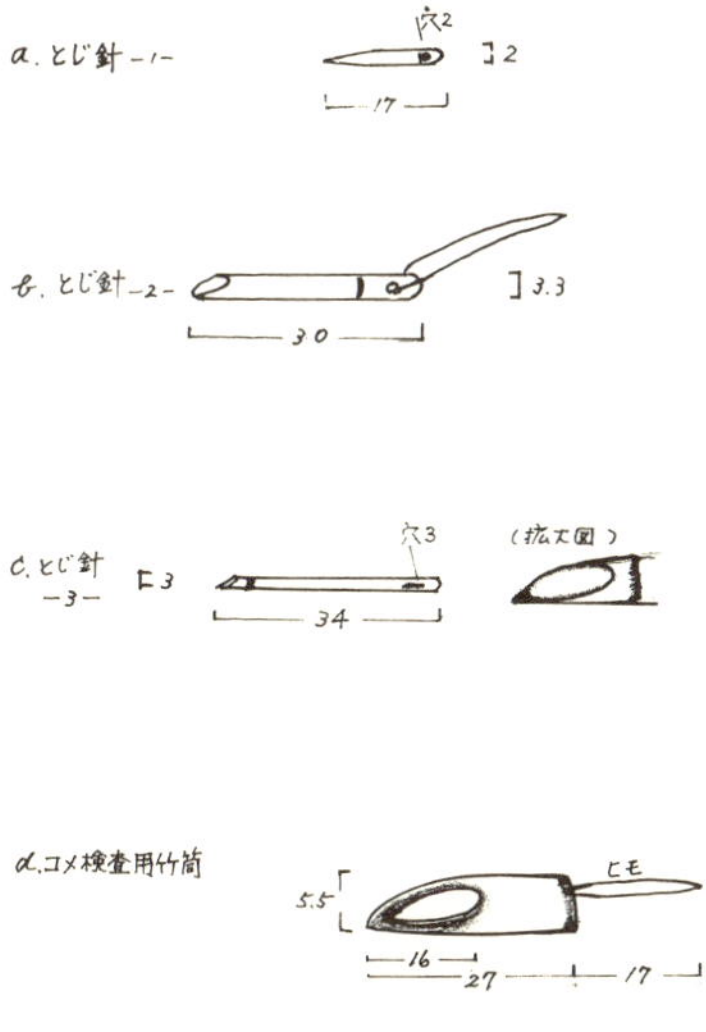

図234　竹製小道具

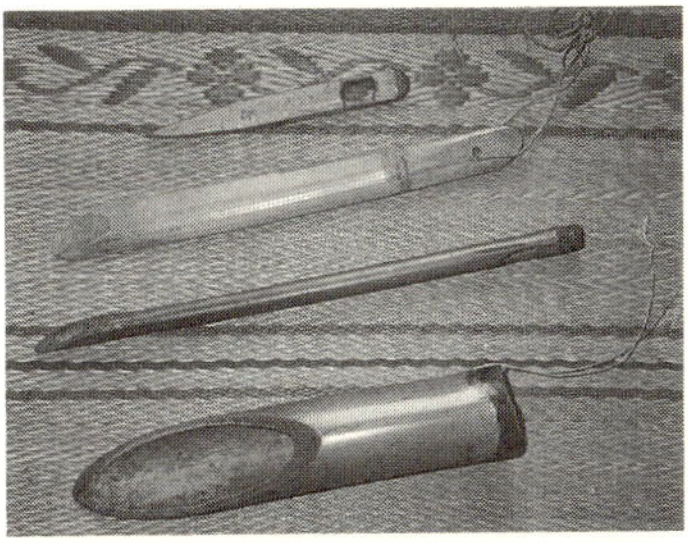

図235　麦の脱穀具　自宅の軒下

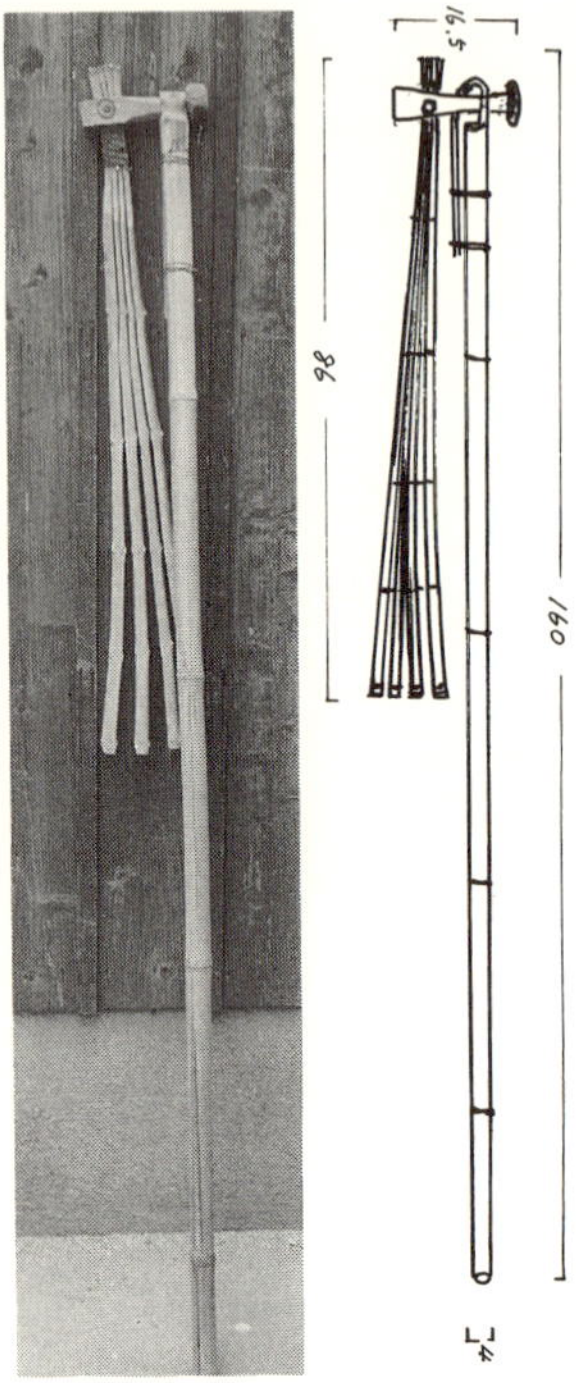

図236　唐竿（竹製）　倉吉市

何度も述べたが、民具の素材は木や竹が多く、よく使い込まれた滑りのよさ、枯れた色と艶には愛着がある。写真の最下段は米を検査する小道具である。米俵に突きさして、米の等級を確定するのに使った。

　雑穀類や豆類の脱穀には、いろいろな農具のほか、干し物の上を歩いて人力で実を取りだし、風力で穀皮と実を選別する方法もあった。図235の麦落とし具は、梯子状の木組みに割竹を張り、水平に設置したこの上に麦束の穂を打ちつけて実を落とし、さらに唐竿で叩いて、麦皮を取り除いた。この麦こき具は、半世紀前から我が家の軒下にすけ立て（よりかけられ）たままである。

　図236の唐竿《からさお》は、竹製であるが、木

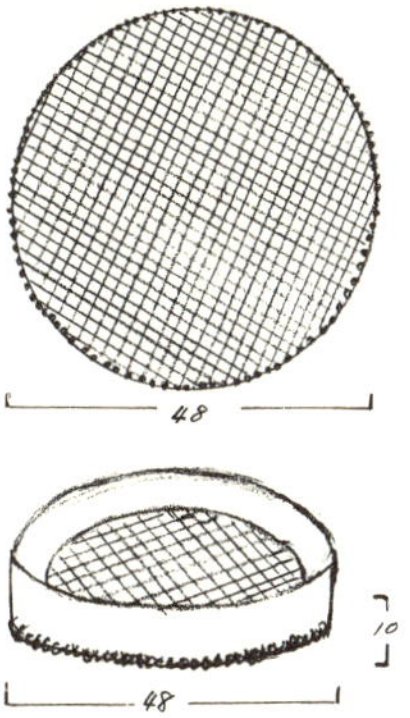

図239　大篩　木の曲げにカズラ蔓を張る，枡目密度 1 cm

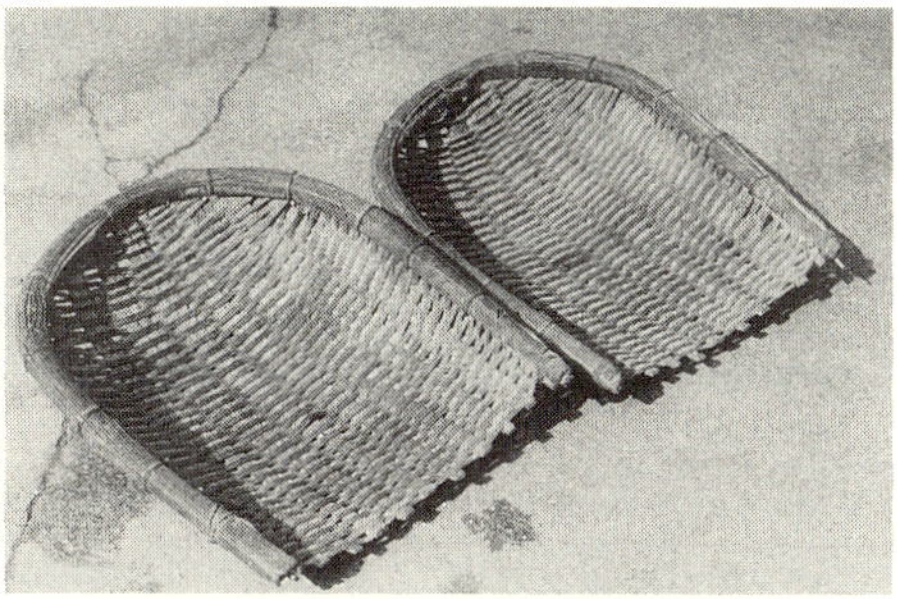

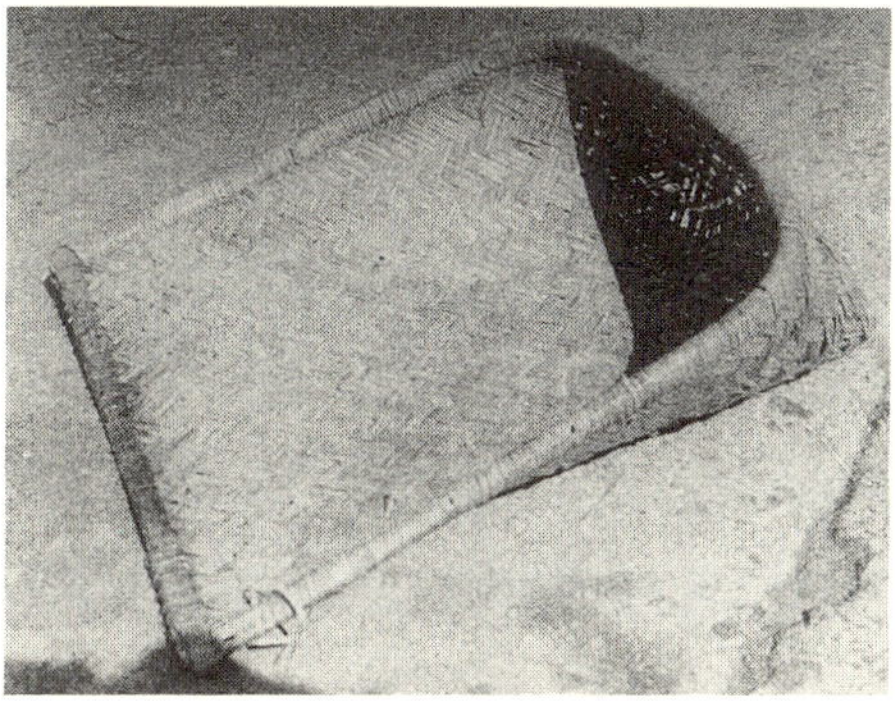

上：図237　片口手箕（竹製）
下：図238　大型片口手箕（竹製）

製の棒状の唐竿もあった。雑穀類の中で麦・大豆の脱穀は、立姿で打ちつける唐竿打ちが能率よく威勢があった。その方法は、平地に莚を五〜六枚敷き並べ、その上に脱穀する作物を広げる。二〜三人が相対して向き合い、唐竿を振りあげて、相手と交互に唐竿を叩きつけて落とす。三人が両足を前後に開き、時計の針のように移動しながら打つ。唐竿を打ちながら声をだして調子を合わせていた。さらに、穀皮と中身の選別は、立姿で片口手箕に入れた穀類を頭上から揺り動かして落下させ、風力によって分別した。この

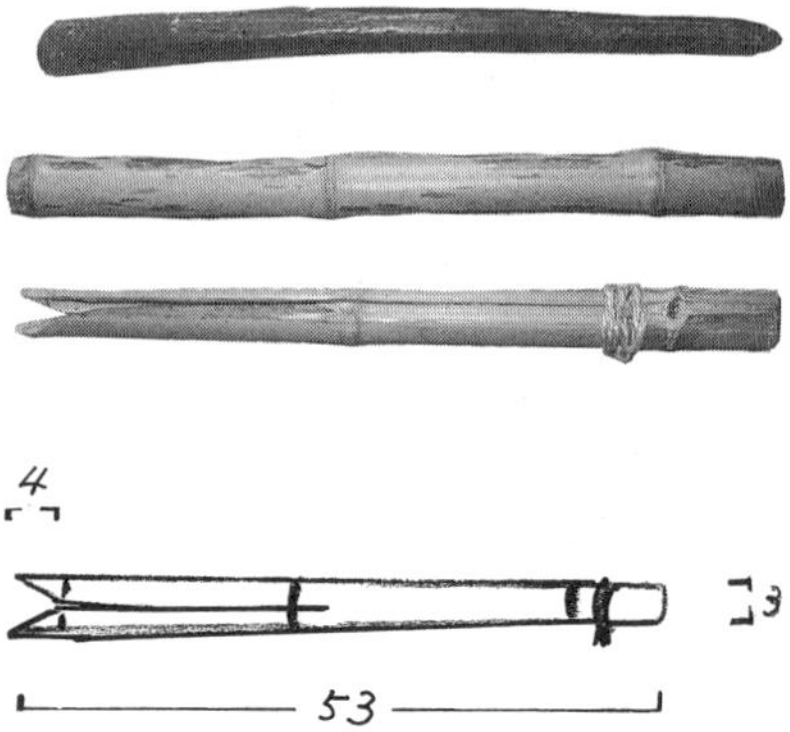

図240　すりこぎ・吹き竹・扱箸　倉吉市

図241　木槌　大中小　倉吉市

作業を繰り返し、さらに完全に選別するには、篩《ふるい》を使っていた。篩は網目に大小があり、作物によって使い分けた。まず脱穀後は大篩で処理し、その後は作物に合わせた篩を用いていた。図239の篩は、木片を曲げて作った直径四八センチ、高さ一〇センチの円形である。篩の桝目はカズラ蔓で作る。まず木枠の外側にカズラを一周巻いて固定し、一センチ間隔の枠穴の順にかずらを内側から外側に張り、木枠に固定したかずらの輪にかけて下から引き上げ、一センチ間隔の桝目を作った。この植物の蔓を利用した篩は、今では針金製の金網の篩に変わっている。

農具や民具の素朴な美しさを再発見する小道具に、竹製の扱箸《こきばし》、すりこぎ、吹き竹、木槌をあげることができる(図240・241)。すりこぎは調理に使うすり鉢の棒であり、吹き竹は竈で火力に勢いをつける道具で、空気を送りだす穴がある。これらは、脱穀用の手道具としても、軽くて便利な棒としてよく使われた。特に豆類の脱穀は、天日干しの自然乾燥の後、吹き竹やすりこぎの棒で叩いて皮と実をはじきだしていた。木槌を使うと実子を潰すおそれがあるの

図242　稲扱千刃で脱穀
1975年撮影

図243　稲刈り
1992年撮影

図244　足踏み式脱穀機
鳥取県気高郡

図245　魚獲具（竹製）
倉吉市

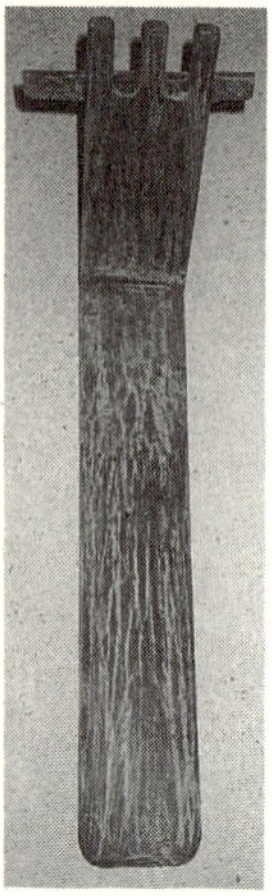

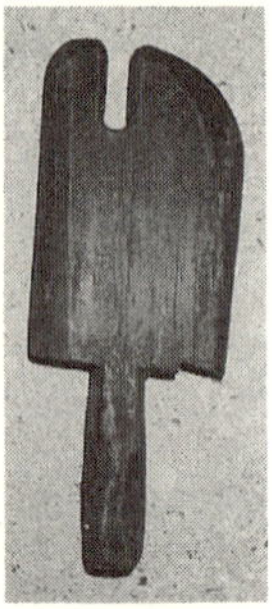

左：図246
履物草鞋作りの台
鳥取県気高郡
上：図247
つまご用の足型
鳥取県気高郡

で軽く打った。

扱箸は、長さ五〇センチくらいの竹を割り、先端を鋭角にとがらせて、その竹の間に作物を挟んで実を脱穀させるもので、稲やアワ、ソバ・ダイズなどによく用いた。稲の脱穀には画期的な稲扱千刃《いなこきせんば》（図242）の鉄穂による能率のよい農具が出現し、農民は脱穀作業から救われた。

倉吉は江戸末期から明治期にかけて、稲扱千刃の主産地であった。『倉吉市誌』によれば、明治四三年には年間十万挺を生産し、七万二千余挺を出荷している。

写真は、私の両親が種籾用に籾粒を傷めないために千刃で脱穀するところを撮ったもので、昭和五〇年ころのものである。その頃には、脱穀は、足踏み式から発動機に代わっていた。しかし、アワやソバなどの小規模耕作の脱穀には扱箸を使い、土間に座って行なった。

図245の魚の捕獲用の片口竹籠は、水田に養殖した鮒や鯉をとるのに用いていた。除草と病害虫の予防法の一つとして魚を田の中で飼育することが流行した。稲穂が出そろって水を落とすときに、この魚獲具で排水路に受けて魚の流出を防いだ。近年まで民家の納屋にはこうした竹の手編み籠が吊るされていた。無農薬の水田に鯉が背びれを立てて泳ぐ姿が瞼《まぶた》に浮かぶ。

図246・247は履物の編み用木台とつまご用の足型である。各家庭に常備された道具で、今となれば懐

かしさが倍加する。

農耕と習俗

農民は、農耕地を所有することが最大の誇りであり、野山を開墾して焼畑農地を拡大していった。ある古老の談話によると、「山の段々畑の面積を少しずつ広げていき、土地を太らせるために、山草や落葉で地肥を作り、作物を栽培して喜んでいた。ある日のこと、仕事を終えて帰るようになり、段々畑を一枚二枚と数えて、五枚ある畑が一枚どうしても足らない。何度も数えているうちに夕方になってしまい、困って負い籠を持ち上げて帰ろうとすると、負い籠の下に畑が一枚あった。これでよかった、我が家の畑は五枚だと思って、安心して家路に着いた……」と、村人から聞いている（倉吉市、福田祥男）。

この笑話は、耕作地の狭さと貧しいくらしがよくわかる。山の急傾斜面の猫の額ほどの棚田を五枚開墾している農夫の、負い籠が隠すほど小さな土地を連想する。また、畑や田圃の呼称を一枚、二枚と数える習慣と、負い籠を常に携帯して働いていたこともうかがえる。山畑には陸稲を栽培し、米作りにかける情熱は並々ならぬものがあった。稲は数千年の間、品種改良され各地に適した耕作法が伝承され、受け継がれてきた作物である。聞くところによると、稲ほど繁殖力の旺盛な作物はないようである。一粒の実子が秋の収穫には一千粒に増加するありがたい作物だという。ところが、種籾の管理について「小作人が種籾まで食いつくすことを恐れた庄屋は、大甕数本に種籾を保管し、実子播き時期に小作人に与えた。甕は鼠の被害を防いだらしい」（鳥取県気高郡気高町、橋本昌男）という。

農民の稲作と祭事にかける情熱は格別なものがある。一月から三月の間に堆肥を田に撒布し、四月の田に鍬を入れる「鍬ぞめ祝」から田起こしが始まり、「代満《しろみて》」といって田植えが終わると祝いをする。村中が氏神様の社にこもり、餅と手料理に酒を供えて会食をし、神官と共に豊作祈願を行なう。

また、田植えが終わると「植え後の水神さん参り」といって、村人がこぞって港町の水神神社に参拝して神札を受けて清めて帰り、田圃の排水口に割竹に神札を挟んで祭った。あちこちの青田に神札がひらめいて気持ちが高揚した。稲がみるみる成長すると、病虫害を防除する虫送りを集団で行なった。畦道を帯状の松明《たいまつ》行列が続くと、田の害虫が明かりに飛んで来ては死んだ。

稲が黄金に熟《う》れ、刈り取りが無事に終わると「鎌祝い」がある。家族が使った鎌をよく洗い、神棚に供えて五目飯を炊き、豊作を感謝した。いよいよ脱穀も終わり、新穀を取り入れると「穀《こ》き祝い」をする。赤飯か餅で家族が祝い、その年の収穫高に話を咲かせ、神棚に両手を合わせた。そして年末には、歳徳神を祭るため、新藁の香りのする莚を織り、その上に産物を供えて新年を迎えた。

このように春には豊作祈願祭、秋には秋祭り、年末には感謝祭を行ない、そのつど神社に米一升を供えた。また冬季には管粥《くだがゆ》神事といい、竹管を小さく切って米と一緒に炊き込み、竹の中の米粒のつまり具合で来年の収穫高を占った。こうした神事にまつわる祝盃や会食は男性中心に行なわれ、女性は生理的不浄観から、神殿に上ったり酒を飲むことも謹しまなければならなかった。

村の中に精米所ができるまでは、各家庭で唐臼《からうす》（籾をすり殻をとる臼で、樫の薄板を粘土に打ち込んで作った）を回して籾すりを行なった。この作業は夜なべ仕事で、土間に莚を敷いて素足で行なった。

籾すり後、唐箕《とうみ》かけという玄米と殻をより分ける作業をし、最後に万石《まんごく》（米とぬかをふるい分ける道具）にかけて米を精選した。供出米は俵に詰め、一俵に四斗を入れて縄でしばった。俵を転がしながら、片足を俵に乗せて身体ごと踏みつけるようにして仕上げる。家族の笑顔の中で作業が流れていった。

また、農村では肥料について特別な考え方が伝承されていたことを追記しておきたい。牛馬の厩肥については再三述べたとおり、収穫高を左右すると考えられていたが、さらに人糞尿の確保と保存に特に努めた。昭和三〇年代になっても糞尿便を買い回り、田肥にすることが続いていた。私は、大八車の肥を満載した行列を目撃して驚き、唖然とした。大八車を引く男性と後方から棒で押す女性が呼吸を合わせて進むので、肥桶に入れた落とし藁が揺れながらも、汚物が飛び散ることはなかった。金肥のない当時は、田畑の肥の供給源として人糞尿が大切にされた。そのため、学校や集会場、駅の汲

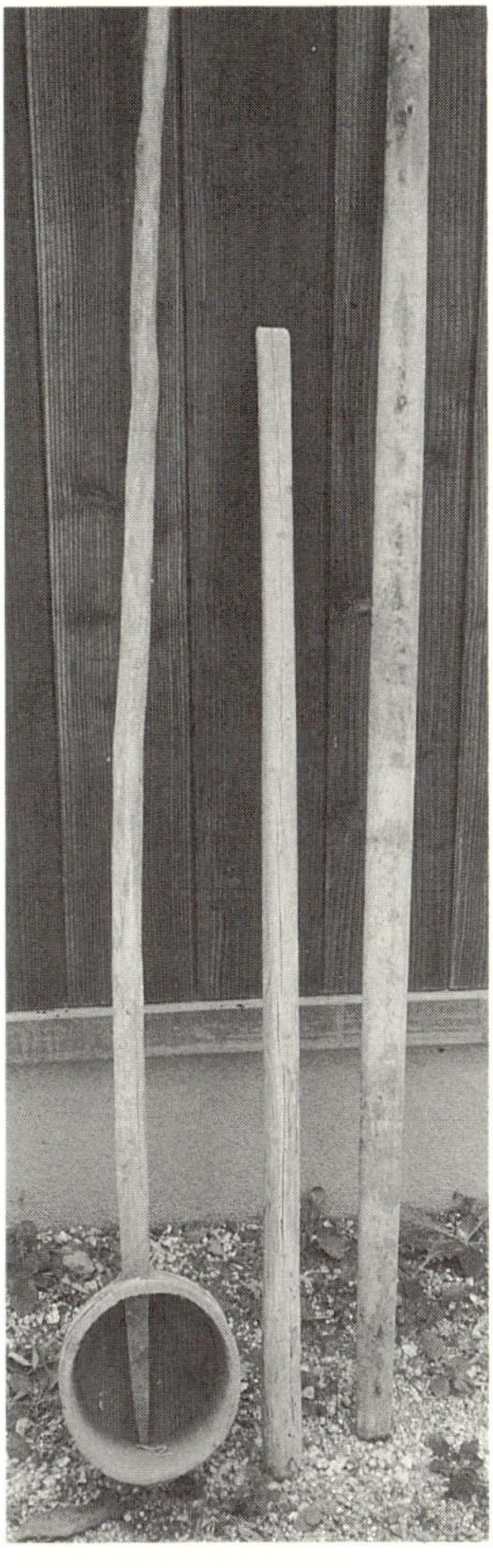

図248　肥杓と天秤棒と杖
倉吉市

み取りも入札で買うほど、肥がもてはやされた。図248の天秤棒（肥を担うための道具）と杖と肥杓の三点は、肥の運搬に欠くことのできないものであった。天秤棒と肩の間に杖をかませて荷具合の調子を取りながら運んだ。また肥杓の柄の長さは肥壺の大きさと深さを物語っており、人糞尿を溜める穴は深かった。

便所には小さな神棚があった。ここには豊作を約束する神様がまつられ、肥料がよく効くといわれていた。また、便所神に供えた物を戴くと安産になり、下《しも》の病気（婦人病など）にかからないなどと、古老は話していた。不思議なことに排泄物に不浄観を持たなかった古老が聞かせてくれた笑い話がある。「ある働き者の男性が峠を越えて町に出た。町から買物をして帰る途中、便意をもよおしたので、田圃の藁をもらって糞便を藁に包んで持って帰った。けれど買物の藁包みを便壺に落とし、一方の藁包みを土産と間違えた。家族はうんこの土産に驚いたが、田が肥えるから、食べない土産もいいことだと笑った」。農民は仕事中に我が田に立小便をするのはあたりまえで、女性も立ち姿のまま着物を持ち上げ、腰を曲げて誰にも気づかれず放尿をした。これは長着物の仕事着に限ってのことで、もんぺ姿では不可能である。

農村では、人と行きかう時には、大きい声で天候の挨拶を交し合う。自然の気象や野山の季節の植物の成長に合わせながら、作物の成長の進度について語りかける挨拶が多かった。

例えば「お元気で草取りですか」とか、「雨が降りそうなので蒔きものをした」とか。「ネムの花が咲きましたな」と言うのは、ネムの花咲くころに畑に小豆《あずき》を播けというのである。「ミカンの花が咲いたな」と言うと、ミカンの花の芳香の中で綿実を播くのである。年ごとに気象によって開花が異なり、そうした自然界の植物の成長に種播きを合わせるのが、よく成長することだと教えている。稲作についても、「田ごしらえです」と言うと、村一斉の田植えが始まり、堰上《せき》げにより灌水に遅れないように田打ちをすることである。「代満《しろみて》になったに……」とは、田植えが終了したことを村人に知らせる挨拶である。「一番草がすんだに……」と言うのは最初の草取りを終わらせた報告であり、「こき祝いをした」とは、やっとの思いで脱穀が終わったということである。

こうして、村全体が営農の進度を確かめあう習俗によって、共存共栄の考え方を持ち、仕事の確認と励まし合いによる協力をしたことがよくわかる。反面、家族の人間関係や仕事ぶりがあからさまに知れわたり、仕事の遅速に神経を高ぶらせ、緊張の毎日が続いた。このような状況を「村姑が強《こわ》い……」と言った。

藁しべ長者の話

農村では、稲作の長い歴史の中で培った藁利用の伝承によって、藁資源を大切にした。そうした藁への誇張した想いが「藁しべ長者」の話となったのだろうか。

藁衣については既述したが、くらしの中で、藁との関わりは密接であった。住居の藁屋根と家の周囲の藁囲い、藁の敷物の上で、藁細工の容器や包装、掃除具など、すべてが生活の助けとなった。藁は衣食住すべての生活を賄《まかな》う素材であり、農作業でも藁を利用することが多かった。例えば、作物の刈り取りには藁数本で束ねて結束するのだが、藁の保管状態の良否によって藁がコツ（変質してもろくなる）になって切れやすくなる。また包装用も藁の湿気から酸化し、腐れ穴があく。したがって青味の残る藁の保存は慎重に行なわれていた。

藁しべとは藁の芯のことで、藁すべとも言う。正月飾りのしめ縄や、藁しべにつけた餅花などには、新藁を用いた。また、晩秋に干した柿が新藁の香りを吸ってアメ色に変わる、軒先の柿の縄のれんは心を慰めてくれる。それを眺めながら、縁側で収穫した白綿花の実子をくり、紡糸する（紡車のつめに藁しべをさし込み綿花を紡糸する）。このように、利用は多種多彩にわたり、藁の利用度は高かった。藁一本も無駄にせぬ生活をしながら、藁製品を換金して富を得る者もいた。

新藁を青色のまま保存するには、脱穀のあと直ちに積みあげて囲う。したがって脱穀は籾と藁の両方の乾燥具合によって計られた。藁を籾の収穫後に処理するためには人手が必要になる。例えば稲の脱穀時は、稲を寄せる人と稲をこく人、籾を運搬する者や藁の処理をする者など七〜八名が集団で作業する。これが村の共同体意識によって、他家への手伝いが始まり、そのお礼返しをすることが習俗となっていた。

藁の保存法の一つである藁くま（積藁のこと）の積み方を述べる。藁くまとは、田圃の片隅に藁を高く円柱形に積むことで、半年間、来年の田植え前まで鎮座する藁筒で、藁を積む者がお金持ちになった気分から「藁しべ長者だ」と言って笑わせていたものである。

藁くまの土台と屋根に使う木は、山から青葉のついたままの松や若木を切りだして準備し、田圃に運んでおく。耕作面積によっては藁くまが二個も三個も並ぶことになる。稲こきは藁に朝露が残る早朝を避けて、午前一〇時ころに開始する。したがって脱穀の終了は遅れ、藁積みのころは月明かりを

図249
残雪の野山に藁くま
鳥取県東伯郡三朝町
／1990年撮影

たよりに働いた。限られた時間の作業で、多数の人夫を要し、夜露が降りぬ間に藁を処理しなければならなかった。

藁積みには、先に述べた松枝を田圃の片隅に敷き、円形の台座を作る。その円座の外縁を高くして、藁の切株を円座の外縁に添わせながら、時計の針方向に隙間なく丸く並べて、藁の穂先を円座の中心に向け、外円の基礎型を作る。二段目は外円より約五〇センチ藁を内側に引いて並べて行き、三段目も藁を内側に引いて中心を高く積んでいく。さらに二～三束を円座の中心におき、最初の一段目の外円に添って藁を並べる。この作業を繰り返して高く積むのだが、下から藁束を投げる人は、藁くまが垂直に立ち上がるように気配りをして投げる。

投げる人と積む人は呼吸を合わせ、声を掛け合って高く積む。くまの側面に凹凸ができたときは、下の人が藁束をくまに叩きつけて、下から上に広がる円柱形を作る。傾いたときも下の者が手直しをする。くまの上にいる者は片端に寄り、下の者が藁くまに体当りをして全身で傾きを起こす。二～三メートルの高さになると、屋根作りにかかる。屋根は勾配を作るため、今まで積んだ円形より約二〇センチ内円に藁を引いて並べる。この操作を五回繰り返し円形を作ると、五段目の中心が高い山型の円錐形ができあがる。

その上に、屋根を葺くように藁束の穂先を藁くまの外側に三〇センチほど突きだし、軒先のような形で被せていく。二段から三段と三〇センチずつ引き込んで屋根型に並べて勾配を作る。さらにその上に藁二束の穂先をくくった小蓋を一〇束被せ、さらに大蓋（小蓋を五束集めて作った屋根型の頭被りの蓋）を被せると藁くまができあがる。その上に準備した松枝を四方に乗せ、縄を張り固定する。縄はくまの胴回りを一周して結び、その縄の四方から、くまの頂上の松枝を交差して押さえてしばる。くまの上の人は、積み終えると稲の乾燥に使う丸太木、六メートルくらいの長木棒をくまにすけ（助け）かけてもらい、地上に降りた。

藁くまが長期間の冬の風雪に耐えるためには、家型に積むことが大切な条件であった。また、くまを安定させるためにカズラの蔓を水に浸して柔らかくしてしばるとよいとも伝えている。

こうしてできた藁くまは、鼠の入る隙間もなく、藁の色艶がよく長持ちした。

先に述べたように、一瞬のうちに作業を進行させるため、親族一同、本家と分家が相互に協力し援助することから始まり、やがてそれが村落内外に波及していき、労働の交換によって増産し、仕事の能率化を計ってきた。村には収穫を共に喜び、共に苦しみを分かちあう、善人が多かった。

「手間賃の貸し借り」と言って、他家に貸与した労働力を、労働で返してもらう慣習があった。地方の呼称では「てごしやこ」と言ったが、田植えのとき三軒の手伝いにでて、我が家の田植えに三人の田植え人夫を返してもらうことをいう。大勢で能率をあげる作業には、すべてこの労働の交換による方法がとられていた。これは農村の相互扶助の精神をよく表現している。

しかし、村社会の中には、男女の人役に差をつけて、女性を一人前の労働力とみない封建的思想が残っていた。男人役二人を借りると、女性三人役でその労働を返すような習わしであった。また、男性の場合のみ個人の労働能力によって労賃が異なることもあった。例えば男人夫一人役で水田の代掻き作業を借りる場合でも、男の人は日没後まで一人役をこなす働きぶりであれば、その労働量によって交換することもあった。また逆に、脱穀一日分の仕事量を、能力のある人は半日で終えることもあり、労働時間ではなくその量と内容によっても交換した。

しかし、女性はいかに働き者であっても男性より劣等視され、日役にも差をつけられた。こうしたことは、家父長制の下における女性の立場の弱さにほかならない。そんな農村にも、節句に働くことを禁じて「横着者の節句働き」と言って、節句は女の休息日にし、心をなごませる習俗もあった。

このように村では、労働時間というよりも労働能力によって計られながら、秋の陽をまともに受けて黙々と働くことを喜び合った。米長者になれなくても、藁しべ長者になる道はあった。他家の脱穀の礼に藁を交換してもらう。そして藁長者になり、藁製品を夜なべで作る。こんな長者への道があったのである。自然と共に謙虚に生きる農民の、厚い太い手指や奇形化した指先の関節は、曲がったままである。顔全体の中に目が窪むなど、生活の厳しさとたたかって来た歴史を刻んでいる。

かつて、扱箸《こきばし》や麦打台の上で、作物を叩いて収穫していた作業による後遺症を身体に残している。照明はカワラケ（素焼きの土器）に油を注ぎ、火を灯して夜なべ作業を続けてきた。このような生きざまを思う時に、人の心に信仰心が宿るのは当然であった、と私は理解した。

稲作信仰と民話についても、聞き取ったことを述べる。

稲作信仰と民話

農家は、刈りとった稲穂、煮干しや酒を稲扱千刃の上に供えて、米作りの稲神さまに感謝する。稲神さまとお米に関する民話は親から子へ語り伝えられ、何度も繰り返して聞いたことを思い出す。そして、幼少期にころんで瘤《こぶ》ができたり擦り傷をすると、米粒を嚙んで米汁をつけ「米神さま傷がなおりますように」とおまじないするのである。また、稲荷神社の狐の使いの話、稲作と狐の話など、よく憶えている。

「種《たね》村にとうすけという善良なお人好しの男がいた。ある日、その男の所に、突然女がやって来て、一夜宿をかしてくれと頼むので、とうすけはその女を泊めた。ところが、その女は帰りたくないといって、とうとう居ついてしまい、男と一緒にくらすうちに、男の子を産んでしまった。ある日の昼下がり、女が昼寝をしてばけの皮を脱いでいるところへ、とうすけが仕事から帰ってきて驚いた。大きい古狼が家の中で昼寝をしている。『こら、しっ！』と大声をだすと、大狼はあわてて、子どもを残して裏山に走り去った。男は『やっぱり人間ではなかったのか』と、おそるおそる家に入り、子どもを抱いて安心した。その後、子どもと寂しくくらしていたある夜、戸口からその女があらわれたので『もう来たらいけない、帰れ、帰れ』と男が言うと、『帰ったのではない、山下の田圃に田植えをするから、苗をさばいておいてくれ』と女が言って帰って行った。とうすけは女の言うとおり、田植えの準備をして苗をさばき、夜の来るのを待った。夜になって戸口を開けて外を眺めていると、月夜の田圃道に一匹の古狼が現われて、『おおい、種のとうすけの家の田植えをするからでてこいやー』と叫ぶと、オロロン、オロロンと狼が鳴き声を響かせ、その声が山にこだまずると、数百匹の狼が田の中に集まった。夜中の一二時を過ぎて田植えを始め、見るまに終えて、山に帰っていった。朝になり、田圃にでたとうすけは、人が植えたのとなんら変わらない植えつけの青田に驚いた。その後稲穂の出が遅いので心配したとうすけは、村の検査官（稲作の状況をみる役人）にその田圃を見せた。ところが、穂のない稲と言って税金を免除してくれた。しかし、秋も終わりになったので、稲を刈り取って脱穀すると、穂のない稲から米がでて、いつもの年の数倍の米が積もり、大あわてしたとうすけは、米を運ぶうちに庭中を米の山にしてしまい、村一番の長者になってしまった。子どもとうすけは、狼に助けられて幸せにくらした。正直でお人好しをすると、きっとよいことがある……」。

また、村の山裾には、赤い鳥居の稲荷神社を奉納し、その例祭には参拝する人の行列が見られた。神社の境内には、瀬戸物の小型の狐が並び、不思議な光景を放っていた。稲穂を口にくわえる超能力の狐に神秘的な信仰心が寄せられ、村人の豊作祈願所であった。稲荷神社への参拝者たちは、米袋を持参し賽銭箱にひとつまみずつ米を入れて拝んだ。米は一粒でも大切にされ、飯粒を捨てると「目が潰れる」と言って、戒めていた。小米《こごめ》や屑米しか常食できなかったかつての農山村の貧しいくらしぶりは、想像を絶するものである。

米は換金作物の代表であり、生産者の苦労からも、米の尊さが理解される。お櫃《ひつ》についた飯粒を集めて洗って食べるという躾《しつ》けなど、米を無駄にしない生活と、食品に対する感謝の気持ちが、人々の根の部分にあった。

くらしの中で自然との関わりや動植物に対して心ゆたかに接していたことを記憶している。憑《つ》きものについても、伝承を信じて恐れていた事例がある。蛇は屋敷の守護神であると古老は伝え、生きものと共生を願って殺害を戒めて見逃していた。私は若妻のころ、漬物桶の下にとぐろを巻いた蛇を見て、大声をだして叫んだことがある。しかし、家人は「そっとしておいて」と言って見守っていた。

その後白蛇にまつわる実話を聞いた。「中国一の山、大山《だいせん》の深山《み》で、秋季に刈り取る、負い籠用の材料にするえんずいの若木刈りに山に登っていた男性が、松の切り株に腰を掛けてひと休みをしていると、足元から白蛇が頭をあげている。男は大あわてに驚き、腰に差していた鎌で白蛇の頭部を思いきり切り落としてしまった。頭のない蛇が渦を巻いて急斜面を舞い上がって転がり落ち、谷底深く落ちて行った。気持ちが悪くなった男は、仕事を止めて家に着いたとたん、寝込んでしまった。その後、家族の中に交通事故にあったり、屋根から転落するなど、予期せぬ病人や事故が絶えないので、とうとう白蛇の供養をして、はじめて平穏なくらしに返った。憑きものは恐ろしいので、蛇は殺さないように伝えている」。この話は今から二〇年前に聞いたものである。

村の中では、不思議なできごとが重なると、こうした憑きものを引き合いに出して、何にもまして生命のあるものを尊敬し、共存するくらし方を願った。冬の訪れは、人間だけが食糧を貯えるだけではなく、小鳥たちのために木に柿の実を残したり、敷地内に実のなる木を植えて冬の餌の気配りをした。三カ月間も積雪に埋まる山のくらしに、暖かい気配りにみちた営みがあった。

山の樹の実にトチがある。現在も「トチの実餅」のその芳香と独特の味わいが喜ばれているが、「餅米を買えない人たちが、トチの実を拾って灰汁でアクを抜き、米にトチを加えて増量し、正月用の餅を作った。だから米の量よりトチの実が多く入っていた」と、話していた。現在はその逆でトチの実のほうが少ないが、懐かしい味である。こうした生活の知恵は一例にすぎないが、山の樹の実や木々の若芽を四季折々にいただいて生きた背景を忘れてはならない。

第五章　ふるさとの山河

桑樹を求めて

東京駅の東海道本線八番ホームに、ひとりの老人がいた。二二時二〇分発の特急寝台列車の、発車一時間半も早くから待っていた。今朝一緒の汽車でこのホームに降りた人だなと思って、声をかけた。古老は「上京して日帰りをする」と言う。同県人であった。私は染織の会に出席して日帰りをすることを話すと「昔は桑いちごが仕事着についたら落ちなんだが、そんな染め物か……」と質問され、古老のそばにしゃがんで一時間半の待ち時間の経つのを忘れて話し込むことになった。ホームにはベンチもなく、発車時間に合わせて人が洪水のように流れて行く。古老は、「わしの村は養蚕で飯を食ってきた所で、とても蚕が盛んな村だったが、時勢の移りかわりで桑の木は荒れ放題になっている……」。聞くうちに古老の住む山間の村を訪ねることにした。鳥取県八頭郡船岡町、林篤男（大正三年生）は、養蚕業や桑樹の豊かな体験を語ってくれ、案内を約束してくれた。

一〇月のある日、桑の樹を求めて車を走らせた。鳥取市街地から南へ奥深く入った行き止まりの谷間の村である。河川に沿って集落が点在し、山裾に白壁作りのどっしりとした民家が続く。先行きどまりの村で、物流や人びとの交通はゆるやかで、在来の生活のまま自然と結びついて森林を育て、清流の中で山の産物をくらしの糧にして生活しているようだ。田畦には赤と白の藍の一種のコウジ花がこぼれ咲く秋日和である。河に沿って登るにつれ、川の流れが澄み、小川のせせらぎの音や川岸の中を泳ぐ稚魚まで透きとおる。どの石も飾り石になりそうな青磁色である。石の産地としても有名であることに気づいた。清流に洗われた石の面は輝き、訪ねて来た私を喜んで迎えてくれるようであった。空気がおいしく、山は美しく、水は清らかだ、と初めて訪問する地に胸を躍らせた。

目的地は一番奥まった最上流域の谷間の物静かな山里で、温厚な老人が待っていた。この集落は百戸の村人がくらしているが、本家と分家や血族結婚で結ばれた人が多く、古老が案内してくれた五人の老女たちも、親戚関係であった。老女たちは、蔵に収納した養蚕具と糸車、農耕民具、嫁入りの着物や野良着を、縁側や庭先に広げて見せてくれた。資料として譲り受けたりもした。

「蚕さんと子育てに生きた」と話す某女（八二歳）は、「夫は支那事変で昭和初年に死亡し、一緒に生活したのはたった二年間でした。二人の子宝に恵まれたが、いずれも夫の留守中に出産した。長男は一時休暇で帰った時に恵まれ、長女が三歳の時に夫は遺骨になって帰還した。一歳の乳飲み子を抱え途方に暮れた。その後の苦労は誰にも話しはしないし、話したくない。子どもと蚕さんを楽しみに生きてきた。今、長男が仕事をするなと言ってくれるが、働いてきただけに休んではいられない。もったいないと思っている……」という。少しことばが聞き取りにくくなっている。

二度の大戦と戦後の物資不足の中で、夫の遺骨を守りながら、幼い子どもの世話をし、親を助け、小姑たちの衣料を自給した。「小姑は、兄嫁の私より先に飯を食うことはできないと言って、仕事の

図250　桑の樹　鳥取県八頭郡船岡町

図251　桑籠　倉吉市

帰りを待ってくれました」という優しさの感じられる家庭である。小姑は、「私は兄嫁さんと親が織った衣装で嫁にだしてもらった」と話す。この二人の言葉から家族の絆を感じた。未亡人として生きる重荷と、家の後継者を成育させるための日夜の努力、戦後の不況の中で両親や小姑たちと力を合わせて生きてきた老女に温和な眼差があった。「山ほどの苦労話は誰にも語りたくない」と言う老女を、そっとしておいてあげたいと思った。

　古老の小姑だった某女（大正一二年生）を訪問した。林翁とは兄弟姉妹のような関係で会話をした。蔵の前に養蚕具や紡績具を並べて待っていた。「蚕は年三回、春・夏・秋の飼育をした。生きものとの生活は目が離せず、雨が降ろうが雪になろうが、新鮮な桑葉の取り入れに追われた。蚕が大きくなると家中に蚕棚をめぐらし、蚕棚と蚕棚の通路に寝たり、あまだ（天井裏の二階）に上って寝た。また蔵の板の間に寝たりして、蚕を優先して住まわせていた」。この談話中に、桑の葉に雪が降るとは……と思ったが、晩秋蚕のころともなると山間部では冬の訪れが早かったのだろう。

林篤男の話には、「桑には刈り桑と立木があり、以前は山の傾斜地に桑の木が植えてあり、一〇メートル以上の樹の幹に梯子をかけて、一枝ずつ桑の葉を刈っていた。腰籠に満載すると木から降りて竹負い籠に移し、また樹に登った。枝の先端から葉を逆方向にこくと、よく葉が取れた。女性は蚕を飼い、男は炭を焼いて生計を維持した。山間の部落は耕作面積が少なく、蚕さんで生きられたように思う。繭《まゆ》の出荷は綾部の製糸工場（京都府）に買ってもらった」と言う。

古老の案内で桑の樹を見た。根元から二本立ちになった樹齢五〇年にもなる木に敬虔さを感じた。枝を四方に広げ、桑の葉も秋色に染まっていた。また、一方の山の斜面には、かつて開墾して桑の木を移植して半世紀、そのまま放置され、足を踏み入れる状態ではなかった。桑畑は、桑樹の山にもどり、歴史の流れを語っていた。

養蚕という効率のよい産物の魅力に、この集落だけではなく、日本各地の養蚕家たちが躍ったことを語り伝えなくてはいけない。蚕さんを優先したくらしの大半は、女性たちが過ごした半生でもある。製糸工女についてはその哀史が綴られているが、在家で蚕と共にくらした女性については、その労働量と精神的な不安、蚕の屑繭の始末による紡糸と製織など、どれだけ女性たちを酷使したのか——私は胸が熱くなって、野山を眺めた。そこにはナイロン合羽に鎌を持った案山子《かかし》が、現代の衣装で畑に立っていた（図252参照）。

蔵の中には、一世紀前となんら変わらない調度品の長持ち簞笥、ワラ製農衣の蓑《みの》と前垂れ、草鞋《わらじ》、竹製の負い籠や用具とともに、ガマで織った敷物や袋物の編み製品などが詰まっていた。また、養蚕地帯特有の絹織物製品の数々に、女性たちの厳しい生きざまを感じた。老女たちにそれぞれの品をお礼に届けた。

ひょうたん人生

私事になるが、明治・大正から昭和・平成まで、山陰の農村で全涯を全うした義父母のことについて記しておきたい。

義父は、今年の正月飾りを降ろして帰らぬ人となった。行年九二歳である。亡くなる日は米を精米し、午後からゲートボール大会の試合に参加した。夕食後の日曜のテレビドラマを楽しんだ後で、入浴後に心臓麻痺で死んだ。高齢ではあったが、七〇歳の青年のようで、その日も自転車で老人会の文書を配り、付き人が必要な人ではなかった。しかし、今になって私を責めるのは、父の健康を過信していたことである。「百歳まで生きたいから頼む」と言っていた父である。八八歳までオートバイを愛用していたが、いくら健康な身体でも最近は自粛していた。しかし一瞬の別れとは辛い悲しいことである。私は「おじいさんを助けることができなくてごめんなさい」と、義姉や義弟たちにあやまった。「そんなことを言っても、心臓は誰も助けることはできない、九二歳生きたのだからいい往生だ……」とのことばは返ったが、心に大きな穴があいてしまった。

義父は明治三五年に生まれ、大正から昭和・平成を農家の長男として家業を継ぎ、戦前戦後の激動期を生きた人で、村でも昔を語れる人として、老人会の世話係を八年間も続け、現役中であった。人間としての厳しさと、仲間と共に喜びや苦労を共にする素朴さと、世話好きは格別で、驕《おご》りや威張りを知らない田舎の善人であった。平凡な人生であったが、光り輝く生き方であった。

家の外庭に直径一五〇センチ、深さ八メートルの井戸がある。湧き水を守るため、毎年みずから蓑を着て井戸の中に降り、木桶で井戸水を汲みだす「七月七日《なぬか》の井戸替え」を旧暦に行ない、家族総出で掛け声をかけてつるべを引いた。この井戸替えは八八歳まで続けた。夏はこの井戸を冷蔵庫代わりにして食品の鮮度を保った。冬は暖かく夏は冷たい真水の味を私に教えてくれた。

還暦を過ぎた頃からヒョウタンの栽培を始めた。「千成ヒョウタンの部屋に住みたい」と言いながら、毎年畑にヒョウタンの種をまき、発芽して生育する姿を記録した。父は、畑でヒョウタンと対話しながら、垣根を作って固定し、大風の害にあわないように蔓とヒョウタンに添木を当てていた。一方では、柿の実をとって柿渋を作り、ヒョウタンの熟すのを待っていた。ヒョウタンの形は同じものは一つもない。胴が太めのものには藁を巻いて細くくびれるようにするのだが、藁がヒョウタンの膨張によって切れてしまい、自然が作りだす形の美しさは、異様であった。完熟したヒョウタンを灰汁の中に漬け込み、中の種子が腐れて出るまで漬けると、腐敗臭とともに中を抜くことができる。ヒョウタンを逆さにして天日干しにする頃は家のまわりが悪臭に染まる。しかしひと皮剝いたヒョウタンの生地のなめらかで美しいベージュ色が居並ぶ風景は、豊潤な心持ちになり家族が活気づく。よく乾燥すると下地に柿渋を塗り、また乾かす。柿渋を塗るのは防虫とともに水漏れを防ぎ、ヒョウタンの生地にカビを作らないためである。ヒョウタンが柿渋染めで茶褐色に変わるのを眺めるだけでも楽しく、昔から和紙や樹皮繊維の織物を渋染めにしたことと重ねて、私は興味を持っていた。ヒョウタンの口にする栓は、南天の生木をそれぞれのヒョウタンに合わせて彫刻刀で削り、紐通しの穴を作っておく。すべて手作業で、完成すると緋色の紐を飾り結びにする。『紐結び』という本を広げて参考にし、伝統のある結びをしていた。そのそばで義母は手鞠《まり》を作る。家族仲睦まじいくらしであった。

毎年、ヒョウタン栽培に夢中になるうちに、義父は年齢を忘れていた。ある年、「八〇歳だと言っても気分は六〇歳くらいで、年齢で年寄りにする世の中はいけん」と言って、八七歳で外国旅行に参加した。西洋の絵画芸術に触れて帰国し、老人仲間に外国旅行を勧めた。国内旅行は全国の名所仏閣を参詣し、旅行友の会の世話役として三〇年を過ごした。義父は老年でいて青春を謳歌するような日々を送り、友人の多いことや社会参加する前向きの姿勢には驚くばかりであった。一週間に一日の休日以外は、グランドゴルフ、ゲートボール、陶芸クラブ、花栽培の奉仕活動と老人会などに参加し、あらゆる集会や個展会場に顔をだして研修を重ねた。畑で栽培した芋や野菜は多くの友人に配って喜ばれ、ついにヒョウタンも配り始めた。「千成ヒョウタンは大小さまざま一千個は作った。この喜びを人にも感じてもらう……」と言って、「無病息災」と和紙に自筆し、大きいヒョウタン一個に小さいもの五個を合わせ合計六個を贈り、大変に喜ばれた。私はあまりに欲のない義父に「家のヒョウタンが無くなってしまう」と言ったことがある。

こうした義父との共同生活で、筋を通す生きかたを学んできた。また、健康のため煙草は喫わず深酒もしない。間食もしないが、夕食は午後四~五時にする習慣であった。その時間帯の食事の世話は大変だった。義母は義父の生き方に途中で疲れ、家で留守番役をするうちに記憶が乏しくなり、人手がいるようになった。私は勤務と織物に夢中であったが、糸の道に導かれて、すべてを捨てて看病することを決心した。糸は一本切れていても織り進めない。気がついたらすぐ手直しをしなくては織り傷を残す。後悔しながら学んだことは、「気づいた時にすぐ改める」ことである。この習慣が、義母に試されている自分に気づいたのである。両親に農作業を教えられ、子育ても手伝ってもらって来たが、実際すべての仕事を離れた私の心はどん底のように暗く寂しかった。一年間の看護を与えて下さった義母が天国へ旅立ったのは、八四歳のときである。私は人としての道を選ぶことができたと自負したが、父の親孝行に学ぶところも大きいと思う。父は親を大切にして、村でも評判の人だった。私の子どもの小学校での運動会や学芸会には、リヤカーに祖母を乗せて参加した。自家用車のない昭和三〇年代のことである。親孝行など廃れ、老人が疎外される風潮の中でのことであった。この姿こそ老人を生き生きさせることでもあった。

義父の葬儀の日、多くの老人たちが別れを惜しんで「こんな美しい死に方はない、人柄がよかったからだ」と悲しんだ。「ポックリ逝きたい、家内の世話をさせたから……」と私には話していた義父である。しかし、まだまだ聞いておきたいことが山ほどあったし、大事な宝を失ったと実感した。家に残ったヒョウタン三百個を展示して義父を偲び供養したいと思いつき、二〇年近くなる枯れたヒョウタンを一個ずつオリーブ油で磨き、「ひょうたん人生展」を夫と共に催した。町の会場には二メートル近いヒョウタンから七センチくらいの千成ヒョウタンを煤竹に吊して飾り、野の草花をいけた。会場に入るなり「ああ」と涙して、ことばが詰まってむせび、ハンカチで顔を拭く人もいた。

ヒョウタンは自宅に展示室を作り公開している。人の命は短いが、ヒョウタンはこれから先も生き続けることだろう。義父はヒョウタンの造形美を愛し、そのヒョウタンに山桃酒を入れてもてなした。その義父は、人としての大切なことを教えてくれた、と思っている。

ふるさとの風

誰にもふるさとの山河の想い出はあるだろう。かつて、人びとは新鮮な魚を河川から捕ってそのまま食べるほど野生的であり、川は清流で、さわやかな風が吹いていていた。

いきのいい魚と新鮮な野菜や、完熟した自然の甘味の素晴らしい野いちごや果物があった。色艶と香りのいい、新鮮な食べものは人々を満喫させた。ところが最近は季節感どころか、年中人工的に栽培したいちごや野菜、薬品で完熟にした果物などが出回るのを見ると、気味が悪く、本ものの味を失っていることに気づくのである。初ものを食べるときには「東方の太陽に向かって笑って感謝をする」などといった習俗もあり、味覚や自然への恩恵を教えていた。ところが何が初ものなのか、味覚も鈍った感じがする昨今である。飽食の時代の弊害だろう。

農村では自然の野生植物の開花を確かめてから作物の種子を蒔いたことは既述したが、種子から芽が出て花が咲き、土のふくよかさによって結実するさまを観察しながら、自然と共に生きる幸せを感じていた。収穫した米や麦や豆類を莚に広げて玄関口におき、稔りの秋を喜び、豊饒な気持ちになった。

ところが最近のように速度の早い営農や機械生産になると、能率化したはずの労働量以外に、兼業で生活を維持しなければ成り立たない。大型機械の購入による経済的な負担がつきまとい、生活にゆとりがなくなった。作物を手にして楽しむ余裕もなくなっている。

窓越しに続く田圃を眺めながら、老女は語った。「まあ、機械が田を植える。孫の嫁は身持ちだと

図252　案山子　ビニール合羽を着ている
鳥取県八頭郡船岡町／1994年撮影

いうのに、大きい腹で機械を操作する。世の中変わったもんだ……」と。私はそれを聞いて複雑な気持ちになった。女性が田植えをすることが豊作につながるという習俗を信じた女性たち、二〇年前まで粉骨砕身の働きを続けたことと、今このような大型農機具の購入により借金に苦しむ貧乏なくらしぶりを照らし合わせた。確かに田植えの重労働から女性は救われたが、男性と同等に機械を操作し、耕耘機や四輪自動車を運転して物を運搬する。女性という垣根に囲まれていた時代の不自由さからは解放された。しかしその代償として、農閑期には土木作業や縫製工場、食品製造業の下働きに早変わりして、臨時収入を得て生計を維持しながら家庭を運営する。就労時間帯と食事の管理などは不規則になり、子育てにも悪影響を及ぼす場合が多い。過労による心身の欲求不満と、家族間の生活時間のずれによる人間関係のストレスなど、兼業営農の家庭が動揺する。

しかし、近年の電化製品や衣食住の新しい商品の開発と、それらの流行について行くためには、現金収入を得るより他に方法がない。

専業農家では生計が成り立たなくなった。米価で人件費を支払うとすると、一日一人雇えば米一斗（一四・五キログラム）の賃金が必要になる。増産と人手を省くために機械化し、農薬を散布することによって作物を栽培する。水田除草からも解放されたものの、ドジョウやタニシは姿を消した。果実栽培の人の話によると、「ナシの木は、春に枝木は芽をだし花が咲き、やがて果実が結実して葉が大きくなる半年間に、農薬散布の回数は非常に多い」と言う。

無農薬栽培の野菜を食卓にのせるためには、除草や土入れなど、草とのたたかいが必要である。実際、畑の土を耕し、手入れをしても、春季の草の成長は日ごとに伸びることがわかる。周囲の畑が消毒すると、無農薬の我が畑へ虫が移動し、蔬菜類は虫の地図になってしまう。キャベツには大きなナメクジが居つき、手でナメクジを取って棄てても、一夜のうちに我が畑に集合する。虫穴やナメクジが平気でなければ、無農薬野菜は食べられなくなった。また薬害について声が大きくなっても、畑にかかりきりになれない人手の問題がある。農村では老人が多くなり、安全性に首をかしげても薬品に手をださざるをえない。

図253　寒中に田起こしする老女89歳
鳥取県東伯郡三朝町／1990年撮影

山脈の積雪が迫って来るその下の集落で、二月中旬の晴れた日に、空田の溝を掘りあげる老女を見かけ、車を止めて話を聞いた。「今は便利な耕耘機で田を起こすと、田畦《あぜ》が一尺ほど残ってしまうので、手打ち鍬で起こさにゃあいけんのですわい……」と。四つ目鍬で稲株を一鍬ごとに掘り、一〇メートルも田圃の際《きわ》を掘り起こしていた。この人の手馴れた鍬使いは見事であった。長靴にもんぺ姿で、上衣は小絣の洋服と袖なし、手甲もつけず素手で働いていた。あねさん被りの顔は微笑み、「去年は米寿を祝ってもらったが、まだまだ働ける。昔、麦を作る時は、冬に麦踏みと麦の土入れ、肥掛けに草取りなど、ええ仕事があって忙しかったのに、今は消毒して草も生えない。薪や炭が不要のくらしで、山は荒れ放題となり、山草を肥にすることもはやらんやになってしまった。手甲をつけると草が刈りたくなりますいな……」と、話してくれた。道路を通りかかった老人が、「山本のお婆さんは八九歳で外仕事ですなあー」と呟いていた。

農村で働く人に高齢者が目立ってきた。図254の田植え風景（一九八七年六月四日付『朝日新聞』鳥取地方版）は「八五歳でも早乙女よ」という記事である。田植え姿が見られなくなって久しい。八五歳で泥田に入り、田植えをする老女の写真が新聞に掲載され、私は切り抜いていた。老女は昔からの脚絆に手甲をつけて働いているが、若い人はゴム長靴にゴム手袋で働く。兼業農家のようである。老女の姿は若者以上に生き生きとして働いているように感じる。田畑を自由にまかされて働く老人には勢いがある。しかし、手出しや口出しを禁じて疎外される老人は、働く姿に陰が見られるようで、農家の人間関係の複雑さを感じる。

図255は、現在（平成二年）の灌水風景を撮った。リヤカーにバケツや水汲み容器を乗せ、老女が押している。老女の仕事着は在来の着物の絣はっぴにもんぺ姿で腰紐を結んでいる。もんぺの脇から白い腰巻をのぞかせ、腰を曲げてリヤカーを引く。懐かしい昔の姿であり、元気があるのは畑をまかされているからだろう。

農家には二世代が働くほどの田地がなく、若者に譲った後は惨めである。多角経営に改善して、養

85歳でも早乙女よ

田植えが真っ盛り。苗を機械で植えるようになって、早乙女の姿が見られなくなった、と思っていたら、八十五歳の元気な早乙女がいた。

岩美郡岩美町岩常の宮谷房重さん＝写真左。一・三㌃の水田を作る兼業農家のおばあちゃんだ。孫のお嫁さんと、隣家の二人の応援を得て、テキパキと指示を出す。早乙女姿も、若手の三人がゴム手袋にゴム長靴姿なのに、昔ながらの手甲（てっこ

図254　85歳でも早乙女よ
『朝日新聞』鳥取版
1987年6月4日付

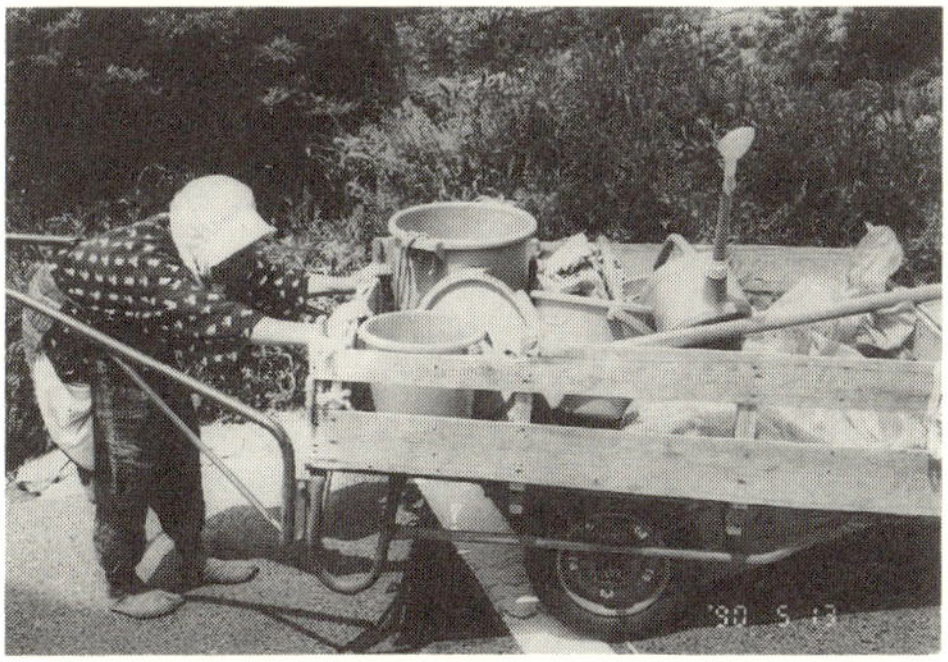

図255　畑の灌水
鳥取県米子市
1990年撮影

鶏や畜産は若夫婦、米と野菜は老人が担当するなど、二分立営農などを実行しているが、同じ家庭内に家族の分裂すらみられる。営農問題が深刻化すると台所も火の車になる。かつて乳牛や養鶏へと多頭畜産の飼育を奨励し、助成金を貸し付けられて実践した農家は、誰もが失敗に終わっている。クラシック音楽を畜舎にながすと牛の乳の出がよく、鶏の産卵が上昇したと目先を喜んでいたが、採算がとれなくなり、借金に苦しむ人たちが多い。それらに同情せざるをえない。かつて農村は協力共存してきたのだが、借金の保証人のあてもなく、追いつめられて自殺する人さえいる。養鶏業者は、飼料代が支払えないほど卵が低価格で、集卵者の人件費による累積赤字が続く。

近年の夏季の猛暑は異常であるが、一昨年も夏期の温度が三五度に上昇した。そうした夏日が続く中で、養鶏が全滅し、一千羽の死んだ鶏が溜池に投げ捨てられ放置された。周囲の住民が悪臭に悩み、とうとう警察が不法投棄者の調査にのりだしたことをニュースで知った。鶏もこの暑さの中で、産卵どころか夏バテで死んでいく。家畜や養鶏などの生きものへの配慮で気も安まらない。

最近も、養鶏業者が一万六千羽の鶏を置き去りにして餓死させ、その中で二千羽ほど救助したようである。養鶏業者は、「養鶏業を止めるのにもお金がかかり、維持するにも飼料代が赤字になる。しかし、きっとよくなる日を信じている……」というが、先の見通しは暗い。養鶏家は鶏糞を乾燥させて金肥にする作業がある。この仕事には、衣服や皮膚にしみついた臭いが格別に鼻を突きさす。この臭いは養豚家も同じであり、民家と畜舎を別棟にしないかぎり、臭いに染まる。

養鶏に限らず、多頭畜産の飼育農家は外国産の肉類の自由貿易により悩みは深刻で、しだいに外国産の安価な品に太刀打ちできなくなっている。商店街では目玉商品に鶏卵を使い、一ケース五〇円でお客を呼び込んでいるが、消費者としての立場と、生産者の苦しみを知る者にとっては矛盾した気持ちがする。

政府は農家に減反を強要しているが、稲作の減反とは農業をやめることであり、地域に根ざした文化の破壊につながることであると思う。

村は変貌し、昔のくらしが見えなくなった。安楽なくらしを味わった人たちは、後にはもどれそうにない。今後どのように農業政策が転換しようとも、集落が連帯しながら前進することを忘れてはいけない、と感じている。煤《すす》で染まった手拭いを頰かぶりし、掌の筋が煤で描かれ、ひび割れる。かつての村のくらしにみる家族の団結した力強い絆が現在は希薄になり、自分本位に生活を始めているように感じる。そして若者たちはリストラに怯えている。

農家の老齢化と後継者不足による休耕田化がすすみ、そのうえふるさとの山河も農薬で汚染されてきた。農地に枯葉剤を散布し、種子を消毒して播く。発芽すると、また消毒を行なっている。野菜類も、虫穴のない商品作りは農薬の洗礼を受けている。生産者の中には、自家用は穴のある野菜を食べ、販売用は区別して消毒した穴のない野菜を育成している。何かの歯止め策がほしいものだと思う。

図256　イチゴ栽培
2月に被包のビニールを破り葉を出す　倉吉市／1989年撮影

図256は、平成二年二月に冬期の畑でイチゴの手入れをする女性（倉吉市、北窓英子、昭和二年生）である。畝に黒いビニールをかけて、発芽したイチゴの

芽をビニールに穴をあけて取りだす作業であった。黒いビニールは日射熱で土の温度を上昇させて成育を促進し、草の繁茂を防いだ。イチゴの無農薬・有機栽培は時代の要請に合わせた農業である。この女性はビニールの防寒服にゴム手袋をし、その上に木綿の手甲をしていた。ゴム長靴とナイロンの日除け、布製の丸い帽子を被っていた。木綿絣の手甲に昔の名残りを見た。

最近になって、ようやく有機農業を希望する一部の仲間が生まれ、水稲栽培も無農薬で成功した。我が家も数年前からその仲間に入り、まちづくり協議会で推奨した夫が、本気で取り組んでいる。マルチ栽培という、鳥取大学の農学部や県の農業試験場が提携した、水田に紙を敷きながら早苗を植えつける方法で、無農薬栽培である。防虫剤や枯葉剤など一度も使用しない。そのため水田除草には稗《ひえ》切りに二回泥田に入っている。田にはタニシが帰って来たし、水草も紫の花を咲かせて喜んでいた。

苗を植えつけてから稔りまで、起床すると田の見回りをする夫の熱の入れ方を見た人たちは、「皮靴の百姓さんが薬品なしでよう作られた……」と言って、誉めたり揶揄《やゆ》をとばしていたが、豊作である。一反歩の藁束を手動の押し切りで切断する作業は三日間を要する。晩秋の田圃には稲株に蘖《ひこばえ》が青くのび、青田にかわる。その上に切り藁を着せる。土の匂い、藁の匂いに包まれる。ワラは小さく切って田へ返し、来年を楽しみにしている。こうした仲間が増えて明るい兆候を感じる、ふるさとの嬉しい風である。

農業経営が機械化され、農薬処理による人件費の軽減と、化学肥料による農産物の増収を見たが、安全性の指導や農村からの不安の声は埋没してきた感じがする。食料は汚染し、土地の汚れが河川へ流れ込み、やがて海も汚れてくるだろう。その上に空気までも汚染につながっている。

図257　砂丘の長芋掘り　鳥取県東伯郡北条町

かつては着茣蓙をつけて四つん這い姿で田の草取りをした。しかし、後背部の直射日光を避ける野良着の着装では、近年の毒物を散布して除草や防虫をするには、薬物の危険から身体を保護することはできない。強力な農薬の散布を、稲穂が出そろう前までに数回行なう。稲の上に白煙のような薬粉が立ち、人影が見えない状態の中で散布する。マスクをしなければ呼吸困難になるし、無謀な着装で作業すると皮膚が赤く腫れ上がる。口や鼻には防毒マスクをかけ、目や耳にも薬粉が入らないように眼鏡や耳栓をする。肌にも薬液が付着しないように被覆する。数年前までこのような薬漬けの米を作り、それを食べていたことの恐ろしさを感じ、無農薬栽培を叫んでいる一人である。

こうした体験から、営農の方法が変われば野良着も当然変革しなければならないことを知らされた。合成繊維の既製服を喜ぶ人たちは、「どんなに汚れても洗えば一晩で乾き、仕事着の着替えがいらない。木綿は三日間は乾燥しないので困っていた」と言う。しかしまた「化学繊維の服は、暑くなり、蒸《む》れて、汗がベトベト肌につき、気持ちが悪くて着られない」と、木綿衣料に回帰する人も増えている。化繊の吸水性の乏しさと木綿の吸水性に富む繊維の長所と欠点を物語っている。両者にそれぞれの長所があるが、身体の保健衛生の上では木綿衣料が最高であろう。しかし価格の点では合成繊維の製品が安価なため、人びとはその商品の方に傾いているようだ。

野良着だけが化繊布を用いるのではない。日本の新住居も土壁のかわりに新建材が多く用いられ、家屋内の湿気を吸収して調節する木材や土壁が少なくなり、アルミサッシで仕切っている。そのため新築の部屋の窓辺には結露がしたたり、家屋内が湿気を帯びて気持ちが悪い。このように建造物も化繊綿《めん》の壁用新素材を使う時代になった。先に述べた衣服の通気性に乏しい化繊に似ている。今後は、各種の新製品の受容にともなって、各自が仕事者を選択し着用する時代になった。和洋折衷の違和感のないものを、村の掟や姑に気兼ねなく、自由に着装するのがよかろう。その中で在来の藁衣などの自由な発想を取り入れ、木綿も合成繊維衣料も共生し、在来の仕事着のよいデザインは認めあいたい。性別にこだわらぬ個性的な着装が望ましい。本気で営農を考え、安全性を重視した作物を栽培しようとする前向きな人たちは、野良に立つ時の内面を表わす身構えの衣服として、個性的かつ機能性のある仕事着が着られるよう念じている。

過疎化に悩む農村ではあるが、花を栽培し花の精気の中でくらしが成り立つならば、こんな素晴らしい生き方はないように思う。花の香りを身体に浴びて、開花するエネルギーを分譲してもらう。心がなごみ、美しいものや自然を愛する心を伝えたくなる。こんな日々のくらしが最高の幸せだと思っている。

在来の仕事着の中には、農民たちの内面の美しさと魂が込められていて、外観は粗末な衣料に見えるが、よく見ると深い味がある。花の芳香や植物の精気を吸収し、その上に体臭を重ねて人生を謳歌した衣料であったと、私は感じている。農村のくらしの中では、老人との対話がすっかりなくなってきたことに気づく。農村文化の伝承が跡絶えることになるのではと気にかかる。藁衣の編み方を伝えることが伝承なのではない。多くの老人たちの生きた証しの体験談を聞き取り、それを実践に生かすことが大切なのだ。前向きな生き方は先人に学ぶことからはじまる。昭和期の戦争体験は、生きる者にとって生命がどれほど尊いものか、老人たちが経験した半世紀の日本の変貌と世界情勢の移りかわりを見ぬき、そうした背景を知ることは今後の生き方に大きな糧になると思う。敗戦の年に一三歳の少女であった私は、今、野良着の何が大切で、何を残しておきたいのか、と自問している。

野良着の再生術にすぐれた女性たちが、ボロを縫ったという、それだけではない、野良着によって家族をまとめ、勇気づけた女性のパワー、この作業こそが文化の伝承であった。私は老女たちからたくさん学ばせてもらった。

あとがき

過去の日本の悲惨な戦争の苦しみを生き抜いた農民たちは、戦後の産業構造の変化により兼業農家に転換したり、大型機械の導入による営農法に切り替えて働いた。そうした耕作技術と機械に付随する仕事着の形態が求められるようになったが、在来の着物形式の仕事着に対する貧弱な考えから、新合成繊維の新しいものや仕事着の既製服化を求めて走りはじめ、その勢いに拍車をかけて、貴重な民族服の数々を処分してしまった。

日本の仕事着は、悠久の歴史の中で経験と知恵による手工芸の技によって自給され、農作業の形態の変遷と共に自然に淘汰されて、多種多様の膨大なデザインの衣料が生みだされては、伝承されてきた。しかし、それらの多くは消耗し、土に還元されてきた。これらの仕事着の中に、人びとの基層文化と本物の美学が潜んでいて、母親から娘へと女性がものを伝える文化があったと思っている。

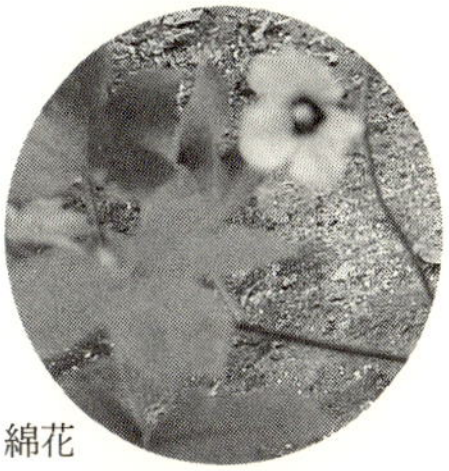
綿花

木綿縞や絣の美しさを追いかけているうちに、とうとう終着点の野良着に辿り着いた。この在来の木綿衣料数百種類を実測し、図説したのは次のことを実証するためであった。つまり、一枚の長着物から二枚のはっぴに改縫いされ、さらに袖が破れて袖なしに替わる。それらのボロ布を補強して野良着やボロ帯に織る。このようにして、女性たちは布を幾世代も更生しながら着用してきたのである。着古しの野良着に本ものの美しさを発見し、そこに込められた人間愛と創造性は、農民たちが刻み込んだ生活史そのものであることを学んだ。収集調査中に、何度となく資料に感動し、心を通わせたのは一体何だったろうか。私が三〇年前に野良着を脱いだことによるのだろうか。

藍花

そのことが野良着の調査に執念を燃やし続けさせたのだろう、と思う。

かつて野良着を着た百姓の体験者として、野良着を脱いだ兼業農家になっても常に野良着を意識し、頭から離れなかった。疾風のように駆けぬけた若妻時代の感動にみちた農業体験が、本書を執筆するうえに役立ったのだと思う。

生い茂った土手のカヤを見ると、早朝の草刈りを思い出し、牛を追う人がいれば、牛のそばに近づいて見た。嫁と姑が水田の中で着茣蓙を着て四つん這いで除草する姿を見ると、立ちどまってしばらく眺めた。しかし、私は完全に野良着を脱いだわけではない。休日は農婦に早変わりして田植えを行ない、秋の取り入れなどの農作業を継続した。昭和三〇年代には野良着を脱がなければ生活ができない状況になり、多くの人たちが兼業農家に変わった。専業農家を誇った人たちも、近年の農業政策では生きて行けず、第三次産業へと転職を余儀なくされた。めまぐるしく移りかわる営農や社会生活の中で、住居の内外の改善や電化製品の普及により、在来の調度品や衣類は一掃されてしまった。

しかし、四季折々に移りかわる自然の中で、働く人びとの野良着姿を追い求め続けるのを止めることはできなかった。そして予期せぬ時に野良着姿の老女に出会い、その喜びを大切にして、長期間の調査を行なってきた。資料収集が困難な中で、一部分でも事実を掘りおこし、働く人びとのほんとうの姿を復元し、証明したいと願った。しかし、限られた資料をもとに考察することには多くの困難がともなった。

老女たちは旧態のままの着装の余韻を残していて、私は心をはずませた。彼女たちから、農民の生活態度や生活意識などの積極的な生き方を聞き取り、学ばせてもらった。

着物の改縫いや組み合わせの知恵は、農民が生活の中で培った潜在的な力の表現であったと考えられる。一枚の着物がボロになる……二枚のボロを重ねる手縫いが心を通わせ、針目の縫い糸の動きがむくむくと動くような暖かい人間愛の心を縫い重ねる。すると、底光りのする衣料に変わり、生活の苦労を忘れさせるほどの精神力を宿す、見事な仕事着になった。そして、耐久性の中に美的要素を隠し入れようとする針目の補強や、色相の玉虫色などは、美しく装いたいという人間本来の願望を宿し、働く人への愛が込められていて、幾代にもわたって伝えられることになったのである。

本書は野良着と人と仕事との関わりによる三点から考察したが、力量不足のため、十分ではなかったと思っている。

今後ますます機械化営農が発達し、それに適応する活動的な服装がつくられ、男女の区別のないような仕事着が歓迎される時代がやって来ると思う。

願わくは、労働内容も賃金も性差のない、両性が平等に働ける日が一日も早く来ることを願っている。平和な世の中を維持し、伝統的な文化を尊重する

紅花

生活に、野良着の文化を語り伝えたいと念じている。

数知れぬ人たちから資料の提供を受け、心からの声援を受け、本書が世に出ることを願う人びとに応えるために、心の中の〝野良着〟が私にこれを書かせたのだろう。野良着に積った人々の思いをうまく表現できたかどうか、不安である。拙いながら身辺の農山村の野良着に関心を注いできた半世紀の集積の一端がこの書である。米原季雄氏（倉吉市）からは、昭和中期に撮影された農村の人たちの写真を提供していただき感謝に堪えない。高木啓太郎氏（倉吉市）、橋本昌男氏（鳥取県気高郡）からは農具の収集資料を提供していただいた。なお資料提供者一覧表に掲載もれの方はお許しいただきたい。また、島根県能義郡広瀬町の町立民俗資料館（畑伝之助氏が収集された昭和初期の資料）は貴重な資料の実測を許可して下さり、心からお礼を申し上げる。

また、本文中の資料提供者や貴重な証言をして下さった証言者全員のお名前を掲げられなかったこと、文中に敬称を略したことを、お詫び致します。

諸先輩諸氏の御助言と御指導をお願いするとともに、このたび法政大学出版局の松永辰郎氏はこのような私の地味な仕事に光を当て、世に出るよう御指導していただき、お蔭様でこのようなかたちで出版できますことを、心から感謝し、お礼を申し上げます。

二〇〇〇年五月

福井貞子

資料提供者一覧（順不同）

米原季雄（倉吉市）――口絵1頁下、2頁上下、本文図60、81、130、135、144、150、218、257
中田千由子（鳥取県西伯郡大山）――口絵1頁上
高木啓太郎（倉吉市）――図6、65、70、78、174、222
橋本昌男（鳥取県気高郡気高町）――図69、85、244、246、247
田中はる江（鳥取県八頭郡船岡町）――図57
広瀬町民俗資料館（島根県能義郡）――図37、38、48、49、50、51、52、53、54、55、68、72、133、175
泊民俗資料館（鳥取県東伯郡）――図27
神奈川大学日本常民文化研究所――『民具マンスリー』第17巻8・10号（福井貞子「鳥取県の仕事着」）

著者略歴

福井貞子（ふくい　さだこ）

1932年鳥取県に生まれる．日本女子大学（通信教育）家政学部卒業．大阪青山短期大学講師を経て，倉吉北高等学校教諭，同校倉吉絣研究室主事をつとめる．1988年同校を退職．日本工芸会正会員．著書に『木綿口伝』『絣』『染織』『木綿再生』（以上，ものと人間の文化史），『倉吉かすり』，『日本の絣文化史』，『染織の文化史』など．

ものと人間の文化史　95・野良着（のらぎ）

2000年９月20日　初版第１刷発行
2015年２月５日　　　第４刷発行

発行所　一般財団法人　法政大学出版局
〒102-0071　東京都千代田区富士見2-17-1
電話03（5214）5540／振替00160-6-95814
印刷／平文社　製本／誠製本

Printed in Japan

ISBN978-4-588-20951-2

ものと人間の文化史

★第9回梓会出版文化賞受賞

人間が〈もの〉とのかかわりを通じて営々と築いてきた暮らしの足跡を具体的に辿りつつ文化・文明の基礎を問いなおす。手づくりの〈もの〉の記憶が失われ、〈もの〉離れが進行する危機の時代におくる豊穣な百科叢書。

1 **船** 須藤利一編

海国日本では古来、漁業・水運・交易はもとより、大陸文化も船によって運ばれた。本書は造船技術、航海の模様の推移を中心に、漂流、船霊信仰、伝説の数々を語る。 四六判３６８頁 '68

2 **狩猟** 直良信夫

人類の歴史は狩猟から始まった。本書は、わが国の遺跡に出土する獣骨、猟具の実証的考察をおこないながら、狩猟をつうじて発展した人間の知恵と生活の軌跡を辿る。 四六判２７２頁 '68

3 **からくり** 立川昭二

〈からくり〉は自動機械であり、驚嘆すべき庶民の技術的創意がこめられている。本書は、日本と西洋のからくりを発掘・復元・遍歴し、埋もれた技術の水脈をさぐる。 四六判４１０頁 '69

4 **化粧** 久下司

美を求める人間の心が生みだした化粧—その手法と道具に語らせた人間の欲望と本性、そして社会関係。歴史を遡り、全国を踏査して書かれた比類ない美と醜の文化史。 四六判３６８頁 '70

5 **番匠** 大河直躬

番匠はわが国中世の建築工匠。地方・在地を舞台に開花した彼らの造型・装飾・工法等の諸技術、さらに信仰と生活等、職人以前の独自で多彩な工匠的世界を描き出す。 四六判２８８頁 '71

6 **結び** 額田巌

〈結び〉の発達は人間の叡知の結晶である。本書はその諸形態および技法を作業・装飾・象徴の三つの系譜に辿り、〈結び〉のすべてを民俗学的・人類学的に考察する。 四六判２６４頁 '72

7 **塩** 平島裕正

人類史に貴重な役割を果たしてきた塩をめぐって、発見から伝承・製造技術の発展過程にいたる総体を歴史的に描き出すとともに、その多彩な効用と味覚の秘密を解く。 四六判２７２頁 '73

8 **はきもの** 潮田鉄雄

田下駄・かんじき・わらじなど、日本人の生活の礎となってきた伝統的はきものの成り立ちと変遷を、二〇年余の実地調査と細密な観察・描写によって辿る庶民生活史 四六判２８０頁 '73

9 **城** 井上宗和

古代城塞・城柵から近世代名の居城として集大成されるまでの日本の城の変遷を辿り、文化の各領野で果たしてきたその役割を再検討。あわせて世界城郭史に位置づける。 四六判３１０頁 '73

10 **竹** 室井綽

食生活、建築、民芸、造園、信仰等々にわたって、竹と人間との交流史は驚くほど深く永い。その多岐にわたる発展の過程を個々に辿り、竹の特異な性格を浮彫にする。 四六判３２４頁 '73

11 **海藻** 宮下章

古来日本人にとって生活必需品とされてきた海藻をめぐって、その採取・加工法の変遷、商品としての流通史および神事・祭事での役割に至るまでを歴史的に考証する。 四六判３３０頁 '74

12 **絵馬** 岩井宏實

古くは祭礼における神への献馬にはじまり、民間信仰と絵画のみごとな結晶として民衆の手で描かれ祀り伝えられてきた各地の絵馬を豊富な写真と史料によってたどる。四六判３０２頁 '74

13 **機械** 吉田光邦

畜力・水力・風力などの自然のエネルギーを利用し、幾多の改良を経て形成された初期の機械の歩みを検証し、日本文化の形成における科学・技術の役割を再検討する。四六判２４２頁 '74

14 **狩猟伝承** 千葉徳爾

狩猟には古来、感謝と慰霊の祭祀がともない、人獣交渉の豊かで意味深い歴史があった。狩猟用具、巻物、儀式具、またけものたちの生態を通して語る狩猟文化の世界。四六判３４６頁 '75

15 **石垣** 田淵実夫

採石から運搬、加工、石積みに至るまで、石垣の造成をめぐって積み重ねられてきた石工たちの苦闘の足跡を掘り起こし、その独自な技術の形成過程と伝承を集成する。四六判２２４頁 '75

16 **松** 高嶋雄三郎

日本人の精神史に深く根をおろした松の伝承に光を当て、食用、薬用等の実用の松、祭祀・観賞用の松、さらに文学・芸能・美術に表現された松のシンボリズムを説く。四六判３４２頁 '75

17 **釣針** 直良信夫

人と魚との出会いから現在に至るまで、釣針がたどった一万有余年の変遷を、世界各地の遺跡出土物を通して実証しつつ、漁撈によって生きた人々の生活と文化を探る。四六判２７８頁 '76

18 **鋸** 吉川金次

鋸鍛冶の家に生まれ、鋸の研究を生涯の課題とする著者が、出土遺品や文献・絵画により各時代の鋸を復元・実験し、庶民の手仕事にみられる驚くべき合理性を実証する。四六判３６０頁 '76

19 **農具** 飯沼二郎／堀尾尚志

鍬と犂の交代・進化の歩みとして発達したわが国農耕文化の発展経過を世界史的視野において再検討しつつ、無名の農民たちによる驚くべき創意のかずかずを記録する。四六判２２０頁 '76

20 **包み** 額田巖

結びとともに文化の起源にかかわる〈包み〉の系譜を人類史的視野において捉え、衣・食・住をはじめ社会・経済史、信仰、祭事などにおけるその実際と役割とを描く。四六判３５４頁 '77

21 **蓮** 阪本祐二

仏教における蓮の象徴的位置の成立と深化、美術・文芸等に見る人間とのかかわりを歴史的に考察。また大賀蓮はじめ多様な品種とその来歴を紹介しつつその美を語る。四六判３０６頁 '77

22 **ものさし** 小泉袈裟勝

ものをつくる人間にとって最も基本的な道具であり、数千年にわたって社会生活を律してきたその変遷を実証的に追求し、歴史の中で果たしてきた役割を浮彫りにする。四六判３１４頁 '77

23-I **将棋I** 増川宏一

その起源を古代インドに、我国への伝播の道すじを海のシルクロードに探り、また伝来後一千年におよぶ日本将棋の変化と発展を盤、駒、ルール等にわたって跡づける。四六判２８０頁 '77

23-Ⅱ 将棋Ⅱ　増川宏一

わが国伝来後の普及と変遷を貴族や武家・豪商の日記等に博捜し、遊戯者の歴史をあとづけると共に、中国伝来説の誤りを正し、将棋宗家の位置と役割を明らかにする。四六判３４６頁　'85

24 湿原祭祀　第2版　金井典美

古代日本の自然環境に着目し、各地の湿原聖地を稲作社会との関連において捉え直して古代国家成立の背景を浮彫にしつつ、水と植物にまつわる日本人の宇宙観を探る。四六判４１０頁　'77

25 臼　三輪茂雄

臼が人類の生活文化の中で果たしてきた役割を、各地に遺る貴重な民俗資料・伝承と実地調査にもとづいて解明。失われゆく道具のなかに、未来の生活文化の姿を探る。四六判４１２頁　'78

26 河原巻物　盛田嘉徳

中世末期以来の被差別部落民が生きる権利を守るために偽作し護り伝えてきた河原巻物を全国にわたって踏査し、そこに秘められた最底辺の人びとの叫びに耳を傾ける。四六判２２６頁　'78

27 香料　日本のにおい　山田憲太郎

焼香供養の香から趣味としての薫物へ、さらに沈香木を焚く香道へと変遷した日本の「匂い」の歴史を豊富な史料に基づいて辿り、我国風俗史の知られざる側面を描く。四六判３７０頁　'78

28 神像　神々の心と形　景山春樹

神仏習合によって変貌しつつも、常にその原型＝自然を保持してきた日本の神々の造型を図像学的方法によって捉え直し、その多彩な形象に日本人の精神構造をさぐる。四六判３４２頁　'78

29 盤上遊戯　増川宏一

祭具・占具としての発生を『死者の書』をはじめとする古代の文献にさぐり、形状・遊戯法を分類しつつその〈進化〉の過程を考察。〈遊戯者たちの歴史〉をも跡づける。四六判３２６頁　'78

30 筆　田淵実夫

筆の里・熊野に筆づくりの現場を訪ねて、筆匠たちの境涯と製筆の由来を克明に記録しつつ、筆の発生と変遷、種類、製筆法、さらには筆塚、筆供養にまで説きおよぶ。四六判２０４頁　'78

31 ろくろ　橋本鉄男

日本の山野を漂移しつづけ、高度の技術文化と幾多の伝説とをもたらした特異な旅職集団＝木地屋の生態を、その呼称、地名、伝承、文書等をもとに生き生きと描く。四六判４６０頁　'79

32 蛇　吉野裕子

日本古代信仰の根幹をなす蛇巫をめぐって、祭事におけるさまざまな蛇の「もどき」や各種の蛇の造型・伝承に鋭い考証を加え、忘れられたその呪性を大胆に暴き出す。四六判２５０頁　'79

33 鋏（はさみ）　岡本誠之

梃子の原理の発見から鋏の誕生に至る過程を推理し、日本鋏の特異な歴史的位置を明らかにするとともに、刀鍛冶等から転進した鋏職人たちの創意と苦闘の跡をたどる。四六判３９６頁　'79

34 猿　廣瀬鎮

嫌悪と愛玩、軽蔑と畏敬の交錯する日本人とサルとの関わりあいの歴史を、狩猟伝承や祭祀・風習、美術・工芸や芸能のなかに探り、日本人の動物観を浮彫りにする。四六判２９２頁　'79

35 鮫　矢野憲一

神話の時代から今日まで、津々浦々につたわるサメの伝承とサメをめぐる海の民俗を集成し、神饌、食用、薬用等に活用されてきたサメと人間のかかわりの変遷を描く。四六判２９２頁 '79

36 枡　小泉袈裟勝

米の経済の枢要をなす器として千年余にわたり日本人の生活の中に生きてきた枡の変遷をたどり、記録・伝承をもとにこの独特な計量器が果たした役割を再検討する。四六判３２２頁 '80

37 経木　田中信清

食品の包装材料として近年まで身近に存在した経木の起源を、こけら経や塔婆、木簡、屋根板等に遡って明らかにし、その製造・流通に携った人々の労苦の足跡を辿る。四六判２８８頁 '80

38 色　染と色彩　前田雨城

わが国古代の染色技術の復元と文献解読をもとに日本色彩史を体系づけ、赤・白・青・黒等におけるわが国独自の色彩感覚を探りつつ日本文化における色の構造を解明。四六判３２０頁 '80

39 狐　陰陽五行と稲荷信仰　吉野裕子

その伝承と文献を渉猟しつつ、中国古代哲学＝陰陽五行の原理の応用という独自の視点から、謎とされてきた稲荷信仰と狐との密接な結びつきを明快に解き明かす。四六判２３２頁 '80

40-Ⅰ 賭博Ⅰ　増川宏一

時代、地域、階層を超えて連綿と行なわれてきた賭博。――その起源を古代の神判、スポーツ、遊戯等の中に探り、抑圧と許容の歴史を物語る。全Ⅲ分冊の〈総説篇〉。四六判２９８頁 '80

40-Ⅱ 賭博Ⅱ　増川宏一

古代インド文学の世界からラスベガスまで、賭博の形態・用具・方法の時代的特質を明らかにし、夥しい禁令に賭博の不滅のエネルギーを見る。全Ⅲ分冊の〈外国篇〉。四六判４５６頁 '82

40-Ⅲ 賭博Ⅲ　増川宏一

聞香、闘茶、笠附等、わが国独特の賭博を中心にその具体例を網羅し、方法の変遷に賭博の時代性を探りつつ禁令の改廃に時代の賭博観を追う。全Ⅲ分冊の〈日本篇〉。四六判３８８頁 '83

41-Ⅰ 地方仏Ⅰ　むしゃこうじ・みのる

古代から中世にかけて全国各地で作られた無銘の仏像を訪ね、素朴で多様なノミの跡に民衆の祈りと地域の願望を探る。宗教の伝播、文化の創造を考える異色の紀行。四六判２５６頁 '80

41-Ⅱ 地方仏Ⅱ　むしゃこうじ・みのる

紀州や飛騨を中心に草の根の仏たちを訪ねて、その相好と像容の魅力を探り、技法を比較考証して仏像彫刻史に位置づけつつ、中世地域社会の形成と信仰の実態に迫る。四六判２６０頁 '97

42 南部絵暦　岡田芳朗

田山・盛岡地方で「盲暦」として古くから親しまれてきた独得の絵解き暦を詳しく紹介しつつその全体像を復元する。その無類の生活暦は、南部農民の哀歓をつたえる。四六判２８８頁 '80

43 野菜　在来品種の系譜　青葉高

蕪、大根、茄子等の日本在来野菜をめぐって、その渡来・伝播経路、品種分布と栽培のいきさつを各地の伝承や古記録をもとに辿り、畑作文化の源流とその風土を描く。四六判３６８頁 '81

44 つぶて　中沢厚

弥生投弾、古代・中世の石戦と印地の様相、投石具の発達を展望しつつ、願かけの小石、正月つぶて、石こづみ等の習俗を辿り、石塊に託した民衆の願いや怒りを探る。四六判３３８頁 '81

45 壁　山田幸一

弥生時代から明治期に至るわが国の壁の変遷を壁塗＝左官工事の側面から辿り直し、その技術的復元・考証を通じて建築史・文化史における壁の役割を浮き彫りにする。四六判２９６頁 '81

46 簞笥（たんす）　小泉和子

近世における簞笥の出現＝箱から抽斗への転換に着目し、以降近現代に至るその変遷を社会・経済・技術の側面からあとづける。著者自身による簞笥製作の記録を付す。四六判３７８頁 '82

47 木の実　松山利夫

山村の重要な食糧資源であった木の実をめぐる各地の記録・伝承を集成し、その採集・加工における幾多の試みを実地に検証しつつ、稲作農耕以前の食生活文化を復元。四六判３８４頁 '82

48 秤（はかり）　小泉袈裟勝

秤の起源を東西に探るとともに、わが国律令制下における中国制度の導入、近世商品経済の発展に伴う秤座の出現、明治期近代化政策による洋式秤受容等の経緯を描く。四六判３２６頁 '82

49 鶏（にわとり）　山口健児

神話・伝説をはじめ遠い歴史の中の鶏を古今東西の伝承・文献に探り、特に我国の信仰・絵画・文学等に遺された鶏の足跡を追って、鶏をめぐる民俗の記憶を蘇らせる。四六判３４６頁 '83

50 燈用植物　深津正

人類が燈火を得るために用いてきた多種多様な植物との出会いと個個の植物の来歴、特性及びはたらきを詳しく検証しつつ「あかり」の原点を問いなおす異色の植物誌。四六判４４２頁 '83

51 斧・鑿・鉋（おの・のみ・かんな）　吉川金次

古墳出土品や文献・絵画をもとに、古代から現代までの斧・鑿・鉋を復元・実験し、労働体験によって生まれた民衆の知恵と道具の変遷を蘇らせる異色の日本木工具史。四六判３０４頁 '84

52 垣根　額田巌

大和・山辺の道に神々と垣との関わりを探り、各地に垣の伝承を訪ねて、寺院の垣、民家の垣、露地の垣など、風土と生活に培われた生垣の独特のはたらきと美を描く。四六判２３４頁 '84

53-Ⅰ 森林Ⅰ　四手井綱英

森林生態学の立場から、森林のなりたちとその生活史を辿りつつ、産業の発展と消費社会の拡大により刻々と変貌する森林の現状を語り、未来への再生のみちをさぐる。四六判３０６頁 '85

53-Ⅱ 森林Ⅱ　四手井綱英

森林と人間との多様なかかわりを包括的に語り、人と自然が共生するための森や里山をいかにして創出するか、森林再生への具体的な方策を提示する21世紀への提言。四六判３０８頁 '98

53-Ⅲ 森林Ⅲ　四手井綱英

地球規模で進行しつつある森林破壊の現状を実地に踏査し、森と人が共存する日本人の伝統的自然観を未来へ伝えるために、いま何が必要なのかを具体的に提言する。四六判３０４頁 '00

54 **海老**（えび）　酒向昇

人類との出会いからエビの科学、漁法、さらには調理法を語り、めでたい姿態と色彩にまつわる多彩なエビの民俗を、地名や人名、詩歌・文学、絵画や芸能の中に探る。四六判４２８頁　'85

55-Ⅰ **藁**（わら）Ⅰ　宮崎清

稲作農耕とともに二千年余の歴史をもち、日本人の全生活領域に生きてきた藁の文化を日本文化の原型として捉え、風土に根ざしたそのゆたかな遺産を詳細に検討する。四六判４００頁　'85

55-Ⅱ **藁**（わら）Ⅱ　宮崎清

床・畳から壁・屋根にいたる住居における藁の製作・使用のメカニズムを明らかにし、日本人の生活空間における藁の役割を見なおすとともに、藁の文化の復権を説く。四六判４００頁　'85

56 **鮎**　松井魁

清楚な姿態と独特な味覚によって、日本人の目と舌を魅了しつづけてきたアユ——その形態と分布、生態、漁法等を詳述し、古今のアユ料理や文芸にみるアユにおよぶ。四六判２９６頁　'86

57 **ひも**　額田巌

物と物、人と物とを結びつける不思議な力を秘めた「ひも」の謎を追って、民俗学的視点から多角的なアプローチを試みる。『結び』、『包み』につづく三部作の完結篇。四六判２５０頁　'86

58 **石垣普請**　北垣聰一郎

近世石垣の技術者集団「穴太」の足跡を辿り、各地城郭の石垣遺構の実地調査と資料・文献をもとに石垣普請の歴史的系譜を復元しつつ石工たちの技術伝承を集成する。四六判４３８頁　'87

59 **碁**　増川宏一

その起源を古代の盤上遊戯に探ると共に、定着以来二千年の歴史を時代の状況や遊び手の社会環境との関わりにおいて跡づける。逸話や伝説を排して綴る初の囲碁全史。四六判３６６頁　'87

60 **日和山**（ひよりやま）　南波松太郎

千石船の時代、航海の安全のために観天望気した日和山——多くは忘れられ、あるいは失われた船舶・航海史の貴重な遺跡を追って、全国津々浦々におよんだ調査紀行。四六判３８２頁　'88

61 **篩**（ふるい）　三輪茂雄

臼とともに人類の生産活動に不可欠な道具であった篩、箕（み）、笊（ざる）の多彩な変遷を豊富な図解入りでたどり、現代技術の先端に再生するまでの歩みをえがく。四六判３３４頁　'89

62 **鮑**（あわび）　矢野憲一

縄文時代以来、貝肉の美味と貝殻の美しさによって日本人を魅了し続けてきたアワビ——その生態と養殖、神饌としての歴史、漁法、螺鈿の技法からアワビ料理に及ぶ。四六判３４４頁　'89

63 **絵師**　むしゃこうじ・みのる

日本古代の渡来画工から江戸前期の菱川師宣まで、時代の代表的絵師の列伝で辿る絵画制作の文化史。前近代社会における絵画の意味や芸術創造の社会的条件を考える。四六判２３０頁　'90

64 **蛙**（かえる）　碓井益雄

動物学の立場からその特異な生態を描き出すとともに、和漢洋の文献資料を駆使して故事・習俗・神事・民話・文芸・美術工芸にわたる蛙の多彩な活躍ぶりを活写する。四六判３８２頁　'89

65―Ⅰ **藍**（あい）**Ⅰ** 風土が生んだ色　竹内淳子

全国各地の〈藍の里〉を訪ねて、藍栽培から染色・加工のすべてにわたり、藍とともに生きた人々の伝承を克明に描き、風土と人間が生んだ〈日本の色〉の秘密を探る。四六判４１６頁 '91

65―Ⅱ **藍**（あい）**Ⅱ** 暮らしが育てた色　竹内淳子

日本の風土に生まれ、伝統に育てられた藍が、今なお暮らしの中で生き生きと活躍しているさまを、手わざに生きる人々との出会いを通じて描く。藍の里紀行の続篇。四六判４０６頁 '99

66 **橋**　小山田了三

丸木橋・舟橋・吊橋から板橋・アーチ型石橋まで、人々に親しまれてきた各地の橋を訪ねて、その来歴と築橋の技術伝承を辿り、土木文化の伝播・交流の足跡をえがく。四六判３１２頁 '91

67 **箱**　宮内悊

日本の伝統的な箱（櫃）と西欧のチェストを比較文化史の視点から考察し、居住・収納・運搬・装飾の各分野における箱の重要な役割とその多彩な文化を浮彫りにする。四六判３９０頁 '91

68―Ⅰ **絹Ⅰ**　伊藤智夫

養蚕の起源を神話や説話に探り、伝来の時期とルートを跡づけ、記紀・万葉の時代から近世に至るまで、それぞれの時代・社会・階層が生み出した絹の文化を描き出す。四六判３０４頁 '92

68―Ⅱ **絹Ⅱ**　伊藤智夫

生糸と絹織物の生産と輸出が、わが国の近代化にはたした役割を描くと共に、養蚕の道具、信仰や庶民生活にわたる養蚕と絹の民俗、さらには蚕の種類と生態におよぶ。四六判２９４頁 '92

69 **鯛**（たい）　鈴木克美

古来「魚の王」とされてきた鯛をめぐって、その生態・味覚から漁法、祭り、工芸、文芸にわたる多彩な伝承文化を語りつつ、鯛と日本人とのかかわりの原点をさぐる。四六判４１８頁 '92

70 **さいころ**　増川宏一

古代神話の世界から近現代の博徒の動向まで、さいころの役割を各時代・社会に位置づけ、木の実や貝殻のさいころから投げ棒型や立方体のさいころへの変遷をたどる。四六判３７４頁 '92

71 **木炭**　樋口清之

炭の起源から炭焼、流通、経済、文化にわたる木炭の歩みを歴史・考古・民俗の知見を総合して描き出し、独自で多彩な文化を育んできた木炭の尽きせぬ魅力を語る。四六判２９６頁 '93

72 **鍋・釜**（なべ・かま）　朝岡康二

日本をはじめ韓国、中国、インドネシアなど東アジアの各地を歩きながら鍋・釜の製作と使用の現場に立ち会い、調理をめぐる庶民生活の変遷とその交流の足跡を探る。四六判３２６頁 '93

73 **海女**（あま）　田辺悟

その漁の実際と社会組織、風習、信仰、民具などを克明に描くとともに、海女の起源・分布・交流を探り、わが国漁撈文化の古層としての海女の生活と文化をあとづける。四六判２９４頁 '93

74 **蛸**（たこ）　刀禰勇太郎

蛸をめぐる信仰や多彩な民間伝承を紹介するとともに、その生態・分布・捕獲法・繁殖と保護・調理法などを集成し、日本人と蛸との知られざるかかわりの歴史を探る。四六判３７０頁 '94

75 曲物（まげもの） 岩井宏實

桶・樽出現以前から伝承され、古来最も簡便・重宝な木製容器として愛用された曲物の加工技術と機能・利用形態の変遷をさぐり、手づくりの「木の文化」を見なおす。四六判318頁 '94

76-I 和船 I 石井謙治

江戸時代の海運を担った千石船（弁才船）について、その構造と技術、帆走性能を綿密に調査し、通説の誤りを正すとともに、海難と信仰、船絵馬等の考察にもおよぶ。四六判436頁 '95

76-II 和船 II 石井謙治

造船史から見た著名な船を紹介し、遣唐使船や遣欧使節船、幕末の洋式船における外国技術の導入について論じつつ、船の名称と船型を海船・川船にわたって解説する。四六判316頁 '95

77-I 反射炉 I 金子功

日本初の佐賀鍋島藩の反射炉と精練方＝理化学研究所、島津藩の反射炉と集成館＝近代工場群を軸に、日本の産業革命の時代における人と技術を現地に訪ねて発掘する。四六判244頁 '95

77-II 反射炉 II 金子功

伊豆韮山の反射炉をはじめ、全国各地の反射炉建設にかかわった有名無名の人々の足跡をたどり、開国か攘夷かに揺れる幕末の政治と社会の悲喜劇をも生き生きと描く。四六判226頁 '95

78-I 草木布（そうもくふ） I 竹内淳子

風土に育まれた布を求めて全国各地を歩き、木綿普及以前に山野の草木を利用して豊かな衣生活文化を築き上げてきた庶民の知られざる知恵のかずかずを実地にさぐる。四六判282頁 '95

78-II 草木布（そうもくふ） II 竹内淳子

アサ、クズ、シナ、コウゾ、カラムシ、フジなどの草木の繊維から、どのようにして糸を採り、布を織っていたのか——聞書きをもとに忘れられた技術と文化を発掘する。四六判282頁 '95

79-I すごろく I 増川宏一

古代エジプトのセネト、ヨーロッパのバクギャモン、中近東のナルド、中国の双陸などの系譜に日本の盤雙六を位置づけ、遊戯・賭博としてのその数奇なる運命を辿る。四六判312頁 '95

79-II すごろく II 増川宏一

ヨーロッパの鵞鳥のゲームから日本中世の浄土双六、近世の華麗な絵双六、さらには近現代の少年誌の附録まで、絵双六の変遷を追って時代の社会・文化を読みとる。四六判390頁 '95

80 パン 安達巖

古代オリエントに起ったパン食文化が中国・朝鮮を経て弥生時代の日本に伝えられたことを史料と伝承をもとに解明し、わが国パン食文化二〇〇〇年の足跡を描き出す。四六判260頁 '96

81 枕（まくら） 矢野憲一

神さまの枕・大嘗祭の枕から枕絵の世界まで、人生の三分の一を共に過す枕をめぐって、その材質の変遷を辿り、伝説と怪談、俗信と民俗、エピソードを興味深く語る。四六判252頁 '96

82-I 桶・樽（おけ・たる） I 石村真一

日本、中国、朝鮮、ヨーロッパにわたる厖大な資料を集成してその豊かな文化の系譜を探り、東西の木工技術史を比較しつつ世界史的視野から桶・樽の文化を描き出す。四六判388頁 '97

82-Ⅱ 桶・樽（おけ・たる）Ⅱ　石村真一

多数の調査資料と絵画・民俗資料をもとにその製作技術を復元し、東西の木工技術を比較考証しつつ、技術文化史の視点から桶・樽製作の実態とその変遷を跡づける。　四六判３７２頁　'97

82-Ⅲ 桶・樽（おけ・たる）Ⅲ　石村真一

樹木と人間とのかかわり、製作者と消費者とのかかわりを通じて桶樽と生活文化の変遷を考察し、木材資源の有効利用という視点から桶樽の文化史的役割を浮彫にする。　四六判３５２頁　'97

83-Ⅰ 貝Ⅰ　白井祥平

世界各地の現地調査と文献資料を駆使して、古来至高の財宝とされてきた宝貝のルーツとその変遷を探り、貝と人間とのかかわりの歴史を「貝貨」の文化史として描く。　四六判３８６頁　'97

83-Ⅱ 貝Ⅱ　白井祥平

サザエ、アワビ、イモガイなど古来人類とかかわりの深い貝をめぐって、その生態・分布・地方名、装身具や貝貨としての利用法などを豊富なエピソードを交えて語る。　四六判３２８頁　'97

83-Ⅲ 貝Ⅲ　白井祥平

シンジュガイ、ハマグリ、アカガイ、シャコガイなどをめぐって世界各地の民族誌を渉猟し、それらが人類文化に残した足跡を辿る。参考文献一覧／総索引を付す。　四六判３９２頁　'97

84 松茸（まつたけ）　有岡利幸

秋の味覚として古来珍重されてきた松茸の由来を求めて、稲作文化と里山（松林）の生態系から説きおこし、日本人の伝統的生活文化の中に松茸流行の秘密をさぐる。　四六判２９６頁　'97

85 野鍛冶（のかじ）　朝岡康二

鉄製農具の製作・修理・再生を担ってきた農鍛冶の歴史的役割を探り、近代化の大波の中で変貌する職人技術の実態をアジア各地のフィールドワークを通して描き出す。　四六判２８０頁　'98

86 稲　品種改良の系譜　菅　洋

作物としての稲の誕生、稲の渡来と伝播の経緯から説きおこし、明治以降主として庄内地方の民間育種家の手によって飛躍的発展をとげたわが国品種改良の歩みを描く。　四六判３３２頁　'98

87 橘（たちばな）　吉武利文

永遠のかぐわしい果実として日本の神話・伝説に特別の位置を占めて語り継がれてきた橘をめぐって、その育まれた風土とかずかずの伝承の中に日本文化の特質を探る。　四六判２８６頁　'98

88 杖（つえ）　矢野憲一

神の依代としての杖や仏教の錫杖に杖と信仰とのかかわりを探り、人類が突きつつ歩んだその歴史と民俗を興味ぶかく語る。多彩な材質と用途を網羅した杖の博物誌。　四六判３１４頁　'98

89 もち（糯・餅）　渡部忠世／深澤小百合

モチイネの栽培・育種から食品加工、民俗、儀礼にわたってそのルーツと伝承の足跡をたどり、アジア稲作文化という広範な視野からこの特異な食文化の謎を解明する。　四六判３３０頁　'98

90 さつまいも　坂井健吉

その栽培の起源と伝播経路を跡づけるとともに、わが国伝来後四百年の経緯を詳細にたどり、世界に冠たる育種と栽培・利用法を築いた人々の知られざる足跡をえがく。　四六判３２８頁　'99

91 珊瑚（さんご） 鈴木克美

海岸の自然保護に重要な役割を果たす岩石サンゴから宝飾品として知られる宝石サンゴまで、人間生活と深くかかわってきたサンゴの多彩な姿を人類文化史として描く。　四六判３７０頁 '99

92-Ⅰ 梅Ⅰ 有岡利幸

万葉集、源氏物語、五山文学などの古典や天神信仰に表れた梅の足跡を克明に辿りつつ日本人の精神史に刻印された梅を浮彫にし、梅と日本人の二〇〇〇年史を描く。　四六判２７４頁 '99

92-Ⅱ 梅Ⅱ 有岡利幸

その植生と栽培、伝承、梅の名所や鑑賞法の変遷から戦前の国定教科書に表れた梅まで、梅と日本人との多彩なかかわりを探り、桜との対比において梅の文化史を描く。　四六判３３８頁 '99

93 木綿口伝（もめんくでん） 第2版 福井貞子

老女たちからの聞書を経糸とし、厖大な遺品・資料を緯糸として、母から娘へと幾代にも伝えられた手づくりの木綿文化を掘り起し、近代の木綿の盛衰を描く。増補版　四六判３３６頁 '00

94 合せもの 増川宏一

「合せる」には古来、一致させるの他に、競う、闘う、比べる等の意味があった。貝合せや絵合せ等の遊戯・賭博を中心に、広範な人間の営みを「合せる」行為に辿る。　四六判３００頁 '00

95 野良着（のらぎ） 福井貞子

明治初期から昭和四〇年までの野良着を収集・分類・整理し、それらの用途と年代、形態、材質、重量、呼称などを精査して、働く庶民の創意にみちた生活史を描く。　四六判２９２頁 '00

96 食具（しょくぐ） 山内昶

東西の食文化に関する資料を渉猟し、食法の違いを人間の自然に対するかかわり方の違いとして捉えつつ、食具を人間と自然をつなぐ基本的な媒介物として位置づける。　四六判２９２頁 '00

97 鰹節（かつおぶし） 宮下章

黒潮からの贈り物・カツオの漁法から鰹節の製法や食法、商品としての流通までを歴史的に展望するとともに、沖縄やモルジブ諸島の調査をもとにそのルーツを探る。　四六判３８２頁 '00

98 丸木舟（まるきぶね） 出口晶子

先史時代から現代の高度文明社会まで、もっとも長期にわたり使われてきた刳り舟に焦点を当て、その技術伝承を辿りつつ、森や水辺の文化の広がりと動態をえがく。　四六判３２４頁 '01

99 梅干（うめぼし） 有岡利幸

日本人の食生活に不可欠の自然食品・梅干をつくりだした先人たちの知恵に学ぶとともに、健康増進に驚くべき薬効を発揮する、その知られざるパワーの秘密を探る。　四六判３００頁 '01

100 瓦（かわら） 森郁夫

仏教文化と共に中国・朝鮮から伝来し、一四〇〇年にわたり日本の建築を飾ってきた瓦をめぐって、発掘資料をもとにその製造技術、形態、文様などの変遷をたどる。　四六判３２０頁 '01

101 植物民俗 長澤武

衣食住から子供の遊びまで、幾世代にも伝承された植物をめぐる暮らしの知恵を克明に記録し、高度経済成長期以前の農山村の豊かな生活文化を愛惜をこめて描き出す。　四六判３４８頁 '01

102 **箸**（はし） 向井由紀子／橋本慶子

そのルーツを中国、朝鮮半島に探るとともに、日本人の食生活に不可欠の食具となり、日本文化のシンボルとされるまでに洗練された箸の文化の変遷を総合的に描く。 四六判３３４頁 '01

103 **採集** ブナ林の恵み 赤羽正春

縄文時代から今日に至る採集・狩猟民の暮らしを復元し、動物の生態系と採集生活の関連を明らかにしつつ、民俗学と考古学の両面から山に生かされた人々の姿を描く。 四六判２９８頁 '01

104 **下駄** 神のはきもの 秋田裕毅

古墳や井戸等から出土する下駄に着目し、下駄が地上と地下の他界を結ぶ聖なるはきものであったという大胆な仮説を提出、日本の神々の忘れられた側面を浮彫にする。 四六判３０４頁 '02

105 **絣**（かすり） 福井貞子

膨大な絣遺品を収集・分類し、絣産地を実地に調査して絣の技法と文様の変遷を地域別・時代別に跡づけ、明治・大正・昭和の手づくりの染織文化の盛衰を描き出す。 四六判３１０頁 '02

106 **網**（あみ） 田辺悟

漁網を中心に、網に関する基本資料を網羅して網の変遷と網をめぐる民俗を体系的に描き出し、網の文化を集成する。「網に関する小事典」「網のある博物館」を付す。 四六判３１６頁 '02

107 **蜘蛛**（くも） 斎藤慎一郎

「土蜘蛛」の呼称で畏怖される一方「クモ合戦」など子供の遊びとしても親しまれてきたクモと人間との長い交渉の歴史をその深層に遡って追究した異色のクモ文化論。 四六判３２０頁 '02

108 **襖**（ふすま） むしゃこうじ・みのる

襖の起源と変遷を建築史・絵画史の中に探りつつその用と美を浮彫にし、衝立・障子・屏風等と共に日本建築の空間構成に不可欠の建具となるまでの経緯を描き出す。 四六判２７０頁 '02

109 **漁撈伝承**（ぎょろうでんしょう） 川島秀一

漁師たちからの聞き書きをもとに、寄り物、船霊、大漁旗など、漁撈にまつわる〈もの〉の伝承を集成し、海の道によって運ばれた習俗や信仰の民俗地図を描き出す。 四六判３３４頁 '03

110 **チェス** 増川宏一

世界中に数億人の愛好者を持つチェスの起源と文化を、欧米における膨大な研究の蓄積を渉猟しつつ探り、日本への伝来の経緯から美術工芸品としてのチェスにおよぶ。 四六判２９８頁 '03

111 **海苔**（のり） 宮下章

海苔の歴史は厳しい自然とのたたかいの歴史だった――採取から養殖、加工、流通、消費に至る先人たちの苦難の歩みを史料と実地調査によって浮彫にする食物文化史。 四六判１７２頁 '03

112 **屋根** 檜皮葺と柿葺 原田多加司

屋根葺師一〇代の著者が、自らの体験と職人の本懐を語り、連綿として受け継がれてきた伝統の手わざを体系的にたどりつつ伝統技術の保存と継承の必要性を訴える。 四六判３４０頁 '03

113 **水族館** 鈴木克美

初期水族館の歩みを創始者たちの足跡を通して辿りなおし、水族館をめぐる社会の発展と風俗の変遷を描き出すとともにその未来像をさぐる初の〈日本水族館史〉の試み。 四六判２９０頁 '03

114 古着（ふるぎ） 朝岡康二

仕立てと着方、管理と保存、再生と再利用等にわたり衣生活の変容を近代の日常生活の変化として捉え直し、衣服をめぐるリサイクル文化が形成される経緯を描き出す。四六判２９２頁 '03

115 柿渋（かきしぶ） 今井敬潤

染料・塗料をはじめ生活百般の必需品であった柿渋の伝承を記録し、文献資料をもとにその製造技術と利用の実態を明らかにして、忘れられた豊かな生活技術を見直す。四六判２９４頁 '03

116-I 道Ｉ 武部健一

道の歴史を先史時代から説き起こし、古代律令制国家の要請によって駅路が設けられ、しだいに幹線道路として整えられてゆく経緯を技術史・社会史の両面からえがく。四六判２４８頁 '03

116-II 道II 武部健一

中世の鎌倉街道、近世の五街道、近代の開拓道路から現代の高速道路網までを通観し、道路を拓いた人々の手によって今日の交通ネットワークが形成された歴史を語る。四六判２８０頁 '03

117 かまど 狩野敏次

日常の煮炊きの道具であるとともに祭りと信仰に重要な位置を占めてきたカマドをめぐる忘れられた伝承を掘り起こし、民俗空間の壮大なコスモロジーを浮彫りにする。四六判２９２頁 '04

118-I 里山Ｉ 有岡利幸

縄文時代から近世までの里山の変遷を人々の暮らしと植生の変化の両面から跡づけ、その源流を記紀万葉に描かれた里山の景観や大和・三輪山の古記録・伝承等に探る。四六判２７６頁 '04

118-II 里山II 有岡利幸

明治の地租改正による山林の混乱、相次ぐ戦争による山野の荒廃、エネルギー革命、高度成長による大規模開発など、近代化の荒波に翻弄される里山の見直しを説く。四六判２７４頁 '04

119 有用植物 菅 洋

人間生活に不可欠のものとして利用されてきた身近な植物たちの来歴と栽培・育種・品種改良・伝播の経緯を平易に語り、植物と共に歩んだ文明の足跡を浮彫にする。四六判３２４頁 '04

120-I 捕鯨Ｉ 山下渉登

世界の海で展開された鯨と人間との格闘の歴史を振り返り、「大航海時代」の副産物として開始された捕鯨業の誕生以来四〇〇年にわたる盛衰の社会的背景をさぐる。四六判３１４頁 '04

120-II 捕鯨II 山下渉登

近代捕鯨の登場により鯨資源の激減を招き、捕鯨の規制・管理のための国際条約締結に至る経緯をたどり、グローバルな課題としての自然環境問題を浮き彫りにする。四六判３１２頁 '04

121 紅花（べにばな） 竹内淳子

栽培、加工、流通、利用の実際を現地に探訪して紅花とかかわってきた人々からの聞き書きを集成し、忘れられた〈紅花文化〉を復元しつつその豊かな味わいを見直す。四六判３４６頁 '04

122-I もののけＩ 山内昶

日本の妖怪変化、未開社会の〈マナ〉、西欧の悪魔やデーモンを比較考察し、名づけ得ぬ未知の対象を指す万能のゼロ記号〈もの〉をめぐる人類文化史を跡づける博物誌。四六判３２０頁 '04

122-Ⅱ **もののけⅡ** 山内昶

日本の鬼、古代ギリシアのダイモン、中世の異端狩り・魔女狩り等々をめぐり、自然＝カオスと文化＝コスモスの対立の中で〈野生の思考〉が果たしてきた役割をさぐる。 四六判２８０頁 '04

123 **染織**（そめおり） 福井貞子

自らの体験と厖大な残存資料をもとに、糸づくりから織り、染めにわたる手づくりの豊かな生活文化を見直す。創意にみちた手わざのかずかずを復元する庶民生活誌。 四六判２９４頁 '05

124-Ⅰ **動物民俗Ⅰ** 長澤武

神として崇められたクマやシカをはじめ、人間にとって不可欠の鳥獣や魚、さらには人間を脅かす動物など、多種多様な動物たちと交流してきた人々の暮らしの民俗誌。 四六判２６４頁 '05

124-Ⅱ **動物民俗Ⅱ** 長澤武

動物の捕獲法をめぐる各地の伝承を紹介するとともに、全国で語り継がれてきた多彩な動物民話・昔話を渉猟し、暮らしの中で培われた動物フォークロアの世界を描く。 四六判２６６頁 '05

125 **粉**（こな） 三輪茂雄

粉体の研究をライフワークとする著者が、粉食の発見からナノテクノロジーまで、人類文明の歩みを〈粉〉の視点から捉え直した壮大なスケールの〈文明の粉体史観〉 四六判３０２頁 '05

126 **亀**（かめ） 矢野憲一

浦島伝説や「兎と亀」の昔話によって親しまれてきた亀のイメージの起源を探り、古代の亀卜の方法から、亀にまつわる信仰と迷信、鼈甲細工やスッポン料理におよぶ。 四六判３３０頁 '05

127 **カツオ漁** 川島秀一

一本釣り、カツオ漁場、船上の生活、船霊信仰、祭りと禁忌など、カツオ漁にまつわる漁師たちの伝承を集成し、黒潮に沿って伝えられた漁民たちの文化を掘り起こす。 四六判３７０頁 '05

128 **裂織**（さきおり） 佐藤利夫

木綿の風合いと強靱さを生かした裂織の技と美をすぐれたリサイクル文化として見なおす。東西文化の中継地・佐渡の古老たちからの聞書をもとに歴史と民俗をえがく。 四六判３０８頁 '05

129 **イチョウ** 今野敏雄

「生きた化石」として珍重されてきたイチョウの生い立ちと人々の生活文化とのかかわりの歴史をたどり、この最古の樹木に秘められたパワーを最新の中国文献にさぐる。 四六判３１２頁〔品切〕 '05

130 **広告** 八巻俊雄

のれん、看板、引札からインターネット広告までを通観し、いつの時代にも広告が人々の暮らしと密接にかかわって独自の文化を形成してきた経緯を描く広告の文化史。 四六判２７６頁 '06

131-Ⅰ **漆**（うるし）**Ⅰ** 四柳嘉章

全国各地で発掘された考古資料を対象に科学的解析を行ない、縄文時代から現代に至る漆の技術と文化を跡づける試み。漆が日本人の生活と精神に与えた影響を探る。 四六判２７４頁 '06

131-Ⅱ **漆**（うるし）**Ⅱ** 四柳嘉章

遺跡や寺院等に遺る漆器を分析し体系づけるとともに、絵巻物や文学作品の考証を通じて、職人や産地の形成、漆工芸の地場産業としての発展の経緯などを考察する。 四六判２１６頁 '06

132 まな板 石村眞一

日本、アジア、ヨーロッパ各地のフィールド調査と考古・文献・絵画・写真資料をもとにまな板の素材・構造・使用法を分類し、多様な食文化とのかかわりをさぐる。 四六判372頁 '06

133-Ⅰ 鮭・鱒（さけ・ます）Ⅰ 赤羽正春

鮭・鱒をめぐる民俗研究の前史から現在までを概観するとともに、原初的な漁法から商業的漁法にわたる多彩な漁法と用具、漁場と社会組織の関係などを明らかにする。 四六判292頁 '06

133-Ⅱ 鮭・鱒（さけ・ます）Ⅱ 赤羽正春

鮭漁をめぐる行事、鮭捕り衆の生活等を聞き取りによって再現し、人工孵化事業の発展とそれを担った先人たちの業績を明らかにするとともに、鮭・鱒の料理におよぶ。 四六判352頁 '06

134 遊戯 その歴史と研究の歩み 増川宏一

古代から現代まで、日本と世界の遊戯の歴史を概説し、内外の研究者との交流の中で得られた最新の知見をもとに、研究の出発点と目的を論じ、現状と未来を展望する。 四六判296頁 '06

135 石干見（いしひみ） 田和正孝編

沿岸部に石垣を築き、潮汐作用を利用して漁獲する原初的漁法を日・韓・台に残る遺構と伝承の調査・分析をもとに復元し、東アジアの伝統的漁撈文化を浮彫りにする。 四六判332頁 '07

136 看板 岩井宏實

江戸時代から明治・大正・昭和初期までの看板の歴史を生活文化史の視点から考察し、多種多様な生業の起源と変遷を多数の図版をもとに紹介する〈図説商売往来〉。 四六判266頁 '07

137-Ⅰ 桜Ⅰ 有岡利幸

そのルーツと生態から説きおこし、和歌や物語に描かれた古代社会の桜観から「花は桜木、人は武士」の江戸の花見の流行まで、日本人と桜のかかわりの歴史をさぐる。 四六判382頁 '07

137-Ⅱ 桜Ⅱ 有岡利幸

明治以後、軍国主義と愛国心のシンボルとして政治的に利用されてきた桜の近代史を辿るとともに、日本人の生活と共に歩んだ「咲く花、散る花」の栄枯盛衰を描く。 四六判400頁 '07

138 麴（こうじ） 一島英治

日本の気候風土の中で稲作と共に育まれた麴菌のすぐれたはたらきの秘密を探り、醸造化学に携わった人々の足跡をたどりつつ醱酵食品と日本人の食生活文化を考える。 四六判244頁 '07

139 河岸（かし） 川名登

近世初頭、河川水運の隆盛と共に物流のターミナルとして賑わい、船旅や遊廓などをもたらした河岸（川の港）の盛衰を河岸に生きる人々の暮らしの変遷としてえがく。 四六判300頁 '07

140 神饌（しんせん） 岩井宏實／日和祐樹

土地に古くから伝わる食物を神に捧げる神饌儀礼に祭りの本義を探り、近畿地方主要神社の伝統的儀礼をつぶさに調査して、豊富な写真と共にその実際を明らかにする。 四六判374頁 '07

141 駕籠（かご） 櫻井芳昭

その様式、利用の実態、地域ごとの特色、車の利用を抑制する交通政策との関連から駕籠かきたちの風俗までを明らかにし、日本交通史の知られざる側面に光を当てる。 四六判294頁 '07

142　追込漁（おいこみりょう）　川島秀一

沖縄の島々をはじめ、日本各地で今なお行なわれている沿岸漁撈を実地に精査し、魚の生態と自然条件を知り尽した漁師たちの知恵と技を見直しつつ漁業の原点を探る。　四六判368頁　'08

143　人魚（にんぎょ）　田辺悟

ロマンとファンタジーに彩られて世界各地に伝承される人魚の実像をもとめて東西の人魚誌を渉猟し、フィールド調査と膨大な資料をもとに集成したマーメイド百科。　四六判352頁　'08

144　熊（くま）　赤羽正春

狩人たちからの聞き書きをもとに、かつては神として崇められた熊と人間との精神史的な関係をさぐり、熊を通して人間の生存可能性にもおよぶユニークな動物文化史。　四六判384頁　'08

145　秋の七草　有岡利幸

『万葉集』で山上憶良がうたいあげて以来、千数百年にわたり秋を代表する植物として日本人にめでられてきた七種の草花の知られざる伝承を掘り起こす植物文化誌。　四六判306頁　'08

146　春の七草　有岡利幸

厳しい冬の季節に芽吹く若菜に大地の生命力を感じ、春の到来を祝い新年の息災を願う「七草粥」などとして食生活の中に巧みに取り入れてきた古人たちの知恵を探る。　四六判272頁　'08

147　木綿再生　福井貞子

自らの人生遍歴と木綿を愛する人々との出会いを織り重ねて綴り、優れた文化遺産としての木綿衣料を紹介しつつ、リサイクル文化としての木綿再生のみちを模索する。　四六判266頁　'09

148　紫（むらさき）　竹内淳子

今や絶滅危惧種となった紫草（ムラサキ）を育てる人びと、伝統の紫根染を今に伝える人びとを全国にたずね、貝紫染の始原を求めて吉野ヶ里におよぶ「むらさき紀行」。　四六判324頁　'09

149-I　杉I　有岡利幸

その生態、天然分布の状況から各地における栽培・育種、利用にいたる歩みを弥生時代から今日までの人間の営みの中で捉えなおし、わが国林業史を展望しつつ描き出す。　四六判282頁　'10

149-II　杉II　有岡利幸

古来神の降臨する木として崇められるとともに生活のさまざまな場面で活用され、絵画や詩歌に描かれてきた杉の文化をたどり、さらに「スギ花粉症」の原因を追究する。　四六判278頁　'10

150　井戸　秋田裕毅（大橋信弥編）

弥生中期になぜ井戸は突然出現するのか。飲料水など生活用水ではなく、祭祀用の聖なる水を得るためだったのではないか。目的や構造の変遷、宗教との関わりをたどる。　四六判260頁　'10

151　楠（くすのき）　矢野憲一／矢野高陽

語源と字源、分布と繁殖、文学や美術における楠から医薬品としての利用、キューピー人形や樟脳の船まで、楠と人間の関わりの歴史を辿りつつ自然保護の問題に及ぶ。　四六判334頁　'10

152　温室　平野恵

温室は明治時代に欧米から輸入された印象があるが、じつは江戸時代半ばから「むろ」という名の保温設備があった。絵巻や小説、遺跡などより浮かび上がる歴史。　四六判310頁　'10

153 **檜**（ひのき）　有岡利幸

建築・木彫・木材工芸に最良の材としてわが国の〈木の文化〉に重要な役割を果たしてきた檜。その生態から保護・育成・生産・流通・加工までの変遷をたどる。　四六判３２０頁　'11

154 **落花生**　前田和美

南米原産の落花生が大航海時代にアフリカ経由で世界各地に伝播していく歴史をたどるとともに、日本で栽培を始めた先覚者や食文化との関わりを紹介する。　四六判３１２頁　'11

155 **イルカ**（海豚）　田辺悟

神話・伝説の中のイルカ、イルカをめぐる信仰から、漁撈伝承、食文化の伝統と保護運動の対立までを幅広くとりあげ、ヒトと動物との関係はいかにあるべきかを問う。　四六判３３０頁　'11

156 **輿**（こし）　櫻井芳昭

古代から明治初期まで、千二百年以上にわたって用いられてきた輿の種類と変遷を探り、天皇の行幸や斎王群行、姫君たちの輿入れにおける使用の実態を明らかにする。　四六判２５２頁　'11

157 **桃**　有岡利幸

魔除けや若返りの呪力をもつ果実として神話や昔話に語り継がれ、近年古代遺跡から大量出土して祭祀との関連が注目される桃。日本人との多彩な関わりを考察する。　四六判３２８頁　'12

158 **鮪**（まぐろ）　田辺悟

古文献に描かれ記されたマグロを紹介し、漁法・漁具から運搬と流通・消費、漁民たちの暮らしと民俗・信仰までを探りつつ、マグロをめぐる食文化の未来にもおよぶ。　四六判３５０頁　'12

159 **香料植物**　吉武利文

クロモジ、ハッカ、ユズ、セキショウ、ショウノウなど、日本の風土で育った植物から香料をつくりだす人びとの営みを現地に訪ね、伝統技術の継承・発展を考える。　四六判２９０頁　'12

160 **牛車**（ぎっしゃ）　櫻井芳昭

牛車の盛衰を交通史や技術史との関連で探り、絵巻や日記・物語等に描かれた牛車の種類と構造、利用の実態を明らかにして、読者を平安の「雅」の世界へといざなう。　四六判２２４頁　'12

161 **白鳥**　赤羽正春

世界各地の白鳥処女説話を博捜し、古代以来の人々が抱いた〈鳥への想い〉を明らかにするとともに、その源流を、白鳥をトーテムとする中央シベリアの白鳥族に探る。　四六判３６０頁　'12

162 **柳**　有岡利幸

日本人との関わりを詩歌や文献をもとに探りつつ、容器や調度品に、治山治水対策に、火薬や薬品の原料に、さらには風景の演出用に活用されてきた歴史をたどる。　四六判３２８頁　'13

163 **柱**　森郁夫

竪穴住居の時代から建物を支えてきただけでなく、大黒柱や鼻っ柱などさまざまな言葉に使われている柱。遺跡の発掘でわかった事実や、日本文化との関わりを紹介。　四六判２５２頁　'13

164 **磯**　田辺悟

人間はもとより、動物たちにも多くの恵みをもたらしてきた磯——その豊かな文化をさぐり、東日本大震災以前の三陸沿岸を軸に磯漁の民俗を聞書きによって再現する。　四六判４５０頁　'14

165 タブノキ　山形健介

南方から「海上の道」をたどってきた列島文化を象徴する樹木について、中国・台湾・韓国も視野に収めて記録や伝承を掘り起こし、人々の暮らしとの関わりを探る。　四六判３１６頁
'14

166 栗　今井敬潤

縄文人が主食とし栽培していた栗。建築や木工の材、鉄道の枕木といった生活に密着した多様な利用法や、品種改良に取り組んだ技術者たちの苦闘の足跡を紹介する。　四六判２７２頁
'14

167 花札　江橋崇

法制史から文学作品まで、厖大な文献を渉猟して、その誕生から現在までを辿り、花札をその本来の輝き、自然を敬愛して共存する日本の文化という特性のうちに描く。　四六判３７２頁
'14

168 椿　有岡利幸

本草書の刊行や栽培・育種技術の発展によって近世初期に空前の大ブームを巻き起こした椿。多彩な花の紹介をはじめ、椿油や木材の利用、信仰や民俗まで網羅する。　四六判３３６頁
'14

169 織物　植村和代

人類が初めて機械で作った製品、織物。機織り技術の変遷を世界史的視野で見直し、古来より日本と東南アジアやインド、ペルシアの交流や伝播があったことを解説。　四六判３４６頁
'14